新 データで読む 地域再生

「人が集まる県・市町村」はどこが違うのか

日本経済新聞社地域報道センター 編

日本経済新聞出版

はじめに

「データで読む地域再生」は日本経済新聞の電子版および土曜付朝刊で２０２１年5月に連載が始まりました。急激な人口減少をはじめとする地域課題に向き合い解決策を考えるためには、データ（数値情報）からまず各地のリアルな姿をできるだけ正確に読み解き、伝える必要があるとの問題意識からでした。

3年近い連載は計約１５０回に及びます。本書は22年9月上旬までの掲載分をまとめた第1弾に続くもので、その後の24年2月上旬までの掲載分をおさめています。テーマは人口減少対策や雇用・人材確保、産業活性化、観光や文化・スポーツ振興、教育、自治体改革など多岐にわたり、時にはサウナ熱、ロケ誘致といった話題も取り上げています。

市区町村の半分の８９６自治体は消滅しかねない――。有識者でつくる「日本創成会議」が刺激的な予測を盛り込んだ「増田リポート」で人口減少に警鐘を鳴らしたのは14年5月でした。呼応するかのように当時の安倍晋三政権は「地方創生」政策を本格化しました。

それから10年。目標の一つであった東京一極集中の是正は新型コロナウイルス禍で一時は進むかにみえました。しかし、東京圏の転入者は22、23年と増え、転出を差し引いた転入超過は23年に4年ぶりの10万人超えとなりました。一方で23年の出生数は76万人弱と最少を更新しました。一極集中の是正も少子化の歯止めも道半ばです。

高齢化の進展や若者の都市圏への流出、それに伴う働き手の不足や活力低下など、地方を取り巻く環境は厳しさを増しています。しかし、各地で閉塞感を打ち破ろうと奮闘を続ける人たちがいます。データを通じてそうした営みから先進モデルを掘り起こし、発信することで他地域に連鎖反応をもたらせたら、との思いも連載に込めています。

例えば、23年12月2日付では「希望出生率1・8」という政府目標を22年に92市町村が実現したことを独自の集計で伝えました。産業ロボットのファナックの企業城下町である山梨県忍野村、国際リゾートのニセコ地区に近い北海道共和町など、雇用や教育などで子育てしやすい環境が整えば、出生率は高まることを示しました。

国立社会保障・人口問題研究所は23年4月、日本の総人口が2100年に6300万人程度まで減るとの推計を示しました。人口減少という「静かな有事」で日本はトップを走ります。その最前線にある地方の実相を知ることは日本、ひいては世界の未来を思い描くうえで重要です。お隣の韓国でも出生率が下がり続けるなど、人口を巡る課題は世界共通となりつつあります。

日経電子版では本書におさめた全国版の記事とともに、日経新聞の支社・支局の記者が全国8ブロックについて深掘りした関連記事を公開しています。一部テーマでは市区町村ごとのデータの移り変わりを体感できるコンテンツ「ふるさとクリック」もご覧になれます。本書とともにご参照いただき、地方、そして日本や世界について考えを深めるきっかけとなれば幸いです。

2024年3月

日本経済新聞社　編集局　地域報道センター部次長

眞鍋正巳

※本書の情報は新聞掲載時のものです。掲載日は各項目に付記するとおりです。

1-1

出生率

［2023年7月1日掲載］

出生率に差、「西高東低」鮮明

2005年比、27都府県で上昇

徳島・宮崎 復職支援、仕事と両立進む

全国の2022年出生率 1・26で過去最低

少子化が止まらない。厚生労働省によると、1人の女性が生涯に産む子どもの数を示す合計特殊出生率は2022年に1・26と、05年に並んで過去最低だった。7年連続の低下だが、05年に比べると27都府県が上昇した。上昇幅トップの徳島県が出産後の復職支援に積極的に取り組むなど、働きながら子育てしやすい環境づくりに力を入れる自治体が上位に並んだ。

合計特殊出生率は15～49歳の女性が産んだ子どもの数を基に算出する。22年は新型コロナウイルス禍の影響などで、21年より上昇したのは富山県と鳥取県だけだった。徳島県も1・42と2年連続で低下したが、05年比では0・16ポイント上昇した。宮崎県や鳥取県なども0・1ポイント超上がった。

27都府県で出生率が2005年より上昇した

順位	都道府県	変化幅（出生率）
1	徳島県	0.16(1.42)
2	宮崎県	0.15(1.63)
3	鳥取県	0.13(1.60)
4	長崎県	0.12(1.57)
5	富山県	0.09(1.46)
	山口県	0.09(1.47)
	大分県	0.09(1.49)
8	和歌山県	0.07(1.39)
	島根県	0.07(1.57)
	福岡県	0.07(1.33)
11	兵庫県	0.06(1.31)
	奈良県	0.06(1.25)
	広島県	0.06(1.40)
	熊本県	0.06(1.52)
15	佐賀県	0.05(1.53)
	鹿児島県	0.05(1.54)
17	東京都	0.04(1.04)
	滋賀県	0.04(1.43)
	三重県	0.04(1.40)
	愛媛県	0.04(1.39)
	高知県	0.04(1.36)
22	石川県	0.03(1.38)
23	山梨県	0.02(1.40)
	岡山県	0.02(1.39)
	香川県	0.02(1.45)
26	愛知県	0.01(1.35)
	大阪府	0.01(1.22)
28	福井県	0.00(1.50)
	京都府	0.00(1.18)
30	岐阜県	▲0.01(1.36)
31	神奈川県	▲0.02(1.17)
	沖縄県	▲0.02(1.70)
33	北海道	▲0.03(1.12)
	長野県	▲0.03(1.43)
35	千葉県	▲0.04(1.18)
36	青森県	▲0.05(1.24)
	茨城県	▲0.05(1.27)
	埼玉県	▲0.05(1.17)
39	静岡県	▲0.06(1.33)
40	群馬県	▲0.07(1.32)
	新潟県	▲0.07(1.27)
42	山形県	▲0.13(1.32)
43	宮城県	▲0.15(1.09)
44	秋田県	▲0.16(1.18)
	栃木県	▲0.16(1.24)
46	岩手県	▲0.20(1.21)
47	福島県	▲0.22(1.27)

（注）2022年合計特殊出生率の05年比変化幅、ポイント。カッコ内は出生率。▲は低下。出所は「人口動態統計」

徳島県は産後の負担軽減 円滑な復職を後押し

徳島県は出産後の円滑な復職を後押しするため、産前・産後の負担軽減に取り組む。県内の8割にあたる20市町村が、妊娠中や出産後に専門家の相談を受けやすい産前・産後サポート事業を展開する。

美波町は月1回、助産師や看護師らによる相談会を開く。保育士として働く和佐亜希子さん（41）は22年1月に第4子を出産。「上の3人は卒乳に苦労した。相談会で『哺乳瓶よりコップを使って慣れさせるといいよ』と教えてもらいスムーズに卒乳できた。細かいところまで気を配ってくれて安心」と笑顔だ。

徳島県美波町は妊娠・出産に伴う不安を助産師らに相談できる総合窓口を開いた

町内で出産した母親の約9割が相談会に参加する。同町の担当者は「コロナ下でも出生数が減っていない」と胸を張る。出産後も働き続ける女性が増えたこともあり、徳島県の20年の女性管理職比率は19・6％と05年より5・5ポイント上昇。全国平均の15・7％を超えてトップだった。

宮崎県は男性に比べた女性の賃金水準が22年に78％と05年より13ポイント向上した。電子・自動車部品製造のえびの電子工業（えびの市）は社員約700人の7割が女性で、女性管理職比率も3割弱に達する。育休の取得率は100％で、取得後の復帰率も100％だ。津曲慎哉社長は「宮崎県は共働き・共育てが多く、今後も社員が子育てをしながら働ける体制を強化したい」と力を込める。

鳥取県は女性管理職比率が20年に17・0％と05年より6・4ポイント上がった。平井伸治知事は「子育て王国とっとり」を宣言。出産後の復職などを後押しするため、産後ケアの無償化などを進める。

北海道、東北は軒並み低下 女性活躍促す環境カギ

こうした西日本の自治体に比べて、北海道や東北が軒並み低下するなど「西高東低」が目立つ。20年の女性管理職比率を05年と比べた伸び幅の平均は、四国・九州が4・5ポイントと全国の3・9ポイントを上回ったのに対し、北海道・東北は3・3ポイントにとどまった。

22年の出生率が過去最低だった秋田県は「20代後半から30代前半の女性が少なく男性の未婚率も高い」（次世代・女性活躍支援課）。担当者は「女性の頑張りを積極的に応援する空気があるかといった調査で秋田は下位だった」といい、「進学や就職で県外に出た女性がなかなか戻って来ない」と声を落とす。

東北活性化研究センターの伊藤孝子主任研究員も「東北は女性活躍を後押しする環境が他地域ほど整っておらず、活躍したい人は首都圏などに流出してしまう」と指摘する。

人口問題に詳しい東北大学の吉田浩教授は「かつては世界的にも女性の社会進出が進むほど出生率が下がったが、今では北欧など女性が社会で活躍する地域ほど出生率が高い」と説明。「働きながら子育てしやすい環境を整えられるかで自治体の明暗も分かれてくるだろう」としている。

出生率が2005年より上昇した自治体も多い

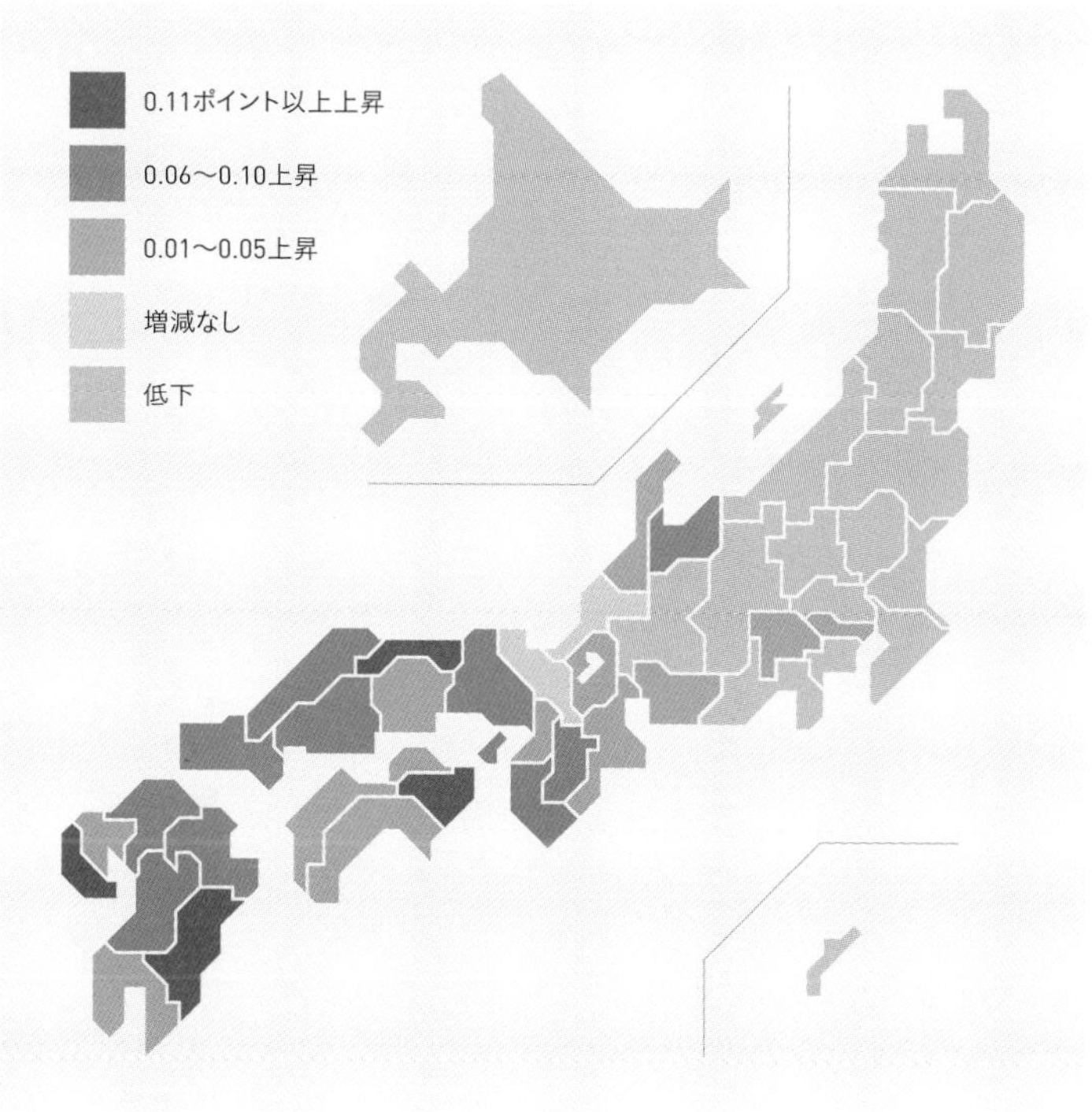

（注）2022年合計特殊出生率の05年比変化幅。出所は「人口動態統計」

合計特殊出生率の推移
（2005年の全国平均は過去最低タイ）

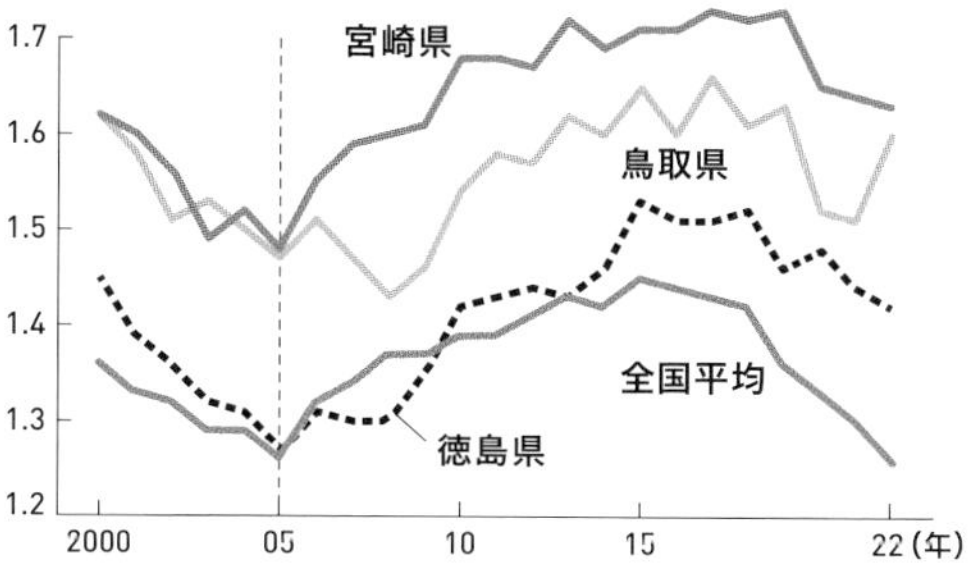

1-2

子ども予算

［2023年3月18日掲載］

児童福祉費、4割増の10兆円超

若年人口、124自治体が伸ばす
奈良県川上村、出産から高校まで包括支援

若年人口増、自治体の7%

少子化対策の強化を掲げる国に先行して各自治体が「子ども予算」を拡大している。2021年度の児童福祉費は全市区町村で計10・7兆円と16年度比で4割増えた。子育て支援金や保育士増員などにより124自治体が子どもの数を増やした。人口減とじかに向き合う地方は支援策を競うが、限りのある予算をどう有効に使い効果を上げるか、国とともに知恵が問われる。

総務省の「地方財政状況調査」から全1741市区町村の児童福祉費を集計した。保育所の整備や子ども医療費の補助、出生祝い金などのほか、市区町村が実務を担う国と都道府県の事業も含む。教育関連や妊婦支援などは対象外。計上項目は自治体により異なる場合がある。

「子ども予算」は全都道府県で増加（2021年度の児童福祉費の16年度比増加率）

1	沖縄県	56.3	17	鹿児島県	44.5	33	石川県	37.2
2	千葉県	54.0	18	愛知県	44.5	34	群馬県	36.2
3	北海道	47.6	19	福岡県	43.7	35	長野県	36.0
4	静岡県	47.5	20	三重県	43.6	36	京都府	35.8
5	茨城県	47.2	21	神奈川県	43.2	37	宮崎県	35.4
6	滋賀県	46.8	22	奈良県	42.4	38	鳥取県	35.1
7	兵庫県	46.7	23	岡山県	42.2	39	福井県	34.4
8	埼玉県	46.3	24	岩手県	41.2	40	和歌山県	31.6
9	広島県	46.1	25	徳島県	40.4	41	新潟県	31.3
10	大分県	46.0	26	山口県	40.3	42	青森県	30.5
11	福島県	45.8	27	熊本県	40.3	43	秋田県	30.5
12	東京都	45.4	28	山梨県	39.8	44	島根県	30.0
13	大阪府	45.3	29	長崎県	39.3	45	香川県	26.9
14	佐賀県	45.3	30	岐阜県	37.9	46	高知県	25.8
15	宮城県	44.8	31	愛媛県	37.5	47	富山県	23.9
16	栃木県	44.6	32	山形県	37.4			

（%）

（注）市区町村の決算額を都道府県別に合算。同じ値の場合、小数点第2位以下で順位付け。出所は総務省「地方財政状況調査」

21年度の児童福祉費は96%にあたる1668市区町村で5年前より増えた。国が19年度に始めた幼児保育の無償化もあって伸びは43%と、12%増の老人福祉費より高い。総歳出額に占める割合は16%と上昇傾向にある。個々の自治体でも北海道大空町が認定こども園の整備で4・9倍、同知内町が子ども医療費無償化を高校生に広げるなどで4・4倍と平均を大きく上回った。

16〜21年度で若年人口（0〜19歳）が増えたのは124市区町村と全体の7%。名古屋市の隣で税収が潤沢な愛知県飛島村だけでなく、立地に恵まれない自治体でも子ども予算を手厚くして若年人口を拡大する例が出ている。

少子化対策を巡る議論は合計特殊出生率が当時の最低と判明した1990年の「1・57ショック」が契機になった。加えて各自治体は20〜39歳の女性人口の将来予測を基に民間団体が2014年に示した「消滅可能性都市」の試算から危機感を強めた。

長崎県佐々町は子育てや障害者の相談にワンストップで対応できる拠点を設けた

試算で女性の減少率見通しが全国2番目だった奈良県川上村は児童福祉費を2・2倍とした。12年に就任した栗山忠昭村長は15年以降、生まれた子への計30万円の祝い金、高校生への月5000円の子育て応援手当などを導入。山あいの村から近鉄の最寄り駅まで車で約30分かかり、村にない高校への通学費も月数千円を補助する。

保育料も2歳児まで無償にした。保育士は国の配置基準の1・5倍を確保する。「住み続けてもらうには村の居心地を良くすることが大事」（栗山村長）とし、ほかにも小児科医や産婦人科医が村内にいない不安を和らげようと、21年からオンラインで医師に無料相談できるようにした。

移住者の紹介で別の子育て世帯が転入する例もあり、村の総人口は16〜21

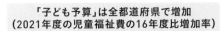

年度に14%減ったものの、0〜14歳の数は72人と26%増えた。栗山村長は「お金の支援だけでは十分ではない。子育ての悩みをいかに解消できるかが知恵の出しどころだ」と強調する。

長崎県佐々町も経済的な補助にとどまらない支援に腐心する。15年に5人だった保健師を7人とし、22年度に子育てを含む相談にワンストップで応じる多世代包括支援センターを設けた。発達障害児を巡る悩みには専門医らが寄り添う。町で21年度末までの4年間に生まれた子の26%が第3子や第4子らという。

23年度も支援強化は各地で続く。鳥取県日吉津村は保育所を認定こども園として子どもを預けやすくし、定員を140人と20人増やす。

人口が集中する東京都でも18歳以下に月5000円の給付を始める。競争は激しさを増すが、国全体の子どもを増やす必要がある。一方で少子化対策は多岐にわたり即効性は薄い。

東京大学の山口慎太郎教授は限られた財源を有効な対策に充てる上でも「事業の効果検証まで予算化しておくべきだ」と提言する。

「子ども予算」は全都道府県で増加(2021年度の児童福祉費の16年度比増加率)

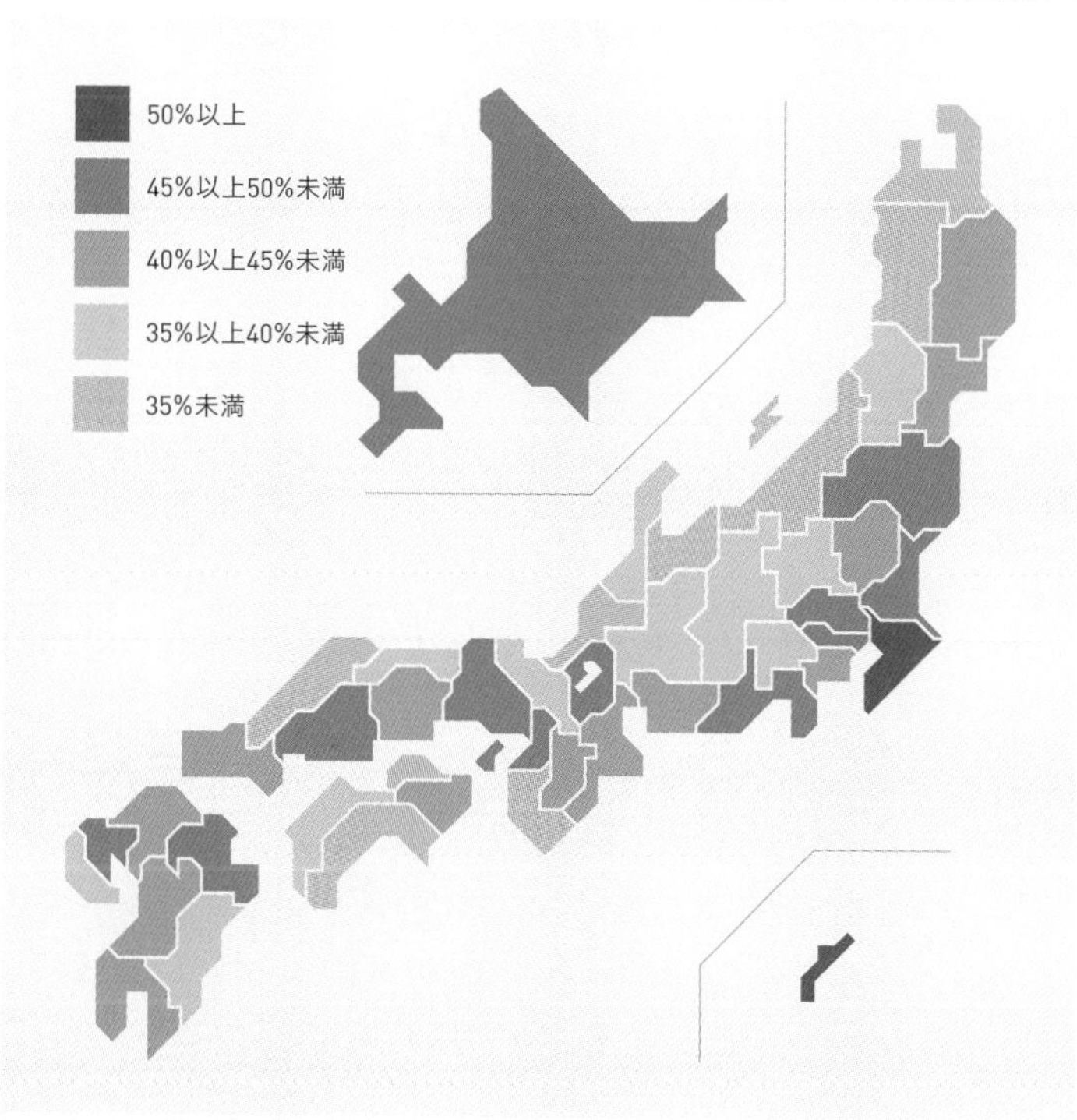

(注)市区町村の決算額を都道府県別に合算。出所は総務省「地方財政状況調査」

児童福祉費と若年人口が増えた市区町村

市区町村(都道府県)	児童福祉費増加率	若年人口増加率
日吉津村(鳥取県)	3.5倍	5.3%
西粟倉村(岡山県)	2.6	1.7
飛島村(愛知県)	2.6	4.4
江北町(佐賀県)	2.5	1.8
久山町(福岡県)	2.5	14.0
印西市(千葉県)	2.2	15.3
川上村(奈良県)	2.2	6.0
中城村(沖縄県)	2.2	14.6
佐々町(長崎県)	2.1	1.6
多賀町(滋賀県)	2.1	5.9

(注)児童福祉費増加率は21年度で16年度比。若年人口増加率は0〜19歳、22年1月と17年1月の比較。出所は総務省「地方財政状況調査」「住民基本台帳人口」

「子ども予算」は16年度比で4割増

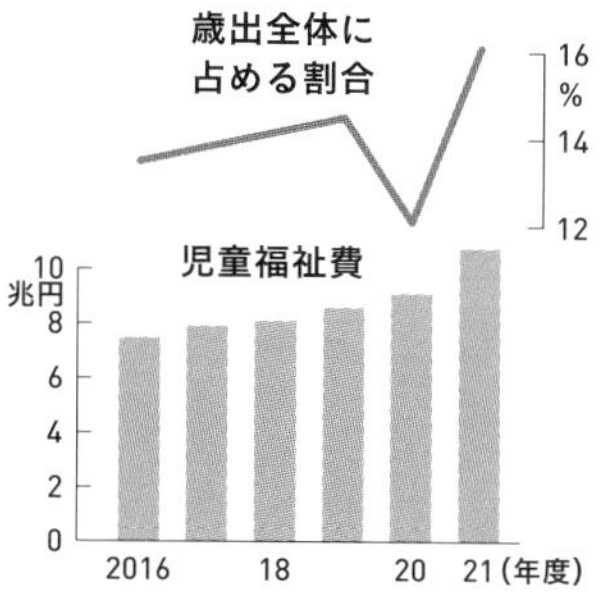

(注)市区町村の合計。出所は総務省「地方財政状況調査」

Column

少子化

女性が生涯で産む子の数を示す「合計特殊出生率」が人口の維持に必要な水準を下回っている状況を指す。その水準は人口学ではおおむね2.07程度とされる。日本は1970年代以降、長らく下回っており、2021年は1.30だった。厚生労働省によると、22年の出生数(外国人含む速報値)は79万9728人で過去最少を更新した。国の将来推計より11年早く80万人を下回った。

日本はこれまでも少子化対策に取り組んできた。当時、戦後最低を記録した「1.57ショック」が1990年に分かり、94年に日本初の少子化対策となる「エンゼルプラン」を策定した。95年には育児休業給付を創設し、2010年代は保育所の待機児童解消を進めてきた。

こうした対策を講じても減少に歯止めがかからず、岸田政権は抜本改革に乗り出そうとしている。海外の先進国では少子化対策を拡充し、出生率の低下を抑えている例もある。20年の出生率が1.66のスウェーデンでは子どもが8歳まで両親が計480日まで休暇を取得できる。そのうち390日は所得の8割を保障している。

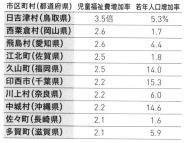

1-3

子育てしやすい街

［2023年12月16日掲載］

子育て支援、ソフトを重視

180都市調査で千葉・松戸1位 「広場」で悩み相談、家事代行も

共働き子育てしやすい街 千葉県松戸市が首位返り咲き

少子化が加速するなか、子育て支援の充実で「選ばれるまち」をめざす自治体が広がる。保育施設などハード整備には一定のメドがつき、出産・子育て世帯の要望にきめ細かく応えるソフト施策を重視する動きが目立つ。日本経済新聞社と日経BPの情報サイト「日経 xwoman」が主要都市のサービス内容などを調査・採点したところ、2023年は千葉県松戸市が2年ぶりにトップとなった。

調査は政令指定都市や県庁所在地、人口20万人以上の都市など180市区を対象に9～10月に実施し、157市区から回答を得た。認可保育所の入りやすさや学童保育への取り組みなど44項目を採点し、「共働き子育てしやすい街ランキング」を作成した。

松戸市は妊産婦向け支援や保育の質など多くの項目で高得点だった。親子で遊んだり、専門知識のある職員と話したりできる「おやこDE広場」などの整備が代表的な取り組み。孤立しがちな妊産婦も気軽に訪れて様々な悩みを相談できる。駅周辺などに28カ所展開する。

共働き子育てしやすい街2023年ランキング

順位	(22年)	自治体名	得点
1	(2)	千葉県松戸市	84
2	(5)	宇都宮市	83
3	(3)	愛知県豊橋市	82
4	(36)	神戸市	81
5	(4)	東京都羽村市	80
6	(1)	東京都豊島区	79
7	(24)	千葉県市川市	77
8	(12)	仙台市	76
	(16)	福島市	
	(9)	北九州市	
11	(12)	神奈川県厚木市	74
12	(31)	札幌市	73
	(55)	千葉市	
	(8)	東京都板橋区	
	(31)	東京都福生市	
	(25)	京都市	
	(9)	堺市	
18	(12)	東京都青梅市	72
	(—)	新潟県長岡市	

（注）カッコ内は22年順位、得点は100点満点

最近3年間の上位自治体の推移

	2021年	22年	23年
1	千葉県松戸市	東京都豊島区	千葉県松戸市
2	宇都宮市	千葉県松戸市	宇都宮市
3	千葉県浦安市、富山市	愛知県豊橋市	愛知県豊橋市
4	——	東京都羽村市	神戸市
5	北九州市など3市	宇都宮市	東京都羽村市

（注）調査項目や配点は年によって異なる

家事を手助けするヘルパー㊨との会話は子育ての息抜きにも（千葉県松戸市）

保育所などを利用していない2歳未満の子どもがいる家庭や妊婦を対象に家事支援サービスも8月に始めた。ヘルパーが家庭を訪ねて家事などを支援すると同時に育児の相談にも応じる。児童1人につき年40時間を上限に1時間500円で利用できる。

待機児童がいる自治体の割合 11ポイント低下の39%に

24年2月に第4子を出産予定の清水友華里さん（33）は、水回りの清掃や食事の準備などで月に2回ほど利用する。「産休や育休中は大人と話す機会が減る。家事の負担が減るうえ、話し相手もできて助かる」と笑顔だ。

妊娠36週以降の健診などで使うタクシーの費用も1回3000円まで補助する。里帰り出産時も利用できる。松戸市こども政策課の鈴木知宏課長は「周囲に頼りやすくする仕組みを整えて、社会全体で子育てできる環境を提供したい」と話す。

こども家庭庁によると、希望しても保育所などに入れない待機児童数は5年連続で過去最少を更新した。今回の調査でも認可保育所で待機児童がいる自治体の割合は39%と2年前の調査より11ポイント減った。余裕ができた保育所を多機能化する自治体も62%と22年調査より24ポイント増えた。未就園児を定期的に預かったり、余裕のある年齢のクラスの定員を減らして希望が多い年齢の受け入れ枠を確保したりときめ細かい対応が増える。

共働き家庭などの増加で小学生を預かる放課後児童クラブ（学童保育）のニーズも高まる。2位の宇都宮市は一定の条件を満たせば小学3年生までの希望者全員が学童保育に入ることができる。7割の学童保育が夏休みなどの長期休暇中に昼食を提供し、親の負担を軽くしている。

共働き子育てしやすい街2023年ランキング（20位以降）

順位	（22年順位）	自治体	得点
20	（21）	東京都練馬区	71
	（9）	東京都葛飾区	
	（16）	神奈川県秦野市	
	（36）	愛知県豊田市	
	（65）	三重県松坂市	
25	（16）	三重県鈴鹿市	70
	（43）	福岡市	
27	（31）	千葉県浦安市	69
		東京都新宿区	
	（16）	東京都中野区	
		新潟市	
	（25）	静岡市	
32	（110）	浜松市	68
	（12）	大分市	
34	（21）	神奈川県大和市	67
	（100）	福井市	
36	（45）	東京都世田谷区	66
	（39）	静岡県富士市	
	（70）	鹿児島市	
39	（100）	千葉県習志野市	64
	（25）	東京都品川区	
	（36）	東京都江戸川区	
	（55）	岐阜県大垣市	
	（48）	名古屋市	
	（90）	愛知県西尾市	
	（61）	兵庫県姫路市	
	（121）	松山市	
47	（70）	水戸市	63
	（78）	群馬県伊勢崎市	
	（21）	東京都荒川区	
	（48）	長野県松本市	

（注）カッコ内は22年順位

保育インフラの充実などで 神戸市が4倍に躍進

神戸市は22年調査の36位から4位へと大きく順位を上げた。保育インフラの充実度や質の向上などが高得点だった。子育て世帯が無料で遊べる施設を充実させており、3階建ての大型児童施設「こべっこランド」も2月にリニューアルオープン。6月には市内のすべての区に育児相談や親子での交流ができる拠点を整備した。「子育て世帯を応援するために市民以外でも利用できるようにした」（市こども未来課）という。

学習院大学の秋田喜代美教授は「松戸市など上位の自治体は独自調査で子育て世帯のニーズを把握し、きめ細かな支援に努めている」と指摘。「妊産婦支援や学童保育の整備など子育てのステージに応じて連続的に支援する必要がある」としている。

1-4

出生率目標

［2023年12月2日掲載］

「希望出生率1・8」実現は5％

政府目標達成、92市町村に半減 山梨県忍野村、企業と一体で子育て支援

2022年は出生率過去最低 市区町村の数値を算出

政府が2015年から少子化対策で重視する「希望出生率1・8」を22年は92市町村が実現したことがわかった。全市区町村の5％で、15年と比べると半減している。日本全体で出生率が下げ止まらないなか、高水準を保ち続ける自治体は立地企業との連携や宅地開発、教育拡充などにより子育て世帯が暮らしやすい環境を整えている。

合計特殊出生率は女性1人が生涯に産む子の数の推計。人口の維持には2・07程度を保つ必要があるとされるが、政府は1・8の実現を当面の目標とした。結婚し子がほしい夫婦の希望をかなえる目安としたが、日本の出生率は16年から低下が続く。新型コロナウイルス禍に伴う婚姻減なども響いて22年は1・26と05年と並び過去最低だった。

国は各市区町村の出生率を5年ごとの国勢調査の公表年を挟む5年平均で出す。最新は13～17年平均と古い。東京都は都内の市区町村の毎年の出生率を住民基本台帳から独自に示す。「国と微妙に数値が異なるが傾向をつかめる」（都保健医療局）。この都の手法を用いて日本経済新聞社が1月時点の人口と22年の出生数から全市区町村の最新の出生率を割り出した。

「希望出生率」実現は西日本先行

順位	都道府県	(%)
1	沖縄県	34.1
2	宮崎県	26.9
3	島根県	21.1
4	鹿児島県	18.6
5	福井県	17.6
6	長崎県	14.3
7	熊本県	13.3
8	佐賀県	10.0
9	広島県	8.7
10	福岡県	8.3
11	青森県	7.5
12	山梨県、岡山県	7.4
14	北海道	5.6
	全国平均	5.3
15	石川県、鳥取県、山口県	5.3
18	長野県	5.2
19	奈良県	5.1
20	福島県	5.1
21	岐阜県	4.8
22	徳島県	4.2
23	京都府	3.8
24	三重県	3.4
25	和歌山県	3.3
26	岩手県	3.0
27	高知県	2.9
28	東京都	1.6
29	宮城県、秋田県、山形県、茨城県、栃木県、群馬県、埼玉県	0.0
29	千葉県、神奈川県、新潟県、富山県、静岡県、愛知県、滋賀県、大阪府、兵庫県、香川県、愛媛県、大分県	0.0

（注）2022年に希望出生率1.8以上を実現した市区町村の割合

九州・沖縄の10市町村 希望出生率超え8年連続

出生率は総じて西日本が高い。国が毎年公表する都道府県別では22年に沖縄県（1・70）、宮崎県（1・63）が上位だった。市区町村でも希望出生率1・8以上を15年から8年続ける10市町村は鹿児島県徳之島町などすべて九州・沖縄。東日本では山梨県忍野村（1・92）、北海道共和町（2・05）が7回達成した。

雇用は重要だ。忍野村は産業用ロボット、ファナックの企業城下町。村にある本社工場で4000人近くが働く。主に独身社員向けの寮5棟、家族も住める社宅13棟があり、野球やサッカー場、テニスコートなど社員は無料か格安の福利厚生施設がそろう。

出生届は「きょうも昨日もその前もファナックさん」（村住民課の担当者）。人口1万人弱の村にある「ファナック地区」は過去20年で住民が2000人以上に倍増。企業内保育所は定員19人のため「待機児童が出ないように村と連携している」（牧野智彦人事部長）。

富士山を臨む自然環境を生かした保育所は
ファナック社員の子どもが多く通う（山梨県忍野村）

第2子以降の保育料は所得制限なく無償だ。

寮や社宅を出て近隣の富士吉田市などに住まいを構える社員も多く、村では引き留めへ住宅の新築・購入時に100万円を補助する。

北海道央の共和町ではインターナショナルスクールを中心とした開発計画が進む。国際リゾートのニセコ地区に近く、国際的な教育環境も特色として若い世代を呼び込む。

鹿児島・徳之島 島ぐるみで支える「子宝島」

奄美群島の徳之島にある徳之島町は出生率1・8以上が8年続く市町村のうち22年の出生率が最も高い。島内の天城町も8年連続。「子宝島」と呼ばれる島で唯一の空港は12年に愛称が「徳之島子宝空港」となった。島ぐるみで子育てを支える気風が根付く。

福岡県粕屋町も希望出生率を8年連続で実現した。鉄道駅が6つあり福岡市への好アクセスから成長してきた。町は駅前などの区画整理で住宅地として利便性を高め、保育施設も拡充してきた。

経済統計に詳しい神奈川大学の飯塚信夫教授は「結婚・出産に経済的要因は無視できない。安定した職は出生率の高さにつながる」と指摘。一方で「日本全体の成長力や働く人の可処分所得を増す政策の推進も大事」と強調する。

「希望出生率」実現は西日本先行

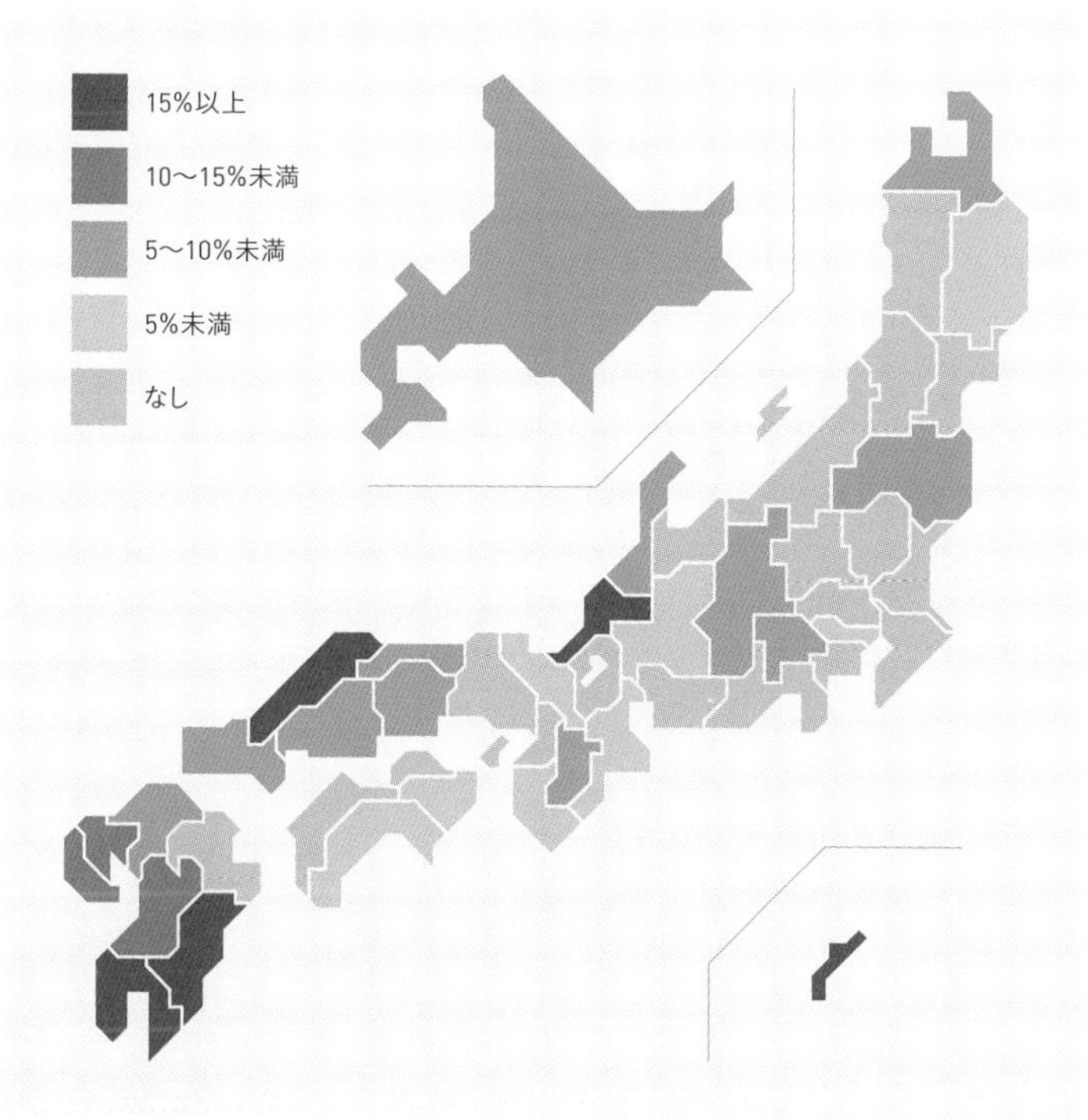

(注) 2022年に希望出生率1.8以上を実現した市区町村の割合

希望出生率が続く10市町村

順位	自治体名	出生率
1	徳之島町(鹿児島県)	2.40
2	長島町(鹿児島県)	2.24
3	天城町(鹿児島県)	2.13
4	南風原町(沖縄県)	1.98
5	八重瀬町(沖縄県)	1.87
6	豊見城市(沖縄県)	1.86
7	粕屋町(福岡県)	1.84
8	宜野座村(沖縄県)	1.83
9	糸満市(沖縄県)	1.82
10	中城村(沖縄県)	1.80

(注) 2015年から8年連続で出生率1.8以上の市町村。22年の合計特殊出生率で順位付け

希望出生率の達成年数多い町村は東日本にも

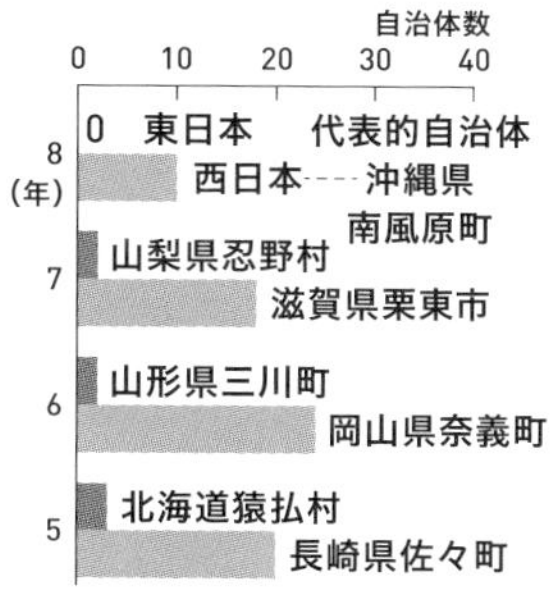

希望出生率を実現した市区町村は半減

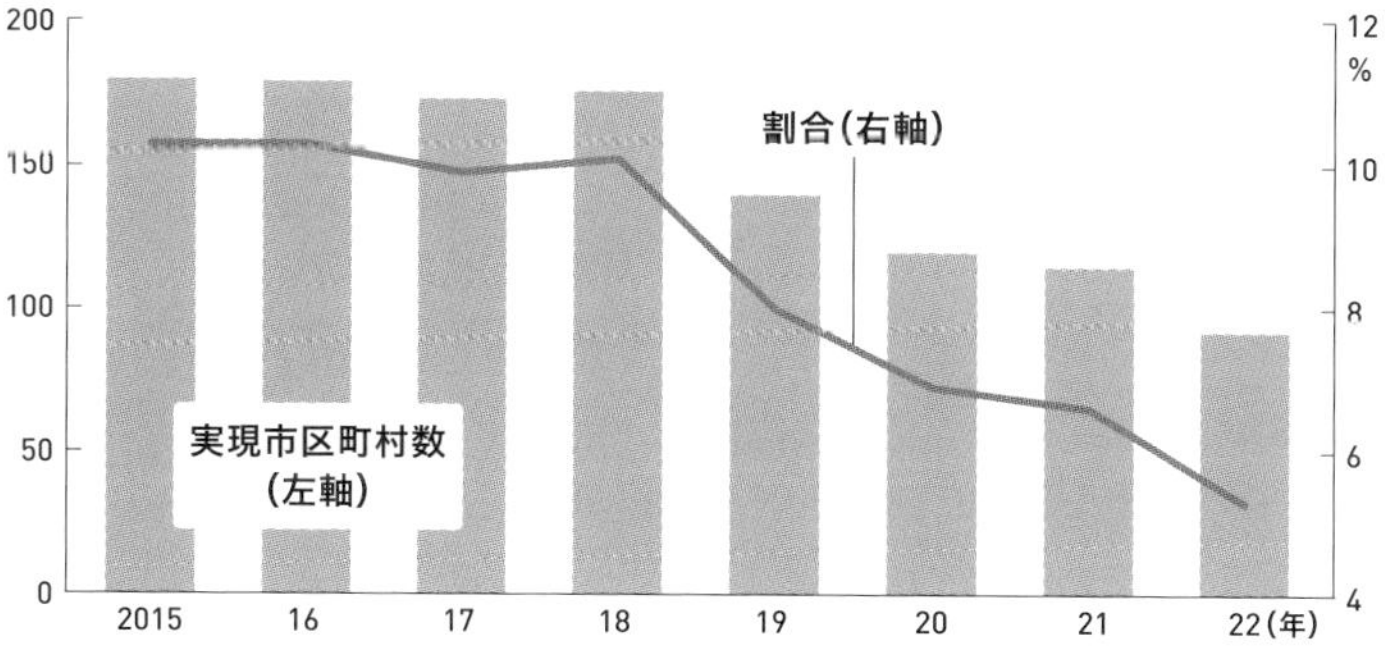

1-5

子育て支援企業

［2023年5月27日掲載］

企業の子育て支援、徳島厚み

「プラチナくるみん」認定割合8% 上位県は女性管理職の多さと相関

「プラチナくるみん」認定 全国で548社

従業員への子育て支援を重視する企業が地方で拡大している。男性の育児休業取得率が13%以上などの基準を満たした国の認定企業数が各地の企業に占める割合は都道府県トップの徳島県で約8%に達した。認定企業割合が上位の地域は女性の管理職比率が高い傾向にある。子育て支援は人材の採用や定着とともに女性活躍も左右する。

子育てと仕事との両立を支援する制度が手厚い企業を厚生労働省は「くるみん」の愛称で認定する。男性社員の育休取得率13%以上など基準が厳しい「プラチナくるみん」は2022年度末で全国に548社。制度が始まった15年度末の約7倍となり、従業員が50人以上で資本金・出資金3000万円以上の企業のうち1・7%を占める。

徳島県はプラチナ認定企業の割合が7・8%と全国の5倍近い。静岡県が3・4%、奈良県が3・2%で続く。認定企業は求人や広告でマークを掲げてPRできるほか、助成金の受給や公共調達への加点評価などの優遇がある。

徳島市の徳島大正銀行は17年にプラチナくるみん、22年に不妊治療への配慮を上乗せした新設の「プラチナくるみんプラス」に県内で初認定された。全職員1300人余りに子育て関連制度の理解を促すeラーニングを毎年実施するほか頭取名で頻繁に利用を呼びかけ、対象男性の育休取得率は90%を上回る。

認定企業率の高い徳島県 女性管理職比率も首位

徳島県は少子化対策の一環でくるみんを早くから推奨。女性活躍が進む土

プラチナくるみんの認定企業割合（2023年3月末）

1	徳島県	7.8	17	茨城県	2.1	33	愛知県	1.0
2	静岡県	3.4	18	青森県	2.0	34	埼玉県	1.0
3	奈良県	3.2	19	群馬県	1.9	35	兵庫県	1.0
4	山口県	2.8	20	栃木県	1.9	36	沖縄県	1.0
5	香川県	2.8	21	三重県	1.8	37	神奈川県	0.9
6	東京都	2.7	22	千葉県	1.8	38	福岡県	0.9
7	福井県	2.7	23	宮城県	1.7	39	大阪府	0.8
8	大分県	2.5	24	岡山県	1.7	40	宮崎県	0.7
9	高知県	2.5	25	石川県	1.6	41	長崎県	0.6
10	鹿児島県	2.5	26	福島県	1.5	42	山梨県	0.6
11	長野県	2.4	27	島根県	1.5	43	岐阜県	0.6
12	山形県	2.3	28	岩手県	1.3	44	北海道	0.6
13	和歌山県	2.2	29	新潟県	1.2	45	広島県	0.2
14	京都府	2.2	30	熊本県	1.2	46	秋田県	0.0
15	滋賀県	2.2	31	愛媛県	1.2		鳥取県	0.0
16	佐賀県	2.2	32	富山県	1.1			

（%）

（注）同じ値の場合は小数点第2位以下で順位付け。出所は厚生労働省、経済産業省

三島信用金庫は育休の職員に復帰後に向けて研修（静岡県三島市）

地柄も企業を後押しする。男性の育休取得などで基準がプラチナよりも緩い「くるみん」では認定企業の割合は57・4%と都道府県で唯一の半数超え。官民の女性管理職の比率は20年時点で19・6%と全国首位だ。県は職場環境をさらに整えようと23年4月に男性の育休を促す事例集を公表した。

徳島を含む認定企業割合が上位の5県は女性管理職比率が平均16・4%。下位の5道県（14・8%）よりも高い。

静岡県は子育て支援が充実する県内の中小企業を「こうのとりカンパニー」として11年から独自に認証してきた。育休の取りやすさなどが条件で185社が取得。「子育てと仕事の両立を中小企業が推進するきっかけ」（県こども未来課）となっている。

三島信用金庫（静岡県三島市）は2月、全国の信金で初のプラチナくるみんプラスの認定を得た。「いろいろな働き方を認める職場だと採用時に学生にアピールしやすくなった」と担当者は強調する。

奈良県は県内企業を対象に「パパ産休プロジェクト」を打ち出す。男性の育休取得を促す動画を作り、職場研修などで使えるようにした。育児休業給付金に上乗せして従業員に賃金などを支払う事業者への補助制度も用意する。

男性の育休取得増に課題 平均日数は横ばい

コンサルティング会社のワーク・ライフバランス（東京・港）の調査によると、男性の育休取得率はここ3年間で大幅に上昇したが、平均取得日数は横ばいという。男性の育児参加では実効性を高める必要もある。徳島大正銀は育児応援金など諸手当を充実させ、「男性の育休取得を現状の1週間程度から3年で2週間以上に伸ばすのが目標だ」（人事部担当者）という。

岸田文雄首相は3月、男性の育休取得率を25年度に50%、30年度に85%とする目標を示した。従来は25年までに30%だった。厚労省によると21年度は14%。対応促進へプラチナくるみんでは男性育休取得率の基準を22年度から30%以上（23年度末まで猶予期間）に引き上げた。企業側も人材確保には踏み込んだ子育て支援策を迫られている。

男性育休取得率13%以上などプラチナくるみんの認定企業割合（2023年3月末）

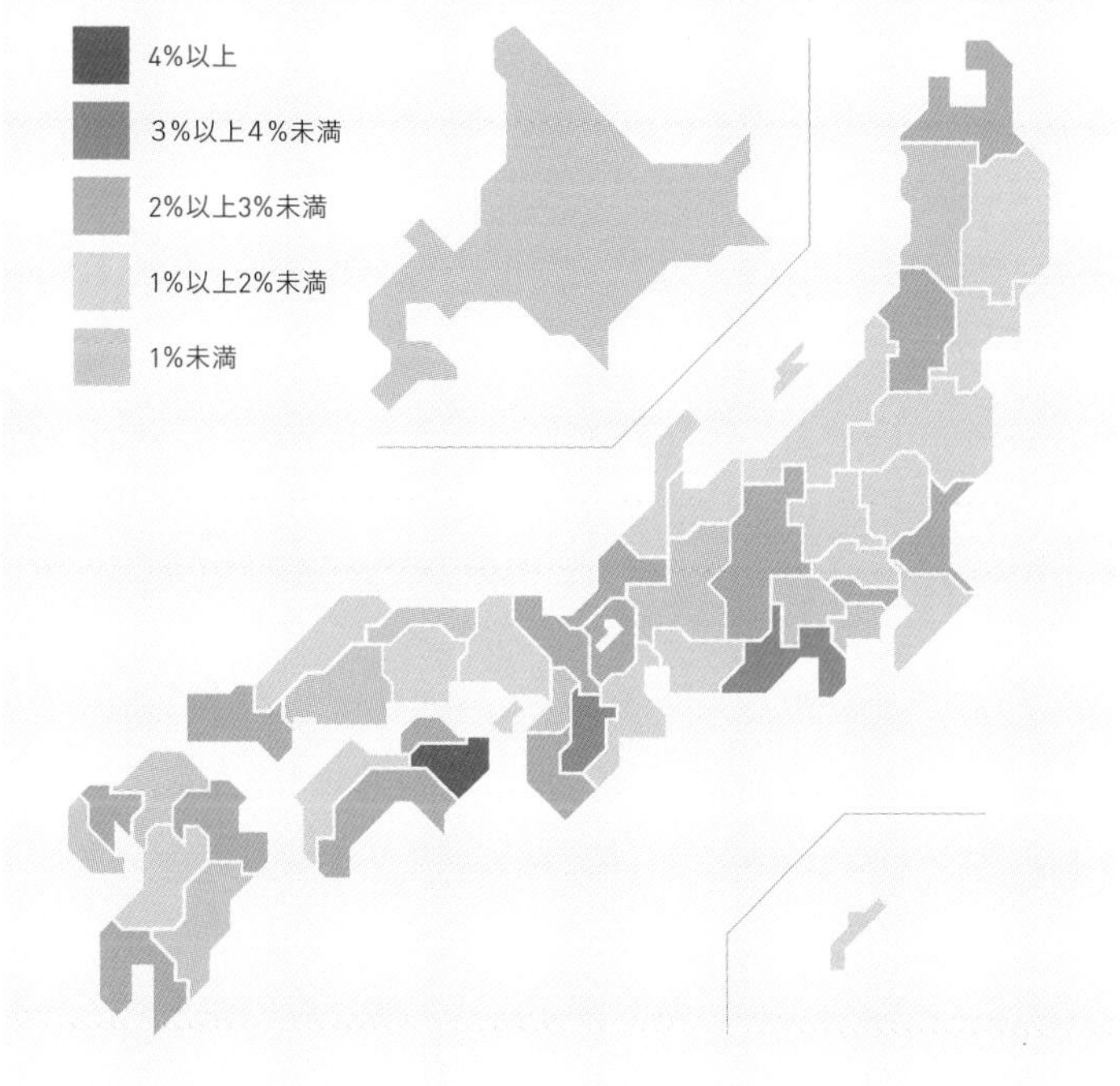

（出所）厚生労働省、経済産業省

子育てサポート企業の認定制度

基準のうち男性社員の育児休業取得率

プラチナくるみん（548社）	13%以上（新基準は30%以上）
くるみん（4124社）	7%以上か育児休業取得が1人以上など（新基準は10%以上）
トライくるみん	7%以上

（注）カッコ内は認定企業数。新基準は2022年4月から。経過措置として24年3月末までは従来基準で申請可。認定企業数は23年3月末時点

認定企業の割合は増加

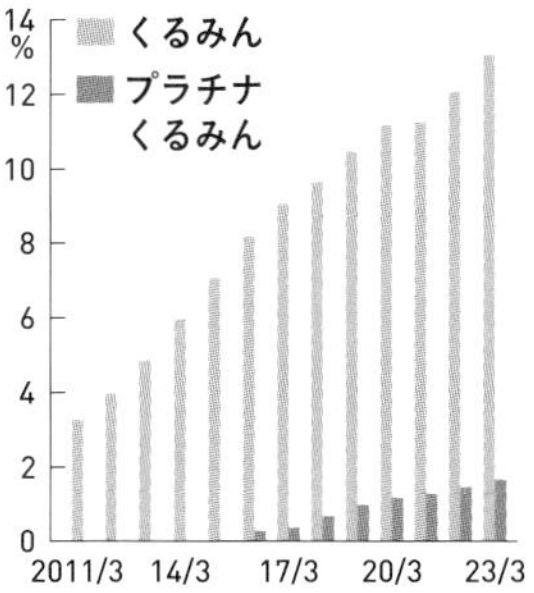

1-6

基準地価

［2023年10月28日掲載］

基準地価、バブル超え85市町村

沖縄は県全体で、八重瀬町は5倍

子育て支援・移住促進結実

沖縄は24市町村バブル超え 観光関連投資が拡大

地価の回復が地方に広がっている。国土交通省が9月に公表した2023年の基準地価を市区町村別にみると、沖縄県などの85市町村で過去最高だったバブル期の1990年を上回った。新規の工場立地などに加え、子育て環境の整備などで住みやすさを実現した自治体が目立っており、まちづくりの〝通信簿〟にもなっている。

23年の基準地価は全用途の全国平均が前年比1・0%上昇と2年連続で上がった。投資資金の流入や再開発で三大都市圏が2・7%上がり、地方圏も0・3%上昇した。

バブル期の地価上昇が三大都市圏に比べて緩やかだった影響もあり、90年を上回った85市町村は大半が地方圏だった。都道府県別で唯一バブル期を超えた沖縄県は過半の24市町村が上回った。03年に那覇市内でモノレールが開通。訪日客が増えて観光関連産業の投資も拡大する。

バブル期の5倍近くと全国で最も上がった県南部の八重瀬町は06年の町村合併で誕生した。00年代後半に国道が延伸され、那覇市までのアクセスが30分足らずと半減。サトウキビ畑が広がっていた同町屋宜原地区には住宅が増え、人口は約2000人と7倍になった。国道沿いには大型スーパーや飲食店が立ち並ぶ。

不動産鑑定士の仲本徹氏は「那覇市の不動産に手が届かなかった層が流れてきた」と説明する。若い世代が増え、合計特殊出生率も2・15と全国16位の高水準。町は23年中に学童保育施設を2カ所増設する。地元住民は「歩道が広く、登下校時の事故の心配も少ない」と話す。

バブル超えの市町村の多くが子育て支援や移住促進、工場誘致などで新たな土地需要を生んでいる。地価がほぼ2倍になった宮城県利府町も運動着の

2023年基準地価（全用途平均）1990年比増減率

1	沖縄県	28.0	17	石川県	▲47.7	32	福島県	▲61.9
2	佐賀県	▲26.6	18	徳島県	▲52.9	33	富山県	▲62.8
3	岩手県	▲26.9	19	神奈川県	▲53.0	34	福井県	▲63.4
4	福岡県	▲28.3	20	三重県	▲54.0	35	群馬県	▲63.6
5	島根県	▲29.8	21	茨城県	▲54.3	36	東京都	▲63.6
6	宮城県	▲33.1	22	熊本県	▲54.4	37	青森県	▲63.7
7	鹿児島県	▲36.2	23	長野県	▲55.0	38	新潟県	▲64.2
8	広島県	▲38.4	24	愛媛県	▲57.9	39	滋賀県	▲64.5
9	北海道	▲39.8	25	埼玉県	▲59.1	40	静岡県	▲65.5
10	宮崎県	▲40.2	26	京都府	▲59.3	41	秋田県	▲65.5
11	大分県	▲42.9	27	鳥取県	▲60.0	42	香川県	▲65.5
12	長崎県	▲44.1	28	岐阜県	▲60.2	43	和歌山県	▲72.1
13	山口県	▲46.2	29	岡山県	▲60.2	44	大阪府	▲72.7
14	愛知県	▲46.9		全国平均	▲61.2	45	千葉県	▲74.3
15	高知県	▲47.1	30	兵庫県	▲61.2	46	奈良県	▲76.0
16	山形県	▲47.7	31	栃木県	▲61.7	47	山梨県	▲76.6

（%）

（注）同じ値は小数点第2位以下で順位付け。▲は減少。
出所は国土交通省「都道府県地価調査」

日本一面積が小さな自治体で地価が上昇している（2023年10月、富山県舟橋村）

無料支給や、ベビー用品の無料レンタルなどが好評だ。同町には仙台市とつながる駅や高速道路のインターチェンジがある。通勤・通学圏の仙台市内での不動産価格上昇もあり、「戸建て住宅を望む子連れ夫婦の転入が目立つ」（地元不動産会社）。

インターチェンジ付近には物流施設も増えた。町は土地整備事業を進めてさらなる宅地需要に備える。熊谷大町長は「仙台市と日本三景の松島の中間にあるため通過される町だったが、選ばれる町に変貌した」と胸を張る。

人口が2・3倍に「奇跡の村」富山県舟橋村

日本一面積が小さい富山県舟橋村も地価が41％上がった。20年時点の人口は3132人と90年比で2・3倍に増加。「奇跡の村」とも呼ばれるようになった。きっかけは規制が厳しい市街化調整区域の指定が88年に解除されて宅地開発が進んだことだ。

以前から子育て支援に熱心だったうえ、隣接する富山市などに比べた割安感もあって、若い家族層が移り住むようになった。舟橋村はさらなる移住促進に向けて19年から村営賃貸住宅を提供しており、将来の定住につなげる。

一方、13年に始まった日銀の金融緩和を柱とした「アベノミクス」のもと、この10年間の全国の地価は平均45％上がり、市町村別でも4分の1の自治体が上昇した。特に中心都市である都道府県庁所在地の上昇率は平均65％に達した。再開発などが相次ぐ大阪や札幌、福岡、名古屋の4市は2倍以上となった。

人口問題などに詳しい東北大学の吉田浩教授は「投資対象となる都市部とは異なり、地方圏の地価はそこに住みたいという人がいなければ上がらない」と強調。「今後も育児環境や教育、空き家対策など総合的な住みやすさが地価に反映される流れが続くだろう」としている。

沖縄の地価はバブル期を超えた

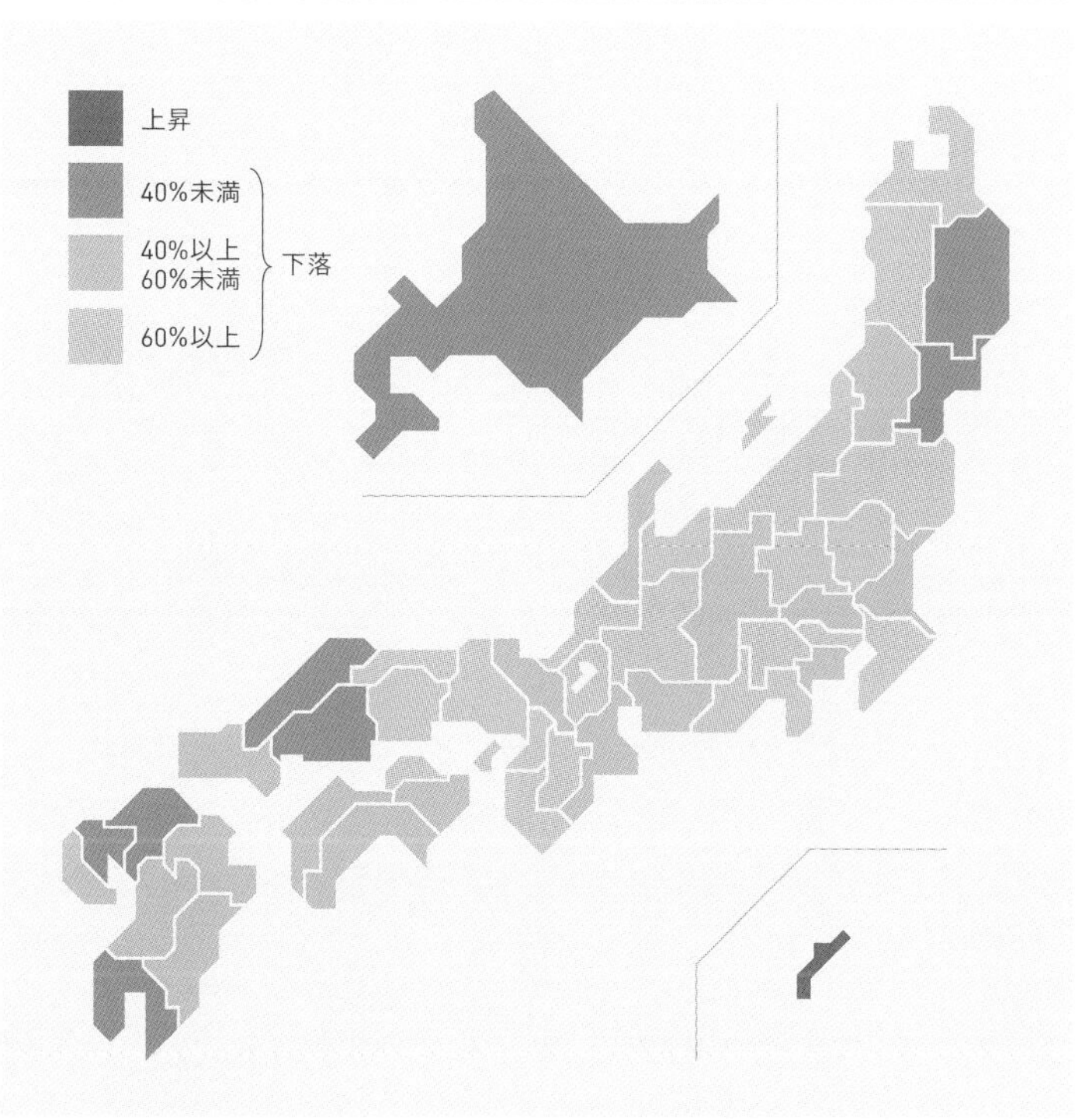

（注）2023年基準地価（全用途平均）1990年比。出所は国土交通省「都道府県地価調査」

1990年比で85市町村が上昇（2023年）

順位	自治体名	90年比上昇
1	八重瀬町（沖縄県）	4.7倍
2	座間味村（沖縄県）	4.2倍
3	渡嘉敷村（沖縄県）	3.5倍
9	菊陽町（熊本県）	2.3倍
11	嘉島町（熊本県）	2.0倍
12	利府町（宮城県）	95.1%
30	舟橋村（富山県）	41.0
1730	木更津市（千葉県）	89.5%下落
1731	甲府市（山梨県）	90.4
1732	八街市（千葉県）	92.0

（注）比較可能な1732自治体を算出

10年間で中心都市の地価は上昇した

順位		2013年比上昇幅
1	大阪市	2.4倍
2	札幌市	2.3倍
3	福岡市	2.2倍
4	名古屋市	2.1倍
5	仙台市	99.0%
6	京都市	97.8
7	那覇市	85.4
8	横浜市	58.9
9	新宿区	56.6
10	広島市	55.3

（注）都道府県庁所在地の地価上昇率

基準地価の推移（全用途平均）

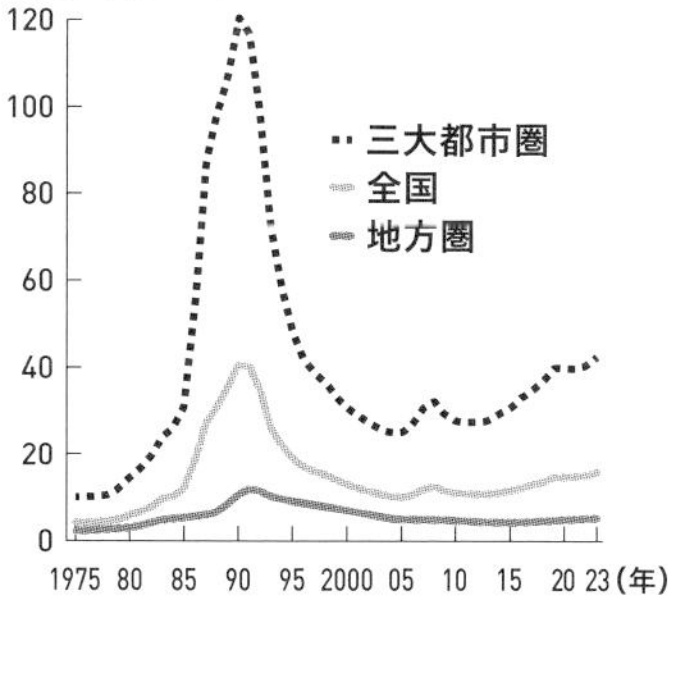

1-7

メタボ率

［2023年7月8日掲載］

メタボ率低い新潟・岐阜、健康増進

アプリで運動促進、減塩食誘う

全国で健診者の3割、900万人迫る

「健康立県」掲げる新潟県 メタボ率は全国最低

生活習慣病につながるメタボリックシンドローム（メタボ）やその予備群と診断された人は健診受診者の約3割、900万人に迫る。年間44兆円に膨らむ医療費の約3割は生活習慣病による。新型コロナウイルス禍に伴う行動抑制の影響も懸念される。住民の健康づくりによる対策だけでなく健康産業の創出を目指す自治体もある。

メタボは内臓脂肪型肥満に高血圧や高血糖、脂質代謝異常が組み合わさった状態。これらに着目した特定健診は2008年に導入された。40歳以上75歳未満の受診者が基準に当てはまると判定されると、運動や食生活の改善など特定保健指導を受けるように促される。

厚生労働省が23年5月にまとめた21年度の調査ではメタボと予備群が特定健診の受診者のうち29・1％と08年度比で2・3ポイント増えた。都道府県では新潟県が26・4％で最も比率が低く、岐阜県が26・7％で続いた。

新潟県は「健康立県」を掲げて健康増進を後押しする。雪国で冬場を中心に運動が不足しがちなうえ車社会。県民の1日の歩数は全国より1割強少なく、「専門家から危機的との指摘があった」（県健康づくり支援課の担当者）。

新発田など19自治体 行動経済学で受診率向上

県が呼びかけ、県内のスーパー約230店が塩分を控え野菜を多く使うなどした総菜や弁当を共通マーク付きで扱う。スマートフォン向けの健康アプリも21年に導入した。1日の歩数やスポーツイベントの参加に応じてポイントがたまり、約550の協力店で特典がある。

同県上越市は妊婦や乳幼児も含む広い世代で健診などを重視する。小学5年生と中学2年生の希望者に血液検査でコレステロールなどを調べ、児童・生徒の8割以上が受診する。自治区域ごとに最低1人置く保健師や栄養士が

健診受診者に占めるメタボと予備群の割合（2021年度）

1	新潟県	26.4	17	山口県	28.6	33	富山県	30.4
2	岐阜県	26.7	18	大阪府	28.7	34	栃木県	30.5
3	静岡県	26.9	19	愛媛県	28.7	35	茨城県	30.7
4	京都府	27.0	20	三重県	28.9	36	佐賀県	30.8
5	長野県	27.2	21	岡山県	28.9	37	和歌山県	30.8
6	東京都	27.4	22	広島県	29.0	38	青森県	30.8
7	山形県	27.5	23	大分県	29.0	39	岩手県	30.9
8	滋賀県	27.9	24	香川県	29.3	40	宮崎県	31.1
9	山梨県	28.0	25	福井県	29.5	41	熊本県	31.1
10	兵庫県	28.2	26	石川県	29.6	42	長崎県	31.1
11	奈良県	28.3	27	福岡県	29.6	43	秋田県	31.9
12	鳥取県	28.4	28	埼玉県	29.8	44	鹿児島県	31.9
13	島根県	28.5	29	千葉県	30.1	45	福島県	31.9
14	徳島県	28.5	30	群馬県	30.2	46	宮城県	32.2
15	神奈川県	28.5	31	高知県	30.4	47	沖縄県	35.8
16	愛知県	28.6	32	北海道	30.4			

（％）

（注）同じ値の場合、小数点第2位以下で順位付け。出所は厚生労働省「特定健康診査・特定保健指導の実施状況」

糖尿病死亡率が高い徳島県ではスマホアプリで健診を促す

地域性に合わせて健康指導に当たる。市民1人当たりの医療費は20年度が35万3652円と前年度比3・5％減った。

行動経済学で「ナッジ」と呼ぶ、さりげなく人を導く手法でも受診率を高める。県内の全30市町村の19で取り入れる。新発田市は健診を受けてこなかった市民に「（健康維持の）成果を見える化しませんか」といった内容のはがきを送って自発的な受診を誘う。21年からの活用前後で受診者の割合は倍増した。

岐阜県下呂市
「減塩」を新たな名物に

岐阜県では下呂市が減塩推進週間を毎月設け、市内の飲食・小売店を協力店に認定するなど「減塩元気大作戦」を展開する。旅館「水鳳園」では味を保ちつつ塩分と糖質を4割ほど減らした料理を提供し、客層が広がったという。温泉で知られるまちの新名物に、との期待も高まる。

減塩運動は13年に脳血管疾患の患者割合が県内ワースト1位となったことがきっかけ。未就学児を含む各年代で尿中の塩分も毎年測る。こうした取り組みで、疾病リスクが高まる2度以上の高血圧者の割合は12年の計6・8％から18年に半減した。

メタボと予備群は各種の対策にかかわらず全国では08年度比で増えたが、徳島・山形両県は減った。徳島県は糖尿病死亡率が全国ワースト1位か高い水準にあり、その改善も狙って県民の健康づくりに取り組む。

20年からは同県もスマホアプリ「テクとく」を運用する。歩数や健康診断の受診回数をポイントとして賞品応募などに使え、22年度末で利用者は2万6000人を超えた。県は22年から機能性食品の開発や医療ツーリズムなど健康関連の新産業に挑む県内事業者を専門家の助言などで支援する。

日本生活習慣病予防協会の宮崎滋理事長は自治体のメタボ対策について「医療が必要な人の増加を防ぐことで医療資源の有効活用につながる」と評価する。

メタボとその予備軍の割合は新潟や岐阜で低い（2021年度）

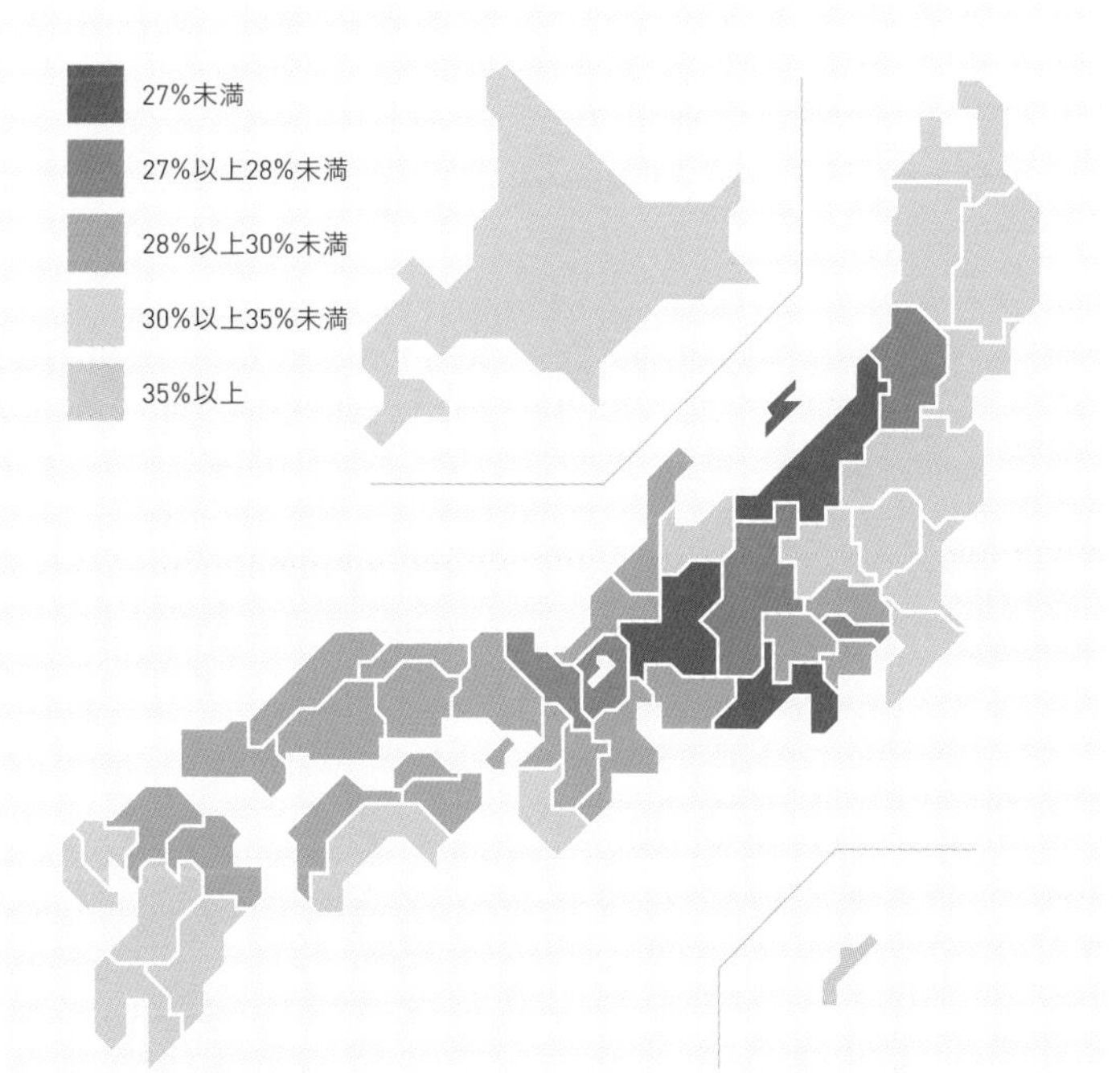

（出所）厚生労働省「特定健康診査・特定保健指導の実施状況」

メタボ該当者の割合が低い府県

	2021年度	増減（08年度比）
新潟県	26.4%	1.63
岐阜県	26.7	1.62
静岡県	26.9	3.22
京都府	27.0	2.19
長野県	27.2	2.31

徳島と山形は減少

	2021年度	増減（08年度比）
徳島県	28.5%	▲0.29
山形県	27.5	▲0.25
東京都	27.4	0.82
兵庫県	28.2	0.87
大分県	29.0	0.98

（注）増減はポイント、▲は減少

メタボ該当者と医療費

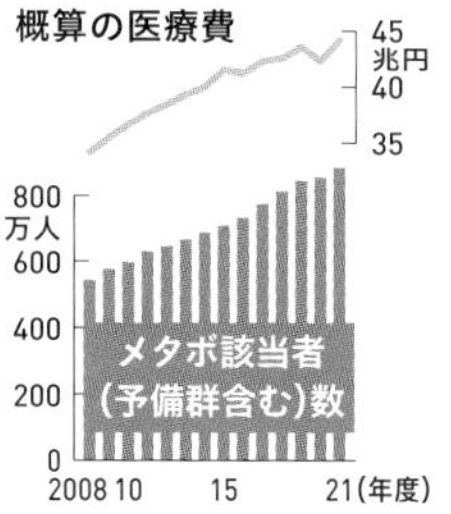

（注）メタボ該当者は特定健診の受診者中の人数。概算の医療費の出所は厚生労働省「医療費の動向」

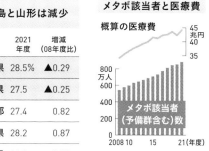

1-8

人口推計

［2024年1月20日掲載］

将来人口、市区町村３割で上振れ

２０４０年推計、10年前の予想超す
千葉県流山市は９万人増、子育て支援実る

６６３市区町村 ２０１３年推計を上回る

日本の総人口の1億人割れが現実味を帯びるなか、国立社会保障・人口問題研究所（社人研）が２０２３年に公表した地域別の将来人口推計では、３割の市区町村が10年前の推計値を上回った。出産・育児支援や企業誘致などで実績をあげる自治体が予想を覆す健闘を見せる。一方、東北地方などでは人口減が推計を超えて加速するケースも目立ち、自治体間のせめぎ合いが激しさを増す。

社人研は国勢調査による人口を基に出生や死亡などの変動要因を加えた将来推計人口を5年ごとに算出している。23年公表の40年時点の日本全体の推計人口は1億１２８０万人と20年実績に比べて11％減るが、外国人の増加などもあって10年前の推計値より5％増えた。

一方、地域別の40年時点の推計人口を10年前と比べると、６６３市区町村、30都道府県が上振れした。人口流入が続く東京都が17・9％増えるなど首都圏の自治体の推計値超えが目立つ。

2040年推計人口の変化（13年推計と23年推計を比較）

		増減率			増減率			増減率
1	東京都	17.9	16	山梨県	2.2	32	鹿児島県	▲0.4
2	千葉県	11.2	17	岡山県	2.2	33	三重県	▲0.8
3	埼玉県	10.3	18	宮城県	2.1	34	岐阜県	▲0.8
4	福岡県	8.7	19	茨城県	2.1	35	山形県	▲0.9
5	神奈川県	6.3	20	兵庫県	2.0	36	山口県	▲1.0
6	島根県	6.2	21	京都府	2.0	37	奈良県	▲1.2
7	大阪府	5.6	22	熊本県	1.8	38	宮崎県	▲1.3
	全国	5.2	23	広島県	1.5	39	岩手県	▲1.5
8	沖縄県	5.0	24	富山県	1.2	40	高知県	▲1.6
9	長野県	4.5	25	和歌山県	1.2	41	徳島県	▲1.8
10	香川県	3.5	26	佐賀県	1.1	42	青森県	▲1.9
11	北海道	3.1	27	福井県	0.9	43	秋田県	▲1.9
12	鳥取県	3.1	28	栃木県	0.9	44	大分県	▲2.0
13	愛知県	2.8	29	石川県	0.5	45	新潟県	▲2.2
14	静岡県	2.6	30	滋賀県	0.0	46	福島県	▲2.4
15	群馬県	2.6	31	愛媛県	▲0.1	47	長崎県	▲3.5

（%）

（注）同じ値は小数点第2位以下で順位付け。▲は減少。出所は国立社会保障・人口問題研究所「日本の地域別将来推計人口」

子育て世帯呼び込む流山市 つくばエクスプレス効果も

上振れ幅が2位の千葉県（11・2％増）は6割の市町村が上回った。中でも流山市は40年人口が約23万６０００人と9万人（62・9％）増える。05年のつくばエクスプレス開業で住宅や商業施設の開発が進んだことが大きい。

市も「母になるなら、流山市。」というキャッチコピーを掲げるなど、首都圏に住む若い子育て世帯の転入を促してきた。子どもの成長に伴う住み替えの希望などに応える相談窓口を開設。駅を利用する共働き世帯などの負担を減らそうと、「駅前送迎保育ステーション」を設けて保育園までバスで送

島根県海士町などが取り組む就業型のお試し移住に、多くの若者が訪れる（2023年4月）

朝の出勤時に、子どもを保育施設まで送迎してくれる（2023年7月、千葉県流山市）

り迎えする。

全国的に低下傾向の合計特殊出生率も22年に1・50と全国平均の1・26を上回る。人口は20年に20万人を超えた。米国で都市計画の仕事をしていた井崎義治市長は、まちづくりのポイントを「緑ある快適な住環境や教育体制」と強調する。24年は小学校を2校新設するなど、人口増を見据えた基盤整備も進める。

仙台市近郊の大衡村も50・3%増える。トヨタ自動車グループが10年ごろから生産投資を拡大。村は増えた税収を生かして子育て支援を拡充してきた。18歳までの医療費のほか、入園費や通園費、給食費や保育料も無料とした。子育て世帯の受け皿となる住宅団地も造成。23年の15歳未満人口は10年比で約6%増えた。今後は台湾の半導体大手も進出予定だ。

日本一人口が少ない町である山梨県早川町は41・4%増える。人口減対策として、12年度から給食費や教材費を含めて義務教育費を完全に無料とした。23年には16歳になる年度初めから36カ月間、月5000円を給付する。

2040年推計人口の変化（13年推計と23年推計を比較）

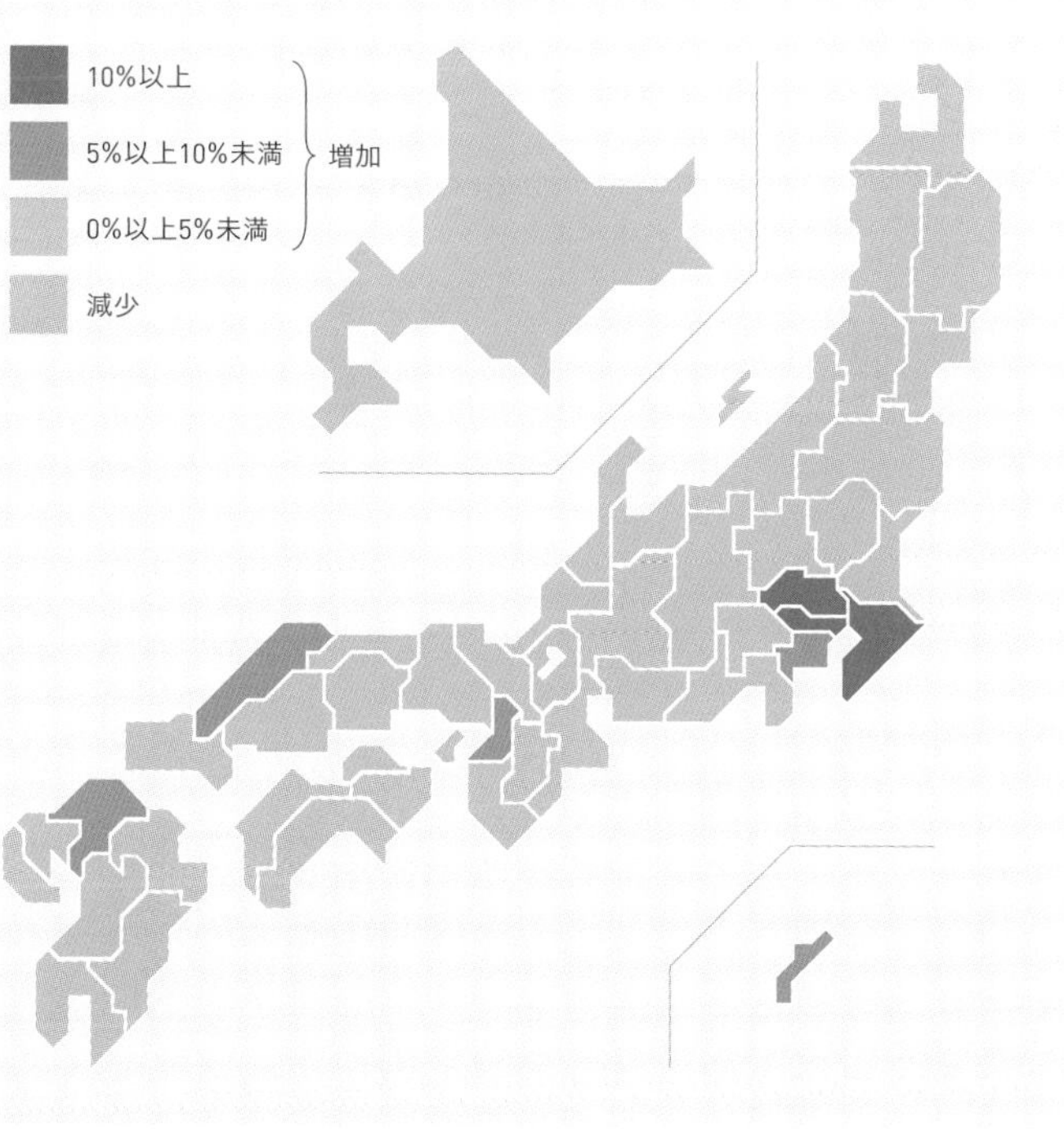

（出所）国立社会保障・人口問題研究所「日本の地域別将来推計人口」

2040年人口推計の増減率（13年時と23年時を比較）

		23年推計（人）	増減率
上位	東京都千代田区	7万7900	66.7%
	千葉県流山市	23万6500	62.9
	福岡県福津市	7万2500	62.6
	東京都台東区	23万9400	52.3
	茨城県つくばみらい市	5万5100	51.4
	宮城県大衡村	5800	50.3
下位	奈良県曽爾村	600	▲33.2
	北海道鹿部町	2300	▲35.2
	長野県平谷村	200	▲51.3
	熊本県球磨村	900	▲54.6

（注）人数は100人未満切り捨て。震災の影響で福島県の市町村は比較できない。▲は減少

2070年には人口9000万人割れ。4割は高齢者になる

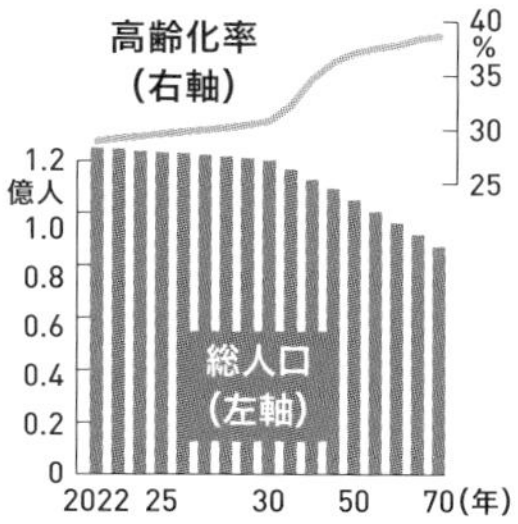

（出所）国立社会保障・人口問題研究所

島根県の隠岐諸島「島留学」「島体験」で交流

島根県も県内の7割以上の自治体が上振れした。隠岐諸島の知夫村、海士町、西ノ島町が島外から生徒を招く「島留学」が押し上げる。人口減で危ぶまれた高校の存続に向けて「島まるごと学校」として08年に開始。現在は入学希望者が定員の2倍に達する。

20年からは就労型お試し移住制度として1年間の「大人の島留学」と3カ月間の「島体験」も始めた。23年は150人が訪れる。「島に残ることを前提としていない」（海士町の担当者）というが、2割の人が島に残るという。

社人研の推計では、70年の日本の人口は現在の7割の8700万人にまで減る。京都大学の広井良典教授は「若い世代の地方への関心は以前よりも高い。自治体が教育や雇用などを切磋琢磨（せっさたくま）しながら充実させて地域に人が分散すれば、多様なアイデアが生まれて社会全体の活力も高まる」と話す。

1-9
「駅がない街」
［2024年2月3日掲載］

「駅がない街」住民1180万人
4キロ圏外人口、アクセス難で減少加速
福島県郡山市は新駅軸に住宅・産業集積

「最寄り駅まで1時間以上」総住民の1割弱

全国で鉄道の存廃議論が広がるなか、自宅から最寄り駅まで徒歩1時間以上の住民が総人口の1割弱にあたる1180万人いることが分かった。交通アクセスが相対的に悪い「駅がない街」は人口減少のスピードが速いことも判明した。人口減に歯止めをかけようと、新駅誘致や既存駅周辺の再強化など駅を軸にした活性化に力を入れる自治体が増えている。

国土交通省の国土数値情報に登録された2022年時点の駅の位置情報と、20年推計の500メートル四方の人口データを組み合わせて独自分析した。具体的には、駅から半径4キロメートル（徒歩1時間、自転車で15分程度）の圏内と圏外の人口を重複を除きながら算出して市区町村ごとに集計。全体の人口に占める圏内、圏外の割合の10年間の変化を比較した。

半径4キロメートル圏外の人口の割合を都道府県別に見ると、沖縄県が22年に55・5％と10年間で6・4ポイント減らし、佐賀県も2・9ポイント減った。市区町村別でも両県が上位を占めた。沖縄都市モノレールの延伸や西九州新幹線の開業という「新線効果」が大きい。

「鉄道アクセス困難者」の割合が減った自治体も多い

		増減			増減			増減
1	沖縄県	6.4ポイント減	17	徳島県	1.0	32	栃木県	0.6
2	佐賀県	2.9	18	三重県	0.9	33	富山県	0.5
3	鹿児島県	2.0	19	鳥取県	0.9	34	京都府	0.5
4	高知県	1.7	20	香川県	0.8	35	福岡県	0.5
5	長崎県	1.7	21	和歌山県	0.8	36	千葉県	0.5
6	福島県	1.7	22	山形県	0.8	37	群馬県	0.4
7	大分県	1.7	23	新潟県	0.8	38	山梨県	0.4
8	熊本県	1.7		全国平均	0.7	39	愛知県	0.2
9	愛媛県	1.6	24	長野県	0.7	40	埼玉県	0.2
10	広島県	1.5	25	茨城県	0.7	41	神奈川県	0.1
11	宮崎県	1.4	26	岐阜県	0.7	42	大阪府	0.0
12	石川県	1.3	27	兵庫県	0.7	43	東京都	0.0
13	秋田県	1.1	28	福井県	0.7	44	島根県	0.1ポイント増
14	岡山県	1.1	29	奈良県	0.6	45	宮城県	0.1
15	山口県	1.1	30	滋賀県	0.6	46	北海道	0.8
16	青森県	1.0	31	静岡県	0.6	47	岩手県	1.1

（注）鉄道駅から半径4キロ圏内に住んでいない住民の割合を2022年時点の駅と12年時点の駅で比較した。同じ値の場合、小数点第2位以下で順位付け

郡山市はJR新駅誘致 20億円負担、周辺も開発

ただ、人口減や高齢化が進む地方都

福島県郡山市が誘致した「郡山富田駅」（2024年1月）

2020年開業のJR御厨駅（静岡県磐田市）

市で、これから新しい鉄道を建設するのは現実的ではない。そこで、自治体が既存路線に新駅を誘致したり、現在ある駅周辺の魅力を高めて人口集積を進めたりする動きが広がる。

福島県郡山市は約20億円の事業費を負担し、17年にＪＲ磐越西線の「郡山富田駅」を誘致した。駅周辺では住宅建設が進み人口も増加傾向。品川萬里市長は「駅が地域にもたらす便益を実感した」と話す。医療機器の開発拠点が整備され、地域の中核病院も駅前への移転を決めた。「郡山から県内全域に高度な医療を提供するという市の構想が実現しやすくなった」という。

静岡県磐田市でも市などが事業費を負担してＪＲ東海道線の御厨駅が20年に誕生した。市は先行して駅周辺の3地区で合計約105ヘクタールの区画整理事業も進めており、すべて完了すれば3地区の人口は7000人近くと従来の5倍に増える見通しだ。

九州は新線効果で「鉄道アクセス困難者」の割合を減らした

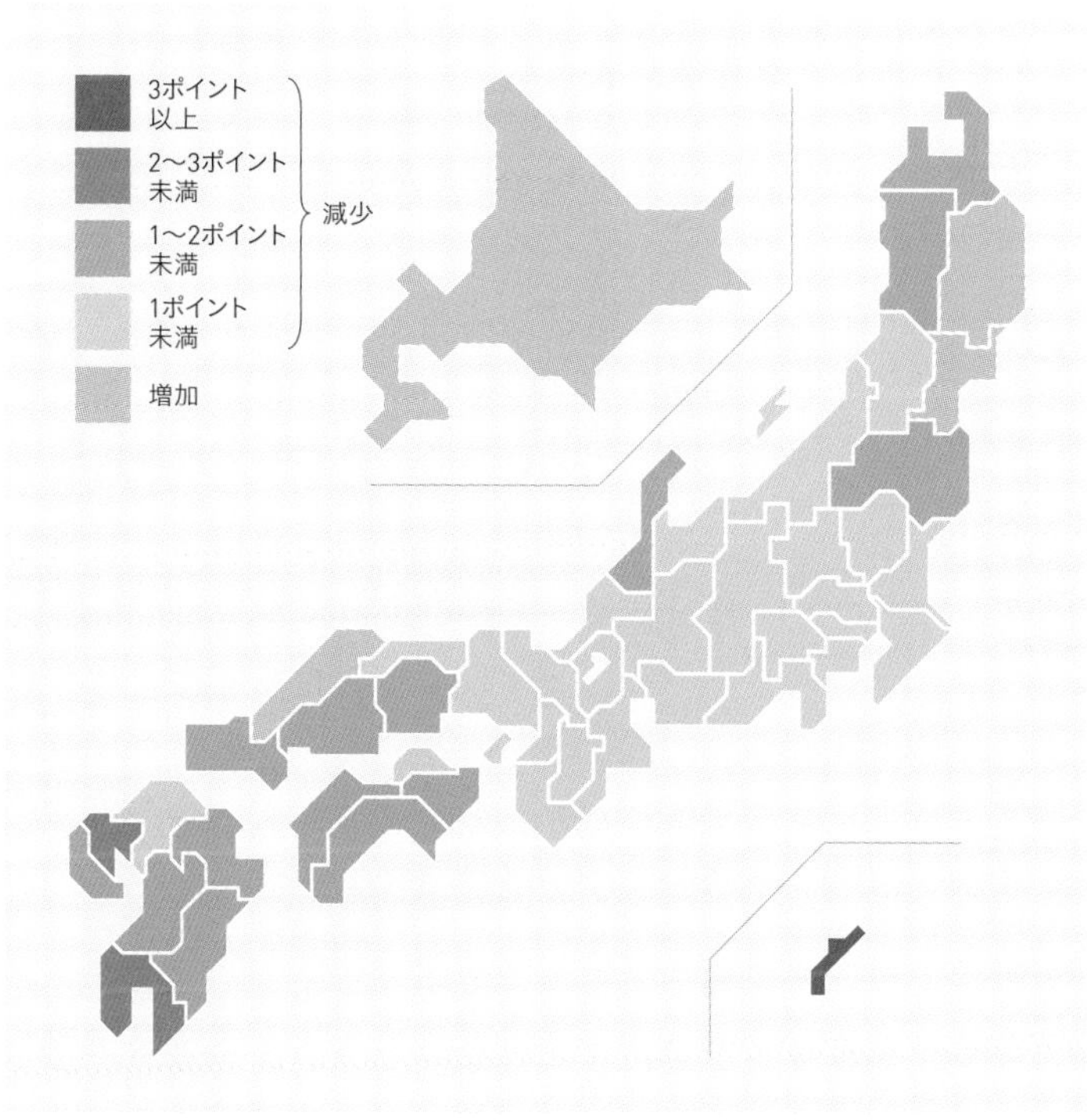

（注）鉄道駅から半径4キロ圏内に住んでいない住民の割合を2022年時点の駅と12年時点の駅で比較した。人口は国土交通省のデータに基づく

「駅のない地域」の人口割合が減った自治体

順位	自治体	減少率（ポイント）
1	嬉野市（佐賀県）	60.9
2	宜野湾市（沖縄県）	59.1
3	中城村（沖縄県）	37.7
4	西原町（沖縄県）	31.6
5	浦添市（沖縄県）	12.0
6	郡山市（福島県）	6.3
7	古座川町（和歌山県）	4.4
8	北川村（高知県）	3.5
9	磐田市（静岡県）	3.4
10	高野町（和歌山県）	3.4

（注）同じ値の場合、小数点第2位以下で順位付け

周辺人口が増えた主要駅

順位	駅名（路線名）	増加率（％）
1	研究学園駅（つくばエクスプレス）	16.4
2	つくば駅（つくばエクスプレス）	15.5
3	沼ノ端駅（千歳線、室蘭線）	11.4
4	国際展示場駅（りんかい線）	11.4
5	有明駅（ゆりかもめ）	11.4

（注）2022年と12年の路線名・駅名が一致する4キロ圏内人口1万人以上の駅などを比較

岡山県瀬戸内市 既存駅中心に人口集積

新駅ではなく既存駅周辺に人を集めることで、アクセス困難者を減らす自治体もある。減少幅が12位の岡山県瀬戸内市は15億円以上かけてＪＲ赤穂線の邑久、長船、大富の3駅で駅前広場などの整備を進める。「駅前のイメージを高めて住宅開発などを促す」（同市）。実際に市全体の人口が減るなかで駅周辺は増えている。

赤字ローカル線の存廃議論が全国で表面化するなか、先行して路線や駅の廃止が進む北海道では、域内に駅が無い自治体が半数に迫る。代替バスでさえ運転手不足などで廃止になるケースもある。駅に頼れない多くの自治体はデマンド交通やライドシェアなど新たな交通手段を模索する。

今回の分析では4キロ圏内の人口が10年前に比べて2・3％減だったのに対し、圏外は10・1％減ったこともわかった。人口減を少しでも抑えるためには、鉄道以外の手段を含めて圏外地域での交通網を維持・再構築することも欠かせない。

公共交通に詳しい関西大学の宇都宮浄人教授は「路線や駅の存廃議論が増えているが、ただ駅を残せばいいわけでなく『使える駅』にしなければ意味がない。そのためにも自治体が関与していく必要がある」と話している。

2-1 シニア雇用

［2023年7月29日掲載］

働く高齢者、九州・沖縄急伸

全国割合25%、10年で4ポイント上昇
人手不足深刻、官民連携で後押し

2012年から反転上昇「生涯現役」強まる

高齢化が進むなか、「生涯現役」に向けて働くシニア世代が増えている。65歳以上で仕事をしている人の割合は増加傾向が続いており、なかでも九州・沖縄地域の伸びが目立つ。高齢化や人手不足が深刻な地域で、自治体や企業も高齢者が働きやすい環境を整えようと懸命だ。

総務省が5年に1度実施する「就業構造基本調査」から、働いている65歳以上の人の割合を算出した。高齢者の増加や農業従事者の減少もあって、1968年の33・6%をピークに低下が続いていたが2012年に反転。7月発表の22年調査では、全国平均が25・3%と前回の17年より0・9ポイント上がり、12年比では4・0ポイントの上昇となった。

働く高齢者の割合は全都道府県で増加

1 沖縄県 9.0(24.3)	17 茨城県 5.3(25.9)	32 和歌山県 3.3(25.3)
2 鹿児島県 8.4(28.3)	18 石川県 5.1(26.6)	33 大阪府 3.2(23.0)
3 福島県 7.8(27.7)	19 宮城県 5.1(23.7)	34 岡山県 3.1(24.1)
4 秋田県 7.6(25.3)	20 群馬県 4.8(27.5)	35 新潟県 3.0(23.9)
5 福岡県 6.9(24.7)	21 高知県 4.8(26.9)	36 山口県 3.0(24.5)
6 福井県 6.9(30.9)	22 岐阜県 4.5(27.8)	37 青森県 2.9(24.8)
7 宮崎県 6.8(27.4)	23 滋賀県 4.5(26.4)	38 神奈川県 2.9(23.6)
8 長崎県 6.6(25.1)	24 鳥取県 4.4(26.7)	39 静岡県 2.8(27.3)
9 熊本県 6.2(27.2)	25 徳島県 4.3(25.3)	40 三重県 2.8(25.4)
10 岩手県 6.1(27.4)	26 山梨県 4.2(30.6)	41 埼玉県 2.8(24.6)
11 佐賀県 6.1(28.5)	27 兵庫県 4.1(22.4)	42 愛知県 2.7(25.2)
12 山形県 6.1(27.4)	全国平均 4.0(25.3)	43 富山県 2.6(25.9)
13 愛媛県 5.9(25.1)	28 奈良県 3.9(21.9)	44 東京都 2.5(27.3)
14 北海道 5.9(23.4)	29 広島県 3.6(25.0)	45 長野県 2.4(30.1)
15 栃木県 5.6(27.8)	30 島根県 3.5(27.6)	46 香川県 2.0(24.4)
16 大分県 5.4(25.7)	31 京都府 3.3(25.0)	47 千葉県 1.6(23.4)

（注）2022年の働く高齢者の割合を12年と比べた増加幅、ポイント。同じ値は小数点第2位以下で順位付け。カッコ内は22年の働く高齢者の割合、%。出所は総務省「就業構造基本調査」

10年間での伸び上位 九州・沖縄が占める

12年に比べた22年の伸びを都道府県別にみると、沖縄県がトップで鹿児島県が2位だった。5位に福岡県、7～9位に宮崎、長崎、熊本の3県が続き、トップ10の半数超を九州・沖縄が占めた。人手不足が深刻な地域とほぼ重なる。

九州・沖縄の8県と山口県は15年、経済界などとともに「九州・山口生涯現役社会推進協議会」を立ち上げた。高齢者の就業に積極的な企業の事例集作成や表彰制度などを通じてシニア活躍を後押しする。鹿児島県の働く高齢者の割合は12年の全国37位から5位に浮上し、沖縄県も最下位を脱した。

表彰を受けた建設会社の仲本工業（沖縄県沖縄市）は19年、定年後に継続雇用する年齢の上限を65歳から70歳に引き上げたうえ、70歳以降も一定の

沖縄県沖縄市の建設会社「仲本工業」は定年後の継続雇用年齢の上限を65歳から70歳に引き上げた

条件のもとで働き続けられるようにした。70歳の大城盛一さんは50年前に入社し、工事現場を含め幅広い業務を経験してきた。現在は工事費の見積もりなどを担当する。「橋や建物を造る建設業という仕事が好きだし誇りを持っている。健康である限り仕事を続けたい」と笑顔だ。

後輩と接するなかで「若手の斬新な発想に学ぶ点も少なくない」。働き続けることで自身の成長を感じられることが生きがいでもあるという。仲本豊社長は「少子高齢化が加速するなか、社員が身につけた技術を長く発揮できる環境を整えないと企業は生き残れない」と強調する。

鹿児島銀行も18年から、継続雇用の上限年齢を65歳から70歳に引き上げた。基本的には定年前と同じ内容の仕事をしながら、中堅クラスの行員へのアドバイス役ともなる。人事担当者は「働き続けたいという意欲のある人が多く、60歳で辞める人はほとんどいない。人手不足対策というよりも頼れる戦力になっている」と説明する。

全国で広がるシニア就業だが、短時間のパート・アルバイトという人も少なくない。高齢者に仕事を提供するシルバー人材センターなどに登録する人も多いが、清掃や草刈りなど短期の軽作業が中心で収入も決して多くはない。

北九州の介護事業者 ヘルパーの定年廃止

政令指定都市で最も高齢化が進んでいる北九州市で介護事業を手掛ける北九州福祉サービスは、ホームヘルパー業務に従事する社員の定年制を廃止した。月の勤務時間を柔軟にすることなどにより、高齢者も体調などに合わせて働きやすくしている。ホームヘルパー社員の賃金は年齢に関係なく保有する資格と勤続年数で決める。介護関連の人材不足などもあって、約650人の従業員の2割超を70歳以上が占める。

高齢化社会に関して研究するニッセイ基礎研究所の前田展弘上席研究員は「『年を取っているから』といった偏見から高齢人材を生かし切れていない面もある」と話す。そのうえで「年齢ではなく能力に応じて仕事や収入が得られる仕組みも重要になる」とみている。

働く高齢者の割合は全都道府県で増加

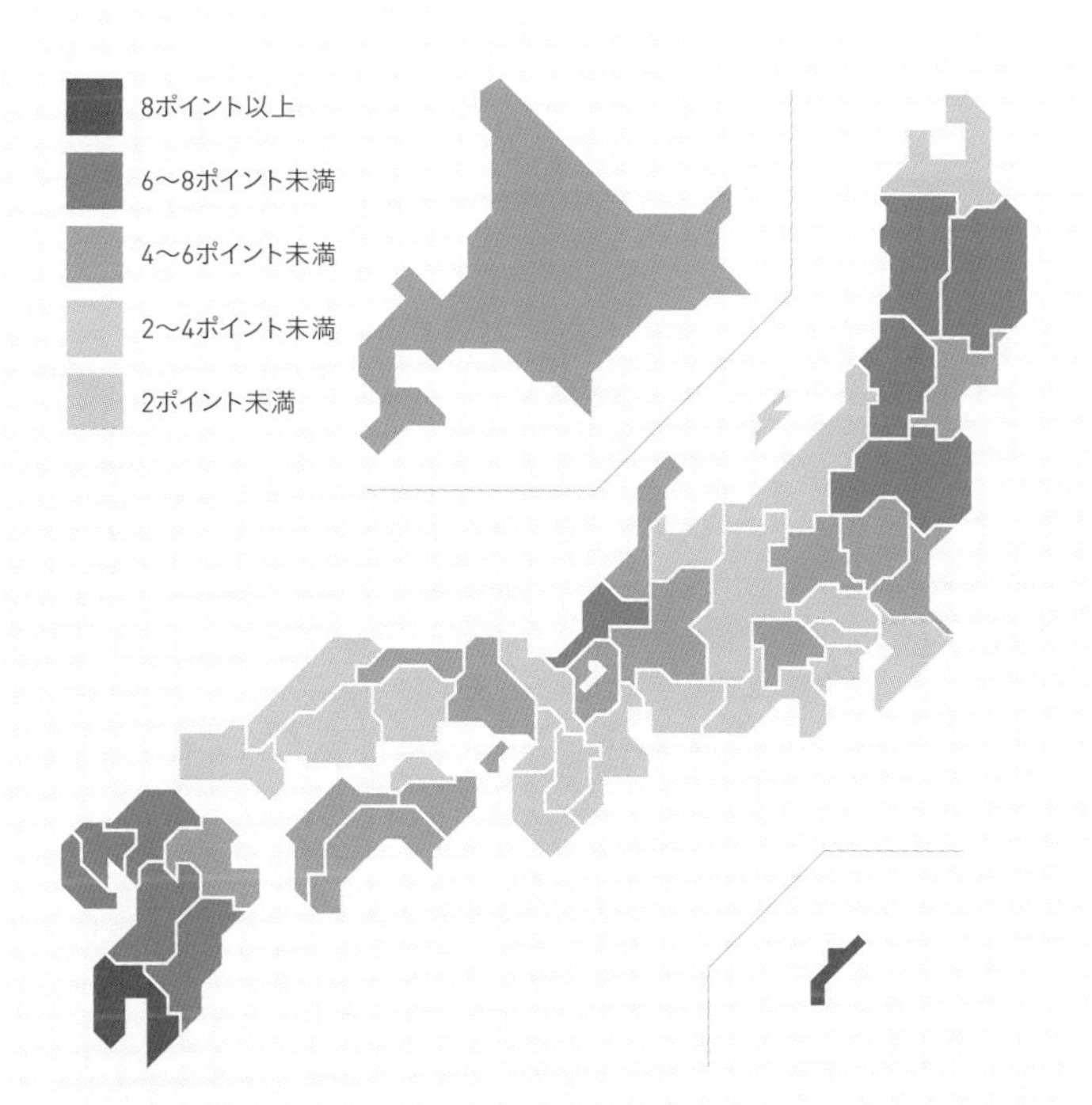

（注）2022年の働く高齢者の割合を2012年と比較。出所は総務省「就業構造基本調査」

2022年の働く高齢者の割合は福井がトップ

		働く高齢者の割合	2012年比増加幅
1	福井県	30.9%	6.9ポイント
2	山梨県	30.6	4.2
3	長野県	30.1	2.4
4	佐賀県	28.5	6.1
5	鹿児島県	28.3	8.4
	全国平均	25.3	4.0

働く高齢者の割合は上昇に転じている

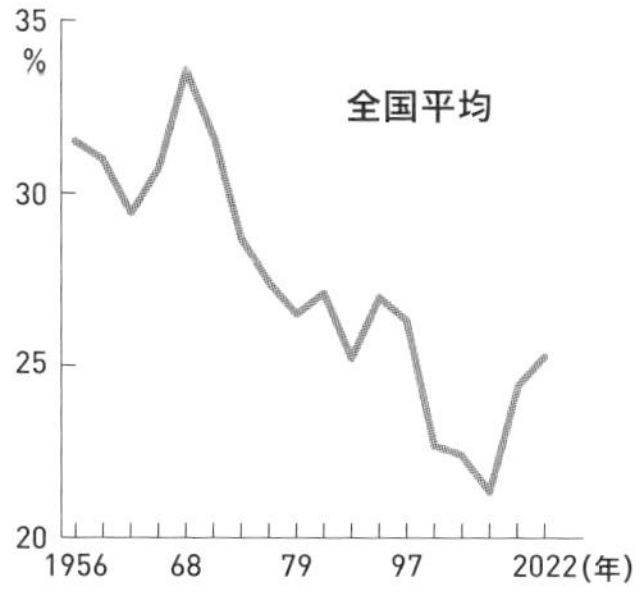

2-2

女性就業率

［2023年4月1日掲載］

女性就業のM字カーブ、島根「谷」最少

出産後も正規で働ける環境づくり 出雲のIT、30分単位の有休で育児と両立

高知・秋田も落差小さい

女性の就業が主に出産や子育てに伴って30代で落ち込む「M字カーブ」の度合いに都道府県で違いが出ている。20代後半と30代で女性の労働力率の差を比べると、島根県は2・2ポイントでMの谷が最も小さかった。差が小さい地域は女性の正規雇用率も高い。人口減の中で働き手を確保するには女性が仕事を続けやすい環境づくりが重要になる。

2020年の国勢調査をもとに算出すると、M字カーブの落差は高知が島根に続き2・2ポイント、秋田が2・6ポイントと小さく、労働力率は20代も30代もほぼ同水準にある。都道府県平均は8・8ポイント。差が最も大きいのは神奈川の13・7ポイントで埼玉の11・8ポイント、千葉の11・6ポイント、東京の11・5ポイントが続く。女性活躍で都市圏より地方が先行している面がある。

20代後半から30代にかけて女性労働力率の落差は地方で小さい

1	島根県	2.2	17	鹿児島県	5.0	33	山口県	7.6
2	高知県	2.2	18	長崎県	5.0	34	三重県	7.7
3	秋田県	2.6	19	山梨県	5.1	35	岐阜県	8.0
4	宮崎県	2.7	20	福島県	5.2	36	静岡県	8.1
5	山形県	3.1	21	大分県	5.2	37	福岡県	8.2
6	新潟県	3.4	22	香川県	6.0	38	京都府	8.5
7	青森県	3.7	23	群馬県	6.0	39	滋賀県	8.6
8	福井県	3.8	24	岡山県	6.5	40	愛知県	10.3
9	鳥取県	3.8	25	和歌山県	6.5	41	兵庫県	10.8
10	岩手県	3.9	26	愛媛県	6.6	42	大阪府	10.8
11	富山県	4.1	27	茨城県	6.8	43	奈良県	11.2
12	熊本県	4.2	28	栃木県	7.0	44	東京都	11.5
13	石川県	4.3	29	北海道	7.3	45	千葉県	11.6
14	佐賀県	4.3	30	宮城県	7.4	46	埼玉県	11.8
15	徳島県	4.4	31	長野県	7.4	47	神奈川県	13.7
16	沖縄県	4.4	32	広島県	7.4			

（ポイント）

（注）2020年の国勢調査から作成。不詳補完値による。同じ値の場合、小数点第2位以下で順位付け

M字カーブの谷がなだらかな島根、高知、秋田各県は30代後半の正規雇用率も全国より5～7ポイント高い。人口減に伴う人手不足も一因だが、正社員の座を維持しやすい環境にある。

M字カーブを克服しても、多くの女性は正規雇用率が20代後半をピークに減る「L字カーブ」に直面する。仕事は続けても雇用形態が非正規へと移ることを示す。税や社会保険料を考慮した、いわゆる「年収の壁」から就業を調整する女性も多い。3県の官民は子育てに配慮した働き方に知恵を絞る。

ソフト開発のシーエスエー（島根県出雲市）は30分単位で有給休暇を取得できる制度を19年に導入した。社員44人の4割弱が女性で、育児などを理由に短い時間で有休を取りたいとの声に応えた。子ども3人を育てる小田川咲さんは「ちょっと病院に連れて行くときなどに便利」と話す。

IT（情報技術）業界は人手が足りず、「男性も女性も働く上では分け隔てなく一緒。女性も大切に育てていく」（和田正志社長）。育児や介護向けの時差・時短勤務も充実させ、女性が働きやすい企業として認識されるようになった。求人を出すと平均して20倍の応募があるという。

島根県は「しまね長寿・子育て安心住宅リフォーム助成事業」として、子育てや新型コロナウイルスに対応した住宅の改修を支援する。親世帯が同居・近居する場合は上限額に10万円加算し、親のサポートを受けやすくする。

「女性しごと応援室」でサポート

高知県の企業は女性社員の視点を商品開発に生かす。「土佐和紙」の伝統の技を用いた生活用品を企画する三彩（土佐市）だ。不織布を使った調理

社会医療法人の正和会はグループ職員向けの保育施設を設ける（秋田県潟上市）

ペーパーでは「一度使っただけで捨てるのはもったいない」とサイズを小さく厚手に変更。強度を増し、洗って何度も使えるようにした。

行政も働きたい女性を手厚く後押しする。県が14年に設けた「高知家の女性しごと応援室」は仕事の紹介にとどまらない。求職者が子育て中で終日働けなければ、求人企業側に勤務条件の変更を促す。フルタイムで1人の求人を時間で分けて2人の雇用を生む例も多いという。年間で1500件以上の相談に応じ、約130人の就職につなげる。事業所自ら保育環境を整える動きもある。社会医療法人の正和会（秋田県潟上市）は07年、グループ職員の事業所内託児所「てんぷす」を開いた。医療施設は年中無休なうえ、正和会は800人超いる職員の7割が女性。子どもが生まれても働き続けられる体制が必要だと判断した。託児所を設けてから同グループの離職率は下がる傾向にあり、「子どもの面倒をみる」を理由に辞める人はいないという。潟上市の要請で17年には近隣の人も使える認可型保育園となり、地域住民に働きやすさをもたらしている。

島根や高知は20代後半から30代にかけて女性労働力率の落差が小さい

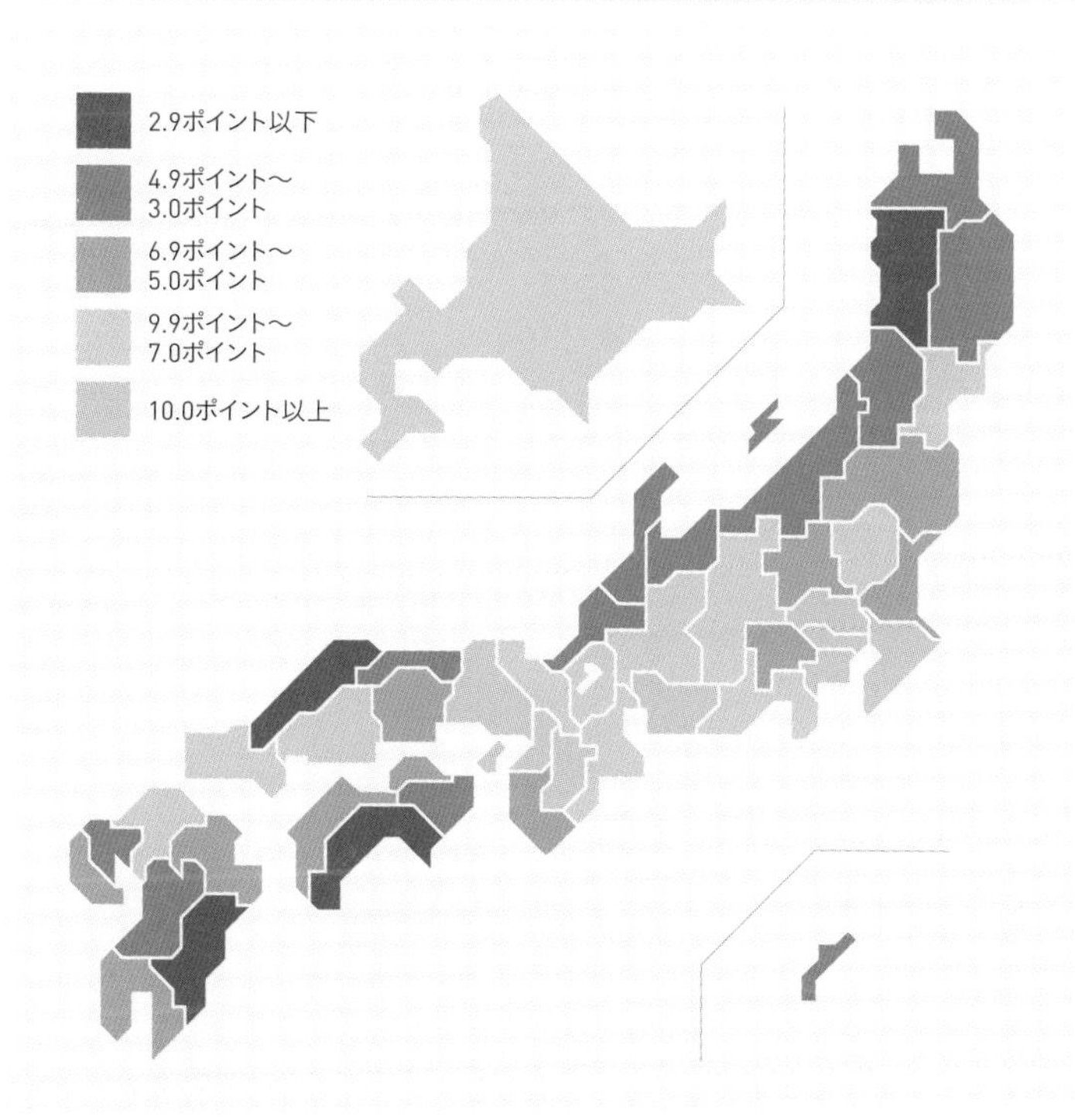

（注）2020年の国勢調査から作成。不詳補完値による

島根県などでは30代女性の労働力率がほぼ横ばい

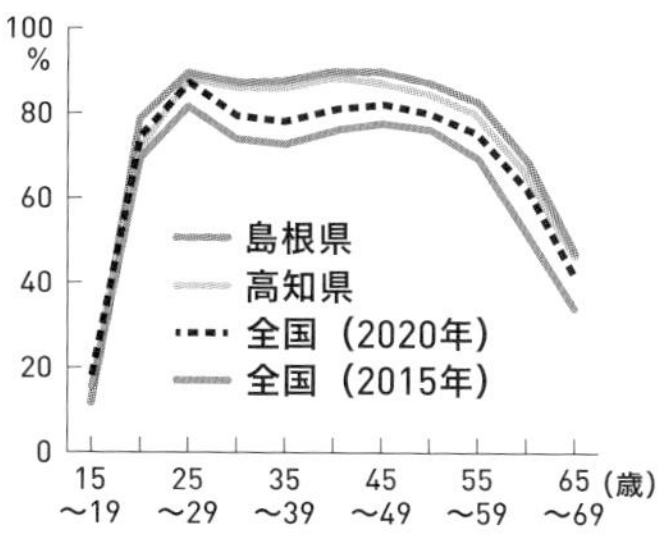

（注）2015年と20年の国勢調査から作成。不詳補完値による

女性の正規雇用率は島根県などで減少幅が緩やか

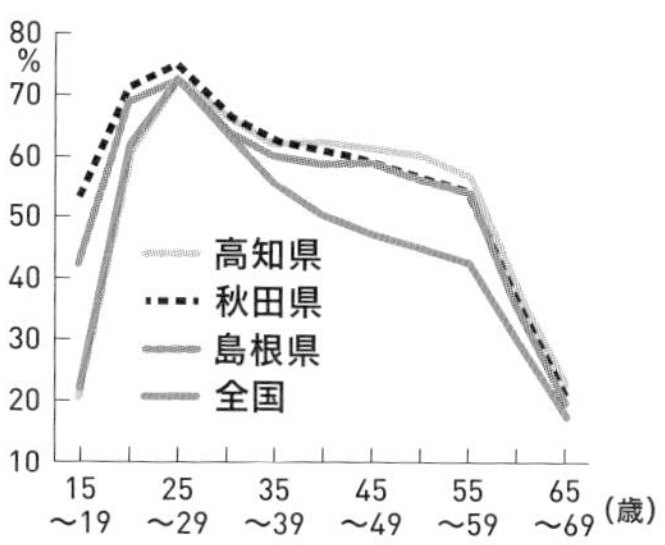

（注）2020年の国勢調査から作成。原数値による

Column

M字カーブ

日本の女性の有業率を年齢層別にみると、20代後半から30代にかけてでくぼむ「M」の形にみえることから名付けられた。20代後半に高まり、結婚や出産などを理由に30代で低下し、子育てが落ち着いた時期に再び上昇する傾向にあった。人手不足を背景とした共働き世帯の増加など、女性の職への定着が進んだことでM字は改善傾向にある。近年は欧州各国のようなくぼみのない「台形」に近づきつつある。

総務省の就業構造基本調査によると、2022年の20代後半～40代の女性の有業率は8割前後になり男性の9割に近づいた。企業による女性の離職防止や男性の育休取得の促進といった女性が働きやすい環境が整ってきたことが背景にある。

出産などを経て仕事を続ける女性の正規雇用率の低さは課題として残る。非正規雇用は正規と比べて賃金は見劣りし、男女の収入格差の要因になる。育児・介護中も正規雇用の仕事を続けやすくするにはテレワークや時短勤務といった柔軟な就業環境に加え、男性の育児参画や家事分担なども欠かせない。

2-3

外国人材

［2023年5月13日掲載］

高度外国人材、滋賀で5倍

専門性で各地のものづくり支え 国際性・多様性ももたらす

日本で働く外国人のうち、専門的な技術や知識を持つ「高度外国人材」が活躍の場を広げている。2021年までの5年間で生産年齢人口（15～64歳）に占める人数は最も多い滋賀県で5倍近くに伸びた。主に技術者としてものづくりを支えるだけでなく、国際性や多様性ももたらして地方企業に活力を生む。

出産年齢人口に占める割合 三重・岐阜も高水準

在留資格のうち「教授」「高度専門職」「経営・管理」「法律・会計業務」「医療」「研究」「技術・人文知識・国際業務」を高度外国人材と定義。都道府県の生産年齢人口10万人当たりの人数の変化を算出した。滋賀県は約4・9倍で三重県の約2・9倍、岐阜県の約2・7倍が続く。

高度外国人材は2016年から21年にかけ滋賀や三重で大きく増加（生産年齢人口10万人当たりの変化）

順位	都道府県	倍率
1	滋賀県	4.91
2	三重県	2.89
3	岐阜県	2.71
4	和歌山県	2.62
5	山形県	2.62
6	奈良県	2.58
7	熊本県	2.55
8	鹿児島県	2.51
9	島根県	2.51
10	山口県	2.50
11	福井県	2.43
12	岩手県	2.41
13	静岡県	2.40
14	岡山県	2.35
15	佐賀県	2.28
16	長野県	2.26
17	新潟県	2.25
18	茨城県	2.18
19	宮崎県	2.18
20	栃木県	2.16
21	青森県	2.14
22	群馬県	2.13
23	石川県	2.12
24	福島県	2.11
25	徳島県	2.05
26	山梨県	2.04
27	香川県	2.00
	高知県	2.00
29	兵庫県	1.99
30	富山県	1.94
31	大阪府	1.89
32	愛知県	1.86
33	埼玉県	1.86
34	秋田県	1.77
35	千葉県	1.76
36	京都府	1.74
37	大分県	1.74
38	北海道	1.72
39	広島県	1.69
40	鳥取県	1.66
41	宮城県	1.62
42	沖縄県	1.60
43	福岡県	1.58
44	愛媛県	1.56
45	神奈川県	1.56
46	東京都	1.34
47	長崎県	0.90

（倍）

（注）同じ値の場合は小数点第3位以下で順位付け。出所は総務省「人口推計（各年10月1日時点）」と法務省「在留外国人統計（各年12月末時点）」

全国では約1・7倍で30万人を上回り、在留外国人の約1割に達する。エンジニアや通訳として働く「技術・人文知識・国際業務」が多くの都道府県で8割以上を占め、専門人材が足りない地方で存在感が増す。

滋賀県日野町で放送・医療機器などを加工する日野精機は日本人とほぼ同数のベトナム人14人をエンジニアとして生かす。外国人労働者には国際貢献を掲げた「技能実習」や人手不足対策の「特定技能」もあるが、より専門性が高く将来にわたる戦力として19年に採用を始めた。

20代のチャン・トゥ・ニュウさんは現地で理工系の短大を卒業後、「技術力の高い日本で経験を積みたい」と1年目に入社した。来日から4年近い今では設計から加工までを1人でこなす。いずれは母国で起業するのが夢だ。

お手製の器具で作業効率を数倍に高めたこともある。上司の坂巻和博さんは「教えた以上のことをやってくれ

JMエンジニアリングサービスでは多くのベトナム人が高度外国人材として働く（三重県菰野町）

日野精機で部品加工装置を操作するニュウさん（滋賀県日野町）

る」と頼りにする。安藤泰己取締役総務部長はベトナム人の働きぶりが「日本人社員にも刺激」と語る。同社は住まいの確保や病院への付き添いなど生活面にも目を配り、円安でも人材定着を図る。

就労後に家族を呼び寄せる高度外国人材は多い。「保育所や行政窓口から外国人対応の相談が多く寄せられるようになった」と、滋賀県国際協会の光田展子主幹は明かす。家族を含めた暮らしやすさは人材を迎えるカギとなる。県は19年、就労関連の相談に無料で応じる外国人材受入サポートセンターを設けた。

高度外国人材は2016年から21年にかけ滋賀や三重で大きく増加（生産年齢人口10万人当たりの変化）

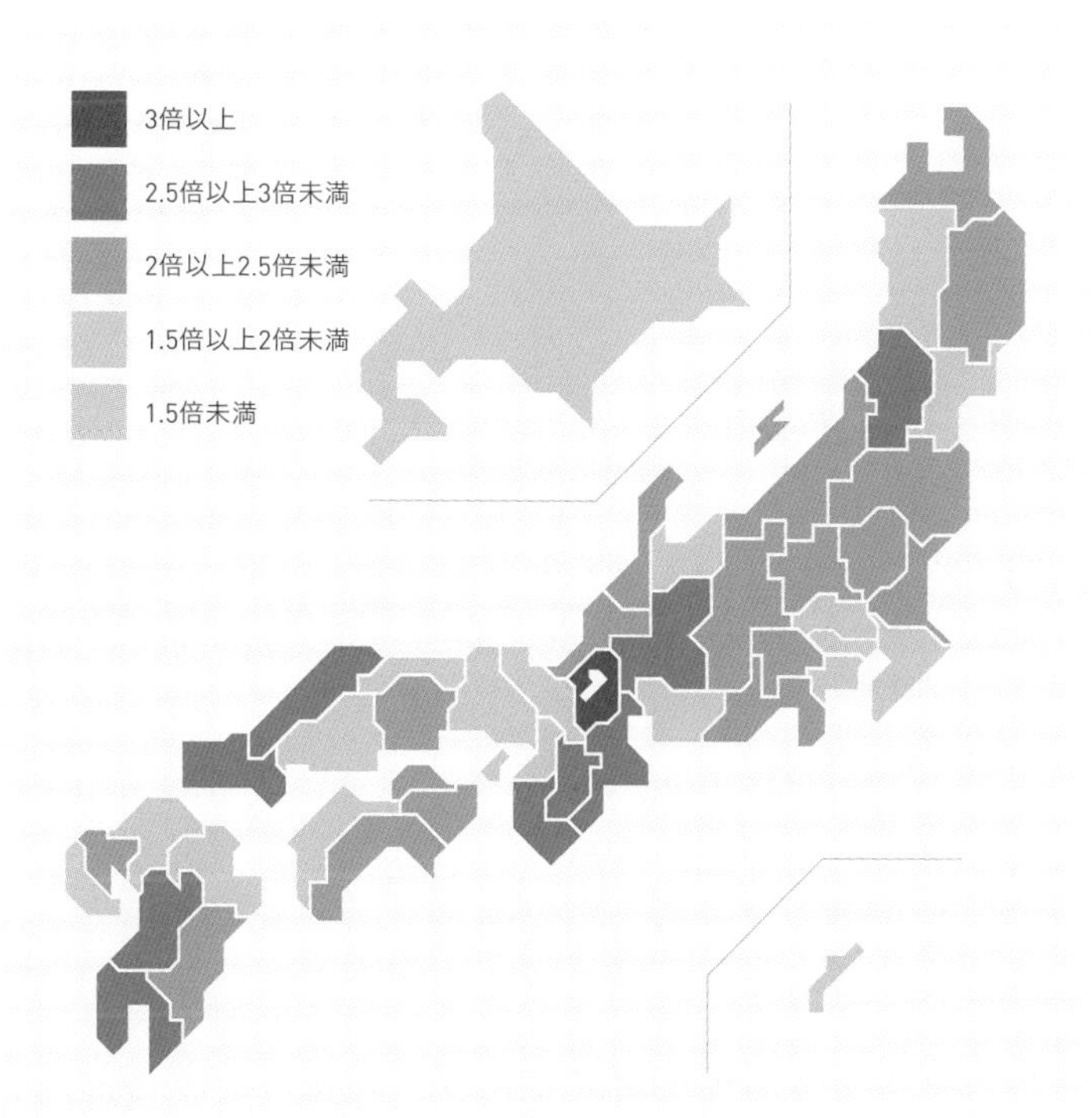

（出所）総務省「人口推計（各年10月1日時点）」と法務省「在留外国人統計（各年12月末時点）」

ベトナム人エンジニア 奨学金で支え育成も

粘り強く人材を育てる動きもある。半導体製造装置のメンテナンスを手掛けるJMエンジニアリングサービス（三重県菰野町）では45人のベトナム人エンジニアが日本人と同待遇で働く。ホアン・タン・ダットさんは「給与水準が高いうえ、安全に仕事ができる」と22年3月に入社した。

親会社のジャパンマテリアルの田中智和取締役は国内で若手の確保に苦労したことから、「技術力が均質でグループ作業が得意」とベトナム人に着目。18年から雇用を始めた。日本語の習熟度が足りなければ時に来日を延ばして特訓することもある。同国から日本への留学生を返済不要の奨学金で支える財団も設立。ダットさんは奨学金を得て三重大学工学部で学んだ。

職種や国籍も広がる。木材や石灰など幅広い事業を展開する矢橋ホールディングス（岐阜県大垣市）ではベトナムやモンゴル、セネガルなど8カ国出身の27人がエンジニアのほか、法務や人事総務などに携わる。多様な文化や考えは「日本の良さを考え直すことにもつながる」（矢橋龍宜社長）。

政府は外国人労働者を巡って技能実習に代わる新制度や特定技能の拡充などを検討している。矢橋社長は「優秀な人材に入社してもらうには会社のポリシーがしっかりしてないといけない。労働力確保の考えだけでは選ばれない」と強調する。

高度外国人材は2019年に全国で30万人を突破

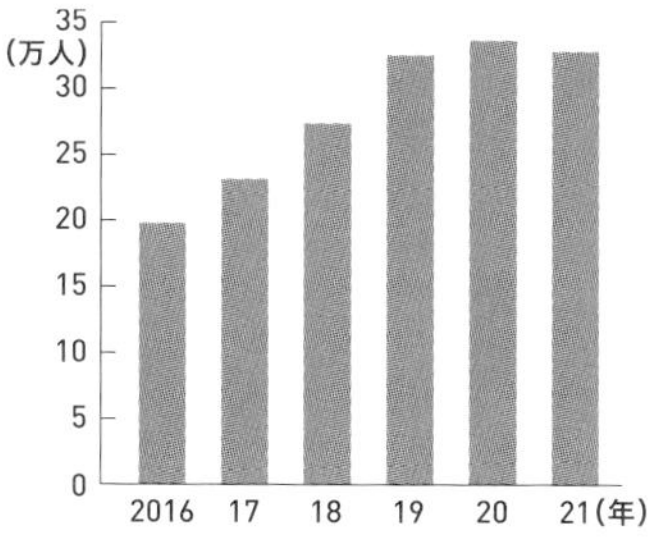

「技術・人文知識・国際業務」が8割以上を占める

高度外国人材の在留資格内訳

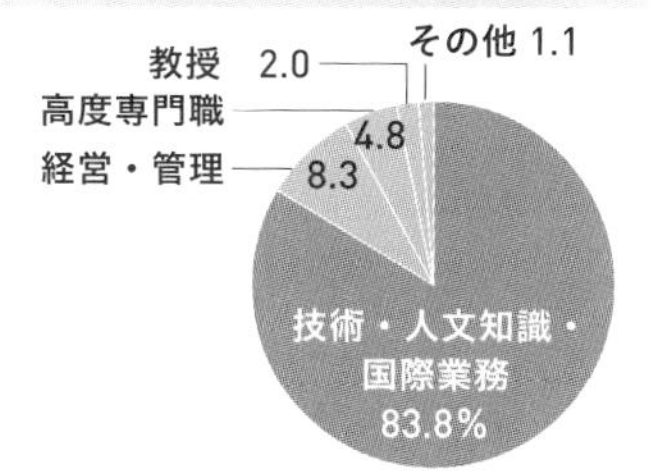

（注）法務省の在留外国人統計から作成。棒グラフは各年12月末時点、円グラフは2021年12月末時点

2-4

地方副業

［2022年11月12日掲載］

地方で副業、鳥取が積極誘致

首都圏のプロ人材、知見や経験に期待
「週1で副社長」に300人以上

仲介2社の募集データ 全国で2000件超

高度な職業スキルを持った人材が都市部などでの仕事を続けながら、移住を伴わずに地方企業で働く「地方副業」が広がってきた。働き手不足の解消だけでなく、新たな視点で事業を見つめ直すことで経営課題の解決につながる可能性がある。新型コロナウイルス禍でリモートワークが浸透したことも追い風に、鳥取県や富山県などが積極的に推進する。

地方副業は大企業などで働く技術者や管理職らが、地方の企業で自身の知見や経験を生かす仕組み。国は地方副業を人材不足を補う地方創生の重要な手段と位置づけており、各道府県に首都圏の人材紹介会社と協力したマッチングを促してきた。

仲介する人材会社、みらいワークスとパーソルキャリアの大手2社のデータを2022年8月時点で集計したところ、副業解禁の18年以降の累計で全国の募集件数は2154社だった。都道府県別では鳥取県が293社で最も多く、大阪府（138社）、山口県（128社）、富山県（113社）が続いた。

地方副業を積極的に募集している都道府県

順位	都道府県	件数	順位	都道府県	件数	順位	都道府県	件数
1	鳥取県	293	17	福島県	46	33	奈良県	18
2	大阪府	138	18	和歌山県	41		徳島県	18
3	山口県	128	19	石川県	35	35	三重県	17
4	富山県	113	20	鹿児島県	34	36	長崎県	16
5	広島県	105	21	長野県	33	37	宮城県	15
6	福岡県	89	22	福井県	28	38	香川県	14
7	群馬県	84	23	岡山県	26	39	栃木県	13
8	熊本県	83		宮崎県	26	40	北海道	12
9	千葉県	78	25	茨城県	24		滋賀県	12
	大分県	78		新潟県	24	42	山形県	11
11	京都府	72		兵庫県	24		山梨県	11
12	埼玉県	58	28	岩手県	23		愛媛県	11
13	静岡県	56	29	青森県	22	45	沖縄県	10
14	岐阜県	52	30	東京都	21	46	神奈川県	6
15	愛知県	48	31	島根県	20	47	秋田県	2
16	佐賀県	47	32	高知県	19			

（社）

（注）2022年8月時点。副業解禁の18年以降の累計。みらいワークスとパーソルキャリアの仲介データを集計

鳥取県が副業プロジェクト 地元企業と求職者つなぐ

鳥取県は元総務官僚の平井伸治知事の主導で、中小企業に副業の共同募集を呼びかける。副業を「プチ移住」と位置づけ、19年に「とっとり副業・兼業プロジェクト『鳥取県で週1副社長』」と題したホームページを立ち上げた。募集企業の経営者の人柄やメッセージを伝える動画を発信して求職者を募る。

多くの地方企業は優秀な人材を欲するが、一方でスキルを生かせる仕事が

鳥取市鹿野町でのイベントで地元住民と歓談するANA客室乗務員の真下さん（中央）

鳥取県が副業アピールのために開いた「副業兼業サミット」の様子（2022年8月、鳥取砂丘コナン空港）

年間を通じてあるわけではない。16年の就任以来、700社と面談した鳥取ハローワークの松井太郎戦略マネージャーによると「経営者は優秀な人材に来てほしいが、高い年収は払えない」というのが本音という。

そこで同県は収入よりも将来のキャリアアップや地方創生への貢献などやりがいにつながるテーマをアピールする。成約実績はこれまで198社338人以上。鳥取市西部の鹿野町で宿泊施設などを運営する第三セクター、ふるさと鹿野では、23年4月から全日本空輸（ANA）で客室乗務員として勤務する真下あずみさんが副業を始めた。玄米茶メーカーや芝生ネット販売会社、サッカーJ3「ガイナーレ鳥取」を運営するSC鳥取などがマーケティング、サイト開発といった分野で募集した。

地方副業を積極的に募集している都道府県

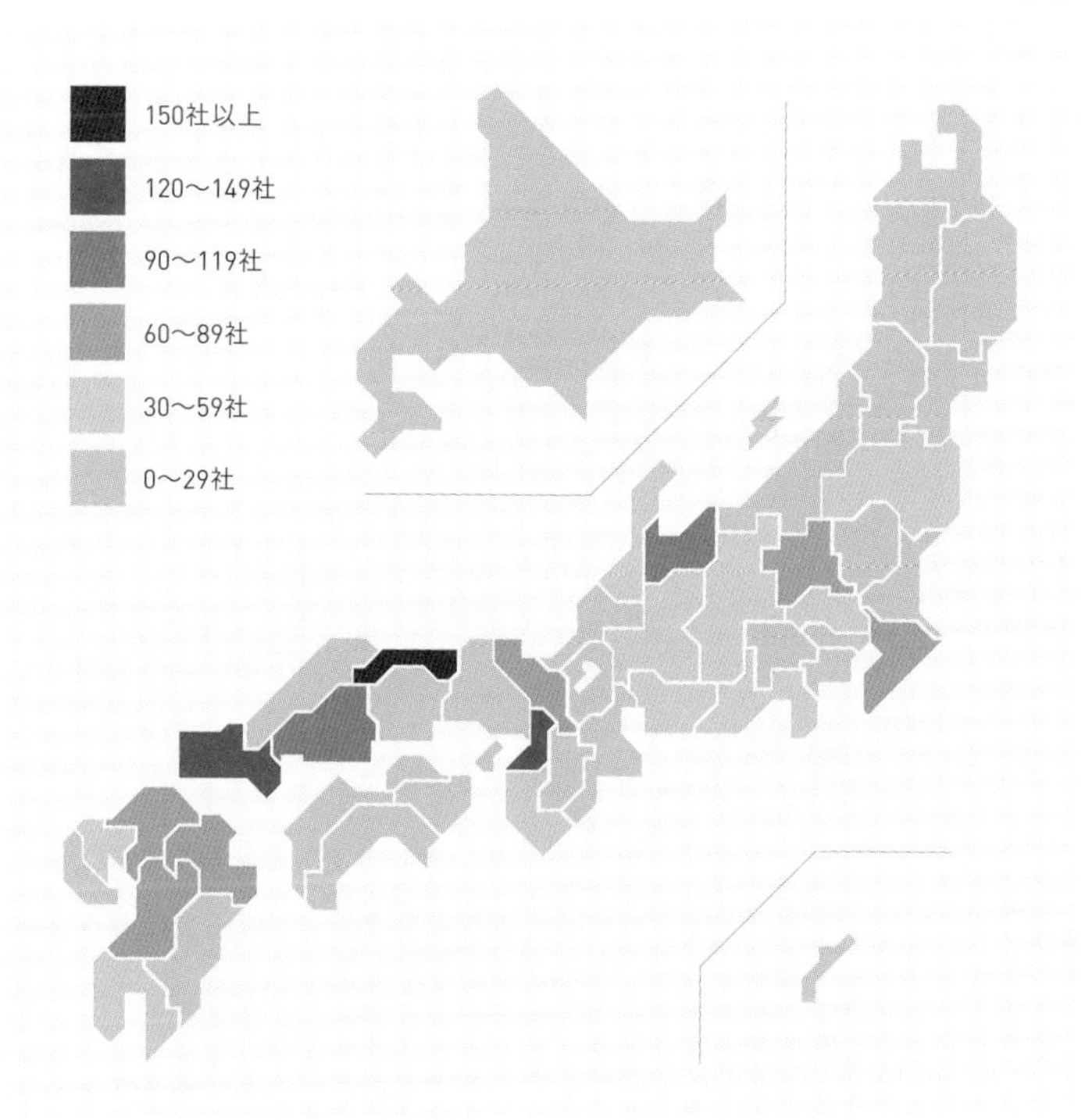

（注）2022年8月時点。副業解禁の18年以降の累計。みらいワークスとパーソルキャリアの仲介データを集計

富山県はプロ人材巡り専門組織 経費に補助金も

富山県は県人材活躍推進センターにプロフェッショナル人材戦略本部を設置した。プロ人材を求める中小企業の相談に応じるほか、人材紹介会社に支払う経費の2分の1以内、月2万2000円を助成する副業・兼業人材活用促進事業費補助金を用意する。

アルミ加工のフジタ（富山県高岡市）は22年春、ソフトバンク社員の春日壮介さんを副業人材として採用した。ウェブ発信の質を高めてフジタの知名度を上げ、採用や顧客の増加につなげる。

春日さんはオンラインで月数回、ソフトバンクでの勤務を終えた午後6時から1時間程度フジタと打ち合わせをして仕事を進める。「副業で自分の市場価値を確認できる」と話す。

フジタの梶川貴子社長は「ウェブ発信の充実を自分たちでやろうとしたら2～4年かかる。専門家にお願いしてスピードを上げたい」と狙いを語る。「中小企業が能力の高い人を正社員として雇用するのは厳しい。副業はスキルを拾い上げるいい手段」と位置づける。

一社員の副業を容認する企業は増えている。パーソル総合研究所の21年調査によると正社員の副業を容認している企業の割合は55%。18年調査（51・2%）より上昇した。

地方副業の新規求人は右肩上がり

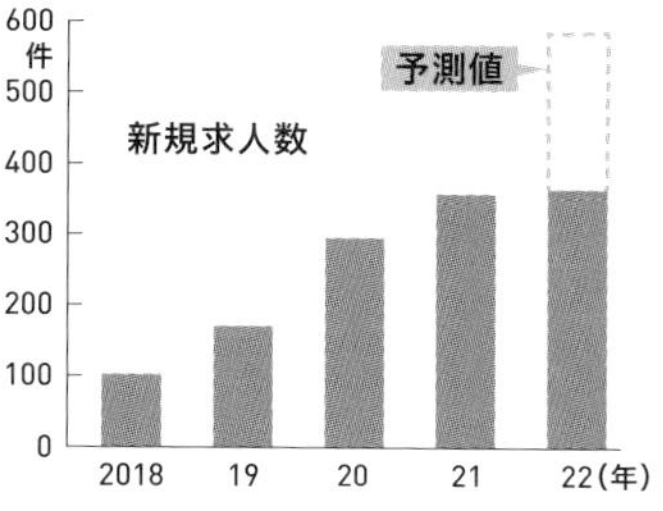

（注）みらいワークスの仲介サイト「スキルシフト」の新規求人数。22年9月末実績と1～9月伸び率に基づく予測値

地方の企業で働きたい理由（みらいワークス調べ。複数回答）

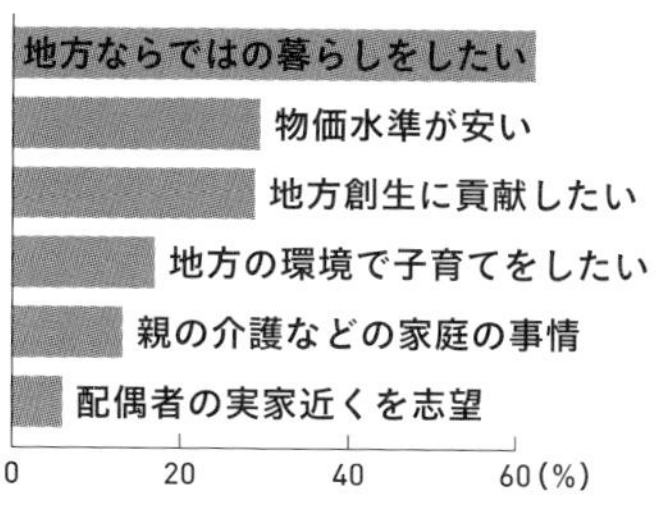

（注）2022年9月調査。対象は東京都内の企業で働く首都圏1都3県在住の課長職以上

2-5

看護師確保

[2023年9月16日掲載]

看護師不足、西日本が対応先手

離職防止・復職支援に力
高知・佐賀、訪問看護充実へ人材育成

就業中の看護師156万人 必要数200万人に及ばず

超高齢化社会を迎え、医師と同時に看護師の不足が一段と深刻になっている。新型コロナウイルス禍でも大都市圏を中心に危機感が広まった。そのなかで、西日本では人口あたりの看護師数が福祉先進国の北欧を超える自治体もある。トップの高知県は養成学校が多いうえ、奨学金の返済免除制度や就職後の研修など支援策も手厚い。

厚生労働省の「衛生行政報告例」によると、2020年末に就業中の看護師（准看護師を含む）は156万人だった。保健師や助産師などを含めた20年の看護職員は173万人。10年前より2割弱増えているが、25年に必要とされる最大200万人には及ばない。

全国の人口10万人あたりの看護師は1241人で、1800人台のフィンランドやノルウェーに見劣りする。一方、都道府県別では高知県が2070人と病床数が多い西日本の自治体が相対的に多い。22年度の看護師などの有効求人倍率も愛知県が2・80倍、東京都が2・70倍と大都市の不足が目立つのに対し、高知県は1・25倍にとどまった。

西日本の自治体の多さが目立つ

1	高知県	2070	17	広島県	1545	33	三重県	1262
2	鹿児島県	1999	18	富山県	1538		全国平均	1241
3	佐賀県	1933	19	福井県	1534	34	岐阜県	1234
4	熊本県	1929	20	和歌山県	1533	35	兵庫県	1229
5	宮崎県	1909	21	秋田県	1507	36	栃木県	1209
6	長崎県	1895	22	岡山県	1503	37	奈良県	1184
7	大分県	1798	23	青森県	1442	38	滋賀県	1137
8	山口県	1796	24	沖縄県	1389	39	宮城県	1133
9	徳島県	1768	25	群馬県	1385	40	大阪府	1118
10	島根県	1755	26	岩手県	1383	41	静岡県	1115
11	鳥取県	1739	27	山形県	1369	42	茨城県	1067
12	愛媛県	1666	28	長野県	1364	43	愛知県	1031
13	香川県	1652	29	福島県	1304	44	東京都	941
14	石川県	1564	30	新潟県	1294	45	埼玉県	916
15	北海道	1563	31	山梨県	1281	46	千葉県	914
16	福岡県	1562	32	京都府	1277	47	神奈川県	882

（人）

(注) 2020年末に従事する看護師・准看護師の人口10万人あたりの人数。出所は厚生労働省

高知県、奨学金の返済免除も離職率を抑える

高知県は中山間地が多く、高齢化率も高い。人口あたりの病床数は全国平均の約2倍となっており、歴史的に看護師の養成学校も多い。県看護協会の藤原房子会長は「産休などで一時的に不足するケースはあるが、全体では一定の人数を確保できている」と話す。

一方、入院日数も長くなる傾向があり、県民1人あたりの医療費が全国

佐賀県は看護師のスキルアップを支援

トップクラスという課題もある。県医療政策課は「近年は在宅療養の推進などで病床数も減少傾向にある」としたうえで、「一定の経験が必要とされる訪問看護に対応できる看護師の育成にも力を入れている」。

県は中山間地で勤務したり訪問看護に携わる人に奨学金の返済を免除する制度も設ける。県看護協会も中小病院向けの新人研修などを通じて、「新人採用が難しい病院などの人材確保や離職防止にもつなげている」（藤原会長）。全国平均の正規雇用の看護職員の20年度の離職率は10・6％と全業種平均よりやや低いが、高知県は7・8％とさらに低い。

看護師は大都市圏ほど少ない

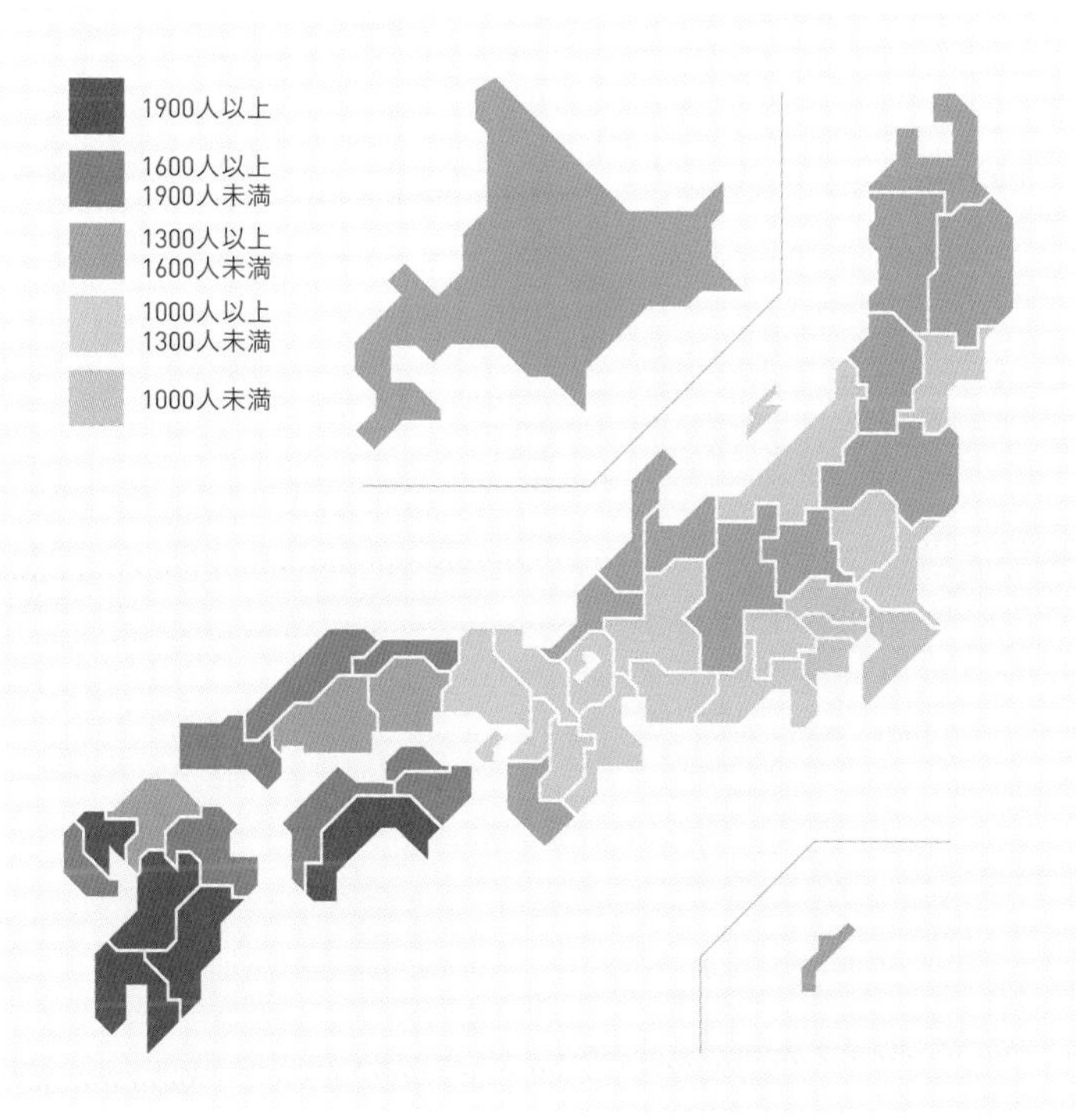

（注）2020年末に従事する看護師・准看護師の人口10万人あたりの人数。出所は厚生労働省

離職の「潜在看護師」70万人
鹿児島県は復職促すセミナー

看護師確保は全国的な課題だ。日本看護協会は「訪問看護ステーションや在宅・介護分野での需要増などで引き続き看護職の不足感は募る」とみる。政府は新型コロナ禍での経験も踏まえ、30年ぶりに看護師確保に向けた基本指針を改定する。

看護師確保で先行する地域は、養成学校が多いうえ離職率も低い傾向がある。佐賀県は養成学校が人口あたりで全国最多で、離職率も7・2％と低い。

県や県看護協会などは資格取得後のスキルアップ支援にも力を入れており、15年には佐賀市に訪問看護サポートセンターを開設。高齢化でニーズが高まる訪問看護に対応できる人材を確保すると同時に、働き方の選択肢を広げる。

全国で約70万人とされる資格があっても離職中の「潜在看護師」の復職に向けた対応も広がる。鹿児島県看護協会は復職時の不安解消のために、最新医療機器の取り扱い方法などを学ぶセミナーを無料で開催。親の介護などでUターンした人が年30人弱参加する。徳島県も55歳以上の潜在看護師向けに病院などとのマッチング事業を展開している。

看護事情に詳しい神奈川県立保健福祉大学の石原美和教授は「子育てや待遇などを理由に離職する人たちを減らす必要がある。家庭と看護師の仕事を両立できるように、国だけでなく自治体も努力していかなければならない」と指摘している。

四国や九州が上位を占める

	都道府県	人数	求人倍率
1	高知県	2070人	1.25倍
2	鹿児島県	1999	1.99
3	佐賀県	1933	1.97
4	熊本県	1929	2.26
5	宮崎県	1909	1.91
	全国平均	1241	2.14
44	東京都	941	2.70
45	埼玉県	916	2.76
46	千葉県	914	2.69
47	神奈川県	882	2.33

（注）求人倍率は2022年度。保健師・助産師含む

国内看護師数は北欧に見劣り

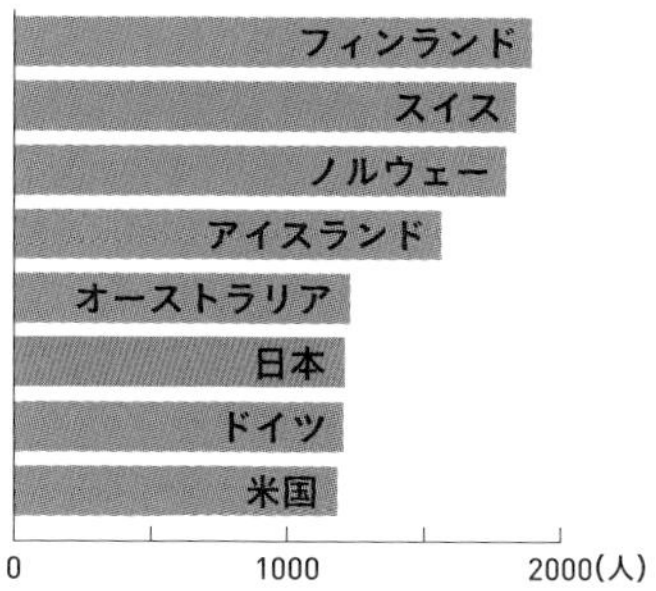

（注）2020年の人口10万人あたり看護師数。出所はOECD

2-6

健康経営

［2023年5月20日掲載］

健康経営、認定中小法人3倍に

岡山・愛知で根付く
入札・融資で優遇、採用でもPR

「健康経営優良法人」認定 全国で1万4000社

禁煙や運動の奨励など従業員の健康を重視する中小企業が増えている。経済産業省などによる「健康経営優良法人」の認定を受けた中小法人数は2023年に約1万4000と20年に比べて2・9倍に増えた。中小企業数に対する認定数が最も多い岡山県では、中小が連携して健康経営の実効性向上を目指す組織も誕生している。

経産省などは14年度に上場企業対象の「健康経営銘柄」を開始。16年度には「健康経営優良法人」として中小規模法人の認定も始めた。長時間労働や食生活の改善などに取り組む企業を毎年認定する。認定法人は自治体の入札や金融機関からの融資などで優遇措置を受けられる場合がある。求人時に学生などへのアピール力も増す。

23年の中小企業1万社あたりの認定数は岡山県が最多で、愛知県、山形県が続いた。一方、実質的に新型コロナウイルス禍前だった20年に比べた23年の伸びは山梨県が最も大きく、沖縄県、茨城県の順だった。

岡山県は平均寿命は全国上位だが、健康寿命は中位程度。この差を縮めるためにも、県が健康に配慮した経営の重要性を訴えてきたほか、全国健康保険協会の地元支部が中心となって認定取得を支援する。岡山市も市民と一体になった健康づくりを実践する企業の登録制度などを展開。経産省などの認定制度が生まれる前から県内での健康経営への関心を高めてきた。

岡山市の医療用品メーカー 社員の体力を毎月測定

23年2月には認定企業を中心に30社

健康経営優良法人の認定数は山梨県や沖縄県で伸びている

順位	都道府県	倍	順位	都道府県	倍	順位	都道府県	倍
1	山梨県	10.00	17	福岡県	3.52	33	熊本県	2.71
2	沖縄県	5.77	18	新潟県	3.24	34	島根県	2.58
3	茨城県	5.38	19	群馬県	3.22	35	長野県	2.53
4	徳島県	5.13	20	宮崎県	3.04	36	東京都	2.52
5	山口県	5.04	21	京都府	3.03	37	福島県	2.52
6	広島県	4.71	22	大阪府	3.00	38	秋田県	2.50
7	福井県	4.25	23	愛媛県	2.98	39	静岡県	2.42
8	鳥取県	4.10	24	神奈川県	2.97	40	山形県	2.35
9	岡山県	3.92	25	奈良県	2.93	41	埼玉県	2.32
10	鹿児島県	3.90	26	滋賀県	2.89	42	兵庫県	2.24
11	宮城県	3.88	27	香川県	2.87	43	長崎県	2.23
12	大分県	3.87	28	高知県	2.83	44	栃木県	2.09
13	岩手県	3.77	29	愛知県	2.80	45	石川県	2.07
14	和歌山県	3.63	30	佐賀県	2.78	46	青森県	2.05
15	千葉県	3.61	31	北海道	2.76	47	富山県	1.81
16	岐阜県	3.59	32	三重県	2.76			

（倍）

（注）経済産業省による中小規模法人の認定数を2020年と23年で比べた。同じ値の場合は小数点第3位以下で順位付け

岡山市のダイヤ工業は月に1回、社員の運動器年齢をチェックする

以上が参加する「岡山健康経営を考える会」も発足。「先進的な取り組みなどを共有して効果を高めたい」（同会）といい、専門家による講演会のほか会報での事例紹介、先進企業訪問などを進める。

参加する医療用品メーカーのダイヤ工業（岡山市）は毎月、社員の体力を測定する。朝の10分間、約100人が4〜5人のグループに分かれてオフィス内で片足立ちなどの運動を実施。筋力や柔軟性などを点数化し、有効なトレーニングメニューを盛り込んだ結果表を渡す。

社員の運動機能に関する年齢は若返り、採用面でも効果が出ているという。23年春入社の女性社員は「両親も私の健康への関心が高く、就職先を選ぶ参考になった」と話す。

伸び全国トップの山梨県独自の認定制度

伸びがトップの山梨県は20年に独自の認定制度を設けた。全国的に見て優良法人の認定数が低迷していたこともあり、中小企業などの関心を高める狙いもあったようだ。独自制度ではカロリーや食塩量に配慮した食事を社員食堂で提供することなどが認定項目に盛り込まれており、22年度末までに188社が取得している。

建設業の国際建設（甲府市）は国と県の双方から認定を得た。約50人の社員に睡眠時無呼吸症候群を検知するスマホアプリを提供。異常を検知した場合は医師の診察を受けるようにした。有休取得やノー残業デーも拡大する方針で、離職率は低下傾向という。

沖縄県の沖縄ツーリスト（那覇市）は20年に全社員の喫煙率ゼロを達成。21年には社員に歩くことを勧めるイベントを始めた。担当者は「旅行業界はコロナ禍で厳しい状態が続いたが、健康診断で異常が見つかる社員が減るなど社内の雰囲気は良い」と話す。

慶応大の岩本隆特任教授は「労働環境が悪い企業への就職を避けるためにも、健康経営認定の有無を重視する学生が増えている」と指摘。人手不足が深刻になるなか、「健康を意識した経営は採用活動だけでなく業績や株価にも影響を及ぼす可能性があり、今後も重視する企業は増えていく」と見ている。

健康経営優良法人の認定数は山梨県や沖縄県で伸びている

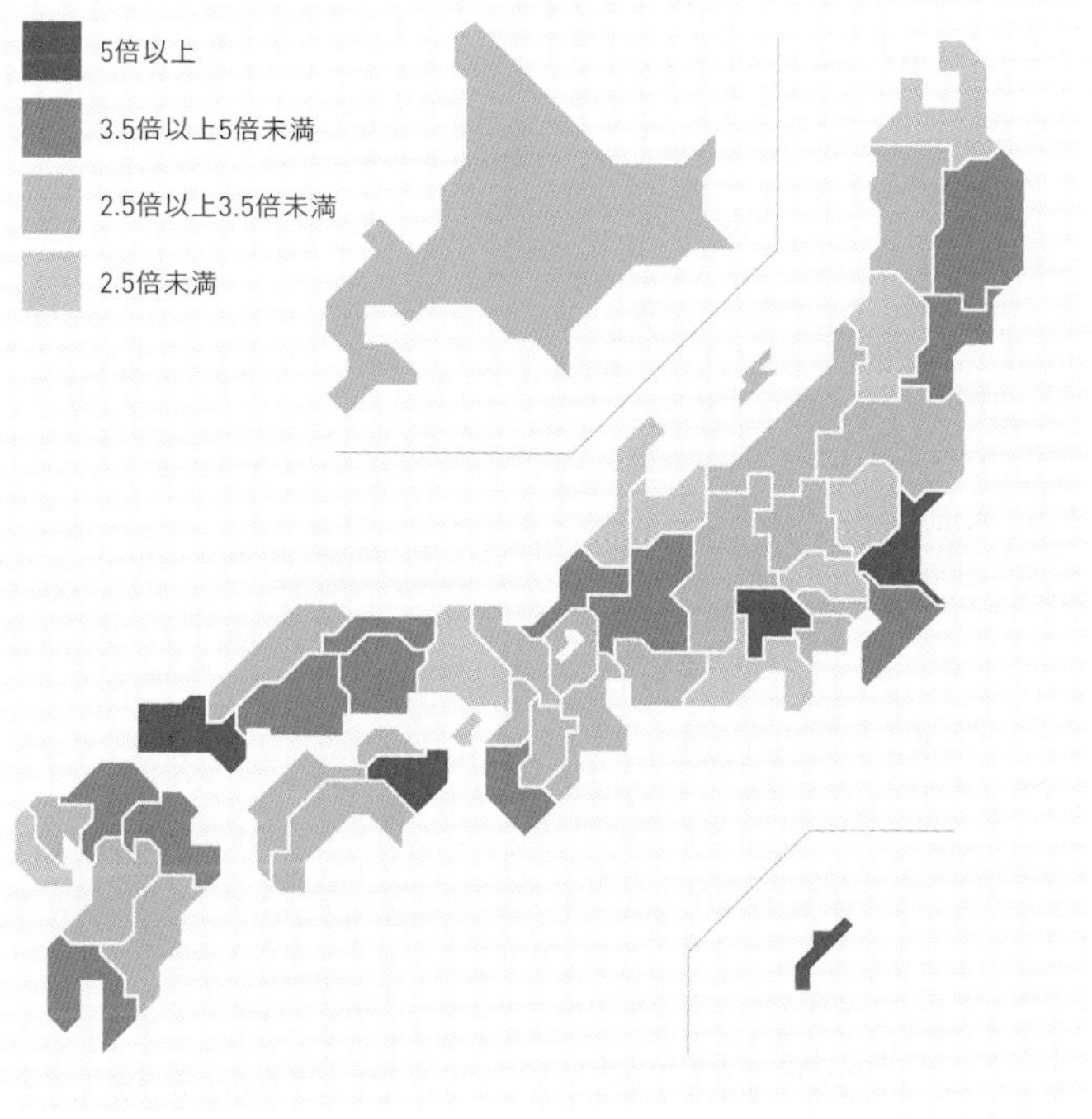

（注）2023年の中小規模法人認定数の20年比

中小規模法人の認定数は全国で1万4000を超えた

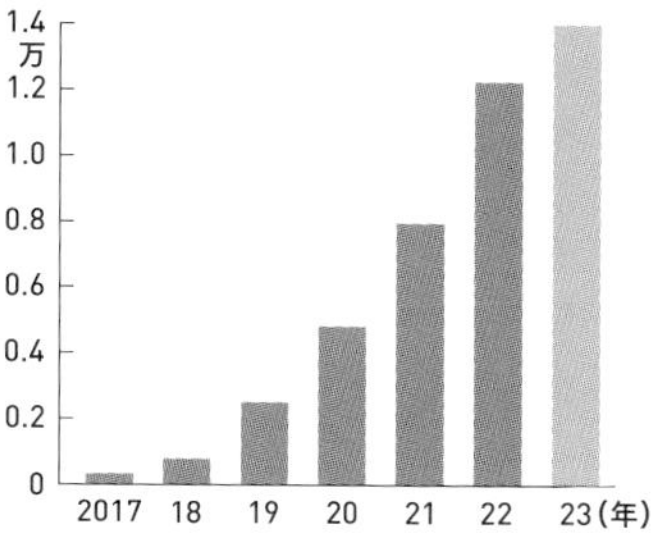

（出所）経済産業省

中小企業1万社あたり認定数

1	岡山県	89.0
2	愛知県	79.1
3	山形県	71.5
4	大阪府	67.6
5	長野県	66.1

（注）中小企業数は2016年時点。中小企業庁まとめ

2-7

実質賃金

［2024年1月27日掲載］

賃上げ、群馬・大分が先駆け

物価高超す伸び、実現は2県のみ
高崎市、中小に奨励金１５０万円

全国の賃金増加率 23カ月連続で物価上昇下回る

物価上昇を上回る賃上げが一足早く一部の地域で実現している。２０２３年10月まで1年間の都道府県ごとの賃金増減率と物価変動率（いずれも前年同期比）を比べたところ、群馬県と大分県で賃金の伸びが物価上昇を上回った。中小企業の賃上げに奨励金を出すなど、自治体も賃金の底上げを後押しする。

厚生労働省の毎月勤労統計調査によると、常用労働者5人以上の事業所の1人当たりの賃金は全国で23年11月まで23カ月連続で増えたが、増加率は20カ月連続で物価上昇率を下回った。物価変動を考慮した正味の購買力を表す実質賃金は低迷し、岸田文雄首相は年初から記者会見などで賃上げの要請を繰り返す。

しかし、様相が異なる地域もある。群馬県は23年10月まで1年間で賃金が前年同期比５・０％増え、物価上昇率の４・４％を上回った。全国では１・８％の賃金増に対し物価上昇率は４・１％。県の調査担当者は「中小企業に賃上げの裾野が広がっている」と見る。

物価高を織り込んだ実質賃金の増減

順位	都道府県	増減
1	群馬県	0.6
2	大分県	0.4
3	山形県	▲0.5
4	兵庫県	▲0.7
5	岐阜県	▲1.0
6	高知県	▲1.2
7	神奈川県	▲1.2
8	富山県	▲1.4
9	愛知県	▲1.5
10	島根県	▲1.6
11	和歌山県	▲1.7
12	東京都	▲1.7
13	愛媛県	▲1.8
14	静岡県	▲2.0
15	岡山県	▲2.0
16	新潟県	▲2.1
17	福岡県	▲2.1
	全国平均	▲2.2
18	大阪府	▲2.3
19	長野県	▲2.4
20	徳島県	▲2.4
21	茨城県	▲2.5
22	山梨県	▲2.6
23	京都府	▲2.6
24	秋田県	▲2.6
25	滋賀県	▲2.7
26	千葉県	▲2.8
27	香川県	▲2.8
28	熊本県	▲2.8
29	青森県	▲3.1
30	鹿児島県	▲3.2
31	長崎県	▲3.4
32	佐賀県	▲3.7
33	埼玉県	▲3.8
34	奈良県	▲3.9
35	石川県	▲3.9
36	北海道	▲4.0
37	三重県	▲4.0
38	山口県	▲4.1
39	岩手県	▲4.2
40	広島県	▲4.4
41	栃木県	▲4.6
42	宮城県	▲4.7
43	福島県	▲4.9
44	宮崎県	▲4.9
45	沖縄県	▲5.0
46	鳥取県	▲6.3
47	福井県	▲6.6

（%）

（注）2023年10月まで1年間の前年同期比。小数点第2位以下で順位付け。▲は減少。
厚生労働省・都道府県の「毎月勤労統計調査」や総務省「消費者物価指数」から作成

群馬県内企業の78％ ２０２３年度に賃上げか予定

群馬銀行系シンクタンクの群馬経済研究所（前橋市）によると23年度に県内企業の78％強が賃上げをしたか、実施予定だった。

県内では高崎市が中小企業の賃上げ率に応じ奨励金を最大１５０万円支給する制度を23年7月に始めた。申請は見込みの2倍以上の１１５０件に及び、3億円だった予算を2億円近く上積みした。実施年のみの補助だが、富岡賢

群馬県高崎市の荒瀬印刷は過去最高となる2000円超のベースアップを実施

治市長は「賃上げの原資にしてもらえる」と力を込める。

同市内の荒瀬印刷は制度を使って約40人の社員平均で2310円という過去最高額のベースアップ（ベア）に踏み切った。定期昇給を含めた賃上げ率は4・7％で物価上昇率を上回る。内藤賢治社長は「印刷業界が縮小するなかで生き残るには社員の提案力が問われる。賃上げでやる気を引き出したい」と明かす。

大分県は物価上昇率3・3％に対して賃金増加率が3・7％に達した。連合大分によると23年の春闘賃上げ率は4・0％と過去最高。集計した95組合の3分の2近い62組合でベアが実現したという。

農産物を栽培・加工する豊後大野クラスター（大分県豊後大野市）は23年6月、従業員の時給を5％（45円）引き上げて905円にした。大分県の最低賃金は23年10月から時給で45円引き上げ899円となったが先取りした。

大分県は脱最低賃金を後押し
中小に最大75万円支給

同県は最低賃金に近い水準で従業員を雇う中小企業の賃上げに奨励金を出す制度を21年度に導入。国の助成を生かし時給を90円以上高めれば最大75万円を支給する。県の担当者は「最近は他の自治体でも類似の制度がみられるが本県は先行組だ」と強調する。

山形県は物価の上昇を反映した実質賃金が0・5％減とプラスに迫る。県内の最低賃金は23年10月、46円上がり900円となった。国が目安とした39円を上回り、上げ幅は東北6県で最も大きい。

岩手県は23年4月以降の中小企業の賃上げに最大100万円を支給。1月に開かれた徳島県版・政労使会議（雇用政策協議会）には後藤田正純知事が初めて出席した。岩手は最低賃金が全国で最も低く徳島はそれに次ぐ。働き手の県外流出に危機感が強い。

みずほリサーチ&テクノロジーズの河田皓史主席エコノミストは「雇用者の7割が働く中小企業で賃上げが広がらないと経済効果は期待できない」と指摘。「ネックは物価上昇の局面でも賃上げの原資がないこと。商品の付加価値を高めて値上げできるよう後押しすることが国や自治体が取り組むべき本筋」と語る。

物価高を織り込んだ実質賃金の増減

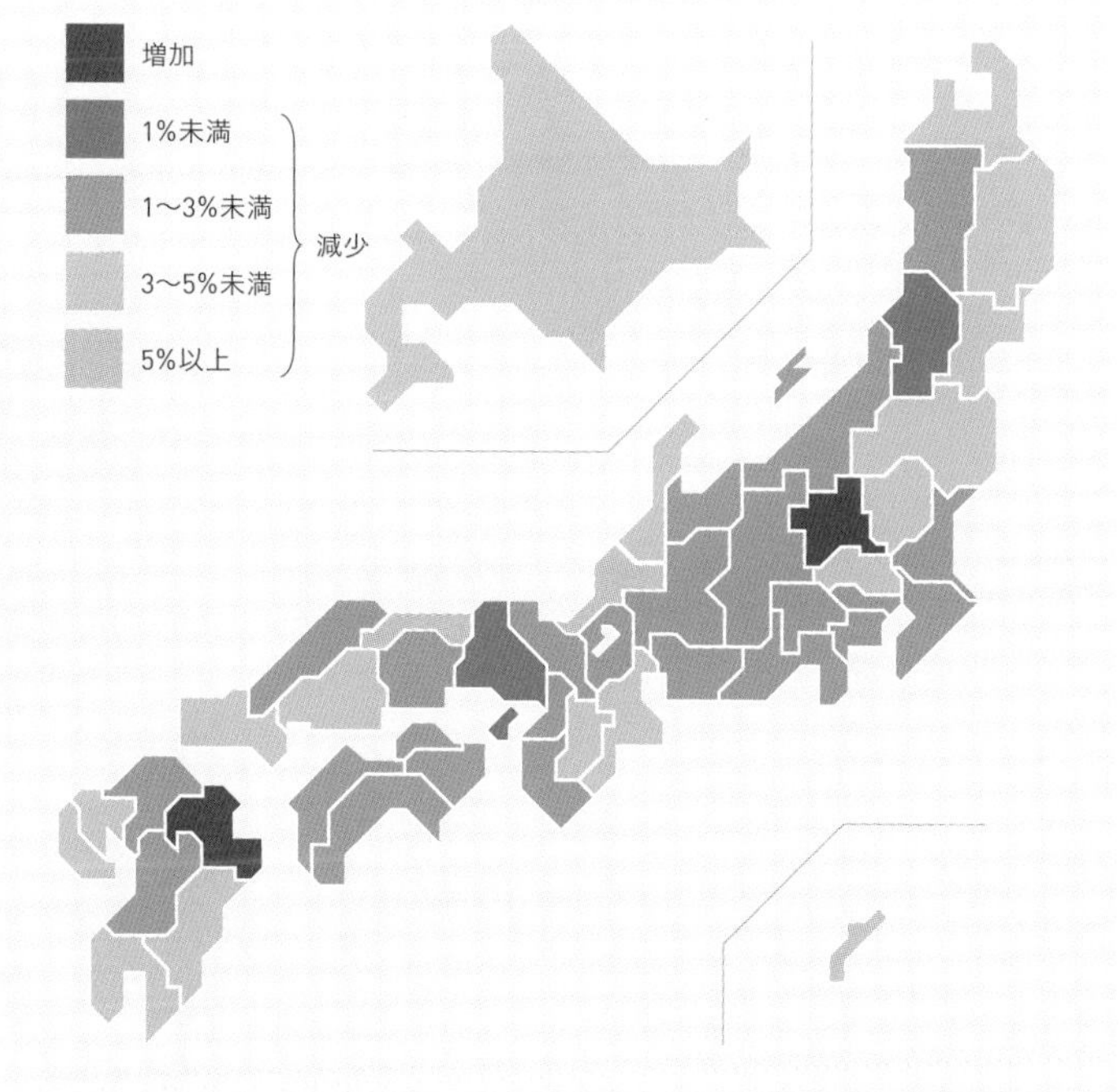

（注）2023年10月まで1年間の前年同期比。小数点第2位以下で順位付け。厚生労働省・都道府県の「毎月勤労統計調査」や総務省「消費者物価指数」から作成

群馬・大分のみが実質賃金プラス

順位		賃金の増減率	実質賃金の増減率
1	群馬県	5.0%	0.6%
2	大分県	3.7	0.4
3	山形県	3.3	▲0.5
4	兵庫県	3.2	▲0.7
5	岐阜県	3.1	▲1.0
12	東京都	2.4	▲1.7
	全国平均	1.8	▲2.2
18	大阪府	2.0	▲2.3
45	沖縄県	▲0.8	▲5.0
46	鳥取県	▲2.2	▲6.3
47	福井県	▲2.8	▲6.6

（注）23年10月まで1年間の前年同期比。▲は減少

物価高で実質賃金は低迷（前年同月比増減率）

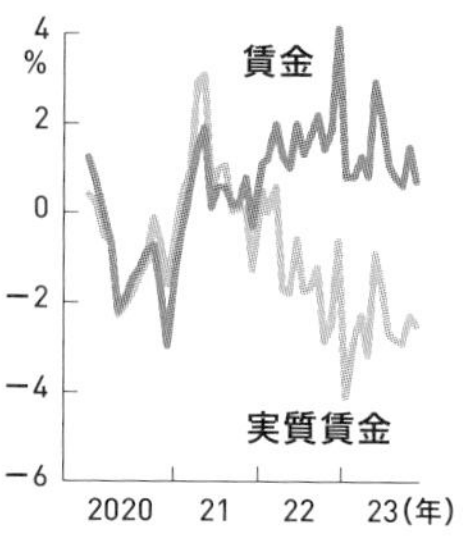

（出所）厚生労働省「毎月勤労統計調査」

2-8

農福連携

［2023年4月15日掲載］

「農福連携」芽吹く千葉・大分

障害者に農作業、担い手不足を補う
自治体など支援、社会参加のきっかけにも

障害者就労施設 農業者と連携、23％増

障害者の農業分野での活躍を促す「農福連携」が広がっている。2021年度に全国で連携に取り組んだ障害者就労施設と農業者の合計は20年度より23・2％増えた。障害者の社会参加を後押しすると同時に、農業の担い手不足にも応えるウィンウィンの取り組みとして、自治体などの支援も活発になっている。

国と都道府県が把握する農福連携に取り組む障害者就労施設と農業者の数を集計して合算した。21年度の20年度に比べた伸び率は、千葉県が62・7％増で最も大きく、大分県の53・0％増、栃木県の52・2％増が続いた。

農福連携取り組み主体数の増減率順位（2021年度、前年度比）

1	千葉県	62.7	17	東京都	27.5	33	群馬県	14.9
2	大分県	53.0	18	岡山県	27.3	34	宮城県	13.7
3	栃木県	52.2	19	広島県	25.6	35	京都府	12.7
4	秋田県	50.0	20	山梨県	24.4	36	島根県	10.5
	兵庫県	50.0	21	香川県	22.5	37	福井県	10.0
6	滋賀県	40.0	22	和歌山県	22.2	38	青森県	7.5
7	大阪府	38.8	23	熊本県	22.0	39	三重県	7.4
8	福島県	38.8	24	富山県	21.8	40	岐阜県	6.5
9	徳島県	38.6	25	高知県	21.4	41	福岡県	4.8
10	神奈川県	37.73	26	北海道	21.2	42	埼玉県	3.3
11	宮崎県	35.1	27	佐賀県	21.2	43	鳥取県	3.1
12	山形県	32.8	28	茨城県	20.8	44	山口県	2.2
13	石川県	31.5	29	鹿児島県	20.7	45	長崎県	−1.0
14	新潟県	30.6	30	岩手県	19.8	46	沖縄県	−5.5
15	静岡県	30.5	31	愛知県	17.0	47	奈良県	−14.3
16	長野県	29.6	32	愛媛県	15.7			(%)

（注）国と都道府県への聞き取りなどで作成。同じ値の場合は小数点第2位以下で順位付け

農福連携は政府が16年に打ち出した「ニッポン一億総活躍プラン」に盛り込まれたことなどから国や自治体の推進施策が拡大。国は障害者が生産に関わった農産物を認証する「ノウフクJAS」を19年に制定した。

20年には関係団体と「農福連携等応援コンソーシアム」を立ち上げ、優良事例を表彰する「ノウフク・アワード」も始めた。専門人材の育成も進め、24年度には取り組み主体数を21年度より約3割多い7000以上にする計画だ。

千葉県のNPO法人「農サポ」と銘打ち支援に力

NPO法人の千葉県障害者就労事業振興センター（千葉市）は県などと連携して、「農サポ」と銘打った支援策を展開している。農業に関心を持つ施設に専門人材を派遣。個人の特性などに応じて農作業を振り分けたり、作業内容を説明したりする。働き手を求め

食用の菜花を栽培する社会福祉法人土穂会の障害者ら（千葉県いすみ市）

る生産者との間も取り持つ。

期間限定の「お試しノウフク」も始めたほか、連携の成果である農産物などを販売するマルシェも開く。緒方ともみセンター長は「成果が見えやすい農業は障害者のやりがいにもつながる」と手応えを感じている。

連携は農業の担い手不足対策にも貢献する。千葉県いすみ市では長年、食用の菜花を栽培していた牧場が高齢化や人手不足で撤退。社会福祉法人の土穂会（同）が19年に農場などを引き継いだ。

菜花は千葉県の特産品だが、収穫に手間がかかることもあって栽培農家は減少傾向。同事業所の栽培量はＪＡいすみを通じた流通量の半分近くにまで増えた。障害者の平均工賃（賃金）も一般就労が難しい人が通う就労継続支援Ｂ型の作業所としては高い月額２万円程度に達する。

農福連携取り組み主体数の増減率（2021年度、前年度比）

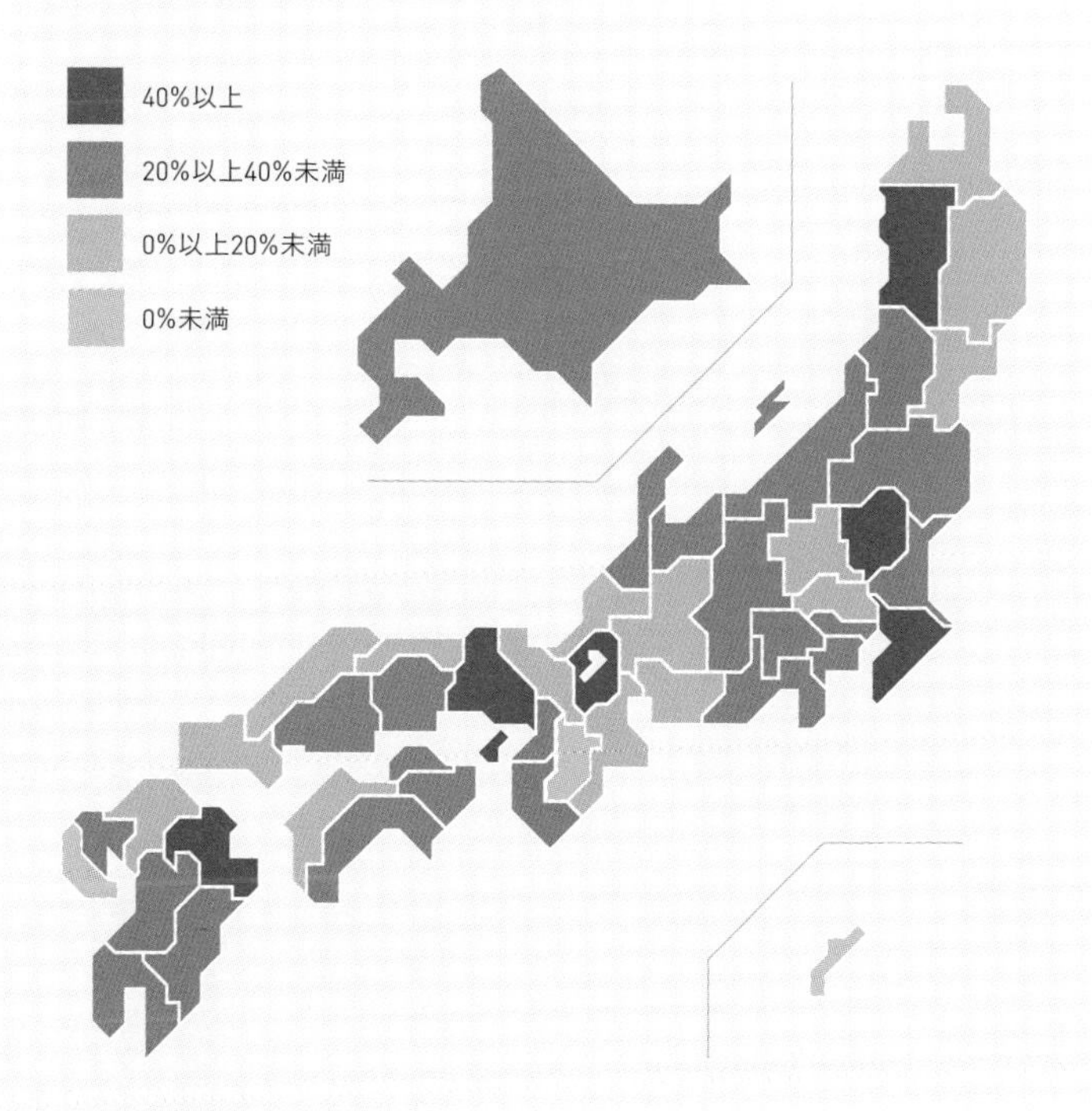

（注）国と都道府県への聞き取りなどで作成

耕作放棄地で障害者が酒米
大分県日田市の会社が酒づくり

２位の大分県も連携推進に向けたアドバイザーを配置し、障害者就労施設などの相談に乗る。「収穫作業で人手がほしい」といった農家の要望を集約し、施設に作業を依頼する仕組みも整える。

同県日田市のシンシアリーは耕作放棄地を活用して障害者らが酒米を作っており、日本酒の製造にも取り組む。代表の平川加奈江さんは「地域の酒としてブランド化することで、障害者の工賃も高めたい」と意気込む。

農福連携の取り組み主体数は年々増え続けている

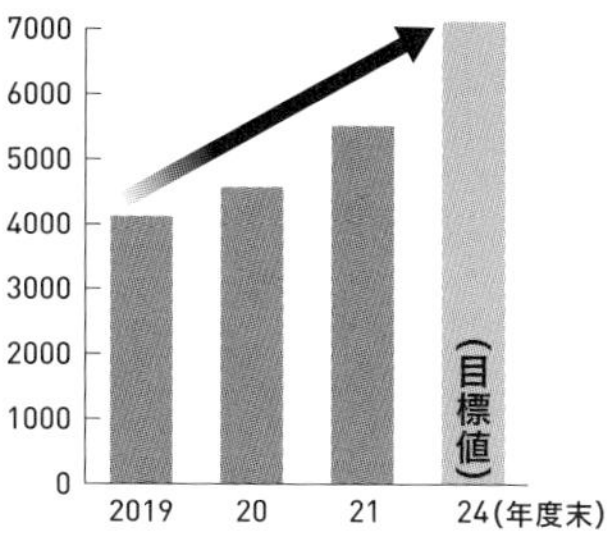

（出所）農林水産省資料

栃木県の社会福祉法人
桑を育て食品に

3位の栃木県にある社会福祉法人パステル（小山市）は、かつて地域で盛んだった養蚕業に着目。蚕のエサとして栽培されていた桑の木を再生し、収穫した桑を使ったパンやうどんを販売する。

主体数が最多の北海道も障害者就労施設が手掛けた農産物の直売イベント「ノウフクマルシェ」を開いている。市民に農福連携への理解を深めてもらうと同時に、農作物などの価値を高めて障害者の収入アップにもつなげる。

障害者就農に詳しい東海大学の浜田健司教授は「農福連携をさらに進めるには障害特性に応じて作業を細分化するといった対応が重要」と指摘。「認知度をさらに高めるためにも、地域全体に波及する成功事例を増やす必要がある」と話している。

3-1

起業家教育

[2023年4月22日掲載]

起業家教育、熊本が先行

事業案競争に高校の4分の1超
和水町の中学校、会社設立し配当も実践

ビジネスプランで高校生ら大会
熊本・大分から積極参加

中高生への起業家教育が各地で活発になっている。高校生らが事業案を競う全国コンテストの出場校は2022年度に高校全体の1割近くを占め、最も高い熊本県では4分の1を超えた。出場に熱心な地域ほど若い世代の創業が盛んな傾向もある。日本が後れを取る起業家教育の推進が地域の起業意識を高めて雇用を生み出すカギを握る。

政府系金融機関の日本政策金融公庫（日本公庫）が13年度に始めた「高校生ビジネスプラン・グランプリ」の出場記録を集計した。高校や高等専門学校の生徒がグループや個人で応募する。日本公庫では創業支援などの担当職員が「出張授業」にも応じてサポートする。

出場者からはアルバイト仲介アプリで成長するタイミー（東京・港）の小川嶺（りょう）社長、ベトナムで食育などを手掛けるＷＥＬＹ（東京・渋谷）の松岡奈々社長ら、20代のスタートアップ経営者も生まれている。

23年1月に最終審査があった22年度は455校から4996件の応募があった。全国の高校・高専約5000校に占める出場校は約9％と初回だった13年度の約3％から拡大した。都道府県別では熊本県の割合が25・6％と最も高く、大分県（19・6％）、鳥取県（18・2％）が続く。

13～22年度に参加校の割合が上位の10府県では、日本公庫によると融資先の新興企業のうち若年創業者の比率が平均で約11％という。下位の10県では約9％で、地域の若い世代の起業意識を映す。

高校・高専の起業家コンテスト出場率（2022年度）

順位	都道府県	(%)
1	熊本県	25.6
2	大分県	19.6
3	鳥取県	18.2
4	岡山県	16.7
5	山形県	16.1
	奈良県	16.1
7	福井県	14.7
8	宮城県	14.3
9	群馬県	14.1
10	香川県	13.6
11	石川県	13.6
12	徳島県	13.2
13	東京都	12.4
14	京都府	11.7
15	兵庫県	10.9
16	高知県	10.6
17	山梨県	10.0
17	静岡県	10.0
19	鹿児島県	9.9
20	宮崎県	9.6
21	岐阜県	9.1
	佐賀県	9.1
23	広島県	8.9
24	沖縄県	8.8
25	滋賀県	8.6
26	愛媛県	8.6
27	島根県	8.3
28	長野県	8.3
29	北海道	8.2
30	富山県	8.0
31	大阪府	7.9
32	福岡県	7.7
33	秋田県	7.5
34	岩手県	7.5
35	茨城県	7.1
36	青森県	6.9
37	和歌山県	6.1
38	埼玉県	5.9
39	愛知県	5.8
40	神奈川県	5.5
41	三重県	5.0
42	長崎県	4.9
43	山口県	4.8
44	福島県	3.8
45	千葉県	3.2
46	新潟県	2.9
47	栃木県	2.6

（注）高校生ビジネスプラン・グランプリ出場校の割合。出所は日本政策金融公庫。同じ値の場合は小数点第2位以下で順位付け

熊本県和水町の中学校
全校生徒が起業実践

熊本県は地元に本社を置く大企業が少ないこともあり、起業家教育を重視してきた。16年度に国が実施した「小・中学校等における起業体験推進

熊本県和水町の町立中学校では生徒が保護者らの出資で実際に会社を興して起業を体験

事業」では選ばれた全国11の教育委員会に熊本県教委と熊本市教委の2つが入った。

和水町立三加和中学校では18年度から起業体験プログラムに取り組む。約70人の全校生徒がグループに分かれて社名、事業内容などを決め、PTAなどの出資で実際に複数の会社を設立。地元事業者と交渉して仕入れた商品をイベント時に販売し、決算書をまとめて株主に利益配分する。

県内出身の古賀碧（あおい）さんは人吉高校（人吉市）を経て崇城大学（熊本市）を卒業後、特産の焼酎のかすを用いて培養した細菌により畑の土壌を改良するバイオベンチャー、Ciamo（シアモ、同市）を20代で立ち上げた。「地域全体で起業を後押しする空気を感じた」と話す。

大分県では県立情報科学高校（大分市）の2～3年生が23年度から、必須授業で新事業の立ち上げに挑む。生徒の各チームが「事業部」としてビジネス案を考え、起業を将来の選択肢にできる生徒を育てる。

東日本で出場割合トップの山形県では山形大学が起業家教育のプログラムを在学生のほか、地域の中高生らに広げている。

高校・高専の起業家コンテスト出場率が高い都道府県（2022年度）

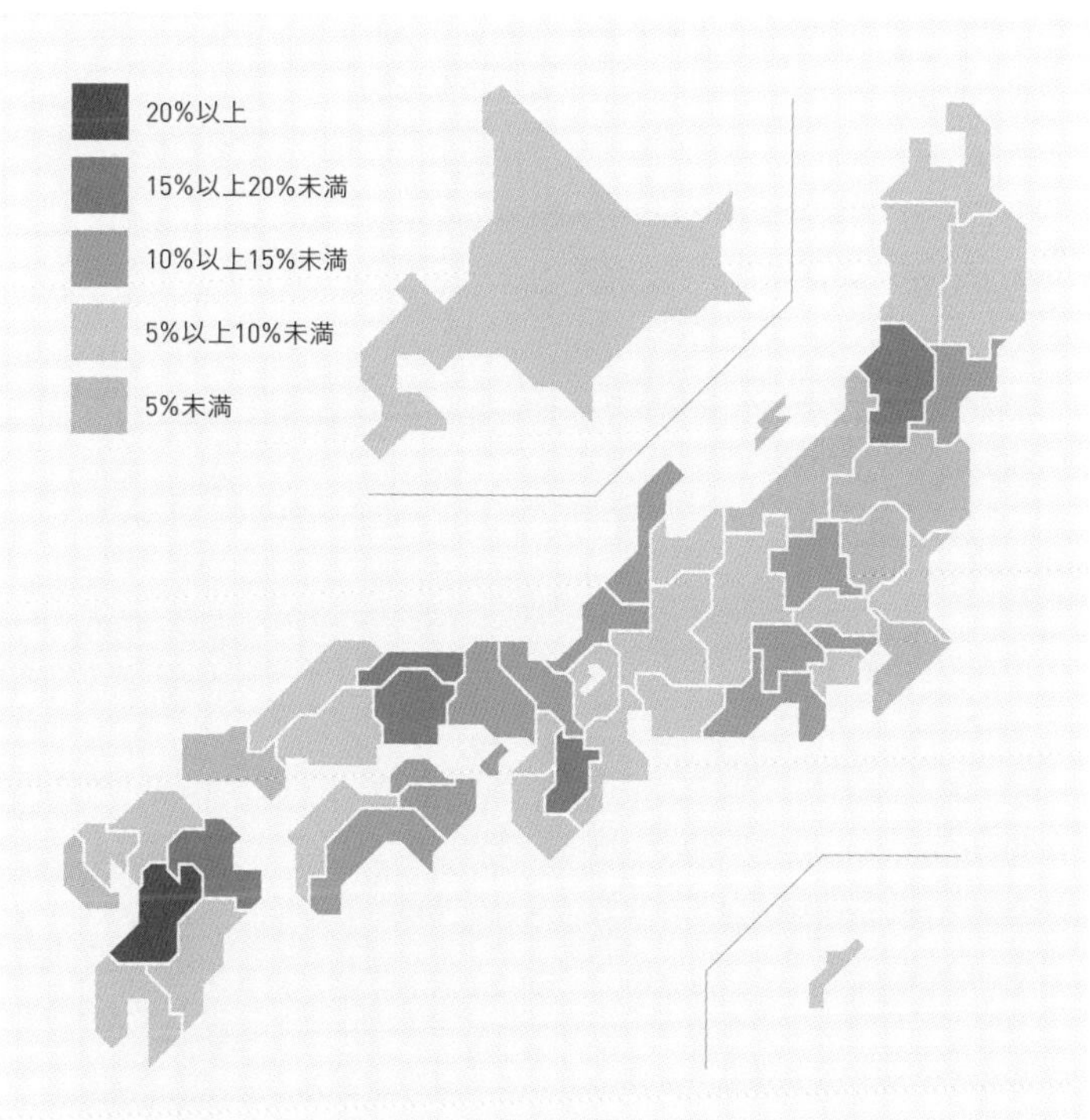

（注）日本政策金融公庫の高校生ビジネスプラン・グランプリ出場校の割合

日本の「高校までの起業家教育」は先進22カ国中20位

順位	国名	評点
1	イスラエル	7.6
2	アラブ首長国連邦	7.1
3	カタール	5.7
6	韓国	4.6
12	米国	3.5
14	英国	3.2
19	ドイツ	2.7
20	日本	2.5
21	キプロス	2.5
22	オーストリア	2.2

（注）「とても不十分（0）」から「とても十分（10）」までの専門家評価。出所はグローバル・アントレプレナーシップ・モニター調査

高校・高専の起業家コンテスト出場率は上昇

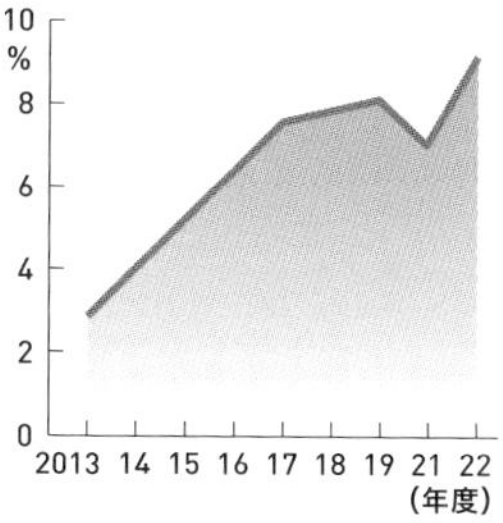

（注）20年度は中止

日本の起業環境、先進国で遅れ 国は小中高生への教育拡充

地域の課題解決や雇用創出を担う起業家を育てるには、早くから挑戦心を養う教育が欠かせない。23年2月発表の国際調査「グローバル・アントレプレナーシップ・モニター調査」によると、日本の起業環境は先進22カ国中16位。欧米のほか韓国にも後れを取る。13の評価項目のうち「高校生までの起業家教育」が20位と全体を押し下げている。

政府は22年11月に示した「スタートアップ育成5か年計画」に小中高生への起業家教育の拡充を盛り込んだ。起業家を講師とした教育支援プログラムを新設し、総合的学習などの授業時間を活用する。体系的な起業家教育を進める高校・高専や、STEM（科学・技術・工学・数学）分野で高い能力を持つ小中高生への支援も強める。

3-2

地元大進学率

［2023年7月15日掲載］

地元大進学率44%、過去50年で最高

20年間の伸びは石川県が首位
学部増や奨学金優遇で若者引き止め

石川県は47%が地元大に20年で14ポイント上昇

東京への若者の流出を抑えようと、自治体が地元大学への進学を促す動きを強めている。地元進学者は就職も地元を選ぶ傾向にあり、人口減対策の一手とする。過去20年間に出身高校と同じ都道府県の大学に進んだ「地元進学率」を最も伸ばしたのは石川県だった。少子化で地方大学の経営は厳しく、既存の私立大の公立化も広がる。

石川県や群馬県で地元の大学に進学する高校生の増加が目立つ

1	石川県	14.5(47.6)	17	岡山県	6.3(41.8)	33	福岡県	2.0(65.1)
2	群馬県	14.3(33.5)	18	愛媛県	6.3(33.3)	34	香川県	1.8(17.4)
3	和歌山県	11.5(18.8)	19	岐阜県	6.1(21.7)	35	山梨県	1.6(24.4)
4	宮崎県	9.9(27.9)	20	京都府	6.1(52.6)	36	兵庫県	0.9(45.1)
5	新潟県	9.6(39.5)	21	長崎県	5.5(35.9)	37	宮城県	0.8(55.9)
6	高知県	9.0(26.5)	22	栃木県	4.9(24.2)	38	熊本県	▲0.0(47.3)
7	東京都	8.9(67.9)	23	広島県	4.8(52.3)	39	茨城県	▲0.0(19.3)
8	大阪府	7.9(58.9)	24	富山県	4.5(21.0)	40	千葉県	▲0.1(34.0)
9	青森県	7.7(40.7)	25	福井県	4.4(30.2)	41	奈良県	▲0.7(14.5)
10	山口県	7.5(26.2)	26	三重県	3.8(21.7)	42	鳥取県	▲1.7(14.1)
11	滋賀県	7.3(21.6)	27	福島県	3.8(22.5)	43	神奈川県	▲3.4(39.3)
12	静岡県	7.3(28.9)	28	佐賀県	3.7(16.7)	44	北海道	▲4.3(67.1)
13	秋田県	7.3(27.0)	29	岩手県	3.2(27.3)	45	鹿児島県	▲4.8(33.6)
14	長野県	6.6(19.6)	30	島根県	3.1(17.3)	46	埼玉県	▲7.2(29.4)
15	徳島県	6.6(36.4)	31	愛知県	2.2(71.6)	47	沖縄県	▲16.4(42.5)
16	大分県	6.6(25.2)	32	山形県	2.0(21.1)			

（注）2022年度に出身高校と同じ都道府県内の大学に進んだ地元進学率を02年度と比べた変化幅、ポイント。▲は減少。同じ値は小数点第2位以下で順位付け。カッコ内は22年度の地元進学率、%。出所は文部科学省「学校基本調査」

文部科学省の学校基本調査から算出したところ、2022年度に全国で高校から大学に進んだ約62万人の地元進学率は44・8%と1971年度に調査を始めて最高だった。02年度比で最も伸びた都道府県は石川県で14・5ポイント上昇の47・6%。群馬県と和歌山県も上昇幅が10ポイントを超えた。

22年度の地元進学率は愛知県が71・6%で最も高い。東京都や大阪府に次いで大学数が多く、就職先の厚みもあることで地元志向が強い。

地元進学率が高まる背景には学費や物価の上昇など経済的な事情もあるが、自治体も後押しに力を入れてきた。

出張オープンキャンパス 中高生に大学教授が模擬授業も

石川県には県内大学を振興する専門部署があり、県内大学と高校生に合同進学説明会などを開く。「出張オープンキャンパス」として中学・高校で各大学の教授が模擬授業も頻繁に実施し、県内大学の特色や魅力を発信する。

星稜高校（金沢市）の進路指導の担当教諭、斉藤暁人さんは「以前は偏差値や知名度で県外の進学先を選ぶ生徒が多かった」と振り返る。大学の模擬授業により「学問の面白さや教授の個性を感じるようで、県内大学に目が向くようになっている」と話す。

「出張オープンキャンパス」で県内大学の授業を受ける高校生（金沢市の星稜高校）

同県内には14大学を含め高等教育機関が多い。これらすべてが「県内大学の学びの充実」（県企画課）のため03年度から単位を相互認定する。対象の授業数は22年度に計90に達した。就職時の県外流出にも手を打つ。地元での就職実績を高めようと、県内企業が職業体験を望む学生を迎える「いしかわインターンシップ」を14年度に始めた。

学生の受け皿となる大学や学部の設置も進学率向上につながる。和歌山県では和歌山市が21年設置の県立医科大学薬学部など公共施設跡を活用した「まちなか大学誘致」を進める。群馬県では08年の桐生大学など、短期大学を運営してきた学校法人の大学設立が01年以降に相次いだ。

高校から地元大学に進む割合は20年間に37都府県で増加

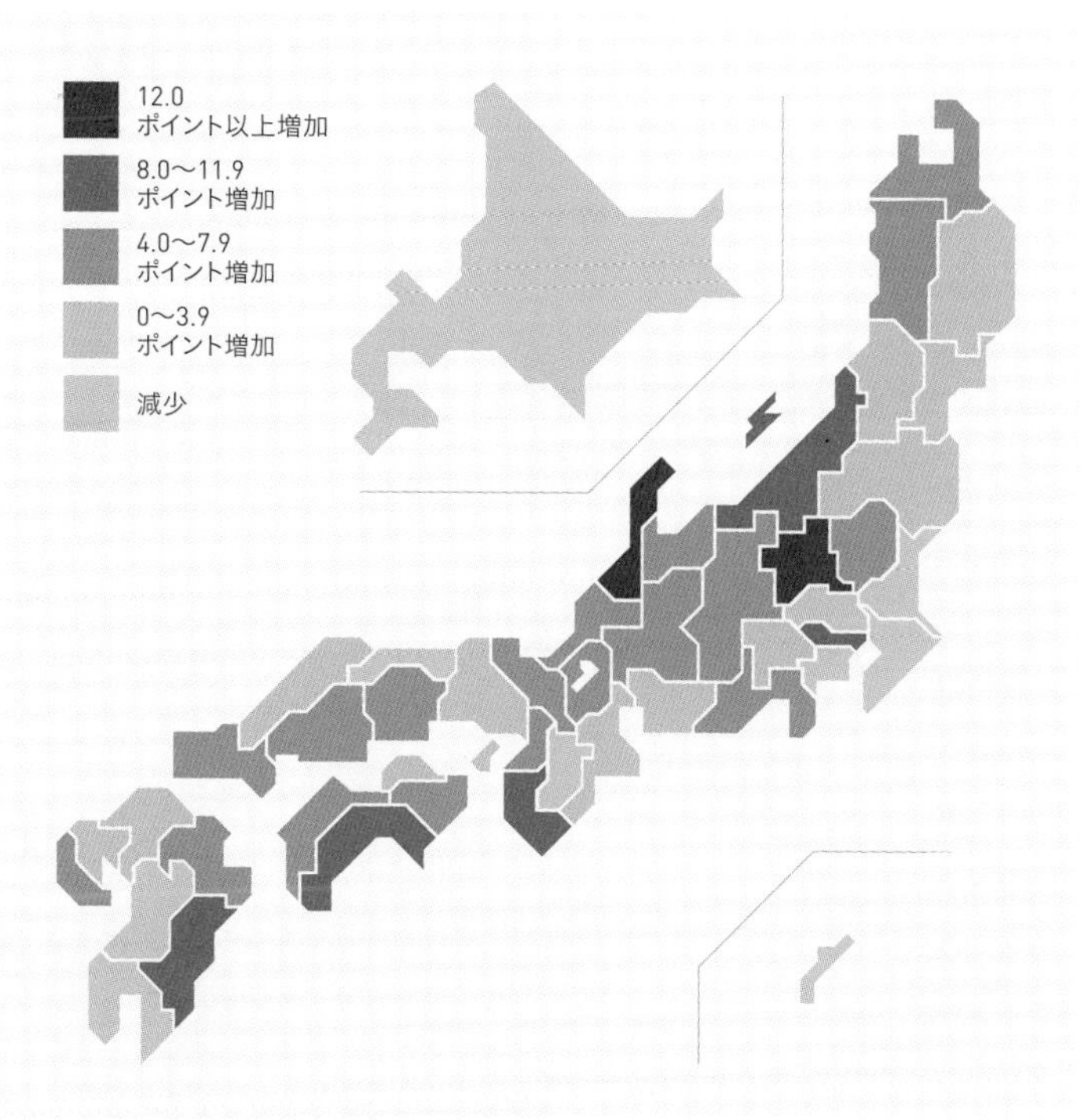

（注）2022年度に出身高校と同じ都道府県内の大学に進んだ割合を02年度と比較。出所は文部科学省「学校基本調査」

地元大学に進んだ学生の7割 就職先も地元志向

一方で地方では定員割れに苦しむ私立大の閉鎖も増え、自治体が運営を継ぐ公立化も広がる。高知県による09年の高知工科大学（香美市）以降、北海道旭川市が旭川大学を継承して23年春開いた旭川市立大学まで12大学に及ぶ。

愛知県が地元進学率は首位

都道府県	変化幅（ポイント）	地元進学率 2022年度（%）
石川県	14.5	47.6
群馬県	14.3	33.5
和歌山県	11.5	18.8
愛知県	2.2	71.6
東京都	8.9	67.9
北海道	▲4.3	67.1

（注）▲は減少

地元進学率は地方で高まる

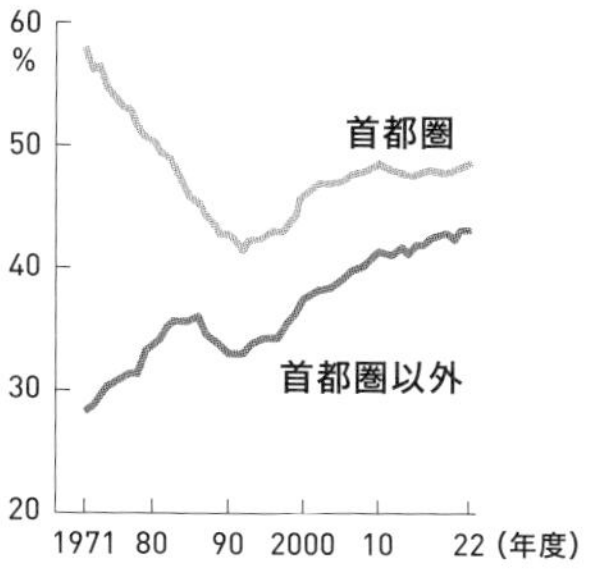

地元大学への進学者を奨学金などで優遇する自治体も多い。

マイナビが24年春卒業予定の全国の大学生・大学院生に23年春実施した調査によると、地元以外の大学に通う学生が故郷での就職を望む割合は約3割。対して地元の大学に進んだ学生では7割を上回る。石川県の担当者は「県外に一度出ると帰ってきてもらうのはハードルが高い」と話す。

国は地方に若者を引き留める側面支援として27年度まで10年間は東京23区内で大学の定員増を禁じる。しかし、学びの自由を縛るなど批判も強く、情報系の学部・学科で24年度から規制を緩める。中央大学が45年にわたり東京都八王子市にあった法学部を23年4月に文京区に移すなど、首都圏の大学は都心回帰を強める。

法政大学キャリアデザイン学部の田沢実教授は「進学先は将来の希望をかなえるために検討されるべきだ」とし、「各地で地方大学が選択肢となるには大学教育の魅力を高める地道な取り組みが欠かせない」と指摘する。

3-3

女性の「工学系」進学率

［2023年6月24日掲載］

女性の「工学系」進学、山形首位

先輩研究者、中高生のモデルに
熊本大は「女子枠」で半導体人材

女性の工学系学部への進学 山形県は2割超す

新産業創出やイノベーション（技術革新）には多様な視点や発想が欠かせない。一つのカギが女性の理工系人材の育成と活用だ。日本で大学の工学系学部に進む女性は少ないが、山形県は2割を超す。技術者や研究者の厚みが増せば地域産業の振興にもつながるため各地で女性の進学を後押しする動きが強まる。

日本は理工系人材が男性に偏る。経済協力開発機構（OECD）の2019年時点の調査によると、高等教育におけるSTEM（ステム、科学・技術・工学・数学）分野の卒業生のうち女性比率が日本は17％。比較可能な加盟国で最下位だった。OECD平均は32％でポーランドや英国などは40％以上に達する。工学系は特に女性比率が低い。

文部科学省の21年度「学校基本調査」を基に内閣府が外部機関に委託して分析したところ、4年制大学の工学系学部に進んだ高校生らのうち女性比率が最も高かった都道府県は山形県で20・2％と唯一2割を超えた。東京都が19・3％、岩手県が17・9％、熊本県が17・6％で続いた。全体では15・2％だった。

大学の工学系学部に進む女性の割合は山形や東京で高い（出身高校の所在地別、2021年度）

順位	都道府県	％
1	山形県	20.2
2	東京都	19.3
3	岩手県	17.9
4	熊本県	17.6
5	香川県	17.4
6	兵庫県	17.3
7	高知県	17.1
8	福岡県	17.0
9	沖縄県	16.9
10	秋田県	16.3
11	和歌山県	16.2
	山口県	
	佐賀県	
14	大分県	16.0
15	宮崎県	15.7
16	大阪府	15.6
16	奈良県	15.6
18	富山県	15.5
19	宮城県	15.3
	京都府	
	岡山県	
22	千葉県	15.1
23	長崎県	15.0
24	徳島県	14.9
25	栃木県	14.7
26	神奈川県	14.6
27	鹿児島県	14.5
28	三重県	14.3
29	鳥取県	13.9
30	茨城県	13.8
31	青森県	13.4
	福島県	
31	群馬県	13.4
	山梨県	
	広島県	
36	新潟県	13.3
37	埼玉県	13.1
	島根県	
39	愛知県	13.0
40	岐阜県	12.8
41	石川県	12.7
42	北海道	12.1
	滋賀県	
44	愛媛県	11.9
45	静岡県	11.7
46	長野県	11.6
47	福井県	11.2

（％）

（出所）内閣府の委託により三菱UFJリサーチ＆コンサルティングが調査

山形大学がけん引 県内の中高で出前講義

山形県でのけん引役は山形大学だ。女性の教員や大学院生を組織し、県内の中学・高校で出前講義や進路相談を実施する。理科好きの女子生徒にはお手本となる「ロールモデル」に接する機会となる。

「将来の選択肢に研究者の道もあると知った」。生徒からはそんな感想も寄せられる。

講師役を務める理工学研究科博士課程3年の安達茜さんは「初めて女性研

香川大学はイベントで
女子生徒の理工系進学を後押し

究者に会ったという子がほとんど」と話す。交流をきっかけに学内を見学するオープンキャンパスへの参加や研究室訪問を希望する女子生徒も増えてきた。

子どもの理科への関心を育む活動も続ける。08年に学内に科学教育の拠点を設け、県内の小中学生向けに単発イベントのほか、「ヤマガタステムアカデミー」として通年の講座を開く。電池づくりなどの実験、人工知能（AI）やプログラミング体験を用意。参加の半数が女性という。

幼いころから科学館などでの「理系的経験」が豊かな女性は理工系に関心が高いとされるが、地方はそうした場が限られる。「理系は女性に不向き」といった思い込みや偏見も進路選択を狭めてきた。

山形県は有機ELなど先端産業の振興を掲げる。大森桂副学長は「地元産業とも連携して女性の活躍の場を広げ、次世代の人材育成へ好循環をつくりたい」と話す。

香川県はメタバース舞台 女性技術者と生徒イベント

香川県も中高生への働きかけを強める。県内の大学や企業で働く女性技術者・研究者との交流イベントを17年度から続ける。22年度はメタバース（仮想空間）上で交流イベントを開き、約70人の女子生徒が参加した。23年度は香川大学を中心とした産官学で女性の理工系進学を促す全県プロジェクトに乗り出す。県内出身の女性科学者展などを実施する。

半導体受託生産の世界最大手、台湾積体電路製造（TSMC）の工場建設が進む熊本県では半導体人材として女性の活躍が期待される。

熊本大学は半導体産業の集積を「100年に一度の好機」（小川久雄学長）とみて、学部相当の「情報融合学環」を24年春に創設。学校推薦型選抜15人のうち8人を「女子枠」として多様な学生を集める。

工学部入試での女子枠は23年度に設けた名古屋大学など導入が相次ぐ。ベネッセ教育総合研究所の木村治生主席研究員は「工学は生活に密着しており女性の視点が不可欠。工学系女性が社会で活躍していくサイクルをつくる一つのきっかけとして女子枠は有効だろう」と指摘する。

大学の工学系学部に進む女性の割合は山形や東京で高い（出身高校の所在地別、2021年度）

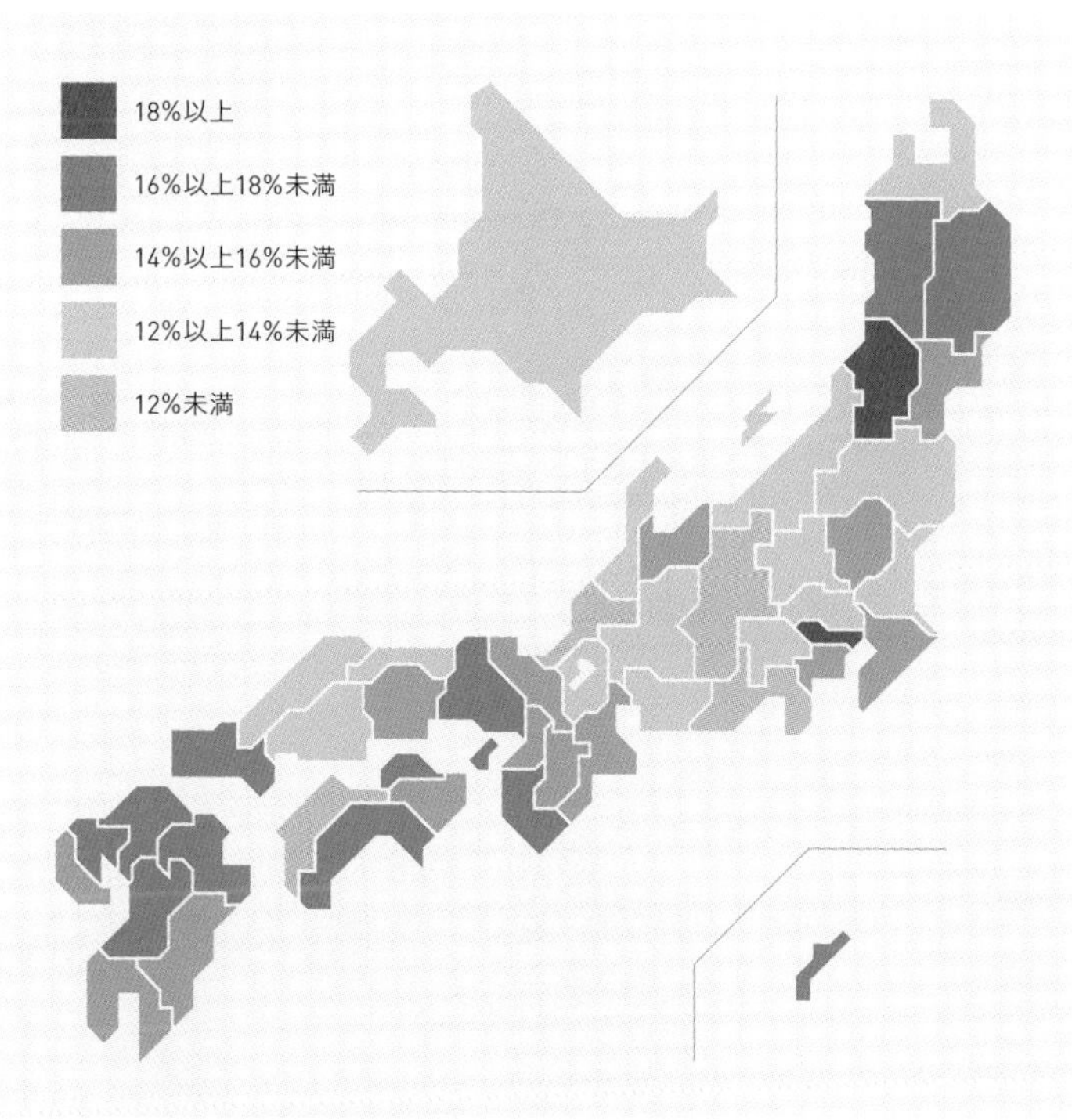

（出所）内閣府の委託により三菱UFJリサーチ＆コンサルティングが調査

理系各学部の進学者のうち女性の割合

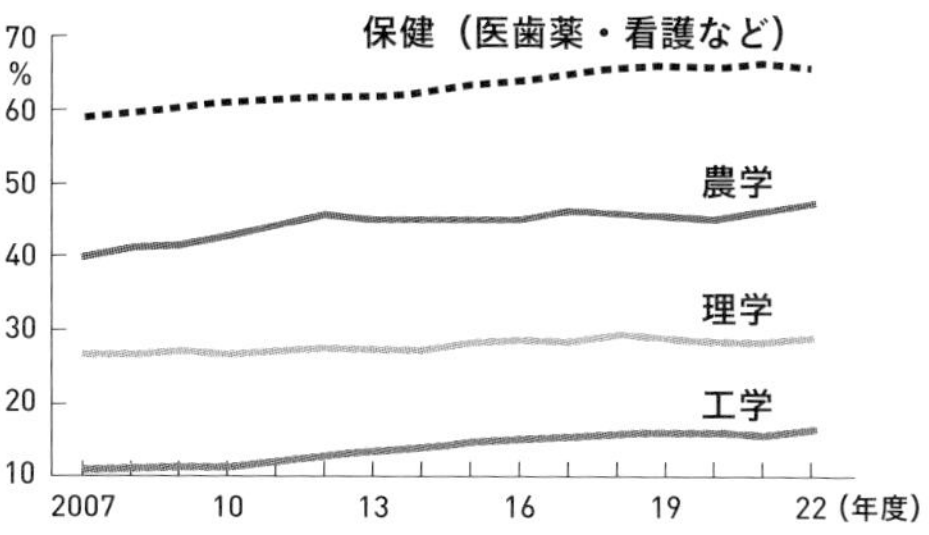

（出所）文部科学省「学校基本調査」から作成

3-4

高専

[2022年10月29日掲載]

高専で「実践の知」、全国に57校

最先端研究・起業も学ぶ
三重・鈴鹿、中小と共同研究

高専生が占める割合 三重県が13％超でトップ

高等専門学校（高専）の役割の裾野が広がっている。技術の実践教育を担う教育機関として制度創設から2022年で60年。当初は中堅技術者を養成する役割に重点が置かれたものの、近年では宇宙開発など最先端研究や起業支援にも注力しており、地域を活性化させる人材を輩出する拠点としての重要性が増している。

文部科学省の2021年度「学校基本調査」から、各都道府県で大学の学部、大学院、短期大学、高専で高等教育を受ける学生のうち、高専生が占める割合をランキングしたところ、大都市のない地方ほど高くなった。最も高かったのは三重県で13％超。10％以上は香川県など5県あり、全都道府県の3分の1強で高専生が5％以上を占めた。

高度経済成長期の1962年、産業界からの要請を受けて制度が生まれ、日本のモノづくりの現場を支えてきた高専は地方ほど存在感は大きい。2021年度時点で国公私立57校があり、学生数は約5万7000人。22年度の国立の高専入学者は前年度より83人多い9665人と、学生人気も安定している。

国も高専の可能性を再評価している。国の22年度国立高専の運営交付金予算額は13年度比7％増の625億円。文科省は人工知能（AI）やロボットなど「新たな時代に求められる分野」に関する内容をカリキュラムに導入することを掲げた。

「職業訓練校から高度な教育を与える場に」――。三重県鈴鹿市の鈴鹿工業高専の末次正寛副校長はこう話す。

5つの県で高専生の比率が1割を超える

1	三重県	13.69	17	鹿児島県	5.41	33	宮城県	2.64
2	香川県	12.72	18	熊本県	4.83	34	福岡県	2.58
3	島根県	11.56	19	青森県	4.78	35	広島県	2.48
4	鳥取県	11.32	20	長野県	4.75	36	岡山県	1.92
5	山口県	10.80	21	大分県	4.63	37	兵庫県	1.62
6	富山県	9.46	22	長崎県	4.44	38	千葉県	0.94
7	和歌山県	8.87	23	奈良県	4.38	39	愛知県	0.59
8	愛媛県	8.73	24	岐阜県	4.25	40	京都府	0.51
9	福井県	8.29	25	沖縄県	4.25	41	東京都	0.47
10	高知県	7.36	26	栃木県	4.17	42	大阪府	0.34
11	秋田県	7.28	27	北海道	3.74		埼玉県	−
12	宮崎県	7.08	28	石川県	3.51		神奈川県	−
13	岩手県	6.01	29	群馬県	3.31	—	山梨県	−
14	福島県	5.97	30	新潟県	3.27		滋賀県	−
15	山形県	5.64	31	静岡県	2.78		佐賀県	−
16	徳島県	5.49	32	茨城県	2.68			

（%）

（注）文部科学省の2021年度「学校基本調査」を基に作成。比率は大学の学部、大学院、短期大学、高等専門学校の合計学生数に占める高専生の割合。高専がない埼玉、神奈川、山梨、滋賀、佐賀の学生数も母数に含めた。同じ値は小数点第3位以下で順位付け

一関高専では討論形式で起業のノウハウを学ぶ（2022年10月、岩手県一関市）

同校は18年に校内に中小企業との共同研究を想定した専用スペース「産学官協働研究室」を開設した。新製品開発を希望する企業の担当者が同校を訪れ、ニーズに対応できる学科の教員や学生と共同で研究開発をする。22年10月までに三重県や岐阜県、東京都などの7社と自動化技術や装置の開発で連携した。

前橋市の群馬工業高専 宇宙開発分野に力

前橋市の群馬工業高専は宇宙開発分野に力を入れる。同校初の挑戦として、10月に宇宙航空研究開発機構（JAXA）が打ち上げたロケットに搭載した人工衛星「KOSEN―2」の本体や部品を学生と教員が製作した。

衛星の向きを変えるのに不可欠なモーターは県内の老舗機械メーカー、小野塚精機（群馬県高崎市）と組み開発した。同校機械工学科の平社信人教授は「国や大学が主導してきた分野に、高専でも挑めることを証明した」と誇る。

学生の起業に力を入れるのは、一関工業高専（岩手県一関市）だ。18年から全学年の学生を対象に「起業家人材育成塾」を開催。地元企業のトップらを講師に、起業を志す学生に自身の経験やノウハウを伝授する。

同校の学生が立ち上げた地域課題解決のための団体は、高齢者にわかりやすいデジタルの防災マップの作成など自治体や企業から約20の案件を請け負う。明石尚之副校長は「起業を通じて自分のスキルを生かそうと思う学生が増えれば」と期待する。

徳島19年ぶり、滋賀で初の開校 ものづくりへの危機感背景

高専を新設する動きも広がる。徳島県神山町では19年ぶりの新設高専となる私立「神山まるごと高専」が23年春に開校する。滋賀県も27年春に同県初の高専開校を目指し、22年9月に設置場所を同県野洲市に決めた。

背景にあるのは産業界の危機感だ。国立高等専門学校機構の谷口功理事長は「日本は『品質の良いモノづくり』で成長してきたが、他のアジア諸国の台頭や技術流出でその景色は激変した」と説く。「実地教育を主体とする高専生が最先端技術に触れる意義は大きく、企業との連携で新たな知が生まれる」とさらなる活躍に期待を示す。

高等教育を受ける学生に占める高専生の比率

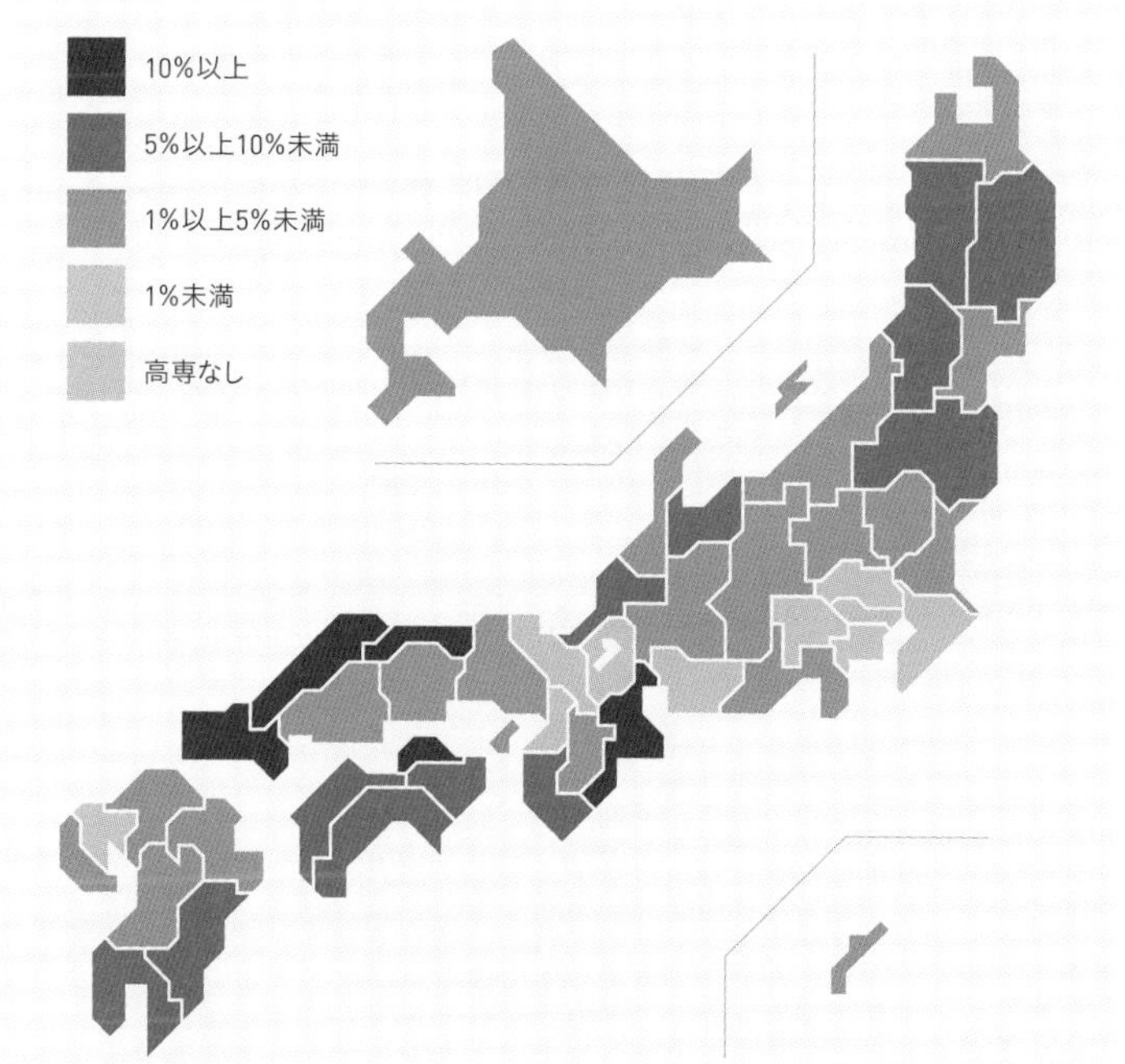

（注）文部科学省の2021年度「学校基本調査」を基に作成。大学の学部、大学院、短期大学、高等専門学校の合計学生数に占める高専生の割合

各地域ブロックにおける高専生の数と比率

地域ブロック	高専生の数	高専生の比率
北海道	3609人	3.74%
東北（青森、岩手、宮城、秋田、山形、福島）	6094	4.41
関東（茨城、栃木、群馬、埼玉、千葉、東京、神奈川）	7892	0.61
中部（新潟、富山、石川、福井、山梨、長野、岐阜、静岡、愛知、三重）	1万1927	2.83
関西（大阪、京都、兵庫、奈良、滋賀、和歌山）	5842	0.94
中国（鳥取、島根、岡山、広島、山口）	7117	4.69
四国（香川、愛媛、徳島、高知）	5017	8.44
九州・沖縄（福岡、佐賀、長崎、熊本、大分、宮崎、鹿児島、沖縄）	9407	3.59

（注）文部科学省の2021年度「学校基本調査」を基に作成。比率は大学の学部、大学院、短期大学、高等専門学校の合計学生数に占める高専生の割合。高専がない埼玉、神奈川、山梨、滋賀、佐賀の学生数も母数に含めた

3-5

英語力向上

［2023年3月4日掲載］

使える英語、外国人が授業手助け

福井県、60年の独自教育も強み 指導助手手厚く、検定実績で群抜く

外国語指導助手（ALT）全国で2万人活躍

小中高校で英語を教える外国人、外国語指導助手（ALT）が地域のグローバル人材育成に貢献している。福井県は60年以上前に英語教育研究の自主組織を発足させて、ALTと二人三脚で学生の英語力向上に取り組む。早い時期から本場の英語に触れさせ、海外とのコミュニケーション力に秀でた人材を地域ぐるみで育てるのが狙いだ。

英語の会話指導で日本人教員を補助するALTは、文部科学省の2021年度調査で全国に2万249人。新型コロナウイルス禍でも足元は増加傾向だ。ALT活用の広がりは英語教育で実践的な会話を重視する動きが背景にある。国は1994年度に英会話力を養う「オーラル・コミュニケーション」を高校に導入。2020年度には小学3年生から英語を必修にした。

人口10万人あたりのALTの人数を都道府県別に算出したところ、21年度時点で最多は福井県の33・95人。全国で唯一30人を上回った。これに鳥取県、山梨県が続く。

人口10万人あたりのALTの人数

1	福井県	33.95	17	愛媛県	19.08	33	熊本県	16.15
2	鳥取県	27.69	18	秋田県	18.84	34	富山県	16.10
3	山梨県	26.46	19	香川県	18.68	35	神奈川県	15.74
4	沖縄県	23.30	20	宮崎県	18.66	36	広島県	15.54
5	栃木県	22.85	21	静岡県	18.54	37	青森県	15.40
6	高知県	22.66	22	岩手県	18.31	38	宮城県	15.24
7	鹿児島県	21.95	23	福島県	17.94	39	埼玉県	14.20
8	長野県	21.64	24	群馬県	17.54	40	新潟県	14.15
9	長崎県	21.59	25	山口県	17.47	41	東京都	14.00
10	石川県	21.51	26	三重県	17.03	42	和歌山県	13.89
11	茨城県	21.46	27	千葉県	16.86	43	北海道	13.37
12	徳島県	21.21	28	滋賀県	16.80	44	岡山県	13.27
13	山形県	20.76	29	兵庫県	16.64	45	愛知県	13.12
14	岐阜県	20.65	30	奈良県	16.50	46	京都府	11.60
15	佐賀県	19.98	31	福岡県	16.18	47	大阪府	9.78
16	島根県	19.85	32	大分県	16.16			（人）

（注）文部科学省の2021年度「英語教育実施状況調査」と総務省の21年「人口推計」を基に算出。人口は21年10月1日時点

福井県、英語教員が研究会 高校生の英語力トップ

福井県独自の英語教育の歴史は長い。県内の中学・高校のほぼすべての英語教員が加入する自主組織「福井県英語研究会」が生まれたのは半世紀以上前の1959年。掲げた目標は「英文和訳偏重の打破」だ。文法や英単語暗記を主軸にした当時の英語教育から、「使える英語」を習得させることにシフトした。

1960年に福井県は全国で初めて高校入試にリスニングテストを導入。独自で作成している中学・高校のリスニング教材の音声はALTが吹き込む。研究会の副会長を務める越前市万葉中学校の尾形俊弘校長は「英語教員のス

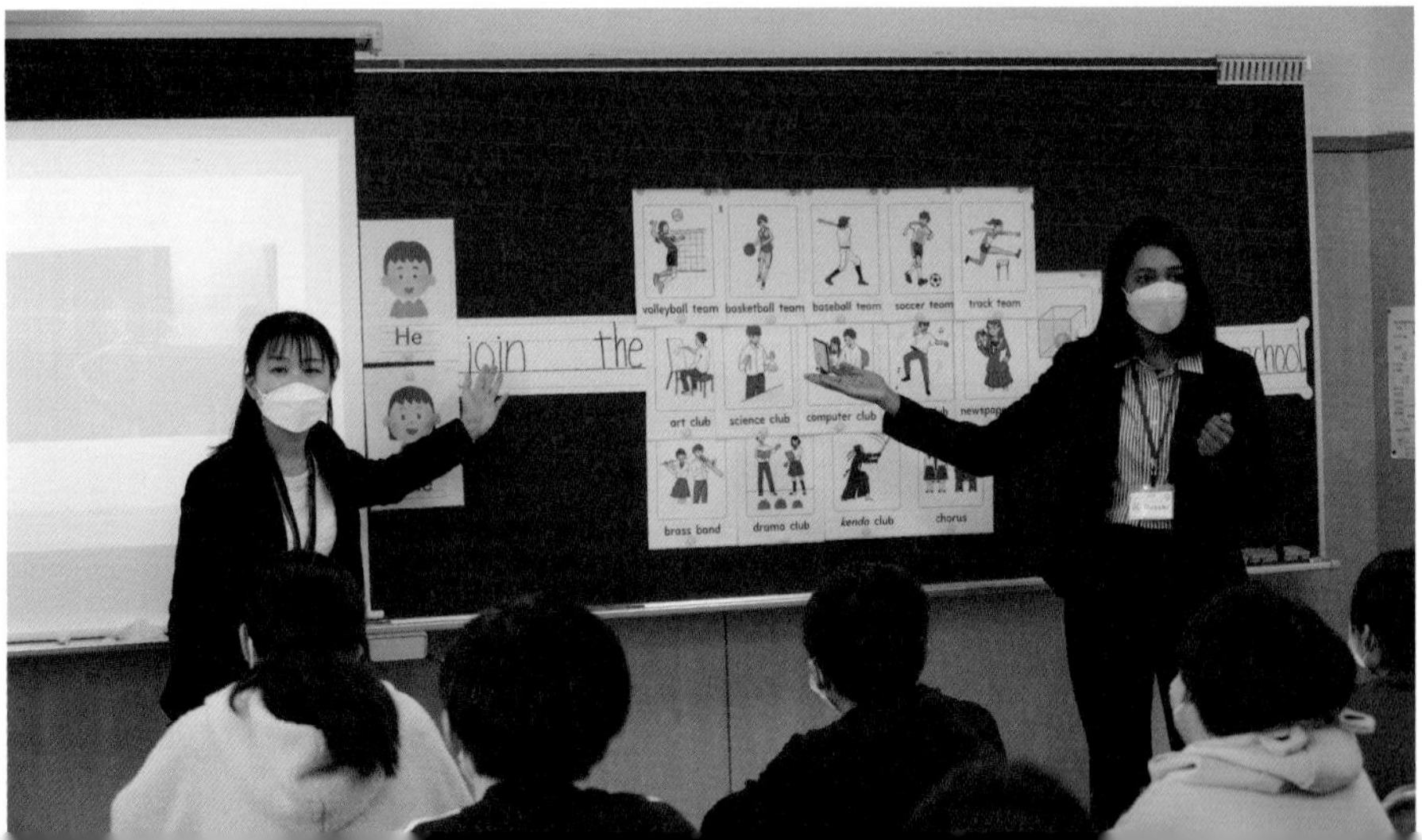

英会話の授業でALTが日本人教員を補助する（神戸市）

キルアップなど地域全体の人材育成につながるとの認識が共有された」と語る。これが福井流の英語教育が「脈々と続いた要因だ」（尾形氏）。

　福井県の学生の英語力は群を抜く。文科省が毎年実施する「英語教育実施状況調査」で、２０２１年度は英検準２級相当以上の英語力を持つ県内高校生は60％弱と全国１位。低い県とは20ポイント超差をつけた。中学生も英検3級相当以上は85％超と、他の都道府県を圧倒。尾形氏は「英語研究会は福井の強み」と誇る。

　国際的に活躍する人材も輩出する。世界銀行グループの国際金融公社（ＩＦＣ）でアフリカの農業・林業を統括する小辻洋介氏は福井出身。「学生の時から国際的な環境に触れたことが現在の仕事の土台だ」と語る。駐ウクライナ日本大使の松田邦紀氏も福井の県立高校で学んだ。

神戸市は全小学校にＡＬＴ　1、2年生にも英語授業

　神戸市は22年9月から政令市で初めて小学校のすべての英語の授業でＡＬＴとの協同授業を開始した。同年4月からは本来英語が必修ではない小学1、2年生にあいさつや数字といった簡単な英語を教える時間を年5時間ほど設けている。小学5、6年生にはＡＬＴと一対一の会話テストも実施している。

　同市のＡＬＴは19年度の約１３０人から23年1月時点で約２００人に増加。同市教育委員会は「世界の人々と積極的にコミュニケーションをとれる人を育てたい」と語る。

　学校以外の地域活動にもＡＬＴが根付き始めた。東京都武蔵村山市では中学校で勤務するＡＩＴが市民向けの英会話教室を18年度から開いている。ＡＬＴが地域になじめるよう支援する自治体も目立つ。長崎県大村市はＡＬＴの生活をサポートする専門職員を置いている。

　外国語教育に詳しい上智大学の藤田保教授は「ネーティブスピーカーが都会より少ない地方にとって、地域の人材教育でＡＬＴが果たす役割は大きい」として、持続的なＡＬＴ活用の重要性を説く。


都道府県の人口10万人あたりのALTの人数

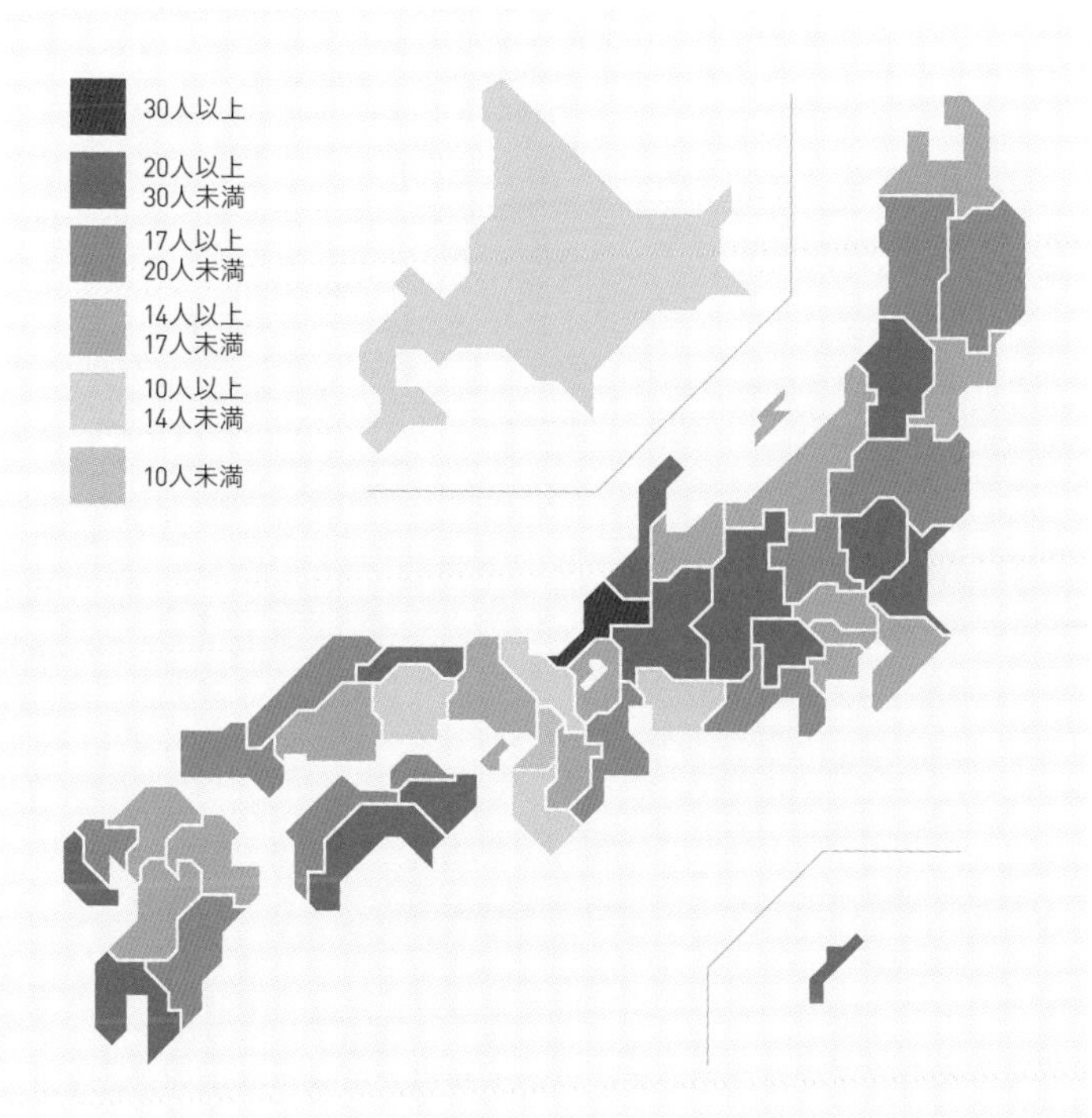

地域ブロックにおける人数

	ALTの合計人数	人口10万人あたりの人数
北海道	693人	13.37人
東北	1478	17.35
関東	6904	15.85
中部	3985	17.50
関西	2643	12.93
中国	1197	16.63
四国	734	20.06
九州・沖縄	2615	18.45

ALTの数は着実に増えている

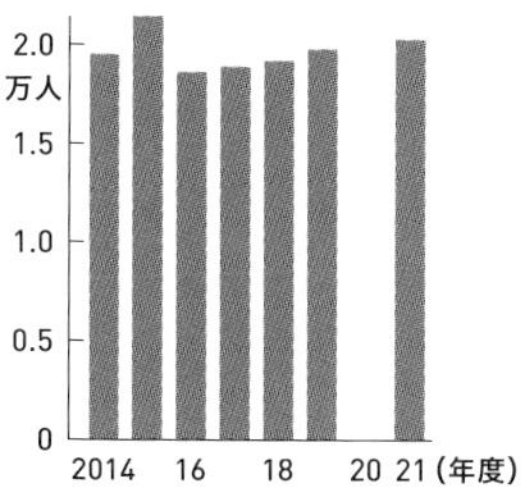

（注）文部科学省の2021年度「英語教育実施状況調査」と総務省の21年「人口推計」を基に算出。人口は21年10月1日時点。ALTの数は各年度12月1日時点。20年度は調査なし

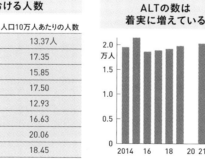

4-1

新興企業

［2023年10月14日掲載］

地方の新興企業、5年で5割増

産学官金で「生態系」育てる
長野県は8割増、大学軸に起業支援

データベースへの登録数 東京以外も5割増

独自性のある技術やサービスで成長を目指すスタートアップが全国で増えている。新興企業支援会社のデータベースでは、全国の企業数が5年間で5割増えた。地元大学発の新興企業が相次いで誕生する長野県は8割増と大きく伸ばす。地方でも産学官金の支援の輪が広がっており、スタートアップを生み育てる「エコシステム（生態系）」が構築されつつある。

東証グロース上場のフォースタートアップスが作成した「STARTUP DB（データベース）」に登録されている2000年以降創業の企業を対象に、23年6月末の登録数を18年と比較した。

登録は新たな技術やビジネスモデルでイノベーションの実現を目指す企業が対象。全体の登録数は1万5692社で東京都の企業が66％を占めるが、東京以外の自治体の合計登録数も5年で49・5％増と東京と同じ伸びを示した。

人口の少ない県でもスタートアップに勢いがでてきた

順位	都道府県	5年前比増加率	スタートアップ数
1	奈良県	2倍	18社
2	香川県	92.3%	25
3	埼玉県	78.4	157
4	長野県	77.8	80
5	佐賀県	69.2	22
6	愛知県	63.0	388
7	高知県	60.0	16
8	熊本県	56.1	64
9	山口県	55.0	31
	鹿児島県		
11	栃木県	54.5	34
	岐阜県		51
13	滋賀県	54.3	54
14	千葉県	53.2	216
15	福岡県	52.9	422
16	静岡県	52.6	116
17	神奈川県	52.5	680
18	兵庫県	51.9	237
19	京都府	50.4	415
20	宮城県	50.0	126
	宮崎県		42
	全国平均	49.4	
22	東京都	49.4	10379
23	新潟県	48.8	61
24	岡山県	46.9	94
25	山形県	46.7	44
26	石川県	46.4	41
27	大阪府	46.1	834
28	茨城県	45.1	177
29	沖縄県	42.6	97
30	北海道	42.3	195
31	島根県	37.5	11
32	長崎県	36.4	30
33	愛媛県	36.0	34
34	鳥取県	35.7	19
35	広島県	34.7	97
36	秋田県	33.3	16
	山梨県		28
38	岩手県	31.0	38
39	青森県	30.0	13
40	富山県	27.3	28
41	大分県	26.7	38
42	三重県	26.3	24
43	徳島県	25.8	39
44	福島県	25.0	55
45	群馬県	21.4	34
	和歌山県		17
47	福井県	14.3	24

（注）2000年以降に創業したスタートアップの数（23年6月末時点）を18年時点と比較した。出所は「STARTUP DB」

信州大は知財・ベンチャー支援室 大学発ベンチャーに17社

増加率4位の長野県は信州大学の積極性が目立つ。17年に知的財産・ベン

「信州大学発ベンチャー」の精密林業計測はドローンを使ったスマート林業を目指す

チャー支援室を開設。18年には「信州大学発ベンチャー」の認定を始めた。23年現在の認定企業は17社で、起業や事業拡大に向けた多彩な支援を受けられる。

信大は企業との共同研究が盛んで、特許の出願件数も地方大学でトップクラス。支援室長の松山紀里子准教授は「有望な技術が大学のどこにあるかを把握しており、起業を後押ししやすい」と説明する。

認定企業の一つで17年創業の精密林業計測（伊那市）が目指すのは地場産業である林業の活性化だ。担い手不足が深刻になるなか、ドローンなどを使って伐採に適切な木を判別するなど効率化を進める。農学部の特任教授でもある加藤正人社長は「特許取得などで大学の支援を受けており経営もしやすい」と話す。

金融機関も支援に前向きだ。22年には長野県が音頭を取り、八十二銀行グループや投資会社などが「信州スタートアップ・承継支援ファンド」を設立。これまでに信大発企業を含めた9社に出資した。

地方のスタートアップは5年間で急速に増えた

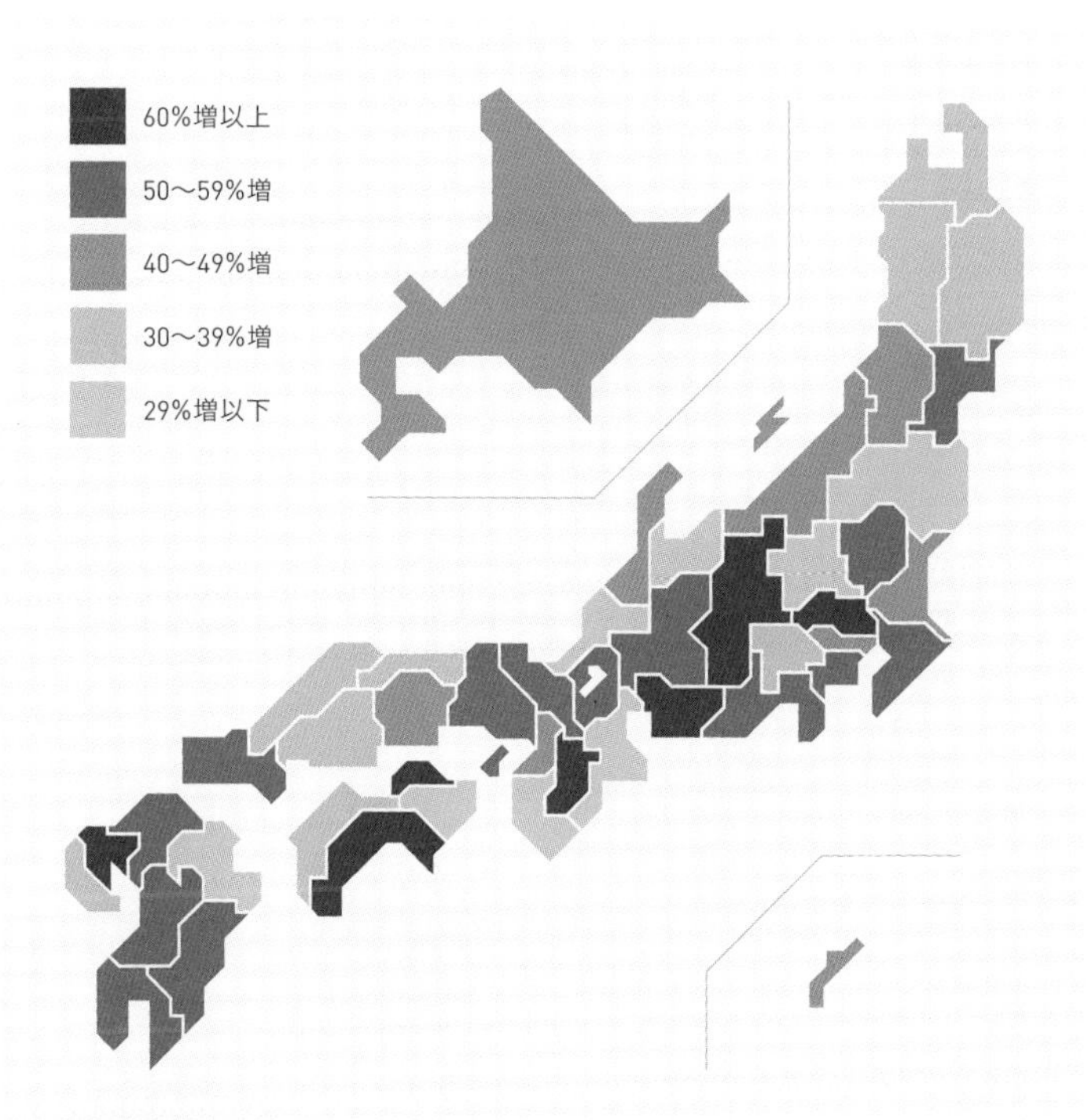

（注）2000年以降に創業したスタートアップの数（2023年6月末時点）を18年時点と比較した。出所は「STARTUP DB」

奈良県は増加2倍でトップ 奈良市が独自育成プログラム

奈良県は18社と登録は少ないが増加率は2倍でトップ。就職時の若者の県外流出に悩む奈良市は、独自の起業家育成プログラムを通じて「新興企業のエコシステムをつくりたい」（産業政策課）。7年目の23年のプログラムには6社が参加する。

在宅の縫製士をネットワーク化し、高付加価値で小ロットの仕事を発注するヴァレイ（上牧町）の谷英希社長は1期生。「情報不足の奈良でモヤモヤしていたが、プログラムを通じてビジョンを形にできた」と振り返る。16年の会社設立から委託先は約300カ所に増え、年商は1億円を超える。現在は高校生への講演などにも熱心だ。

伸び率6位の愛知県は自動車など基幹産業が安定していることで、逆に「新興企業不毛の地」とも言われてきた。クルマの電動化など変革の波が押し寄せるなか、大村秀章知事は「スタートアップで産業構造を変えたい」と意気込む。県が20年に開いたインキュベーション施設には300近い企業が集まる。24年秋には国内最大級の育成拠点「ステーションＡｉ」も開く。

スタートアップ育成は国をあげての課題でもある。政府は22年に「5か年計画」を策定。27年度の新興企業への投資額を10倍超の10兆円規模にすることを目指す。

日本総合研究所の井村圭マネジャーは「農業や製造業の効率化など地域の課題に取り組む新興企業が増えることで産業の高度化につながる」と強調。「今後も既存企業を巻き込んで地域全体の革新につながるような支援に力を入れる必要がある」としている。

スタートアップの資金調達額は増えている

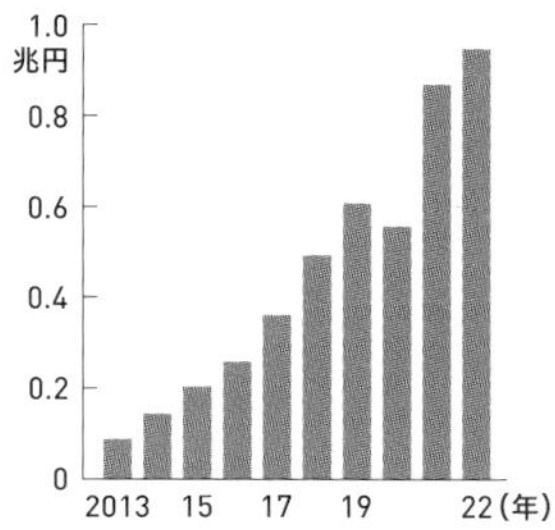

（出所）INITIAL

4-2

脱・中国依存

［2022年12月10日掲載］

企業の脱・中国依存、大阪が先行

進出企業は全国で1600社減
自治体、国内回帰へ補助金

進出企業の割合低下 大阪府が最大、長野・秋田続く

中国を巡る地政学リスクの高まりを受け、日本企業の間でサプライチェーン（供給網）の中国依存を抑える動きが出てきた。現地法人などを通じて進出する企業の割合は2022年に0・87%と、過去最高だった12年から0・14ポイント低下した。都道府県別では大阪府の減少幅が最も大きい。国内回帰を促す好機とみて、自治体は支援に動く。

帝国データバンクが10～22年に7回にわたって日本企業の中国進出状況を調べたデータを独自に再集計し、中国に現地法人・駐在所の設置や関係会社への出資を通じて進出する企業数とその割合を都道府県別に算出した。進出企業は22年6月時点で1万2706社。12年（1万4394社）から1600社以上減った。

都道府県別では大阪府が0・52ポイント低下し、1・83%となった。次いで低下幅の大きい順に、長野県（0・33ポイント）、秋田県（0・23ポイント）、香川県（0・19ポイント）となった。

中国進出率の低下が目立つ都道府県（2012～22年）

1	大阪府	▲0.52	17	愛媛県	▲0.12	33	宮崎県	▲0.06
2	長野県	▲0.33	18	宮城県	▲0.12	34	石川県	▲0.05
3	秋田県	▲0.23	19	熊本県	▲0.12	35	青森県	▲0.04
4	香川県	▲0.19	20	岐阜県	▲0.11	36	福井県	▲0.04
5	兵庫県	▲0.17	21	東京都	▲0.11	37	栃木県	▲0.03
6	山形県	▲0.17	22	京都府	▲0.11	38	沖縄県	▲0.03
7	奈良県	▲0.17	23	山梨県	▲0.11	39	北海道	▲0.03
8	三重県	▲0.16	24	和歌山県	▲0.11	40	福島県	▲0.02
9	埼玉県	▲0.15	25	広島県	▲0.10	41	千葉県	▲0.01
10	長崎県	▲0.15	26	茨城県	▲0.10	42	岩手県	▲0.01
11	神奈川県	▲0.14	27	佐賀県	▲0.10	43	富山県	▲0.00
12	静岡県	▲0.14	28	大分県	▲0.09	44	鹿児島県	0.01
13	福岡県	▲0.13	29	山口県	▲0.09	45	島根県	0.04
14	鳥取県	▲0.13	30	岡山県	▲0.07	46	高知県	0.05
15	群馬県	▲0.13	31	愛知県	▲0.06	47	滋賀県	0.07
16	新潟県	▲0.13	32	徳島県	▲0.06			

（ポイント）

（注）10年の進出率の騰落幅。▲はマイナス。同じ値の場合、小数点第3位以下で順位付け

アパレル企業で東南アジア移管 製造大手の相次ぐ撤退も影響

大阪府は戦後、大阪市中央区の船場が繊維問屋街として栄えた経緯などから、関連産業が集積する。中国で改革開放が進んだ1980年代以降、人件費の安い中国への進出が相次ぐなど結びつきは強い。進出率はピーク時の12年に全国1位の2・36%に達した。

府内のあるアパレル企業は22年夏までに、中国の縫製工場から撤退した。米国が少数民族のウイグル族を強制労働させている疑いがあるとして中国産の綿製品の輸入を禁じたためだ。中国で海外製品の不買運動に発展するなど米中対立が先鋭化し、工場があっても良質で安価な綿素材を仕入れづらくなった。人件費の安い東南アジアへのシフトが最有力だが、中国の賃金水準

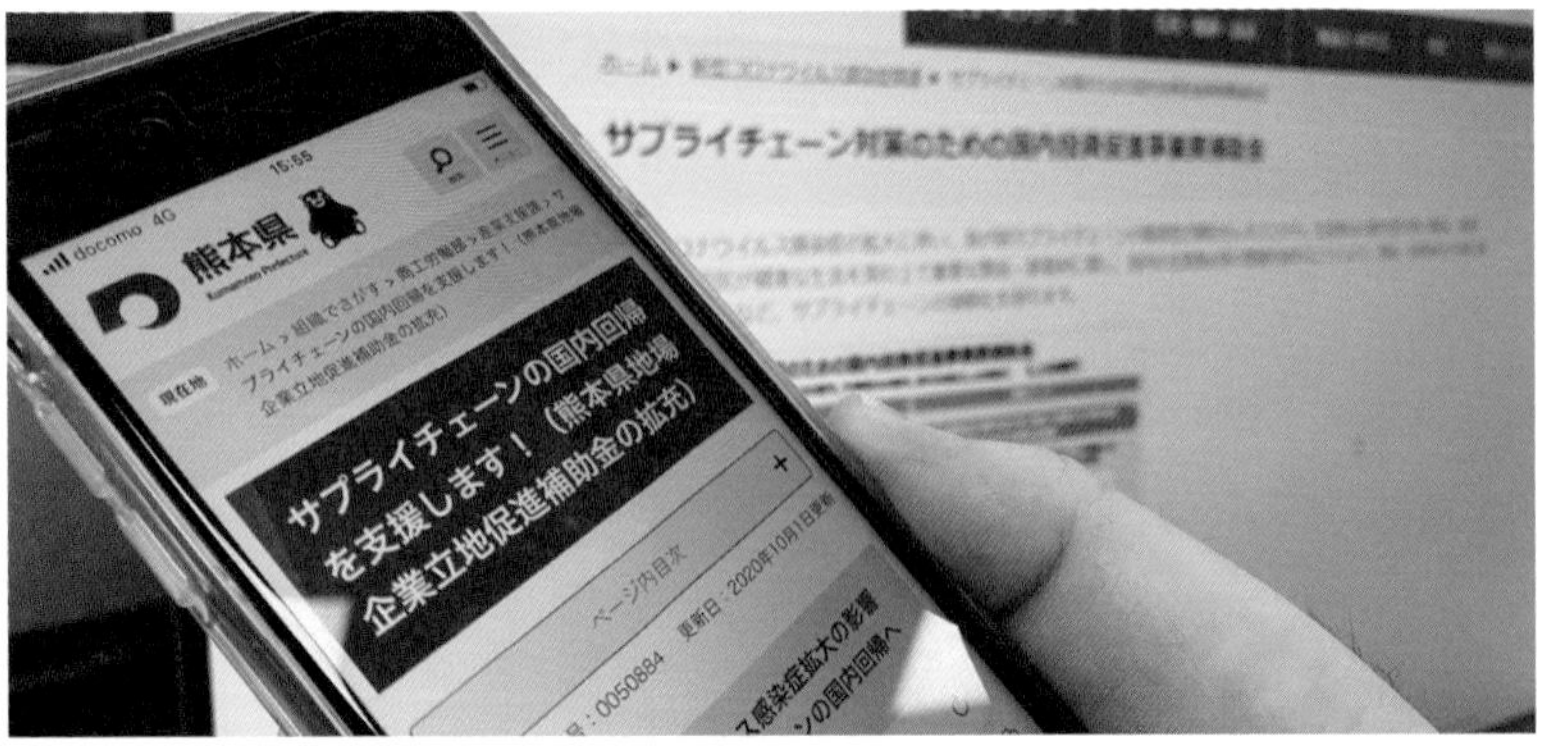

企業の国内回帰への支援策を紹介する熊本県などのホームページ画面

上昇と円安進行で「コスト面でみても日本とさして変わらない」と国内回帰も検討する。

　キヤノンやアイリスオーヤマなど製造大手の撤退も相次ぐ。取引先の中小企業は供給先が細り、撤退・継続の判断を迫られるケースが増えている。東京都内で精密ネジを製造する中小企業は、取引先の重電メーカーの中国工場閉鎖を受けて中国の関係会社から手を引いた。

中国進出率の低下が目立つ都道府県（2012〜22年）

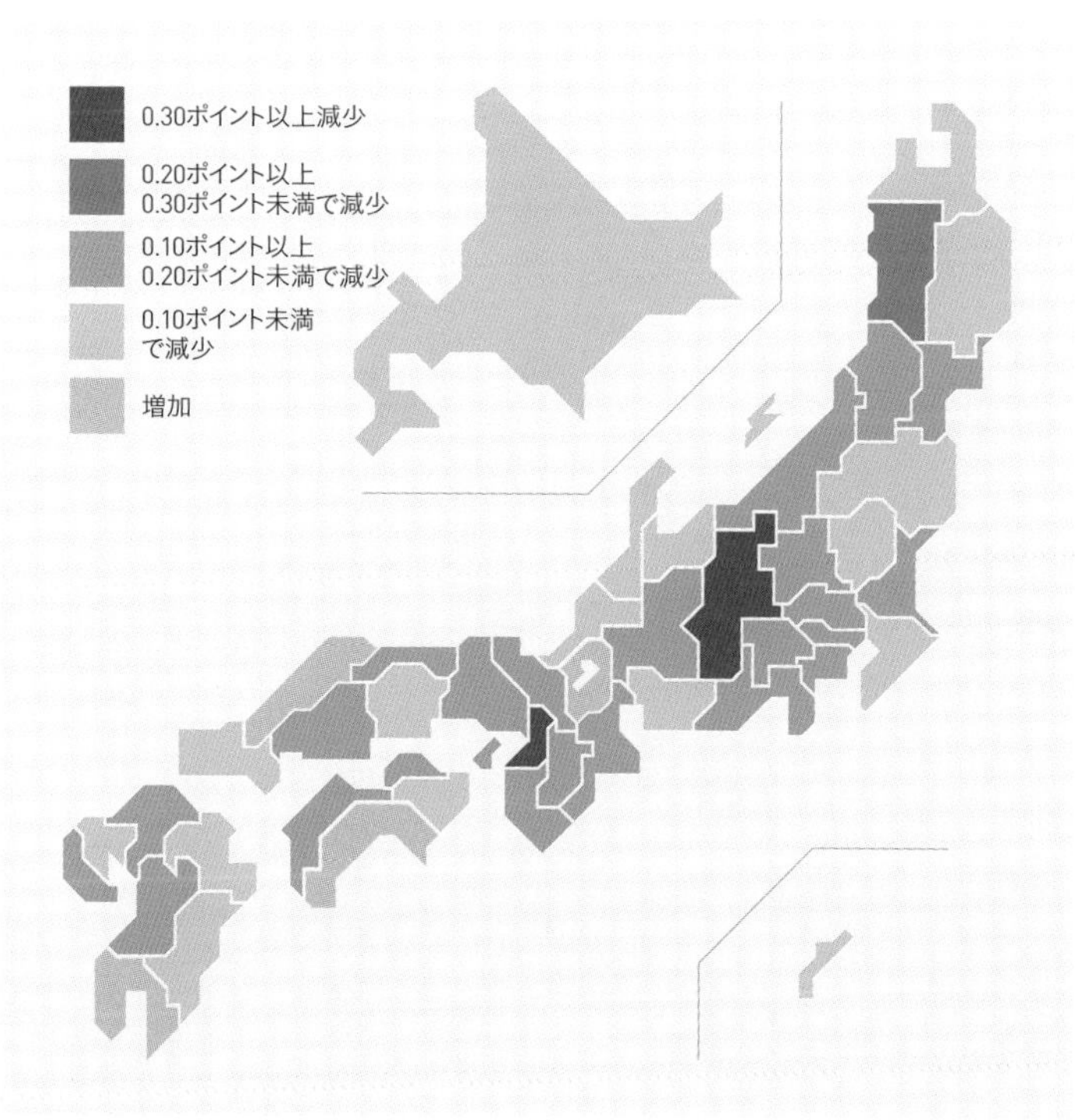

生産の国内回帰を国が後押し 熊本・三重は独自補助金

　新型コロナウイルス禍での「ゼロコロナ」政策は、中国ビジネスのリスクを顕在化させた。経済産業省はサプライチェーンの見直しに伴って国内の生産拠点などを整備する日本企業に補助するため、20～22年度に約5600億円を充てた。補助採択先は累計439社あり、大企業が173社で中小企業が266社だった。

　都道府県別では愛知県が29社と最も多く、兵庫県（26社）、大阪府（20社）、長野県（19社）と続く。ロシアのウクライナ侵攻に伴うサプライチェーンの見直しも支援対象のため、すべてが中国からの国内回帰というわけではないものの、補助採択先の多い都道府県ほど中国進出率の低下幅は大きい傾向にあった。

中国進出企業は過去10年で減少傾向

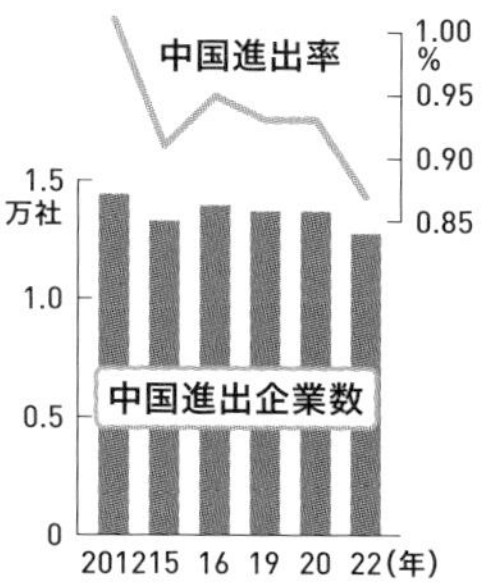

新型コロナウイルス禍で大都市から撤退続く

	行政区分	増減数	
1	上海市	272社	減少
2	広東省	203	減少
3	山東省	152	減少
4	湖北省	59	減少
5	四川省	53	減少
⋮			
27	重慶市	7	増加
27	江西省	7	増加
29	江蘇省	12	増加
30	陝西省	15	増加
31	安徽省	21	増加

（注）2022年中国進出企業で20年比の増減数を中国の31の行政区分（22省5自治区4直轄市、香港・マカオの特別行政地区は除く）別に集計

　国内の自治体は国内回帰を促すチャンスとみて動く。熊本県は20年6月、経産省の補助金の要件を満たす県内企業に対し、独自の補助金を補助率2倍で利用できるようにした。

　三重県も20年秋、経産省の補助金で対応しきれない中小零細にも照準を合わせ上限3000万円の設備投資補助を始めた。22年11月末までに自動車産業や半導体関連の金属加工業など51社に補助。総額で20億～30億円の設備投資を呼び込み、新規雇用も40～50人分創出したという。

　同県の担当者は「補助先の企業は中国からの撤退や事業を縮小する代わりに国内の生産を増やしており、これまで取引がなかった企業からの受注機会も増えている」（企業誘致推進課）と話す。

4-3
SDGs推進

[2023年7月22日掲載]

SDGs先進地は北陸

国が182都市選定、石川最多
市民と街づくりや間伐材を燃料に

「SDGs未来都市」石川県は全自治体の45%

2015年に国際連合で採択されたSDGs（持続可能な開発目標）の推進を重視する自治体が増えている。経済と社会、環境のバランスに配慮した17項目の目標は地域の課題解決や活力向上にも指針となる。都道府県ごとの取り組みでは北陸の2県や鳥取県などが先行している。

内閣府は持続性を考えた特色あるまちづくりや地域振興などに取り組む自治体を「SDGs未来都市」として18年度から選ぶ。23年度までに182都市に達し、全自治体の1割を超えた。なかでも特に先進的なものは「自治体SDGsモデル事業」とし、年間で1都市2500万円を上限として総額2億5000万円を補助する。モデル事業は計60都市を対象とする。

石川県は未来都市が9で、県を含めた全自治体に占める割合が45%と最も高い。富山県と鳥取県が25%で続く。

石川県野々市市は23年度に未来都市とモデル事業に選ばれた。市の若手職員によるワーキングチームは「ののいちSDGsアクションマップ」を23年春完成した。「古民家を改装してパーティー」「シェアサイクルで移動」など市民が地域の未来のために挑めそうな行動を市内各地と関連づけて地図で示す。

市内には地元の2大学がキャンパスを構え若者の流入は多いが、その定住が課題。地図は2大学の学生や地元の教育スタートアップ、LODU（ロデュ）と遺跡などの地域資源や公的施設を調査し、意見を交わして作り上げた。「若者を中心に行動を促し、市民協働による住み続けたいまちづくりにつなげる」（市企画財政課の担当者）

選定自治体は目指す姿を明確にし、住民ら各層の関心を呼んで変革を勢いづける。

富山県南砺市は森林資源を活用 間伐材を木質ペレットに

富山県南砺市は総面積の8割を占める豊かな森林を生かすエコビレッジ構

自治体に占めるSDGs未来都市の割合（2018〜23年度累計）

順位	都道府県	割合
1	石川県	45.0
2	富山県	25.0
	鳥取県	25.0
4	兵庫県	21.4
5	神奈川県	20.6
6	愛媛県	19.0
7	京都府	18.5
8	岡山県	17.9
9	熊本県	17.4
10	福井県	16.7
	静岡県	16.7
12	新潟県	16.1
13	愛知県	14.5
14	大阪府	13.6
	鹿児島県	13.6
16	東京都	12.7
17	広島県	12.5
18	徳島県	12.0
19	岐阜県	11.6
20	宮城県	11.1
	山形県	11.1
22	埼玉県	10.9
23	三重県	10.0
	滋賀県	10.0
25	奈良県	10.0
26	福岡県	9.8
27	長崎県	9.1
28	長野県	9.0
29	岩手県	8.8
30	群馬県	8.3
31	秋田県	7.7
32	沖縄県	7.1
33	和歌山県	6.5
34	香川県	5.6
35	千葉県	5.5
36	島根県	5.0
	山口県	5.0
38	佐賀県	4.8
39	茨城県	4.4
40	栃木県	3.8
41	宮崎県	3.7
42	山梨県	3.6
43	福島県	3.3
44	高知県	2.9
45	北海道	2.8
46	青森県	2.4
47	大分県	0.0

(%)

（出所）内閣府

フィールドワークで感じた市の魅力・課題を地図用紙にマッピングするSDGs推進チームのメンバー（石川県野々市市）

想を柱に19年度からモデル事業に取り組む。18年に間伐材などを木質ペレットに加工する工場を設け、それを燃料とするストーブやボイラーを市内で導入する際に補助する。工場の年間売上高は約7000万円。無駄のない資源循環により域内で経済効果を生む。

資金面でも地域循環を重視し、19年に公益財団法人「南砺幸せ未来基金」を立ち上げた。市内外から小口で募った累計約2020万円の寄付を生かし、防災や除雪、多世代交流といった地域活動に当たる32団体に助成した。コミュニティーの担い手を育てて人の循環も狙う。

県単位での経済テコ入れに結びつける動きも広がる。

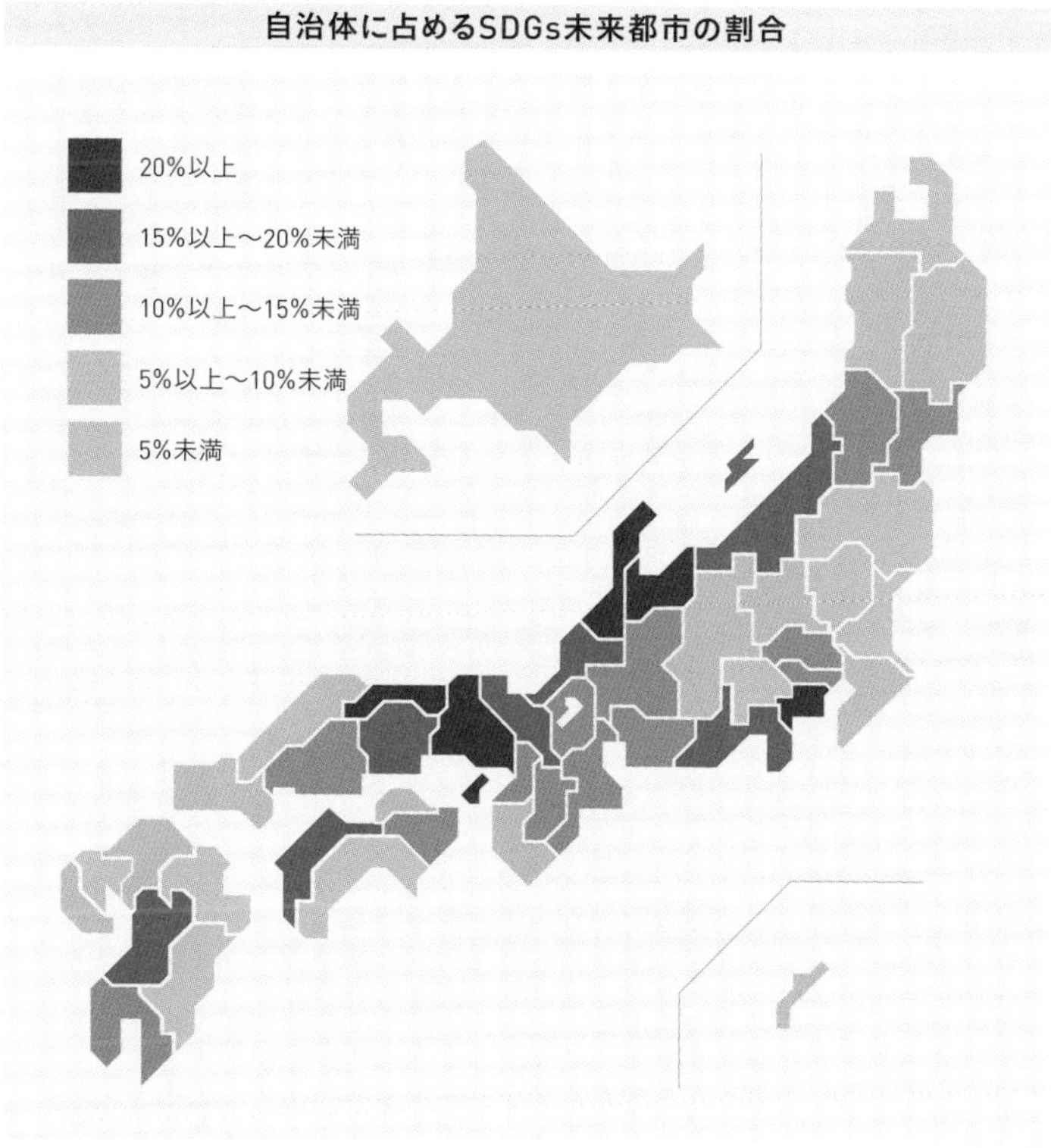

(出所)内閣府

鳥取県や熊本県 独自の企業認証制度

人口や経済規模が都道府県で最も小さい鳥取県は県自体が22年度にモデル事業に選ばれた。県は意欲的な県内事業者を対象として22年から「とっとりSDGs企業認証」を独自に実施する。建設、金融など43社がすでに取得。県制度融資の特別枠が使え、県が手掛けるビジネスマッチングなどでも優遇する。

熊本県は県内の5市町がモデル事業に選ばれ、5市区の東京都と並んで最も多い。同県も鳥取県と同様の登録制度を21年に導入し、約1900事業者が取得済み。先進例を表彰する「くまもとSDGsアワード」も実施しており、県内への普及をけん引する。

公共政策が専門である慶応大学大学院の高木超特任助教は「地域が独自性を生かし領域を超えた解決策を考える上でSDGsは有効」と強調する。23年6月に国際組織が発表した年次報告書によると日本のSDGs進捗度は166カ国中21位。気候変動などの対応が課題となり17年の11位から後退が続く。目標達成の期限として定められた30年へ折り返しを迎え、地域による底上げも求められている。

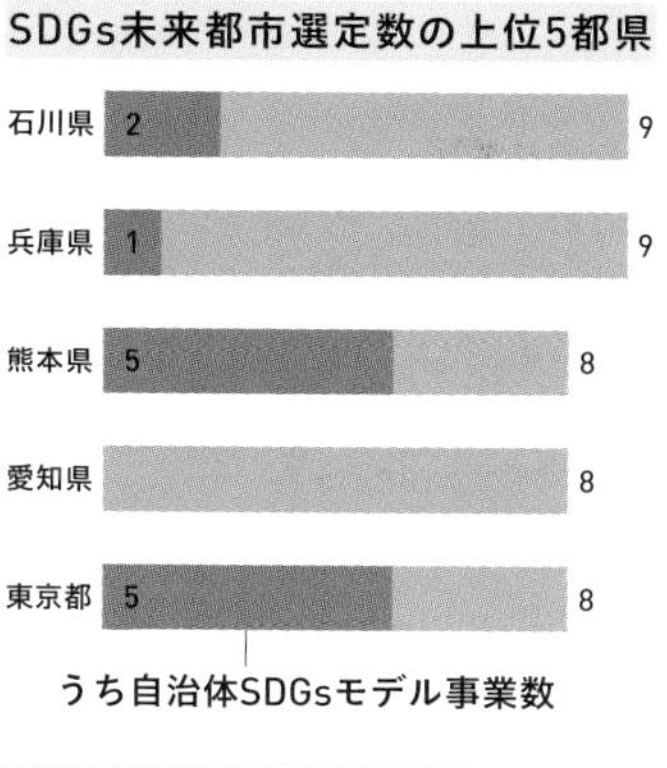

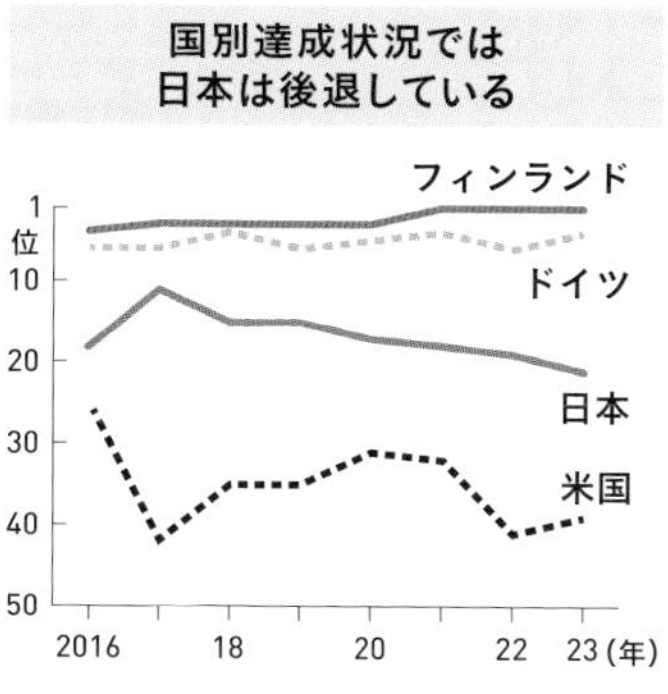

(出所)持続可能な開発ソリューション・ネットワークの報告書

4-4 コンビニ

［2023年2月25日］

コンビニ進化、広がる便利

出店先や品ぞろえで地域密着、移動販売も 人口あたり店舗数、北海道トップ

人口あたりの店舗増加率 高知県がトップ

コンビニエンスストアが進化している。買い物弱者に向けた移動販売など小売り・サービス分野を磨き、行政や金融機関といった公共インフラも代替する。地方では書店や薬販売、災害復旧拠点といった顔も持ち始めた。

セブンイレブン、ファミリーマート、ローソン、ミニストップといった大手コンビニチェーン9社を対象に、2010年と20年の都道府県別店舗数を集計。国勢調査データをもとに、人口10万人あたりのコンビニ店舗数を都道府県ごとに算出し比べた。

10年間の増加率トップの高知県は3・6倍に達した。石川県が2・8倍まで伸び、青森県も2・5倍に増えた。

セブン-イレブン・ジャパンは移動販売車を23年1月時点で110台展開する。「鹿児島和田1丁目店」（鹿児島市）の軍原三千男オーナーは同月16日、特別養護老人ホーム「愛心苑」を訪れた。

職員の呼びかけで販売が始まる。72歳女性は「来てくれて便利でいいですね」と述べ、菓子をレジ袋に入れてもらっていた。軍原氏は「新型コロナウイルス下で建物から出られなかったので、楽しみにする入居者は多い」と語る。

10万人あたりコンビニ店舗数は全都道府県で増加した

順位	都道府県	増加率	順位	都道府県	増加率	順位	都道府県	増加率
1	高知県	258.8	17	静岡県	72.5	33	茨城県	49.8
2	石川県	177.2	18	和歌山県	71.5	34	広島県	49.8
3	青森県	150.2	19	沖縄県	70.2	35	宮崎県	49.4
4	三重県	143.1	20	新潟県	69.7	36	埼玉県	48.9
5	愛媛県	139.8	21	山形県	69.4	37	山口県	48.4
6	鹿児島県	126.8	22	岩手県	69.0	38	福島県	48.2
7	秋田県	119.6	23	京都府	67.4	39	福岡県	45.5
8	徳島県	113.5	24	長野県	67.0	40	神奈川県	44.3
9	岐阜県	103.9	25	群馬県	62.4	41	千葉県	43.8
10	愛知県	103.2	26	長崎県	62.2	42	東京都	43.7
11	富山県	102.9	27	大阪府	61.7	43	宮城県	42.3
12	奈良県	101.5	28	福井県	60.2	44	山梨県	40.6
13	香川県	85.0	29	鳥取県	56.4	45	滋賀県	36.8
14	岡山県	79.9	30	兵庫県	56.1	46	北海道	32.9
15	熊本県	79.3	31	栃木県	54.7	47	佐賀県	32.5
16	大分県	73.3	32	島根県	53.5			

（%）

（注）国勢調査とコンビニ9社チェーンの公表資料、各社への取材をもとに集計。2010年と20年を比べた増加率。同じ値は小数点第2位以下で順位付け

北海道のセイコーマート 人口が少ない地域にも

人口10万人あたりの店舗数が最も多い北海道は、地元セイコーマートが人口の少ない地域にも展開する。20年開業の「豊頃役場前店」（北海道豊頃町）もその一つ。町は運営会社のセコマ（札幌市）にスーパーマーケット跡地

セブンイレブンは移動販売車を各地で展開（鹿児島市、2023年2月）

への出店を依頼した。

セコマは店内に町が併設するコミュニティースペースの清掃など管理業務を請け負う。出店や運営コストを抑えたため「商圏が限られ運営が困難なエリアだが、採算はとれている」（渉外部）。

青森県むつ市が誘致した「ミニストップむつ市役所店」は住民票の写しの申請を受け付ける。店舗内のボックスに必要書類を入れてレジで手数料を支払えば、役所の翌営業日までに準備する。マイナンバーカードによるコンビニ発行に対応しておらず、平日日中に役所へ行けない利用者に配慮した。

ファミリーマートは18年、長野県朝日村役場内に「信州朝日村店」を開いた。農家が作る野菜やコメを扱う。冬場はゴボウやナガイモ、夏場には葉物野菜が並ぶ。

ATM・書店・薬局・防災…地方で重み増す

金融機関も頼る。富山第一銀行は22年、顧客がセブン銀行ATMで入出金する際の手数料をゼロにした。給与・年金受給口座や、紙の通帳を発行しない「通帳レス」口座は終日無料。他の顧客も時間を区切り無料にした。

全国銀行協会によると、ゆうちょ銀行や流通系を除く金融機関のCD（現金支払機）やATM台数は20年に10年比で13％減った。セブン銀は7割以上伸びており、コンビニATMが補完する。

ローソンは14年から書店併設型を始めた。青森県田子町では23年2月1日に開いた。雑誌や漫画、文庫本など6000タイトルを扱う。「ローソン今治大三島町宮浦店」（愛媛県今治市）は22年から市販薬を販売する。

北海道開発局は23年1月、セコマのグループ会社が北海道釧路市に持つ配送センターを災害時の道路復旧拠点に定めた。車両や機材を置く。セコマは備蓄燃料も融通する。

兵庫県神河町で「ヤマザキショップ」などを手がける「株式会社長谷」が町役場支所の運営を10年から担う。納税証明書などを発行。施設も管理する。運営会社は700人程度住む地区の全世帯が出資して誕生。立垣昇社長は「店舗だけでは赤字。年400万円ほどある受託手数料は貴重だ」と説明する。神河町の負担は年50万円程度減った。

10万人あたりコンビニ店舗数は全都道府県で増加した

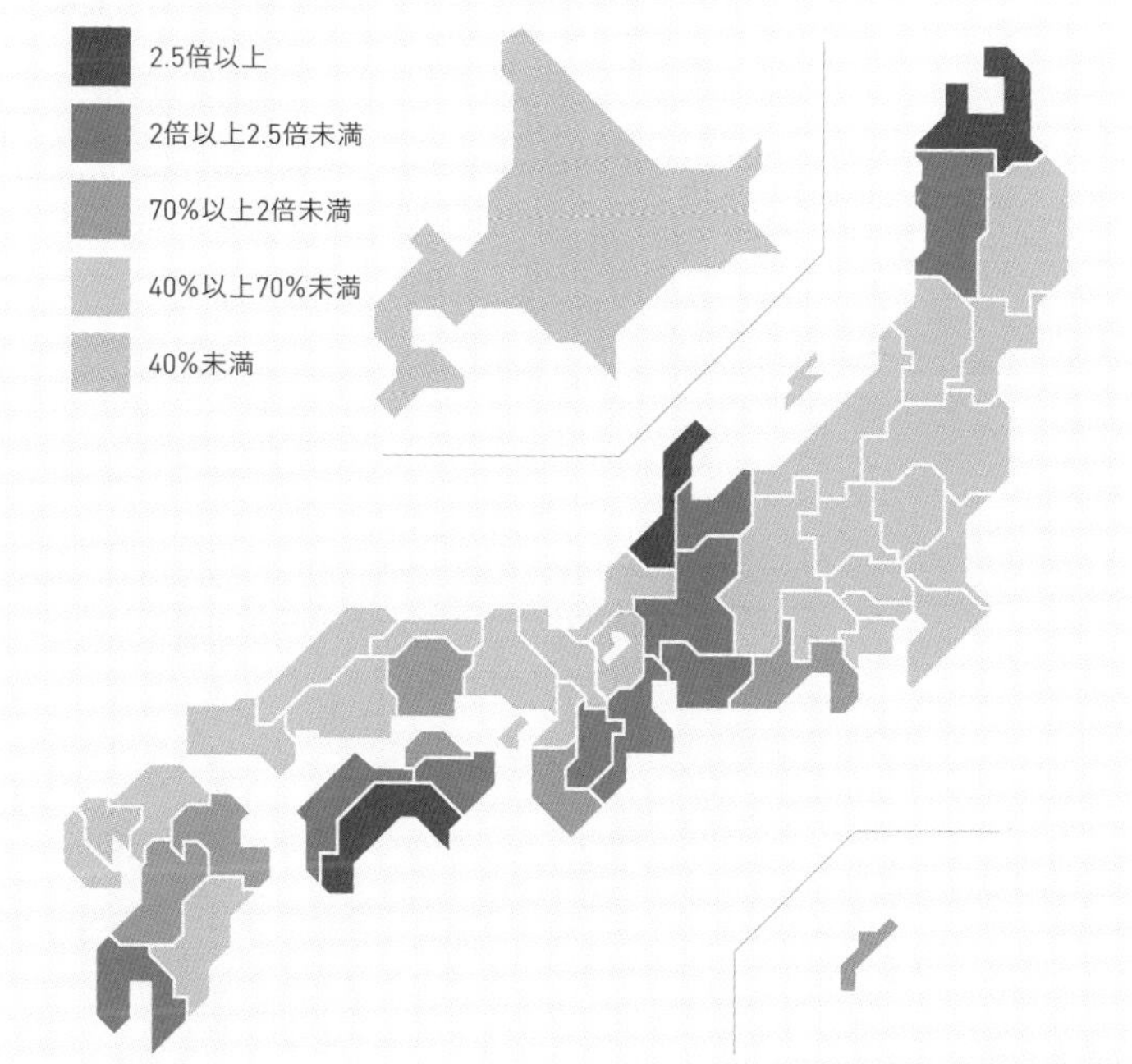

（注）国勢調査とコンビニ9社チェーンの公表資料、各社への取材をもとに集計。2010年と20年を比べた増加率

人口あたり店舗数が多い都道府県

順位	都道府県	店舗数
1	北海道	57.3
2	山梨県	56.5
3	東京都	54.5
4	宮城県	51.3
5	茨城県	50.7
6	福島県	49.5
7	青森県	49.2
8	秋田県	48.3
9	愛知県	48.1
10	栃木県	47.9

（注）2020年時点、小数点第2位を四捨五入

コンビニの総店舗数は頭打ちに

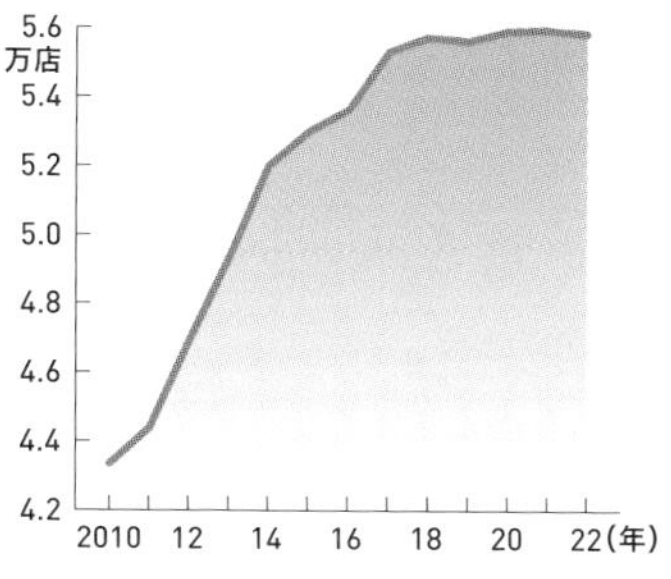

（注）日本フランチャイズチェーン協会の加盟社が対象、22年12月時点

4-5

ウォーカブル推進

［2022年9月17日掲載］

「歩きたくなる街」大分が先行

街路や広場整備、県内9割推進

四日市、大通り改造しホテルも連動

ウォーカブル推進都市 大分県内各市でモデル事業

空洞化する中心市街地ににぎわいを取り戻そうと、全国の自治体が「歩きたくなる」街づくりに注力し始めた。推進都市は2022年6月末時点で328都市と、全自治体の2割を占める。全国最多の大分県では9割の自治体が取り組む。

街中の歩行者を増加させることを狙う「ウォーカブル推進都市」制度は国土交通省が19年7月に始めた。街路や公園、広場の利活用といった計画・構想を認定し、事業費の半額を国費で補助する。車中心からひと中心の空間に「まち」を転換させることで、域内消費や健康寿命の延伸など地域課題の解決につなげる。

都道府県別で取り組む自治体の比率が最も高いのは大分県だった。以下、大阪府（43・2％）、東京都（42・9％）と再開発の進む大都市が続いた。上昇幅では大分県（84・2ポイント）に加え、三重県（36・7ポイント）や秋田県（19・2ポイント）が上位となった。

大分県は17年に県庁所在地の大分市も含めた全市町村が人口減に転じたこともあり、中心市街地衰退への危機感が強い。再生の起爆剤として豊後大野市や津久見市が施策を積極的に活用し、モデルケースとなった。

豊後大野市は市内主要駅であるJR豊肥線三重町駅の駅前通りなど3・8ヘクタールを「まちなかウォーカブル区域」に設定した。国の補助を得て遊休地を買収し、駅前に広場や駐車場、バスロータリーを整備する。三重町駅の乗降客が減少していることもあり、駅前の活性化で鉄道利用者の増加につ

ウォーカブル推進に取り組む自治体比率

順位	都道府県	比率	順位	都道府県	比率	順位	都道府県	比率
1	大分県	89.5	17	兵庫県	21.4	33	熊本県	10.9
2	大阪府	43.2	18	鳥取県	20.0	34	岡山県	10.7
3	東京都	42.9	19	新潟県	19.4	35	長野県	10.3
4	三重県	40.0	20	秋田県	19.2	36	鹿児島県	9.1
5	静岡県	36.1		栃木県	19.2	37	高知県	8.6
6	福井県	33.3	22	佐賀県	19.0	38	宮城県	8.3
	香川県	33.3	23	京都府	18.5	39	徳島県	8.0
8	愛知県	30.9		宮崎県	18.5	40	北海道	6.7
9	滋賀県	30.0	25	福岡県	18.0	41	岩手県	5.9
	山口県	30.0	26	奈良県	17.5	42	群馬県	5.6
11	広島県	29.2	27	青森県	17.1	43	長崎県	4.5
12	茨城県	28.9	28	島根県	15.0	44	山梨県	3.6
13	埼玉県	25.0	29	愛媛県	14.3	45	和歌山県	3.2
	石川県	25.0	30	岐阜県	14.0	46	山形県	2.8
15	神奈川県	23.5	31	富山県	12.5	47	沖縄県	2.4
16	千葉県	21.8	32	福島県	11.7			

（%）

（注）国土交通省資料から算出。2022年6月末

歩行者が滞在したくなるまちづくりに取り組む（2022年5月、武蔵野市）

なげる狙いもある。

津久見市もJR津久見駅周辺の滞在者を増やすため、駅前の公園を造り直す。柵や遊具を取り払って緑化し、園路を整えた。22年7月末にはプレイベントとして夜市を開き、1000人を集客した。公園に接する市道も歩行者天国として周遊性を高める。公園は同年9月中旬までに本格供用する。

ウォーカブル推進に取り組む自治体が多い都道府県（2022年6月末）

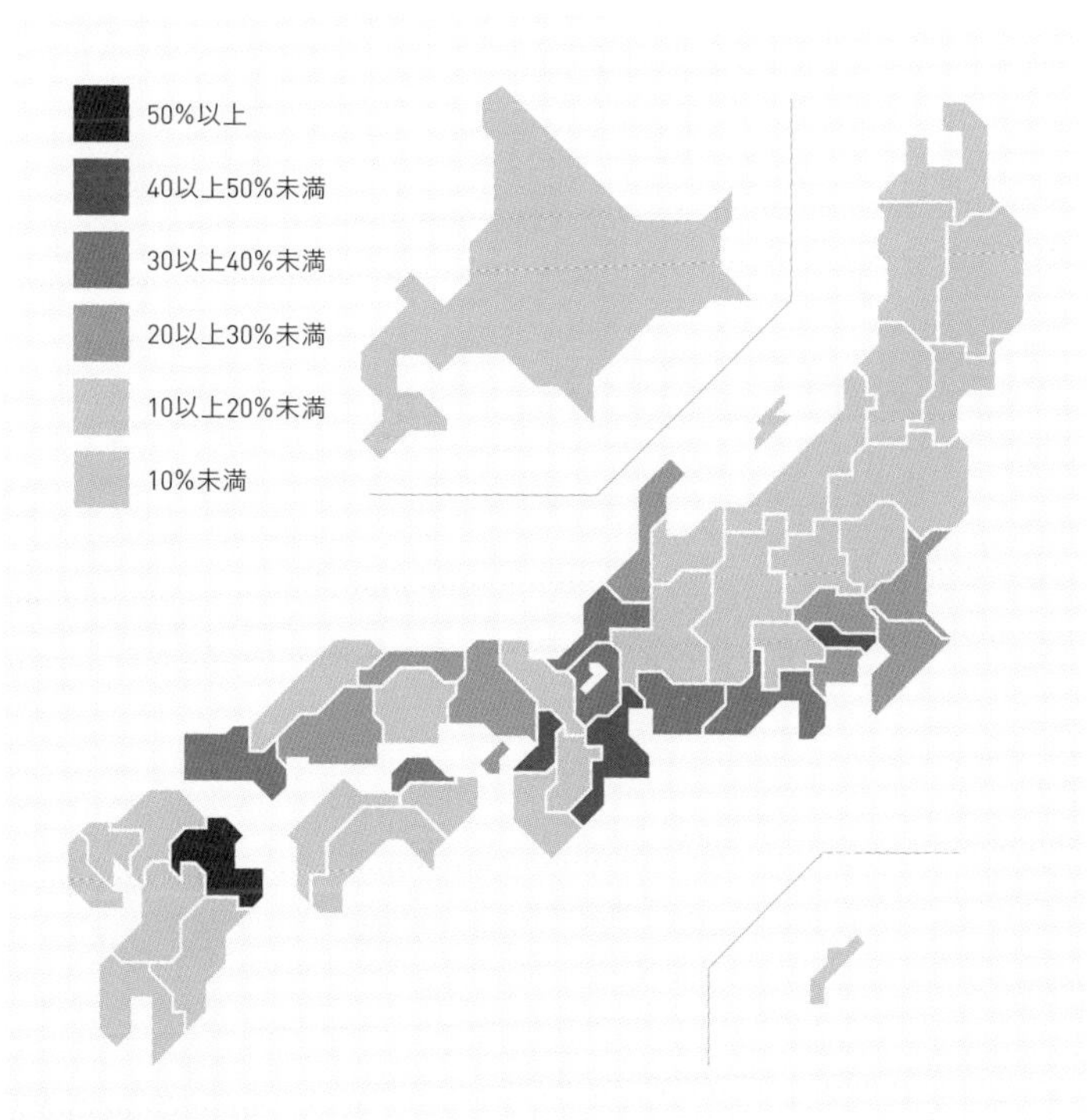

（注）国土交通省資料から算出

三重県四日市市は駅周辺を刷新 オープン空間でにぎわい

上昇幅2位の三重県でも県内最多の乗降客数を誇る近鉄四日市駅前（四日市市）で、片側3車線1・6キロメートルをバスターミナル施設や都市型スポーツの拠点へと造り替える計画が進む。沿道のホテルやオフィスビルも1階部分を誰でも入れるオープン空間とし、にぎわいづくりにつなげる。27年度の完成を目指す。

先行して整備を進める自治体では地価上昇や商業施設集積などにも効果が表れ始めた。兵庫県姫路市はJR姫路駅前で自家用車乗り入れを禁止し、歩車共存の「トランジットモール」化した。コロナの影響が出る前の20年の駅前の公示地価は再整備前の14年に比べて1・9倍に上昇し、近隣商店街では新規出店が増えた。市の担当者は「駅周辺に若い人の姿が格段に増えた」と話す。

愛媛県松山市は伊予鉄松山市駅前片側3車線の道路を1車線に減らし歩行空間を拡大した。市の歩行量調査によると、平日の歩行者が10年で倍増した。下落していた地価も上昇に転じた。

コロナ下でウォーカブル推進都市を増やした都道府県

		上昇幅	2022年6月末	19年12月末
1	大分県	84.2	89.5	5.3
2	三重県	36.7	40.0	3.3
3	秋田県	19.2	19.2	0
4	茨城県	15.6	28.9	13.3
5	滋賀県	15.0	30.0	15.0
6	大阪府	13.6	43.2	29.5
7	東京都	12.7	42.9	30.2
8	埼玉県	12.5	25.0	12.5
	広島県	12.5	29.2	16.7
10	福井県	11.1	33.3	22.2

（注）全自治体に占めるウォーカブル推進都市の比率の上昇幅。単位はポイント

全国でウォーカブル推進都市は増加

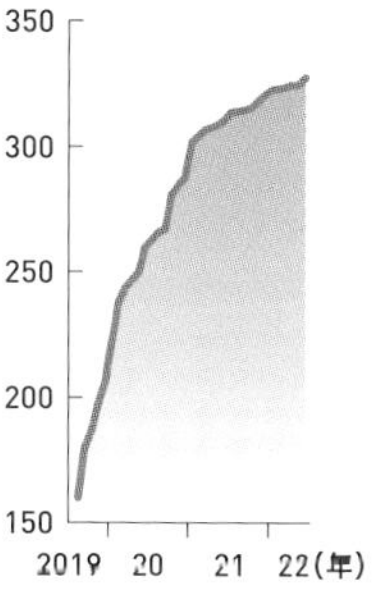

ニューヨークやロンドン 世界でも車両制限はトレンド

ウォーカブルシティーは世界的にもまちづくりのトレンドとなる。米国ニューヨーク市は10年以降、劇場街ブロードウェーで車両の通行を制限し、歩行者増につなげた。タイムズスクエアとグランド・セントラル駅の中間に位置するブライアント・パークにはカフェやレストラン、スケートリンクなどを設け、年間約20億円の収益を得る。

英国ロンドン市もオックスフォード・ストリートを歩行者天国とした。フランス・パリ市もエッフェル塔周辺から車道を排除する。広大な緑地公園をつくる計画を推進しており24年の完成を予定する。

4-6

地域団体商標

［2023年1月21日掲載］

ご当地産品、知財で育む

地名＋商品・サービス、商標登録741件に
神戸牛、皮革もブランド化

京都府、68件で登録トップ 「京」冠した工芸品や野菜

地場産品を知的財産として守り、育てる動きが広がってきた。地名と商品・サービス名から成る地域ブランドを「地域団体商標」として登録しやすくする制度が2006年に始まり、全国の有効登録数は22年末現在で741件になった。模倣品の排除やライセンス契約による販路拡大が見込めるが、効力は国内にとどまる。中国で日本の地名などを第三者が登録する例が相次ぐ中、海外対応を見据えた戦略づくりが欠かせない。

通常、地名と商品・サービス名を合わせた文字商標は「夕張メロン」や「西陣織」のように全国的な知名度がないと登録できない。地域団体商標では近隣の都道府県で周知性があれば登録できる。名称を独占的に使えるなど効力は通常の商標と同じで、早い段階からブランドの保護や管理に注力できる。

特許庁によると、都道府県別の登録数は京都府の68件が最多。工芸品や野菜など「京」を冠した産品が目立つ。2位以下は兵庫県（44件）、北海道（36件）と続く。8位の東京都（23件）も「江戸切子」など「江戸」がらみの登録が多い。

地域団体商標の都道府県別登録数

1	京都府	68	17	青森県	14	30	島根県	10
2	兵庫県	44		新潟県	14		岡山県	10
3	北海道	36		和歌山県	14		山口県	10
4	石川県	34	20	富山県	13		佐賀県	10
5	岐阜県	32		滋賀県	13	37	栃木県	9
6	静岡県	28		奈良県	13		長野県	9
7	福岡県	24		大分県	13	39	山梨県	8
8	東京都	23	24	愛媛県	12		徳島県	8
9	愛知県	21	25	秋田県	11		宮崎県	8
10	福井県	19		山形県	11	42	岩手県	7
11	千葉県	18		福島県	11	43	宮城県	6
	鹿児島県	18		大阪府	11		鳥取県	6
	沖縄県	18		長崎県	11		香川県	6
14	三重県	17	30	群馬県	10		高知県	6
15	広島県	16		埼玉県	10	47	茨城県	5
	熊本県	16		神奈川県	10			

（件）

（出所）特許庁。2022年12月末現在で権利が存続している商標を集計。複数の自治体にまたがる場合はそれぞれカウント

兵庫県は「神戸レザー」 模倣品対策、産地証明にも

兵庫県では21年、「ＫＯＢＥ ＬＥＡＴＨＥＲ（神戸レザー）」が革素材として全国で初登録された。「神戸ビーフ」として海外でも知名度がある神戸牛の活用を広げようと、神戸市の革小物店や家具店が19年に設立した「神戸レザー協同組合」が取得した。年約400頭分の皮革で小物入れや財布を作る。

組合は評価機関が神戸ビーフと認めた但馬牛の原皮のみを使うが、神戸牛の原皮は他の牛と混在して流通する

十勝川西長いも（2006年登録）

勝浦タンタンメン（14年）

神戸レザー（21年）

ケースがあり神戸牛の皮革をうたった商品も出回る。片山喜市郎代表理事は「登録後は一部百貨店にあった模倣品がなくなった」と話す。

増加率トップの千葉県「勝浦タンタンメン」が成功例

模倣品対策が「守り」なら、販路拡大は「攻め」の活用になる。北海道の「十勝川西長いも」は帯広市川西農業協同組合などが1999年に輸出を始め、2006年に商標登録した。産地証明が必要になった東日本大震災以降は、登録証が国が認めた産地証明として扱われ、輸出事務が円滑に進んだ。衛生管理に関する国際認証の取得などの取り組みも実り、ピーク時の15年の輸出は11億円強に達した。

地域団体商標の都道府県別登録数

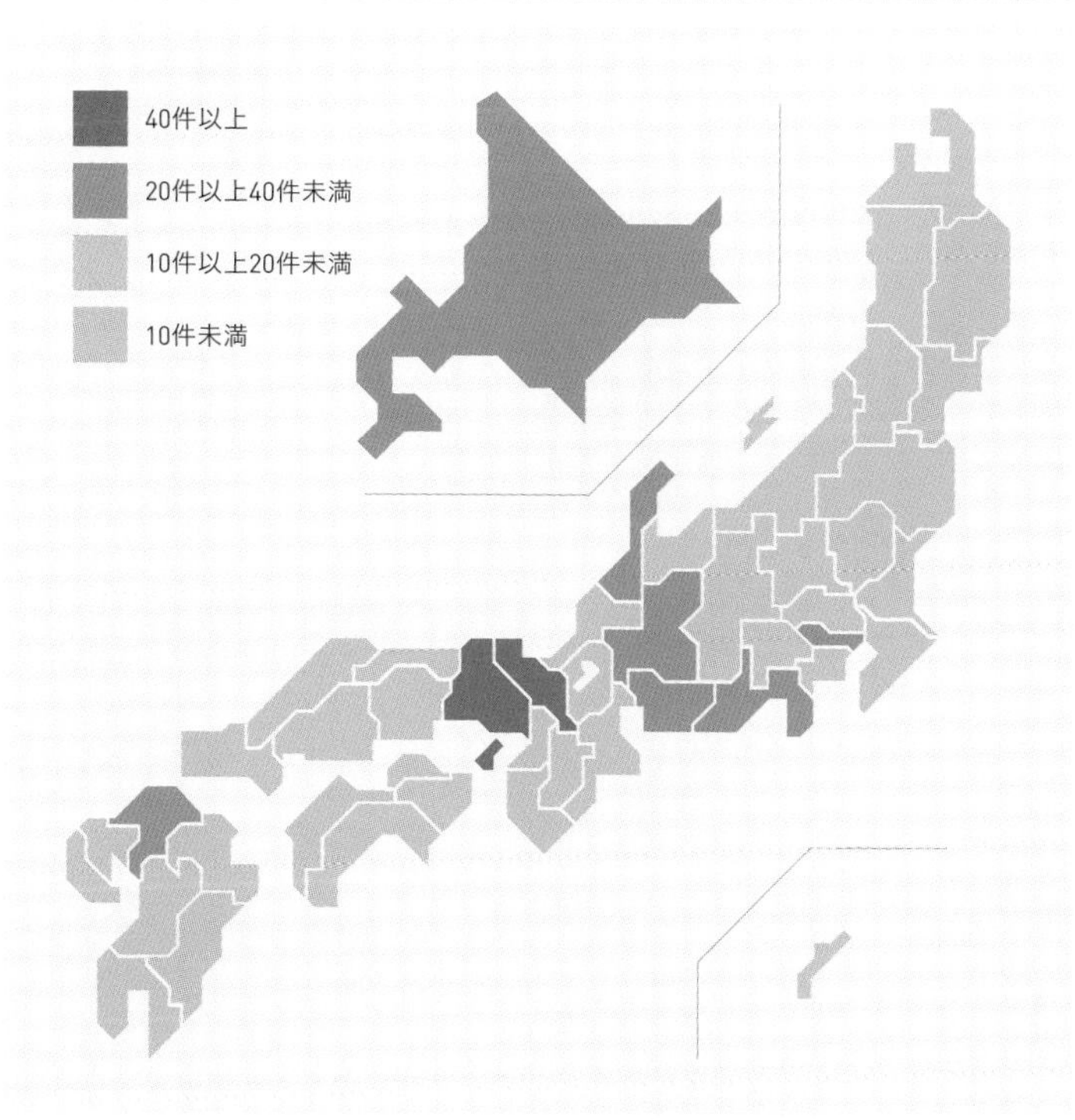

(出所)特許庁。2022年12月末現在で権利が存続している商標を集計。複数の自治体にまたがる場合はそれぞれカウント

22年末と06年度の登録数を比べた増加率（登録数が全国平均を上回る16都道府県が対象）は、千葉県が18倍でトップ。ご当地グルメの祭典「B―1グランプリ」の常連「勝浦タンタンメン」（勝浦市）は成功例の一つ。地元の企業組合が14年に登録し、食品メーカーなど10社以上とライセンス契約を結ぶ。コラボ商品の売り上げから得る使用料は年間数百万円に上る。

登録数の増加率上位ランキング

1	千葉県	18.0倍（18件）
2	北海道	12.0倍（36件）
3	福井県	9.5倍（19件）
4	静岡県	9.3倍（28件）
5	福岡県	8.0倍（24件）
6	兵庫県	7.3倍（44件）
7	三重県	5.7倍（17件）
8	熊本県	5.3倍（16件）
	愛知県	5.3倍（21件）
10	広島県	4.0倍（16件）

(注) 2022年12月と06年度を比較。登録数が全国平均を上回る16都道府県が対象。カッコ内は22年末の有効登録数

地域団体商標の産品別内訳

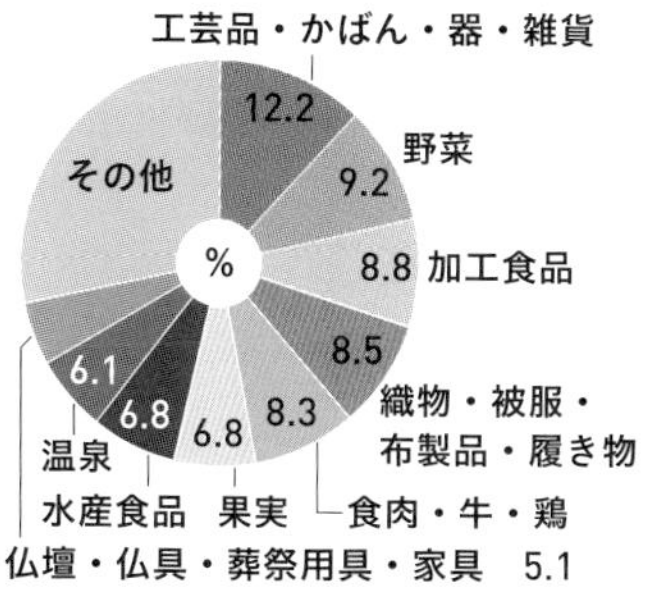

(注)2022年4月現在で権利が存続している商標が対象

欧州では古くから地名の価値が重視されてきた。フランスのナポレオン3世はパリ万博（1855年）に出品したボルドーワインの格付けを命じ、ボルドーを生産地として広めた。農水産品の名称を保護する「地理的表示（GI）」制度も欧州連合（EU）が先行して導入した。

一方、日本から海外進出する際の有力な選択肢となる中国では、日本の地域ブランド名が正当な権利を持たない第三者によって商標登録される例が後を絶たない。対抗には、何より海外で先に登録することが大切だ。

特許庁も海外での出願にかかる費用の半額を補助するなどして後押しする。東京理科大大学院の生越由美教授（知的財産戦略）は地域団体商標の取得について「登録された名称で信用あるものを生み出していくという決意表明にほかならない」と指摘。その上で「関係者が『地域の財産』としての認識を共有し、権利の保護と活用にビジネス感覚が必要だ」と話す。

4-7

サウナ

[2023年1月28日掲載]

サウナで地域も熱く

山梨県は設備購入に補助、条例改正でも支援
大分県豊後大野市、「サウナのまち」宣言

「サウナブーム」を地域活性化に生かそうとする動きが加速してきた。サウナを目的とした旅「サ旅」や前後に楽しむ食事「サ飯」など関連消費も広がり、山梨県や大分県豊後大野市など力を入れる自治体が相次ぐ。企業内にも続々と「サウナ部」が誕生し、ビジネスパーソンを呼び込む手段としても注目が集まる。

サウナを観光資源に 山梨県はととのいプロジェクト

人口10万人あたりのサウナ数が最も多い山梨県では、2021年、サウナを観光資源に育てる「やまなし自然サウナととのいプロジェクト」がスタートした。

サウナや組み立て型プールなどの購入費として最大20万円を補助しキャンプ場など23社が新規導入した。22年4月には男女が一緒に利用しやすいよう公衆浴場法施行条例を改正。着衣であれば共に楽しめるようにした。

特設ホームページを設けアウトドアサウナを紹介するほか、「サ飯」を動画でリポートするなど周辺消費も促す。主導する県観光振興課の斉藤隆太主任は「体験を通じて交流人口を創出し活性化につなげたい」と語る。

「サウナのまち」を21年に宣言したのは大分県の豊後大野市だ。同市には溶結凝灰岩の岩壁に穴を掘った蒸し風呂を楽しむ文化が残るが、一般的な温泉はない。ブームを好機とし「温泉なくてもサウナがある！」を前面に専用ロゴやプロモーション動画をつくり、全国からの「サ旅」を狙う。

22年度のサウナ施設利用者は12月末時点までで約7000人となり、20年度通年の8倍に増加した。「サ飯」や宿泊に使えるクーポンを配布し、市内

人口10万人あたりのサウナ数

1	山梨県	30.1	17	静岡県	11.3	33	滋賀県	8.2
2	長野県	20.2	18	山口県	10.8	34	佐賀県	7.8
3	石川県	17.1	19	高知県	10.8	35	兵庫県	7.2
4	北海道	16.1	20	福島県	10.7	36	大阪府	6.7
5	青森県	15.9	21	京都府	10.3	37	宮城県	6.5
6	鹿児島県	15.2	22	群馬県	10.3	38	東京都	6.2
7	秋田県	15.0	23	鳥取県	10.0	39	千葉県	6.1
8	富山県	14.2	24	山形県	9.7	40	茨城県	6.1
9	大分県	12.6	25	岐阜県	9.6	41	広島県	6.1
10	福井県	12.2	26	新潟県	9.5	42	岡山県	6.1
11	島根県	12.2	27	愛媛県	9.2	43	奈良県	5.7
12	栃木県	11.9	28	和歌山県	8.9	44	神奈川県	5.3
13	香川県	11.8	29	沖縄県	8.7	45	愛知県	4.7
14	岩手県	11.7	30	長崎県	8.6	46	福岡県	4.5
15	熊本県	11.6	31	宮崎県	8.4	47	埼玉県	4.0
16	徳島県	11.4	32	三重県	8.3			

（注）サウナ情報サイト「サウナイキタイ」の2022年12月15日時点掲載分、人口は21年10月時点。同じ値の場合は小数点第2位以下で順位付け

長野県の企業は取引先との関係深化のためサウナを使っている

の飲食店「カフェパラム」では、年間売り上げが1・5倍に増えた。

人口10万人あたりの施設数 山梨、長野、石川が上位

各地が力を入れるのは、熱を帯びるブームが背景にある。グーグルトレンドの22年の「サウナ」の国内検索頻度は5年前比約5倍に膨らんだ。一般社団法人、日本サウナ・温冷浴総合研究所の21年の推計によると、月に4回以上サウナに入浴する人の数は255万人を超える。

全国のサウナ数はサウナ情報サイト「サウナイキタイ」によると、1万458施設（22年12月15日時点）。都道府県別では東京都が875施設で最も多く、北海道、大阪府が続く。一方、人口10万人あたりでみると山梨県の30・1施設を筆頭に、長野県、石川県が続き、全国平均は8・3施設だった。

照準をビジネスパーソンに向けた取り組みも増えてきた。長野県上田市の業務支援サービス、はたらクリエイトは、営業活動にサウナを活用する。21年、首都圏の新規顧客などの来社機会創出を狙い、佐久市のオフィスにサウナを設置した。柚木真取締役は「ブームを利用して会社を訪問してもらえる理由を作りたかった。投資額は数百万円にのぼるが『サウナ営業』に加え社内コミュニケーションも活性化し効果的だった」と話す。

「ビジネスシーンの活性化」を狙い、日本航空やコクヨが主導して19年に立ちあげた企業内サウナ部連合には157社（22年12月時点）が名を連ねる。ビジネス活用の潜在需要もそれだけ大きいといえる。

人口あたりのサウナは山梨県、長野県、石川県で多い

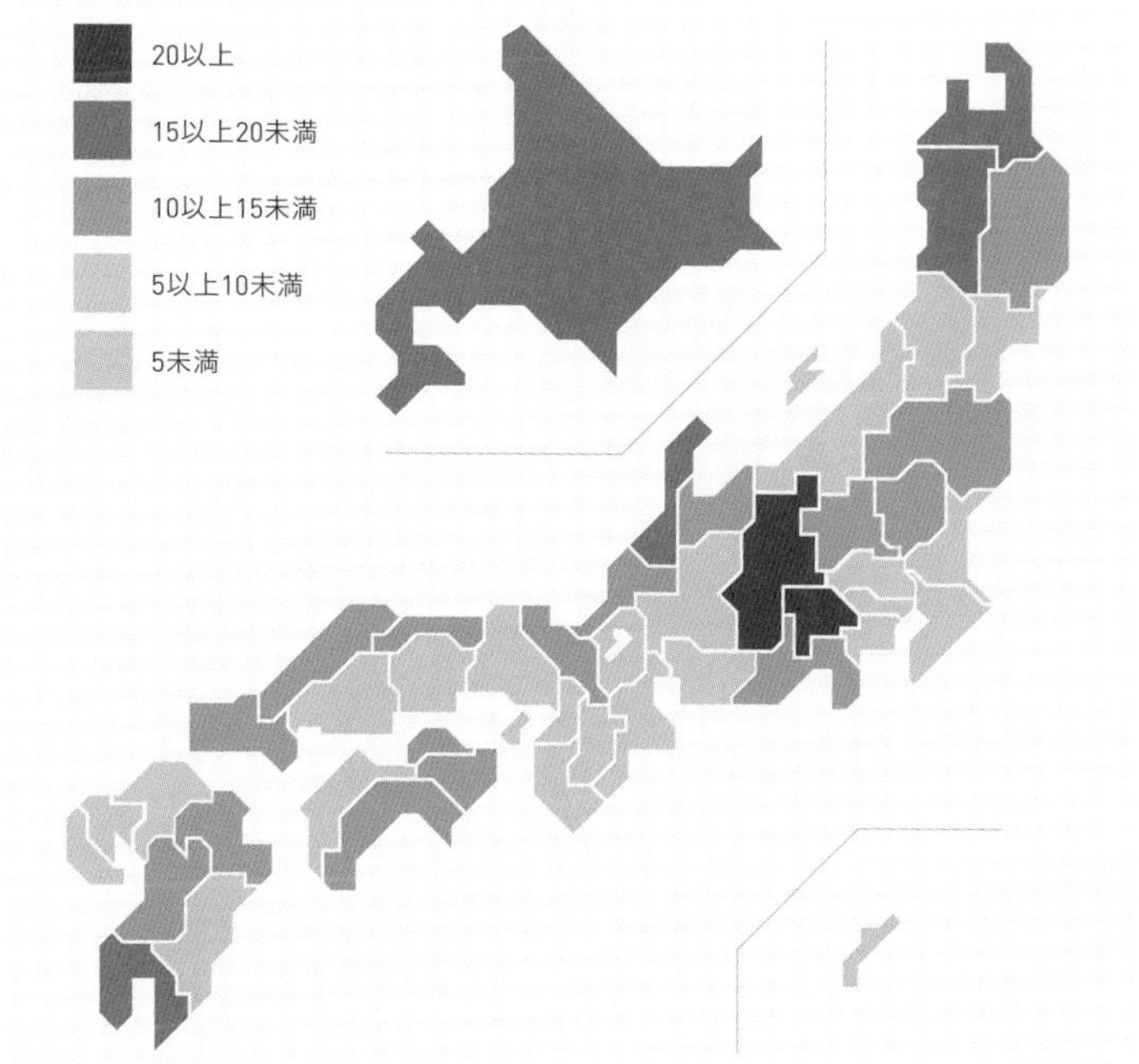

（注）人口10万人のサウナ数。サウナ情報サイト「サウナイキタイ」の2022年12月15日時点掲載分、人口は21年10月時点

サウナは新型コロナ禍でも関心を集めている

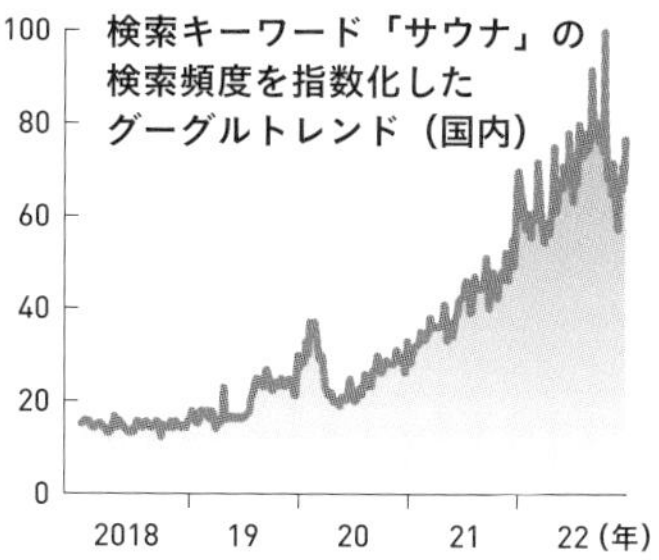

国内で約1600万人もの利用者がいる（2021年）

月に15回以上	20万6153人
月に9〜14回程度	82万4756人
月に4〜8回	152万6605人
月に3回以下	213万8038人
月に1回程度	307万5090人
2〜3カ月に1回程度	273万6900人
半年に1回程度	289万7834人
1年に1回程度	233万1846人

（注）日本サウナ・温冷浴総合研究所、21年12月調査、推計値

三重県志摩市 ワーケーション誘致も狙う

三重県志摩市ではワーケーション需要を取り込もうと、コワーキングスペースやサテライトオフィス、サウナが一体となった複合施設が23年4月に開業した。

起業家の間でも高い人気があるとされることから、徳島市はスタートアップを呼び込む手段としてサウナを活用した施設やイベントの実施などの検討を始めた。内藤佐和子市長は「地域に新たな経済を生み出す切り札になれば」と期待する。

4-8

荒廃農地再生

[2022年10月8日]

荒廃農地の復活、茨城首位

5年で東京ドーム781個分再生 2位の鹿児島県、和牛放牧に活用

全国の耕地面積の6％荒廃 うち7割が再生困難に

耕作されずに放置され、作物の栽培ができなくなった「荒廃農地」を再生させる取り組みが各地で加速してきた。高齢化や担い手不足を背景に全国で耕地面積の減少が続くが、茨城県は需要が増すサツマイモ畑への転用を促すことなどで過去5年間に東京ドーム781個分の荒廃農地を再生した。

農林水産省によると、荒廃農地は2020年時点で耕地面積の6％にあたる28・1万ヘクタールある。放置後、時間がたてばたつほど復元利用は難しくなり、うち7割弱が再生困難な状態になっている。中山間地域にあり多くが水田や果樹園などに利用されてきた。

放置された農地を早い段階に再生し収益性を高めることが、地域の再生に不可欠となる。

都道府県ごとの荒廃農地の再生面積を集計したところ、16～20年で最も多かったのは茨城県で3652ヘクタールだった。鹿児島県が2997ヘクタール、長野県が2852ヘクタールと続いた。

荒廃農地の再生面積（2016～20年の合計）

1	茨城県	3652	17	福岡県	1471	33	岐阜県	563
2	鹿児島県	2997	18	山梨県	1410	34	山形県	534
3	長野県	2852	19	青森県	1359	35	秋田県	524
4	福島県	2426	20	愛媛県	1252	36	島根県	475
5	沖縄県	2293	21	北海道	915	37	高知県	457
6	群馬県	2288	22	栃木県	856	38	徳島県	441
7	千葉県	2123	23	鳥取県	833	39	京都府	424
8	宮城県	2092	24	広島県	792	40	東京都	384
9	岡山県	2062	25	山口県	759	41	新潟県	355
10	愛知県	2051	26	佐賀県	734	42	奈良県	354
11	長崎県	1937	27	和歌山県	713	43	石川県	321
12	岩手県	1712	28	宮崎県	683	44	滋賀県	232
13	埼玉県	1704	29	兵庫県	680	45	福井県	198
14	大分県	1682	30	三重県	634	46	大阪府	156
15	熊本県	1607	31	香川県	611	47	富山県	105
16	静岡県	1515	32	神奈川県	595			

（ヘクタール）

（注）農林水産省の資料を集計

サツマイモ畑に転用で補助 農地の貸主にも協力金

茨城県は19年から「茨城かんしょトップランナー産地拡大事業」として、荒廃農地をサツマイモ畑に転用する生産者らに補助金を支給する。10アールあたり10万円を上限に再生費用の半分を補助するだけでなく、農地の貸主にも協力金を支給する。制度を活用した栽培面積は22年3月時点で129ヘクタールに達した。

サツマイモは国内の焼き芋ブームや東南アジアへの輸出増を背景に需要が伸びており、年平均価格は10年前と比べて3割高い水準にある。干し芋や焼き芋などに加工しやすいため、付加価

農業法人さかうえは、耕作放棄地に牛を放牧する（鹿児島県志布志市）

茨城県は、荒廃農地をサツマイモ畑に転用した生産者に対して補助金を支給する（水戸市）

値を高めて収益を上げやすい。「生産意欲が高まる一方で鉾田市など昔からの産地には土地供給余力が乏しく、必然的に荒廃農地への引き合いの強さにつながっている」(県農林水産部産地振興課)

建設業のユタカファーム(水戸市)も県の事業を活用し、水稲を栽培する陸田を転用して参入した。栽培だけでなく干し芋生産も手がけており、本格的な作付け開始から2年で500万円の利益が出るようになった。石井登社長は「機械化や作付け品目を工夫すれば、農業は収益をあげられる産業になる」と話す。

畜産業が盛んな鹿児島県では荒廃農地を放牧に活用する。農業法人さかうえ(鹿児島県志布志市)は、かつて野菜や茶を生産していた耕作放棄地で19年から黒毛和牛を育てている。農家から土地を借り受け、中山間地に点在する計約15ヘクタールで130頭ほどを放す。「里山牛(さとやまぎゅう)」のブランド名でインターネットを通じ全国販売する。

22年7月からの1年で出荷を100頭ほどに拡大し、単年度での黒字転換を見込む。省人化を進めるため、20年度から鹿児島大学や慶応義塾大学などと人工衛星を使った実験を始めた。牛の運動量や行動履歴などのデータを集めて健康状態を把握する。

放牧により土地は耕され、草を食べた牛のフンは有機肥料として土にかえる。放牧した土地は将来的に野菜や飼料作物の農地として活用する。

担い手のない土地を耕作 荒廃を未然に防ぐ

再生面積が全国4位の福島県では、荒廃農地の発生を未然に防ぐ取り組みも進む。農業法人の高ライスセンター(福島県南相馬市)は担い手がいなくなった土地を請け負い、コメや小麦、大豆を生産する。耕作面積は17年から120ヘクタール広がった。

現在は6人で約180ヘクタールを耕作し、乾いた田んぼに種もみを直接まく手法を取り入れている。育苗などの手間がかからないため労働時間は田植えをする場合に比べて3分の1ほどに減り、収量も同じ水準を確保できている。作業効率を高めることが担い手不足の緩和につながっていく。

茨城や鹿児島は荒廃農地の営農再生面積が大きい(2016〜20年)

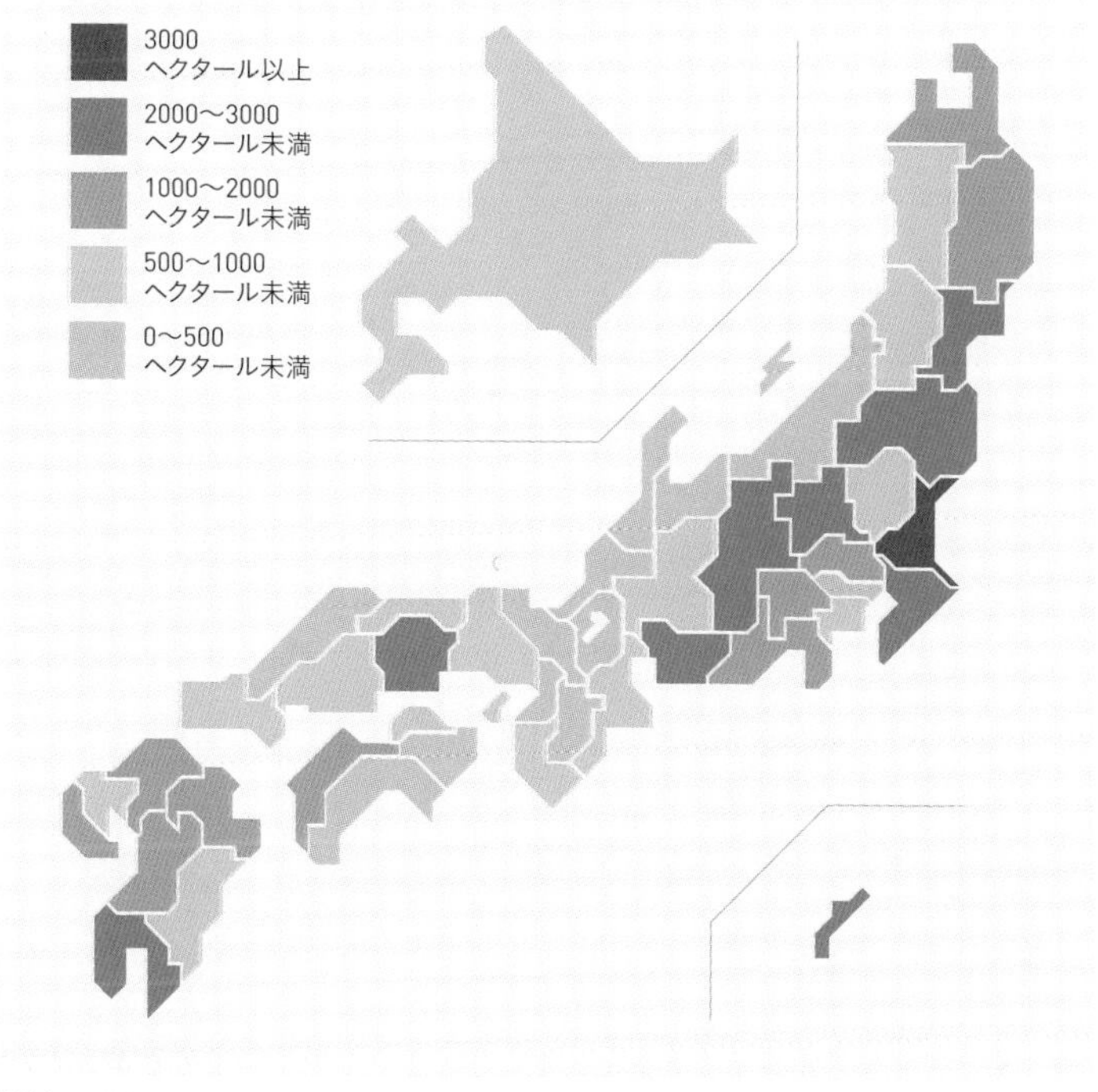

(注)農林水産省の資料を集計

再生利用できない荒廃農地が増えている

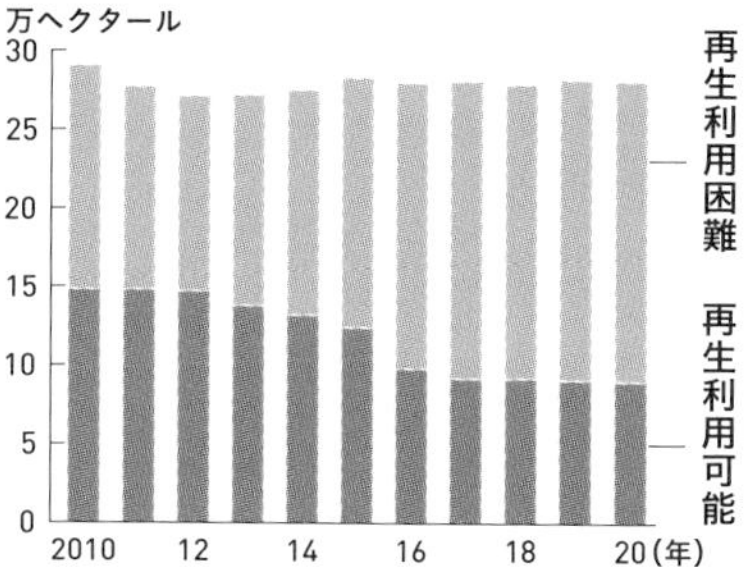

(注)農林水産省の資料から作成。2015年までは推計値

耕地面積は60年で3割弱減少した

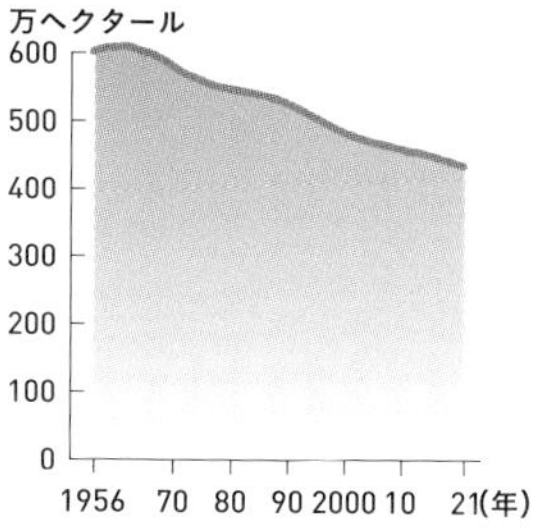

(出所)農林水産省の作物統計調査

4-9

肉用牛産出額

［2023年8月19日掲載］

和牛、質高め「稼げる畜産」に

肉用牛産出額が10年で8割増
伸びは鳥取が最高、ゲノム評価導入

和牛ブームで輸出急増
最高ランク「A5」の割合3倍に

和牛の生産が拡大している。世界的な「和牛ブーム」を受けて輸出は急増し、訪日客などからの人気も高まる。

2021年までの10年間で和牛など肉用牛の産出額が全国で最も伸びた鳥取県は、ゲノム解析など先端技術を駆使して質向上を加速する。生産者の高齢化や飼料価格高騰といった逆風もあるが、「稼げる畜産」の実現に向けた努力が各地で続いている。

農林水産省によると、21年の肉用牛の総産出額は8232億円と10年間で8割近く増えた。黒毛和種など日本の在来種をもとにした和牛は肉用牛の飼養頭数の7割近くを占める。適度なサシ（脂肪交雑）が入った肉質などが国内外で支持されており、22年の牛肉輸出額は520億円と10年で約10倍に急増した。

各地でブランド化が進み、質も向上する。日本食肉格付協会によると、最高ランクのA5の割合は22年に約5割と10年間で3倍になり、取引価格も中長期で上昇傾向だ。

肉用牛の産出額は40以上の道府県で伸びた

順位	道府県	倍（億円）
1	鳥取県	2.40(60)
2	千葉県	2.33(107)
3	神奈川県	2.14(15)
4	大阪府	2.00(2)
5	宮崎県	1.82(815)
6	北海道	1.82(1131)
7	石川県	1.75(14)
8	新潟県	1.68(37)
9	栃木県	1.66(243)
10	兵庫県	1.63(173)
11	香川県	1.60(56)
12	島根県	1.58(98)
13	群馬県	1.55(167)
14	岡山県	1.54(103)
15	沖縄県	1.54(209)
16	宮城県	1.53(264)
17	鹿児島県	1.51(1240)
18	和歌山県	1.50(9)
19	熊本県	1.49(454)
20	茨城県	1.47(174)
21	山口県	1.47(50)
22	三重県	1.47(88)
23	埼玉県	1.45(45)
24	青森県	1.45(161)
25	岩手県	1.44(280)
26	長崎県	1.42(265)
27	滋賀県	1.42(71)
28	福岡県	1.42(75)
29	山梨県	1.40(14)
30	山形県	1.39(133)
31	秋田県	1.33(52)
	奈良県	1.33(12)
31	高知県	1.33(16)
34	佐賀県	1.32(181)
35	広島県	1.31(77)
36	愛知県	1.27(116)
37	福島県	1.21(133)
38	岐阜県	1.21(111)
39	徳島県	1.20(71)
40	京都府	1.13(17)
41	大分県	1.09(139)
42	静岡県	1.05(77)
43	東京都	1.00(2)
	富山県	1.00(12)
	福井県	1.00(8)
46	長野県	0.91(61)
47	愛媛県	0.77(27)

（倍）

（注）2021年の肉用牛の産出額を11年と比較。同じ値は小数点第3位以下で順位付け。カッコ内は21年の肉用牛の産出額、億円。出所は農林水産省「生産農業所得統計」

鳥取は子牛の県外供給に力
後継者や新規参入獲得に効果も

鳥取県は21年の肉用牛の産出額が10年前の2・4倍になった。「神戸牛」などに比べてブランド力は高くないが、良質な子牛を他県に供給して生産を広げる。17年に県の種雄牛が肉質日本一に輝くと、県産の子牛の取引価格が上昇した。県畜産試験場は全国に先駆けてゲノム評価技術を導入。優良な遺伝子を持つ子牛を素早く見極めて繁殖用の母牛とすることで、質向上のスピードを上げる。

牛産者の意欲も高まり、競り市場に集まる子牛は年約2800頭と10年で

和牛子牛の世話をする畜産業者（鳥取県琴浦町）

1・7倍に増えた。栃木県からの競り参加者は「ゲノム評価の高い子牛は良い成牛に育つ可能性が高く安心感がある」と話す。

鳥取県の生産者も高齢化が深刻だが、最近では後継者や新規参入者も徐々に現れている。同県倉吉市で16年に子牛を生産する繁殖農家となった野儀増弘さん（40）は、「子牛の価格上昇などで先行きに希望が持てるようになった」と新規就農の理由を話す。

伸び2位の千葉県 乳用牛に和牛産ませる技術支援

伸び率2位の千葉県は酪農発祥の地ともされ、現在も乳用牛の飼育が盛んだ。同県の肉用牛は肉用種と乳用種をかけ合わせた交雑種が主力だが、県は乳用牛に優秀な黒毛和種の受精卵を移植して「和牛」を産ませる技術の導入を支援する。

乳用牛の子牛より取引価格が高くなる和牛の子牛を産めば、厳しい環境が続く酪農家の収入アップにつながる。県は「酪農家の選択肢が増えた」としており、県産肉用牛に占める和牛の割合は21年に29％と10年で5ポイント上昇した。

「和牛先進地」の宮崎県は1990年に米国向け輸出を始めるなど、早くから輸出インフラの整備に力を入れてきた。ＪＡ宮崎経済連などは県内の食肉処理施設で輸出相手国・地域の認定を取得。香港や台湾など輸出先も広がっており、22年度の輸出量は過去最高となった。

生産現場の高齢化にも対応。母牛への受精や子牛の育成を代行する施設を整備し、農家の負担を軽くする。ＪＡ宮崎中央の中森和幸畜産部長は「高齢の農家に少しでも長く効率的に飼育してもらえるように支援していく」と話す。

帯広畜産大学の岩本博幸教授は「飼料価格の高騰と担い手不足で畜産経営を取り巻く環境は厳しい。持続的な成長にはコストダウンとさらなる高付加価値化が重要になる」と指摘。「サシの多さという共通目標に向けて改良が進んだ結果、今ではどの地域の和牛も90点は取れる品質になった。今後は牛肉本来の肉質や香りなど地域独自のおいしさを追求していく必要がある」と話している。

肉用牛の産出額は鳥取や千葉の伸びが大きい

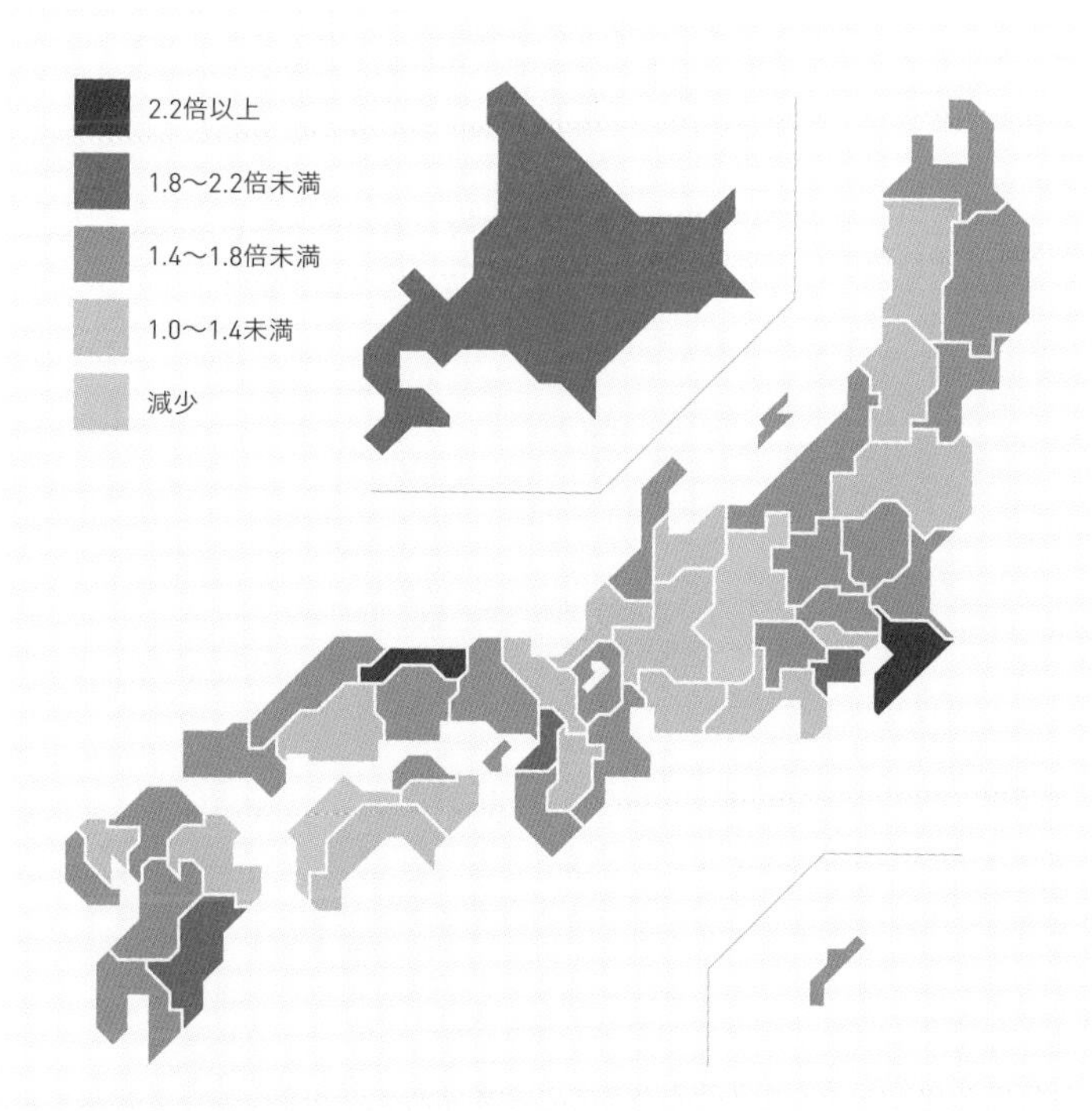

（注）2021年の肉用牛の産出額を11年と比較。出所は農林水産省「生産農業所得統計」

肉用牛の産出額は鹿児島がトップ

		2021年の産出額	11年比伸び率
1	鹿児島県	1240億円	1.51倍
2	北海道	1131	1.82
3	宮崎県	815	1.82
4	熊本県	454	1.49
5	岩手県	280	1.44
⋮	⋮	⋮	⋮
20	千葉県	107	2.33
⋮	⋮	⋮	⋮
30	鳥取県	60	2.40

和牛人気の高まりで輸出は急増

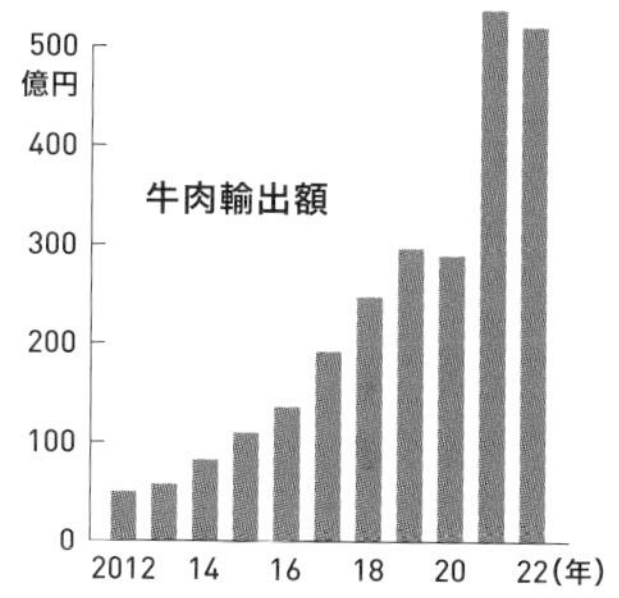

（出所）貿易統計

4-10

都道府県GDP

[2023年2月18日掲載]

半導体で新「企業城下町」

8県でGDPがコロナ前超え

経済安保で国内生産回帰に追い風

三重・山梨・熊本でGDP伸び活発な製造業けん引

半導体が地域経済のけん引役となっている。2021年度の全国の実質国内総生産（GDP）が19年度比98％の水準にとどまる一方、都道府県別では関連産業が集積する三重、山梨、熊本など8県で県GDPが19年度水準を上回った。足元では供給過剰感が強まるものの、中長期では需要が増える見込み。経済安全保障の観点から世界的なサプライチェーン（供給網）見直しが進む中、国内生産の重要性が増しており、追い風が強まっている。

東京財団政策研究所の山沢成康主席研究員（跡見学園女子大学教授）が推計した都道府県別の月次GDPを基に19年度と21年度の水準を算出し、比較した。最も回復したのは三重県の106％で、コロナ禍前水準を超えたのは計8県だった。上位自治体はいずれも製造業の活動状況を表す鉱工業生産指数が上昇した。21世紀版「企業城下町」に向けた自治体の知恵比べが加速する。

世界需要の拡大続く半導体関連産業の裾野も広く

三重県は電子部品・デバイス工業の伸びが全体を押し上げた。00年に「シリコンバレー構想」をうたい、集積を目指して大口設備投資にも補助する仕組みを導入。東芝のNAND型フラッシュメモリー（現在はキオクシアホールディングス）や富士通の300ミリウエハー（現在は台湾UMC傘下）の拠点を呼び込んだ。

22年以降、半導体の需給バランスは

地域経済の回復が早い都道府県（2021年度）

順位	都道府県	値
1	三重県	105.67
2	山梨県	104.33
3	福井県	102.71
4	岩手県	101.41
5	長崎県	101.17
6	徳島県	100.91
7	熊本県	100.08
8	青森県	100.02
9	北海道	99.97
10	大分県	99.89
11	石川県	99.85
12	高知県	99.84
13	和歌山県	99.82
14	長野県	99.62
15	山口県	99.51
16	鹿児島県	99.47
17	滋賀県	99.32
18	奈良県	99.31
19	新潟県	99.08
20	富山県	98.95
21	愛媛県	98.83
22	栃木県	98.83
23	兵庫県	98.81
24	茨城県	98.81
25	秋田県	98.68
26	島根県	98.58
27	宮崎県	98.52
28	鳥取県	98.26
29	千葉県	98.20
30	岡山県	98.14
31	岐阜県	97.99
32	京都府	97.64
33	香川県	97.41
34	埼玉県	97.40
35	山形県	97.34
36	大阪府	97.30
37	福岡県	97.29
38	静岡県	97.23
39	神奈川県	97.19
40	東京都	96.70
41	群馬県	96.47
42	広島県	95.94
43	沖縄県	95.88
44	福島県	95.53
45	愛知県	94.56
46	宮城県	93.95
47	佐賀県	93.60

（%）

（注）2019年度の実質国内総生産を100%とした時の21年度の水準。同じ値は小数点第3位以下で順位付け。跡見学園女子大学の資料をもとに作成

熊本県菊陽町で建設が進む台湾積体電路製造（TSMC）新工場

消費者向け電化製品やデータセンター投資の減速などで崩れてきたが、一方で自動車や産業向けはなお逼迫する。

信金中央金庫地域・中小企業研究所の角田匠上席主任研究員は「半導体は製品サイクルに起因する短期変動があるものの需要拡大が続くことは間違いない」と指摘する。経済産業省によると世界の半導体市場は20年の50兆円から30年に100兆円へと倍増する見通しだ。

産業の裾野が広いことも地域を浮上させる条件となる。回復率2位の山梨県（104%）は東京エレクトロンなど関連産業が主導した。韮崎市に拠点を構える同社の22年3月期の半導体製造装置売上高は前期比48%増えた。17年度以降、同県に立地した半導体関連企業は24社に上る。

TSMC、熊本・菊陽町に新工場 10年で4兆円超す波及効果

今、各地域が期待をかけるのがサプライチェーン見直しや国内への生産回帰に伴う新規の大規模投資。21年には半導体受託生産の世界最大手、台湾積体電路製造（TSMC）が1兆円規模の工場を熊本県菊陽町に建設することを決めた。九州フィナンシャルグループの笠原慶久社長は地域への経済波及効果を「10年で4兆3000億円程度」と試算する。

22年11月には次世代半導体の国産化を目指し、トヨタ自動車やNTTなど8社が出資した新会社「Rapidus（ラピダス）」が本格稼働した。10年間で5兆円を設備投資などに充てる計画で、各自治体が熱視線を送る。

北海道の鈴木直道知事は23年2月16日、ラピダス本社（東京・千代田）を訪問し、工場を北海道に建設するよう要請した。鈴木知事は「他の県からも強力なアピールが行われている」と明かす。

日本貿易振興機構（JETRO）によると、世界の対内直接投資額は21年に1兆5823億ドル。日本向けは、このうち1・6%にすぎない。米国（23・2%）、中国（11・4%）など、上位国に大きく水をあけられている。

一方で半導体の製造拠点として知られる韓国と、福岡市の製造業（一般工）の月額給与はほぼ同じ水準で並ぶ。円安傾向で対日投資への「割安感」も増す。巨大投資を国内の各地域に呼び込む条件はそろいつつある。

地域経済の回復が早い都道府県（2021年度）

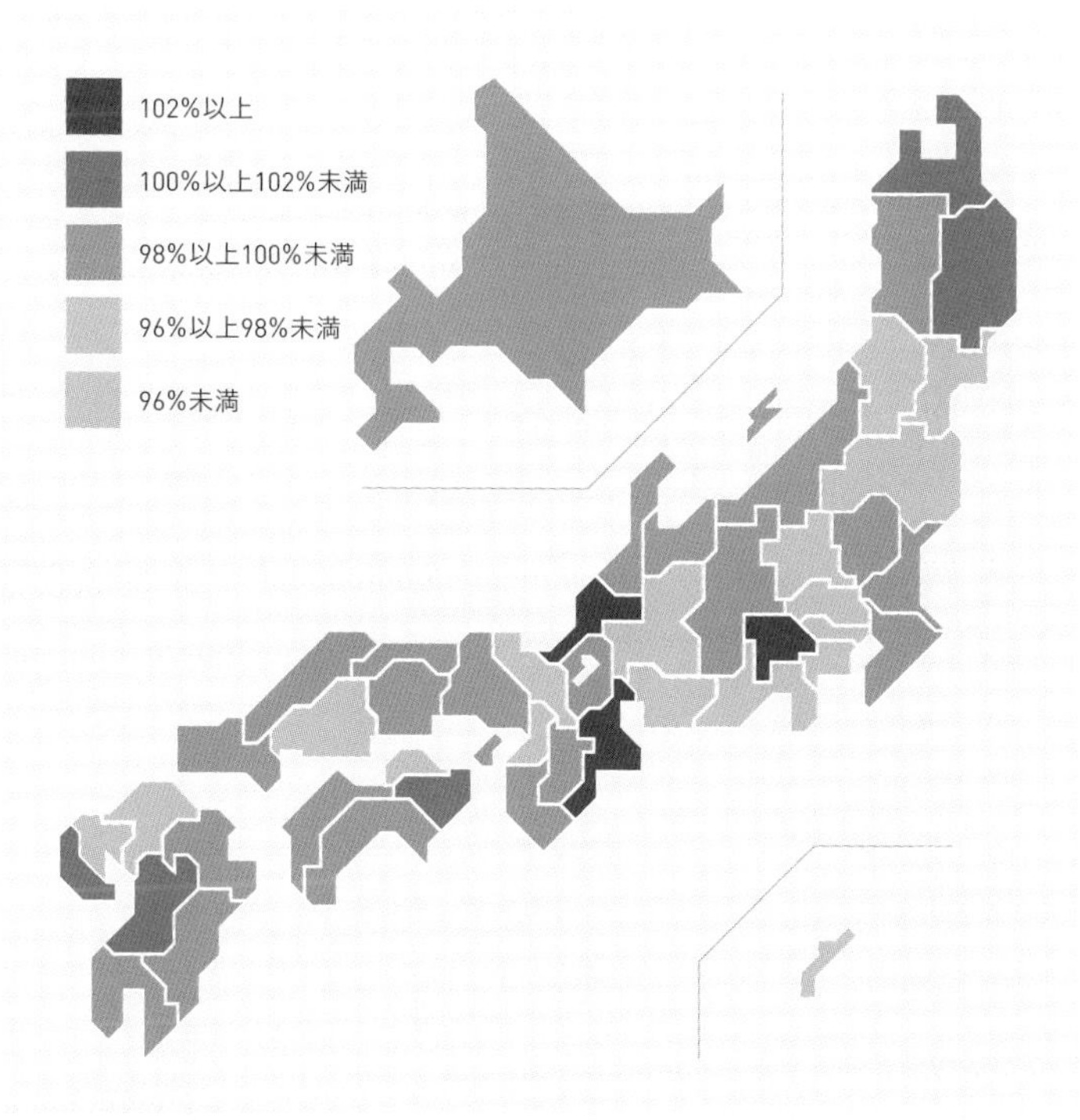

（注）2019年度の実質国内総生産を100%とした時の21年度の水準。跡見学園女子大学の資料をもとに作成

地域経済の回復度合いに差

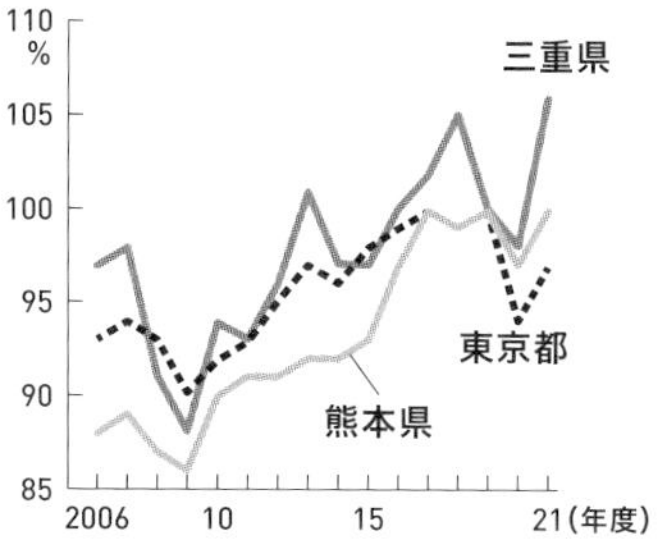

（注）2019年度を100%とした景気水準。跡見学園女子大学の資料をもとに作成

好調なのは半導体関連ばかり

主な製造業	寄与度（ポイント）
電子部品・デバイス工業	1.0
半導体・フラットパネルディスプレイ製造装置	0.8
化学工業	▲0.4
食料品・たばこ工業	▲0.5
自動車工業	▲2.8
その他	▲2.4
合計	▲4.4%

（注）2021年度鉱工業生産指数の19年度比増減率の内訳。出所は経済産業省

4-11
個人所得
［2023年9月30日掲載］

個人所得、バブル超え3割

2022年度、494市区町村で 道路網整い工場進出、一次産品で競争力

首位の山形県、市町村8割で東北中央道の開通追い風

個人所得が増えている。2022年度の個人住民税の課税対象所得は9年連続で増加し、全国の約3割にあたる494市区町村がバブル期を上回った。賃金上昇に加えて不動産の売却益なども寄与した。都道府県で上昇率トップの山形県は、道路網の整備などで工場進出や特産の農産物の高付加価値化が進み、住民の所得を押し上げる。

総務省が公表している個人住民税（所得割）の課税対象所得を納税義務者数で割って1人あたりの所得を算出。直近の22年度と過去最高だった1992年度を比較した。個人住民税は前年の1～12月の所得に課税するため、22年度の課税対象所得は21年の収入を示している。

全国平均の個人所得は前年度より10万円多い361万円と、92年度より5%少ない水準まで回復した。東北や九州など地方圏の回復が先行し、バブル期に土地高騰などで所得が大幅に上がった大都市圏が遅れる。30年前を上回ったのは8都県だった。

都道府県別で伸び率トップの山形県は、全体の8割の28市町村でバブル期を上回った。県内陸部を縦断する東北中央自動車道が順次開通。酒田港（酒田市）で国際ターミナルが整備されるなど物流インフラの充実もあって、企業立地や農産物の高付加価値化が進んだ。

東北中央道を活用することで、農産物をより鮮度が高い状態で東京などの大消費地に届けられるようになった。特産品の販売量や単価の上昇につながるケースも多く、山形県の2021年の果実産出額は694億円と30年で22%増えた。

沿線の山形県尾花沢市は所得がバブ

個人所得は8都県でバブル期超え

① 山形県	3.2%	⑰ 新潟県	▲2.4	㉜ 三重県	▲7.0
② 秋田県	2.5	⑱ 長崎県	▲2.9	㉝ 栃木県	▲7.6
③ 島根県	2.4	⑲ 福井県	▲2.9	㉞ 香川県	▲7.8
④ 東京都	0.9	⑳ 福岡県	▲3.0	㉟ 山梨県	▲8.3
⑤ 熊本県	0.8	㉑ 大分県	▲3.2	㊱ 京都府	▲8.4
⑥ 岩手県	0.7	㉒ 石川県	▲3.3	㊲ 静岡県	▲8.7
⑦ 福島県	0.2	㉓ 北海道	▲4.3	㊳ 滋賀県	▲8.8
⑧ 宮崎県	0.0	㉔ 沖縄県	▲4.4	㊴ 群馬県	▲8.9
⑨ 佐賀県	▲0.3	㉕ 宮城県	▲4.4	㊵ 大阪府	▲8.9
⑩ 鹿児島県	▲0.3	㉖ 岡山県	▲4.5	㊶ 兵庫県	▲9.0
⑪ 高知県	▲1.0	㉗ 愛知県	▲5.2	㊷ 茨城県	▲10.4
⑫ 島根県	▲1.0	全国平均	▲5.3	㊸ 神奈川県	▲10.4
⑬ 青森県	▲1.6	㉘ 広島県	▲6.0	㊹ 和歌山県	▲10.7
⑭ 愛媛県	▲1.6	㉙ 富山県	▲6.0	㊺ 埼玉県	▲14.0
⑮ 徳島県	▲1.6	㉚ 長野県	▲6.2	㊻ 千葉県	▲15.9
⑯ 山口県	▲1.9	㉛ 岐阜県	▲6.3	㊼ 奈良県	▲19.7

（注）同じ値は小数点第2位以下で順位付け。2022年度の1人あたり課税対象所得の1992年度比増減率。▲はマイナス。出所は総務省

「尾花沢すいか」の直売でにぎわう道の駅（2023年8月、山形県尾花沢市）

個人所得は8都道府県でバブル期超え

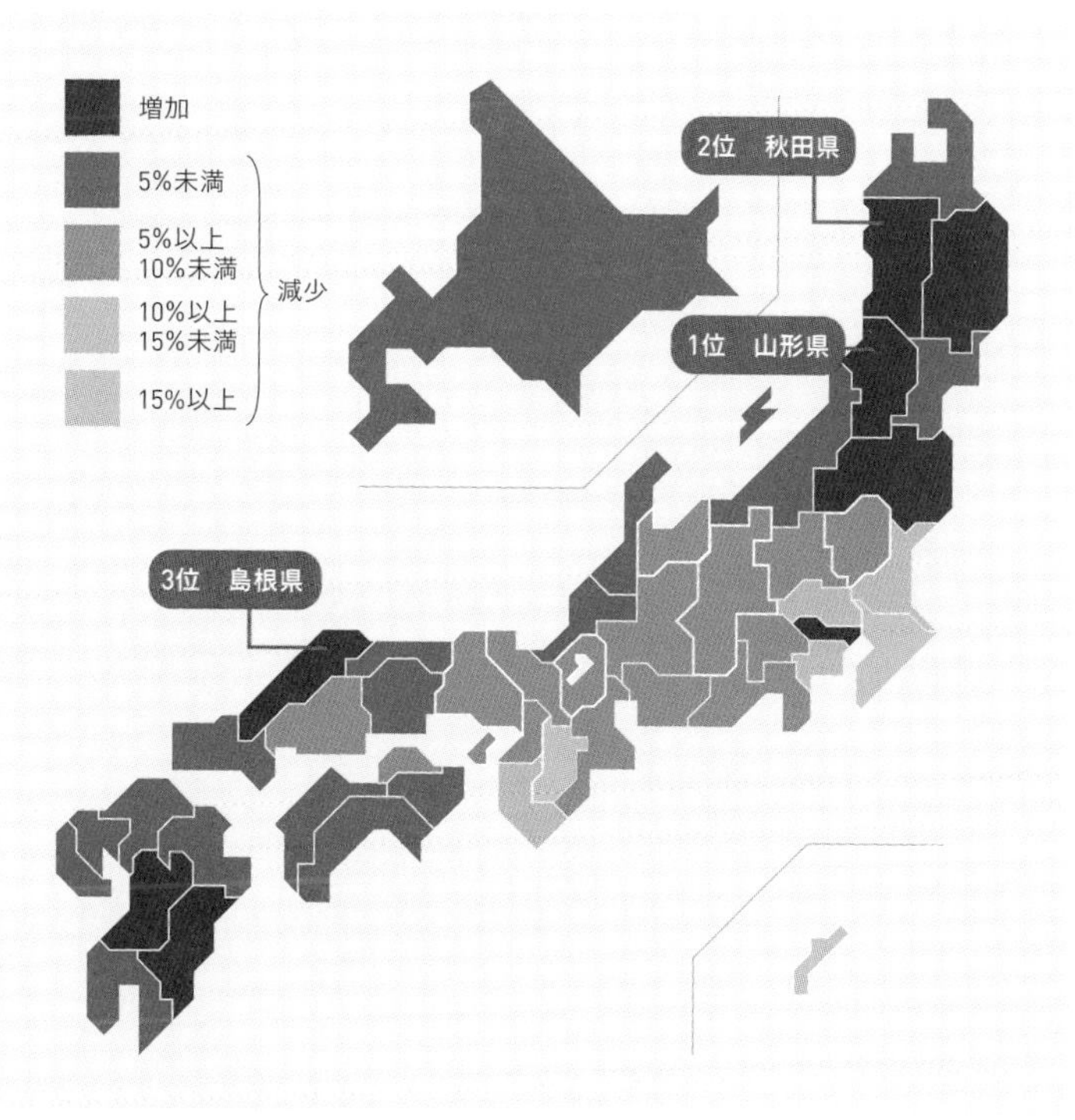

（注）2022年度の1人あたり課税対象所得の1992年度比増減率。出所は総務省

ル期を15%上回った。夏場のスイカ生産量は日本一で、「尾花沢すいか」としてブランド化に成功。地元農産物を扱う「道の駅尾花沢」の利用者は年30万人を超える。寒河江市でも「訪日客を含めて関東圏から特産のサクランボを目当てに訪れる人が増えている」（JAさがえ西村山）という。新たな工場進出も進む。山形県などによると、東北中央道の沿線市町村における工場新増設数は11年から21年までで１１０件、設備投資は累計８２１億円に達した。

2位の秋田、製造業の立地進む 横手市は個人所得4・7%増

2位の秋田県も製造業の進出が広がった。個人所得が4・7%増えた横手市では自動車関連企業などの立地が進む。同県内では道路網の整備もあって、宮城県など他県にある生産工場に部品を供給するメーカーも増えつつある。「さらに道路整備などが進めば、自動車関係の工場立地がいっそう進む」（県産業集積課）と期待する。

22年度の都道府県別の課税所得が全国一だった東京都もバブル期を0・9%上回った。港区は全国トップの１４７１万円で、バブル期より60・6%増加。千代田区は11・0%、渋谷区も38・3%増えた。課税対象となる不動産の譲渡所得などの増加も影響しているとみられる。

地方圏の上昇が目立つ

順位	自治体名	金額（万円）	1992年度比
1	周防大島町（山口県）	1177	4.1倍
2	安平町（北海道）	578	63.7%増
3	港区（東京都）	1471	60.6
4	枝幸町（北海道）	463	51.6
5	猿払村（北海道）	732	51.5
6	湧別町（北海道）	407	45.9
7	雄武町（北海道）	434	45.0
8	興部町（北海道）	404	42.6
9	忍野村（山梨県）	528	38.6
10	渋谷区（東京都）	1000	38.3
	全国平均	361	5.3%減

北海道の町村が伸び率上位 漁業関連の収入拡大

一方、市区町村別の伸び率上位には北海道の自治体が多く並んだ。51・6%増の枝幸町、51・5%増の猿払村は特産のホタテなど漁業関連の収入拡大がけん引した。ただ、足元では中国の輸入規制の影響を受けている。

多くの自治体で個人所得はバブル期に近づくが、物価の上昇も続く。経済産業研究所の近藤恵介上席研究員は、「所得の上昇傾向は当面は続く」としたうえで、「自治体には住民の所得引き上げだけでなく、広い意味での住み心地を充実させるなど『実質所得』を拡大する工夫が重要になるだろう」と話している。

所得は上昇するも物価高には追いつかず

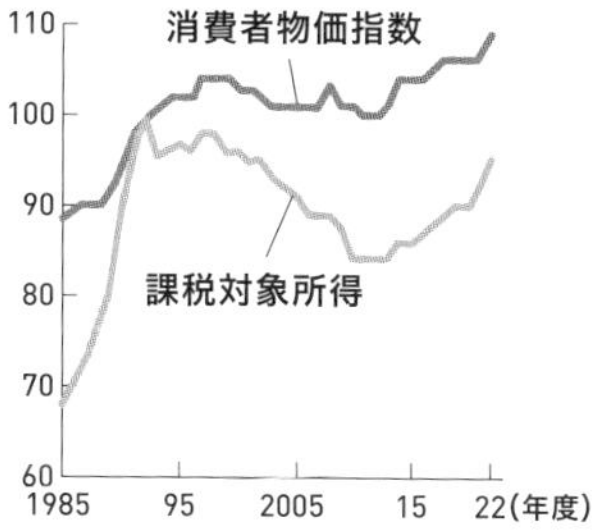

（注）課税対象所得と消費者物価指数の1992年度を100とした水準。出所は総務省

5-1 廃校活用

［2023年1月7日掲載］

廃校が変身、集客や起業に一役

山梨県は84％が現役、活用率トップ
北杜市、元体育館で雨天でもクライミング

公立学校の廃校、年に数百 活用率は全国で64％

廃校が集客施設や工場に生まれ変わっている。活用率が47都道府県で首位の山梨県では廃校を首都圏からの集客に生かしており、2位の熊本県では企業の誘致が目立つ。鉄筋コンクリートの校舎は解体に数千万円かかることもあり、草刈りや警備に年数十万円から数百万円が要る。活用が欠かせず地域の個性を生かせば街の活力につながる。

文部科学省が2022年3月に公表した「廃校施設等活用状況実態調査」をもとに、日本経済新聞がアンケート調査をした。02～20年度に廃校となった公立の小中学校や高校などのうち、21年5月時点で再利用されている割合を活用率とした。人口減少や少子化、「平成の大合併」も背景に廃校は00年代から増えた。最近も年数百の廃校が生まれ、活用率は全体で64％だ。

山梨県では廃校の84％が生かされており首都圏からの集客を見込んだ利用が多い。八ケ岳山麓の北杜市では04年の町村合併の後、廃校になった小学校6校のうち5校の校舎が今も活躍中だ。市内の農業法人ファーマンは、その一つで教室を農作物の倉庫として使い、21年4月からは体育館でクライミング施設「ロクボク」を運営している。

ヒントになったのは、クライミングの聖地とされる市内の瑞牆山（みずがきやま）だ。全国からクライマーが集まるが、雨で断念となることも多い。そんな時の代わりの場所として愛好家でにぎわい、年700～800人が訪れる。8割は県外からだ。地元の山岳ガイド、棚橋靖さんは「初心者からベテランまで楽しめる」と太鼓判を押す。

首都圏近郊は廃校活用率が高い（2021年度）

順位	都道府県	活用率（％）
1	山梨県	84
2	熊本県	82
3	栃木県	81
4	鳥取県	81
5	神奈川県	79
6	沖縄県	78
7	岐阜県	76
8	群馬県	75
9	愛媛県	75
10	長野県	73
11	埼玉県	72
12	三重県	70
13	富山県	70
	滋賀県	70
15	広島県	69
16	高知県	68
17	兵庫県	68
18	佐賀県	68
19	長崎県	67
20	宮崎県	67
21	新潟県	66
22	茨城県	65
23	鹿児島県	65
24	京都府	64
25	大阪府	64
26	香川県	64
27	奈良県	64
28	東京都	63
29	福井県	63
	愛知県	63
31	大分県	62
32	山口県	62
33	山形県	62
34	福岡県	61
35	福島県	61
36	徳島県	61
37	島根県	60
38	秋田県	60
39	和歌山県	59
40	千葉県	59
41	静岡県	57
42	岡山県	57
43	石川県	55
44	岩手県	54
45	宮城県	53
46	北海道	52
47	青森県	45

（注）日経調査、文科省統計に基づく。同じ値の場合は小数点以下で順位付け

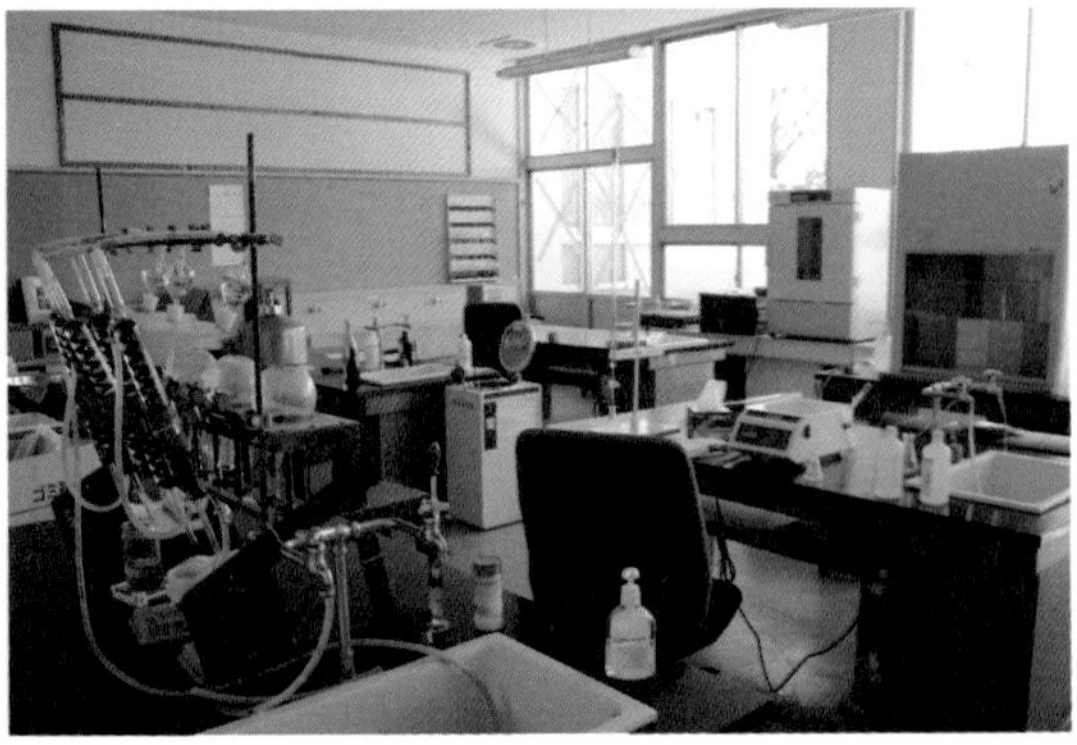

日本酒メーカー、美少年（熊本県菊池市）は理科室を成分など調べる分析室として活用する

体育館を改装したクライミング施設「ロクボク」（山梨県北杜市）

サテライトキャンパスやスタートアップ育成施設にも

子育て世代が郊外に移り住み、廃校は都心でも珍しくなくオフィスや介護施設、大学のサテライトキャンパスなどに用いられる。名古屋駅から徒歩10分の旧那古野小学校は19年、名古屋市のスタートアップ育成施設「なごのキャンパス」に生まれ変わった。約30社が入居しており開業から満室続き。外国人材の紹介会社、クロフネ（名古屋市）の倉片稜社長は「周辺より賃料が格安で助かる」と語る。

周囲で再開発が続く中で校舎が生き残ったのは「いきなり壊すのは住民の心理的な抵抗が大きかった。災害時の避難拠点といった教育以外の機能を続ける必要もある」（中田英雄副市長）からという。愛知県の課題である、車に次ぐ新しい産業を育てる場所として白羽の矢が立った。

首都圏近郊は廃校活用率が高い（2021年度）

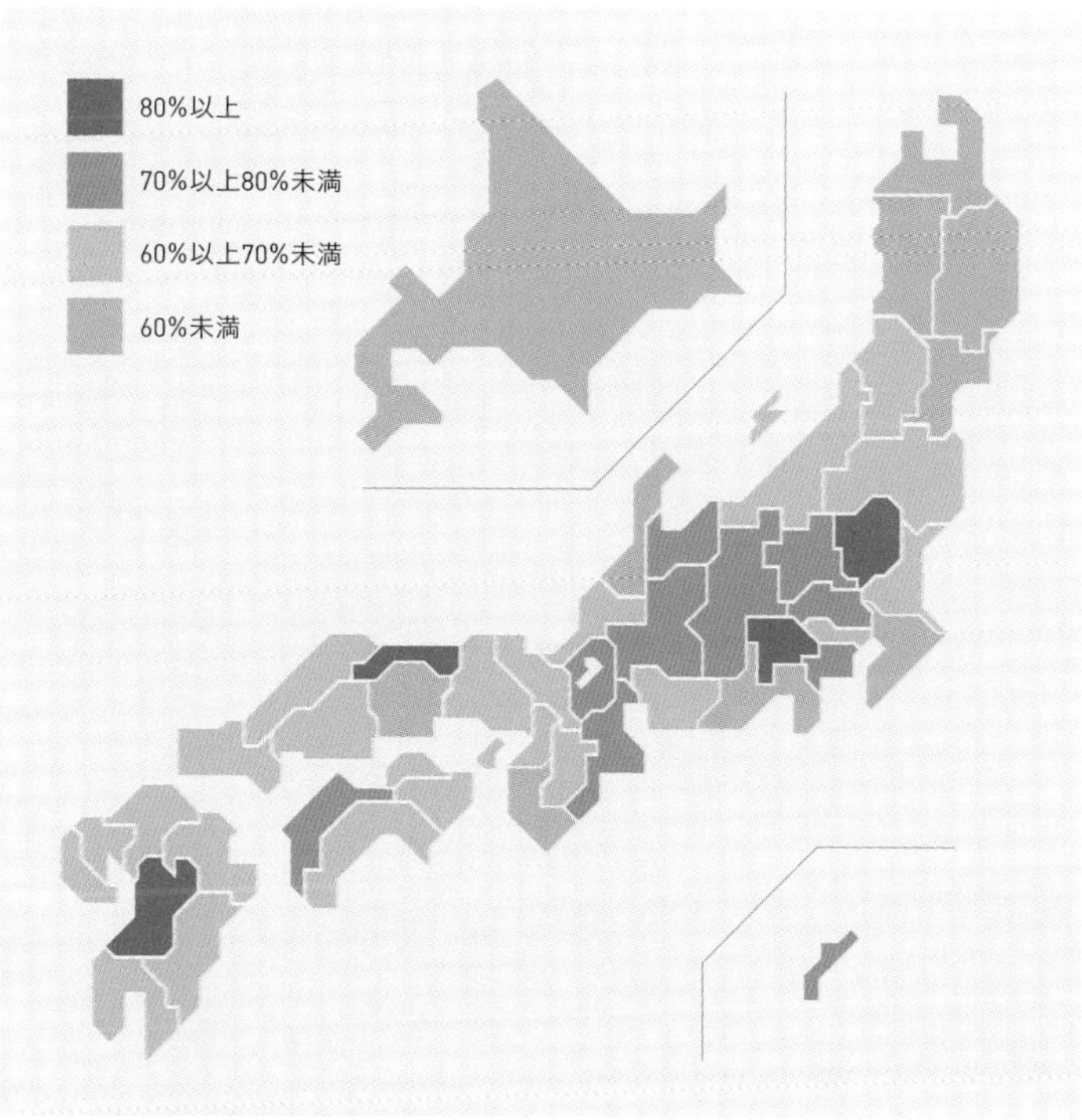

（注）日経調査、文部科学省推計に基づく

熊本県では小学校跡に酒蔵 職員室に醸造用タンク

熊本県菊池市は湧き水が豊富で周辺には半導体関連や食品の工場も多い。税収や雇用を増やすため、廃校への企業誘致に力を入れてきた。

13年に廃校となった山間部の旧水源小学校は今や市内の日本酒メーカー、美少年の酒蔵だ。職員室は醸造所となりタンクが並び、アルコールの度数や成分を調べる部屋は理科室の雰囲気を残す。市では複数の行政機関にまたがる手続きの窓口を一本化して、土地の用途変更や改築に必要な書類、保健所への資料もまとめて用意して後押し。大型鳥エミューの牧場が市内の小学校跡で20年に開業した時も、飼育に必要な書類を提供した。

公立学校の年度別廃校発生数

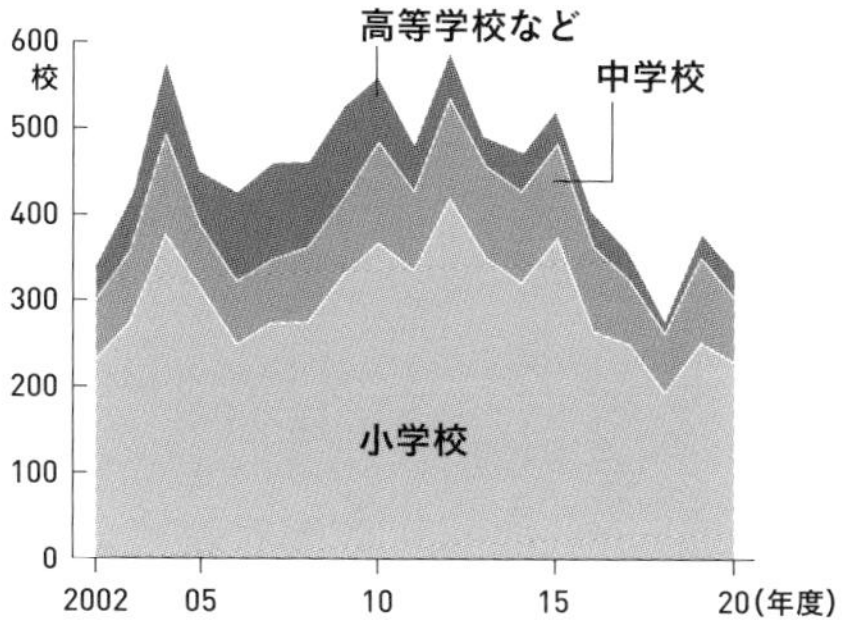

活用率の下位には北海道と東北が続く。名古屋大学の小松尚教授（建築計画学）は「人口が少ない地域でも農業に従事する世帯のために学校が造られたが、離農が進み廃校が増えた」と指摘する。人口減少は見込まれていたが対策が手つかずだった街は多く、コミュニティーの核だった校舎を放置すれば地域の衰退を助長しかねない。

自治体では跡地利用が決まっていない解体は公共事業の予算を確保しにくい。国は自治体と利用者を仲介、活用へ補助金を出している。

5-2

公立動物園・水族館

［2022年11月5日掲載］

動物園・水族館、6割で入場者増

行動展示やニッチさでファン獲得
愛知・竹島水族館は深海生物に焦点

公立動物園・水族館 全国6割が入場者数を伸ばす

公立動物園・水族館が集客力を取り戻してきた。限られた予算の中、動物本来の動きを引き出す「行動展示」や、ふれあう機会を充実させ、高まる「コト消費」需要を満たした。深海生物やクラゲなど「ニッチ」な内容に特化し新たなファンを獲得した施設も多い。

全国6割の施設が入場者数を伸ばし「地域観光の核」となっている。

公益社団法人「日本動物園水族館協会（JAZA）」によると、2019年度時点でJAZA加盟の動物園・水族館は全国に144施設ある。都道府県や市区町村が管理する公立施設は106（施設数は10年度、19年度の加盟施設に基づく）で、東京都が最多の9カ所、愛知県7カ所、北海道6カ所と続く。低廉な入場料で小中学校の校外学習や地域住民が憩う場として親しまれてきたが、設備の老朽化やレジャーの多様化、少子化などの影響を受け、全国では1992年度をピークに入場者数が減少傾向に転じた。

和歌山城公園動物園 入園者4・6倍に

一方、個別の施設をみると独自の取り組みで盛り返しているところも多い。新型コロナウイルス感染拡大の影響を排除するため、10年度と19年度の入園者をJAZAのデータで比べると、最も伸ばしたのは和歌山城公園動物園（和歌山市）で、4・6倍（28万595人）だった。以下、愛知県蒲郡市の竹島水族館（3・1倍、38万4959人）、新潟県の上越市立水族博物館（2・9倍、51万4946人）、北海道千歳市の千歳水族館（2・4倍、25万8376人）、山形県鶴岡市の加茂水族館（2・3倍、50万3912

公立動物園や水族館の設置数

1	東京都	9	16	秋田県	2	29	群馬県	1
2	愛知県	7		福島県	2		福井県	1
3	北海道	6		茨城県	2		岐阜県	1
4	埼玉県	5		千葉県	2		滋賀県	1
	長野県	5		石川県	2		京都府	1
	兵庫県	5		山梨県	2		奈良県	1
7	神奈川県	4		大阪府	2		岡山県	1
	福岡県	4		和歌山県	2		徳島県	1
9	新潟県	3		島根県	2		熊本県	1
	富山県	3		愛媛県	2		宮崎県	1
	静岡県	3		長崎県	2	43	三重県	0
	広島県	3		鹿児島県	2		鳥取県	0
	山口県	3	29	岩手県	1		香川県	0
	高知県	3		宮城県	1		佐賀県	0
	沖縄県	3		山形県	1		大分県	0
16	青森県	2		栃木県	1			

（カ所）

（注）施設数は2010年度と19年度のJAZA加盟施設に基づく

竹島水族館でタカアシガニを観察する親子（2022年9月、愛知県蒲郡市）

人）の順だった。

和歌山城公園動物園は18年度から堺市などで民間施設の運営ノウハウを持つ事業者に管理を委託し入場者数を伸ばした。アルパカ、ヤギへの餌やり体験や乗馬記念撮影会などのイベントを矢継ぎ早に展開した。「動物を身近に感じられることでファンが根付いた」（飼育員の湯浅真波さん）ことから、委託初年度だけで入場者数は前の年度比１・５倍と劇的に増えた。

展示で特色を打ち出すことによって再興したケースも多い。竹島水族館は深海生物に焦点を絞り、タカアシガニやオオグソクムシに直接触れることができるプールを設置した。予算節約の一環で、紹介文を飼育員の手書きに変更したこともウリとなった。

「おくちが意外とカワイイんです！」など、語り口調のポップを館内の至る所に掲出。「ＳＮＳ（交流サイト）で話題となり、集客につながった」（戸館真人副館長）

公立の動物園や水族館は東京都や北海道など6都道県で5カ所以上ある

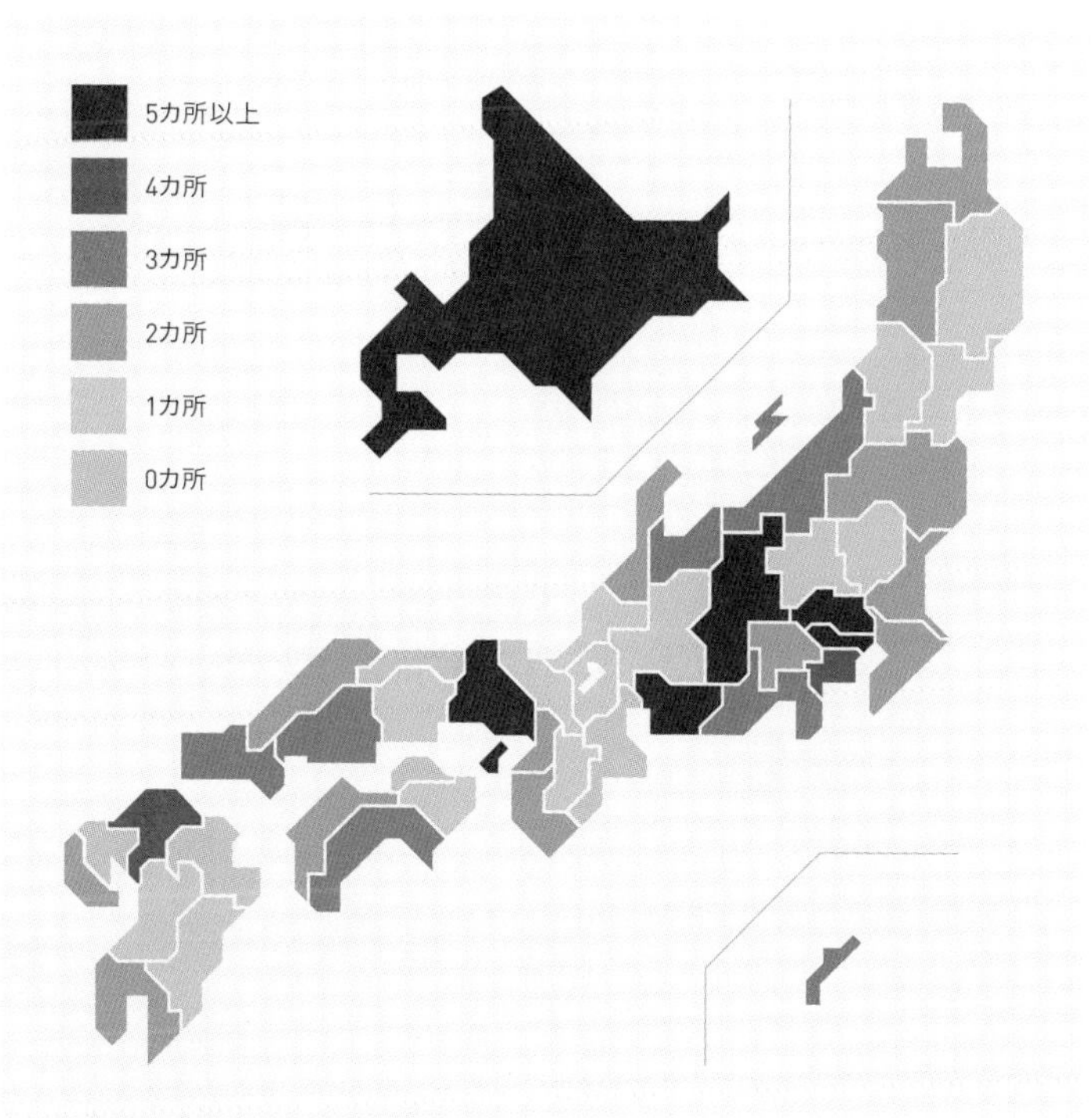

（注）施設数は2010年度と19年度のJAZA加盟施設に基づく

首位の和歌山城公園動物園は5倍近く来園者数を伸ばした

順位	施設名	倍率
1	和歌山城公園動物園	4.6倍
2	竹島水族館	3.1
3	上越市立水族博物館	2.9
4	千歳水族館	2.4
5	加茂水族館	2.3
6	鯖江市西山動物園	2.1
7	飯田市立動物園	1.9
8	碧南海浜水族館	1.6
9	大島公園動物園	1.5
10	足立区生物園	1.4

（注）2010年度比19年度の入園者数の伸び率

動物園や水族館の利用者数はピーク時から約2割減少した

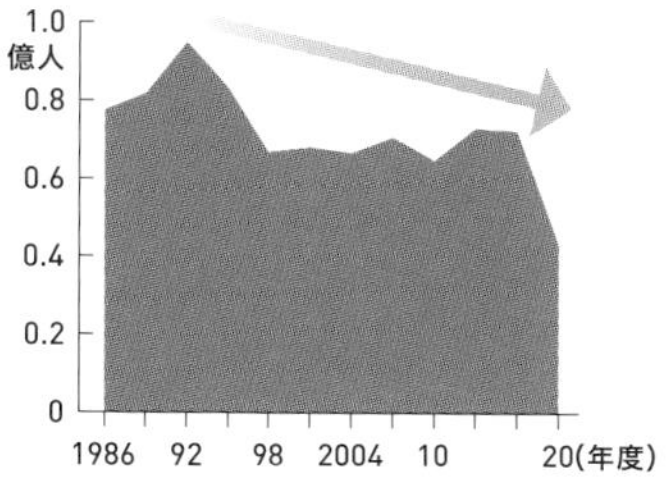

（注）動物園や水族館などの利用者数を合算。コロナ禍の20年度は比較から除外。出所は文部科学省「社会教育調査」

山形の加茂水族館 クラゲ展示で黒字経営に回復

加茂水族館が焦点を当てたのはクラゲ。入館者が9万人まで落ち込んだ１９９７年、水槽に偶然生まれたクラゲに入館者が喜んだのを見てカジを切った。２０００年に12種の展示で日本一となり05年には20種で世界一を達成した。

「とんがっていれば、遠くからでも見える」。奥泉和也館長は戦略をこう表現する。クラゲ研究の下村脩氏のノーベル賞受賞なども追い風に入館者を伸ばし、08年に安定した黒字経営に達した。

公立施設の改革の先駆けは北海道の旭川市旭山動物園とされる。１９９０年代後半から野生に近い環境での「行動展示」を取り入れた。

同園の入園者数は97年以降右肩上がりで伸び続け、ピーク時は３００万人（２００６～07年度）を突破した。市推計の経済波及効果は１９９６年から２００４年で計１９３億円を超え、中核施設としての地位を確立した。同園は22年春「えぞひぐま館」を開館し、市街地にも出没するクマとの共生を考える施設として、行動展示を進化させた。

5-3

日本遺産

［2022年11月19日掲載］

日本遺産、登録100件超す

観光資源、ストーリーで「点」から「面」に
海運「北前船」、16道府県で発信・誘客

国が認定し財政支援
兵庫県が最多の9件

各地に点在する文化財を活用して地域活性化を狙う「日本遺産」の取り組みが広がってきた。文化庁が2015年、24府県18件の認定でスタートさせ、8年で全47都道府県104件に拡大した。見過ごされてきた文化にストーリーを持たせ「面」としてつなげることで、伝承、環境整備の促進につなげ、新たな観光需要も生み出すことを狙う。

日本遺産は地域の歴史的魅力や特色を通じて文化・伝統を語るストーリーを認定する仕組み。有形、無形のさまざまな文化財群を地域が主体となって整備・活用する。認定後は国がガイド育成から多言語ホームページ作成などまで財政支援する。

文化資源活用に関する補助金は上限5000万円。人材育成などには全額補助し、22年度は全体で約6億9000万円を交付した。

都道府県別で最も多いのは兵庫県で9遺産が認定された。以下、大阪府（8遺産）、奈良県、和歌山県、島根県、岡山県（各7遺産）と続く。

日本遺産　都道府県別登録数

順位	都道府県	件数
1	兵庫県	9
2	大阪府	8
3	奈良県	7
	和歌山県	7
	島根県	7
	岡山県	7
7	滋賀県	6
	京都府	6
9	北海道	5
	福井県	5
	広島県	5
12	山形県	4
	栃木県	4
	神奈川県	4
	山梨県	4
	長野県	4
12	岐阜県	4
	鳥取県	4
	長崎県	4
20	茨城県	3
	新潟県	3
	富山県	3
	石川県	3
	三重県	3
	香川県	3
	福岡県	3
	佐賀県	3
	熊本県	3
	大分県	3
30	岩手県	2
	宮城県	2
	福島県	2
30	群馬県	2
	静岡県	2
	愛知県	2
	徳島県	2
	愛媛県	2
	高知県	2
39	青森県	1
	秋田県	1
	埼玉県	1
	千葉県	1
	東京都	1
	山口県	1
	宮崎県	1
	鹿児島県	1
	沖縄県	1

（出所）文化庁

「丹波篠山デカンショ節」第1陣
発信施設もオープン

兵庫県では15年に全国第1陣として、篠山市（現・丹波篠山市）の「丹波篠山デカンショ節」が登録された。江戸時代の民謡を起源とするデカンショ節は時代ごとの風土や人情、名所などが歌い継がれ、歌詞は今や300番にも上るとされる。

登録を機に市は16年、デカンショ節などを紹介する施設「丹波篠山デカンショ館」をオープンした。拡張現実（AR）を活用して毎年8月の「デカンショ祭」の雰囲気を通年で体験できる。

時代が描かれた歌詞を聴くことでふるさとの記憶をたどり、デカンショ館から、ストーリーを追って市内各地へと足を運ぶきっかけとした。外国語でも発信力を強化し、19年には外国人訪問数が1万人を超え、15年時から倍増

木造やぐらの周りを踊るデカンショ祭（右）と再現された北前船

した。

　併せて「丹波」のブランド力向上にも努め、酒井隆明市長の下、17年には日本六古窯の一つとして「丹波焼」も日本遺産の認定を受けた。さらに19年には市名を「丹波篠山市」へと変えた。

　江戸、明治期の海運を担った「北前船」にまつわる文化財は、各地域内でのストーリーにとどまらず、日本列島を大きな面で捉えた。山形県酒田市を中心に、大阪市や島根県浜田市、岡山県倉敷市など16道府県49市町が連携し、寂れつつある寄港地の再活性化を目的に情報を発信する。

　酒田市と秋田市は、山居倉庫など北前船ゆかりの遺産群を巡るカードラリーを22年7月から11月末まで実施し、観光客の周遊を促す。石川県加賀市と北海道小樽市は小学校同士が連携し、夏休みに互いの寄港地を訪れる。外国人旅行者の誘客や特産物の販路拡大を狙い、同年10月にはパリで自治体や企業の関係者ら約270人が参加し「第31回北前船寄港地フォーラム」も開催した。

日本遺産　都道府県別登録数

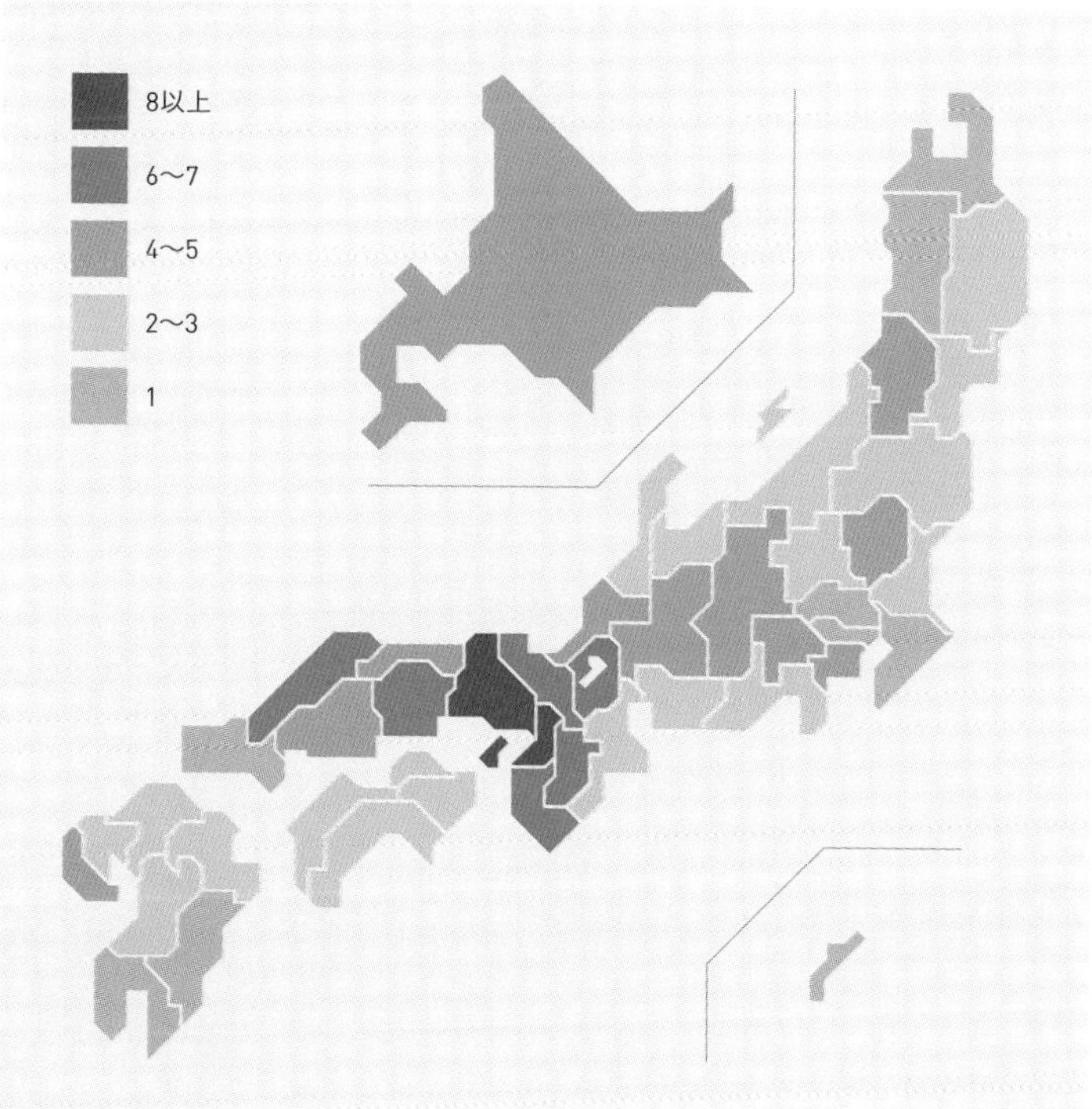

(注) 文化庁

広域で取り組む主な自治体

代表自治体	テーマ	認定自治体数	登録年
高知県	四国遍路	4県58市町村	2015年
山形県酒田市	北前船寄港地・船主集落	16道府県49市町	2017年
大津市	西国三十三所観音巡礼	7府県24市町村	2019年
和歌山県	葛城修験	3府県20市町村	2020年

日本遺産になりうる候補地域

北海道小樽市	北海道の『心臓』と呼ばれたまち・小樽
千葉県富津市、鋸南町	天空の岩山が生んだ信仰と産業
京都市	おもてなし文化　受け継がれゆく京の花街

再審査中の自治体

神奈川県鎌倉市	いざ、鎌倉
新潟市など5市1町	信濃川流域の火焔型土器と雪国の文化
奈良県吉野町など2町6村	美林連なる造林発祥の地“吉野”

「ぎふ信長まつり」など再審査 水準維持へ評価制度

　もっとも新しい取り組みだけに有効に活用できていない地域もある。国は水準を維持するため21年に評価制度を導入した。

　初年度は俳優の木村拓哉さんが織田信長にふんして「ぎふ信長まつり」に参加したことで話題を呼んだ岐阜市の「信長公のおもてなし」など4件が「民間を巻き込んだ仕組み作りなどが足りない」として再審査となった。いずれも改善計画を提出したことで条件付きで継続が認められ、24年度に再び審査される。

　22年も神奈川県鎌倉市の「いざ、鎌倉」など3件が「再審査」の対象となった。市担当者は「従来の観光計画と混然一体となっていた」として、行政と社寺など関係者の連携を一層強化する。審査結果は年内にも発表される。

5-4

ツーリング

［2023年2月4日掲載］

ツーリング目的地、石川県が首位

経路検索に入力、76%増
宝達志水町、全8キロの砂浜道路で誘う

ナビタイムのバイク専用検索目的地の入力を集計

バイクツーリングが新たな観光需要を喚起してきた。石川県はイベントを契機に目的地として選ぶライダーが7割増え、周辺観光にもつなげた。平均年齢の高さから購買力も期待できるライダーは、今や地域活性化に向けたターゲットとなっている。

経路検索大手ナビタイムジャパン（東京・港）が運営するバイク専用経路検索サービス「ツーリングサポーター」から2022年1～10月の匿名利用データを抽出し、ライダーが目的地として入力したスポットを都道府県別に集計した。新型コロナウイルス感染拡大前の19年同期比で最も増加したのは石川県で76・8%増だった。市区町村別でみてもトップは石川県の宝達志水町で9・3倍だった。

ライダーを引き寄せた理由は、羽咋市と宝達志水町を結ぶ全長8キロメートルの砂浜道路「千里浜なぎさドライブウェイ」の存在だ。きめ細かい砂が海水を含むことで固く引き締まり、オンロードバイクでも波打ち際ライディングを楽しむことができる。

サンセット・ツーリング経済効果30億円

22年にスポーツ振興賞観光庁長官賞を受賞したツーリングイベント「サンライズ・サンセット・ツーリング・ラリー」（SSTR）は同ドライブウェイをゴールに設定する。参加者がそれぞれ選ぶ太平洋側の海岸を日の出時刻以降にスタートし、日の入りまでにゴールするのが基本ルール。22年のSSTRの参加者は計1万2000人に及んだ。

ツーリング目的の検索が増えた都道府県（2022年）

1	石川県	76.8	17	静岡県	22.3	33	鹿児島県	13.7
2	富山県	54.5	18	滋賀県	22.2	34	岐阜県	13.5
3	愛媛県	47.6	19	大阪府	21.9	35	愛知県	10.4
4	新潟県	41.7	20	高知県	21.5	36	栃木県	10.0
5	兵庫県	35.1	21	東京都	21.0	37	大分県	9.9
6	徳島県	32.6	22	鳥取県	20.3	38	山形県	9.8
7	長野県	32.5	23	岡山県	19.8	39	山口県	8.4
8	北海道	28.8	24	埼玉県	19.6	40	福島県	7.6
9	島根県	28.5	25	神奈川県	18.9	41	長崎県	7.4
10	京都府	27.5	26	和歌山県	18.5	42	岩手県	7.0
11	宮崎県	27.1	27	香川県	18.4	43	茨城県	5.7
12	広島県	26.7	28	千葉県	18.3	44	宮城県	5.2
13	奈良県	26.2	29	三重県	16.3	45	青森県	4.5
14	群馬県	25.5	30	沖縄県	15.8	46	秋田県	1.5
15	山梨県	25.0	31	熊本県	14.8	47	佐賀県	1.3
16	福井県	24.0	32	福岡県	14.3			(%)

（注）22年1～10月の19年同期比増減率。ナビタイムジャパンの経路検索実績を集計

愛媛県久万高原町ではオートバイ専用の休憩所が人気

期間中、役場や商工関係者らが地域を挙げて歓迎し、温浴施設や飲食店での割引も実施する。羽咋市の岸博一市長は22年9月の市議会で「ＳＳＴＲは20億円近い経済効果があったんだろう」と見積もった。千里浜から北におよそ70キロメートル離れた輪島市も周遊需要を促そうと「ライダーを笑顔で歓迎する都市」を宣言した。エアゲージなどを備えた駐輪場を整備したほか、飲食店も歓迎メニューを用意する。22年4～12月に同市の道の駅を訪れたライダーは２２２５人と前年同期比57％増加した。

ツーリング目的の検索が増えた都道府県（2022年）

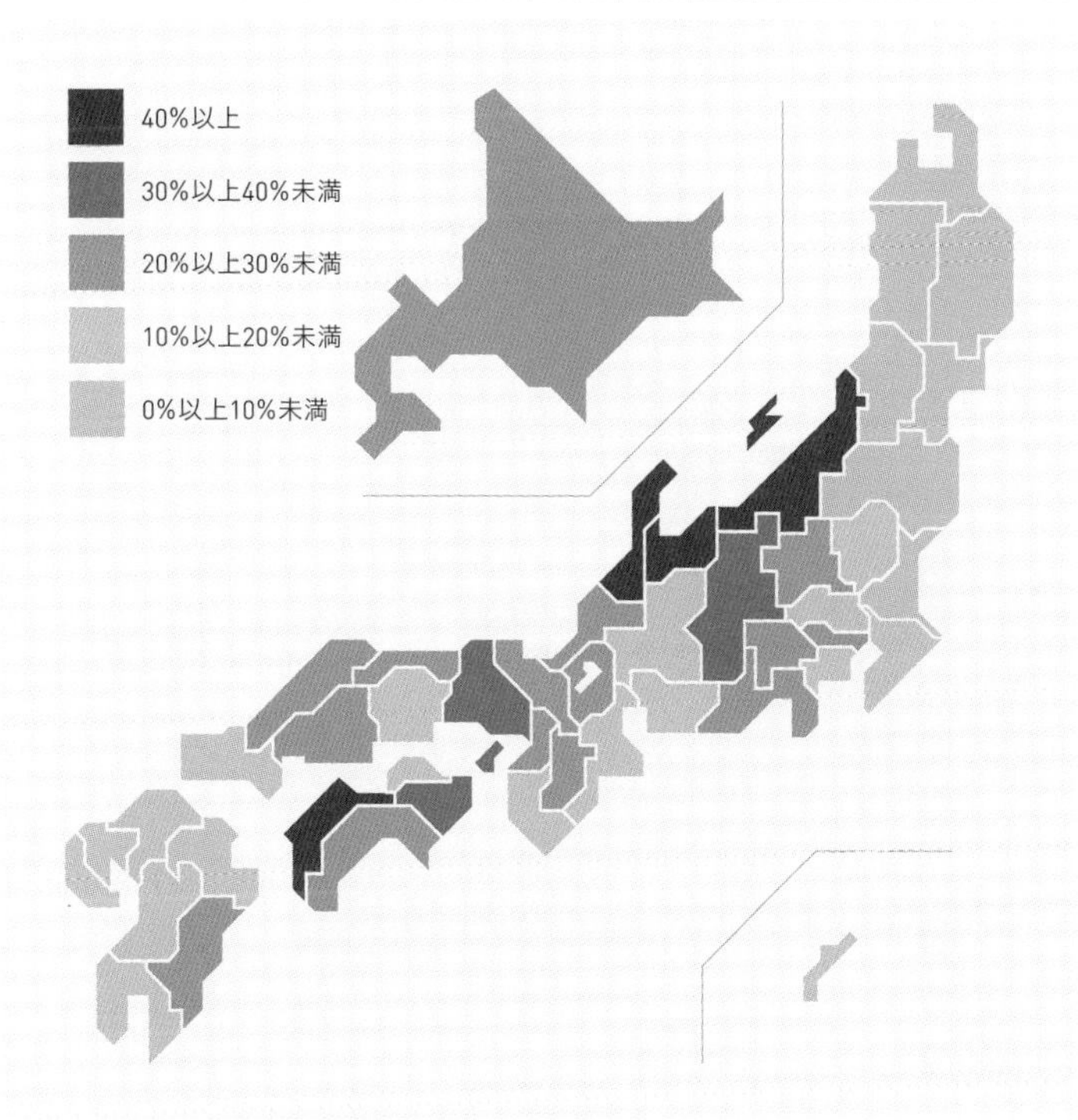

（注）22年1～10月の19年同期比増減率。ナビタイムジャパンの経路検索実績を集計

バイク版道の駅も登場
購入年齢上昇、消費に期待

目的地検索が47・6％増えた愛媛県では、21年、バイク限定の休憩施設が久万高原町に誕生した景勝地・四国カルストに人気が集まる。標高１４００メートルの高さに高知県と愛媛県を結ぶ県道が通り、地点別ランキングでも全国13位。19年圏外、20年25位から大幅に浮上した。久万高原町の検索数も2・3倍になった。

　バイク版道の駅ともいえる「アッププレイス」はコロナ禍で閉鎖に追い込まれた縫製工場を再活用した。休憩だけでなく積載力がないバイク利用者に向けテントなどを貸し出し宿泊もできるようにした。ブロガーなどが取り上げたことで注目され、県外ナンバーが集うようになった。上場篤史支配人は「久万高原町をバイクの街にしたい」と話す。

　かつて「危ない」「怖い」などと敬遠されることもあったバイクに対する見方は変わりつつある。

　人気ツーリングコース、西伊豆スカイラインを擁する静岡県伊豆市の菊地豊市長は「事故など不安を持つ市民もいると思うが、避けるのではなく環境を整えたい」として、22年7月、ツーリング受け入れ拡大を表明した。国会でも21年、バイカーズ議員連盟が発足し、ライダーの地位向上などを目指している。

　二輪車市場動向調査によると、01年度に38・5歳だった購入者の平均年齢は、21年度、54・2歳まで上昇した。しんきん経済研究所（浜松市）の鈴木好伸研究員は「ライダーは金銭的にゆとりがある世代が多い。消費を呼び込むチャンスがある」と指摘する。

ツーリング目的の検索が増えた市区町村（2022年）

順位	市町村	2019年比	順位	市町村	2019年比
1	石川県宝達志水町	9.3倍	6	高知県越知町	5.4
2	群馬県榛東村	7.2	7	兵庫県川西市	5.3
3	福島県双葉町	7.2	8	佐賀県上峰町	4.5
4	愛媛県上島町	6.3	9	鹿児島県瀬戸内町	4.3
5	北海道鷹栖町	5.7	10	神奈川県南足柄市	3.9

（注）同じ値の場合、小数点第2位以下で順位付け。検索数が極めて少ない35市町村は除いた

検索頻度の高い人気目的地（2022年）

順位	スポット名（所在地）
1（1）	道の駅どうし（山梨県道志村）
2（15）	千里浜なぎさドライブウェイ（石川県宝達志水町）
3（10）	道の駅針テラス（奈良市）
4（2）	ビーナスライン（長野県茅野市）
5（4）	道の駅美ヶ原高原（長野県上田市）

（注）順位のカッコ内は19年。所在地はナビタイムジャパンの分類に基づく

5-5

入湯税収

［2024年1月6日掲載］

温泉観光、個人客が沸かす

入湯税収、コロナ前の86％に回復
山梨に併設のグランピング施設続々

人口あたり税収は山梨トップ
全国1000自治体で194億円

新型コロナウイルス禍に苦しんだ温泉地が再び熱を帯びている。利用時にかかる入湯税の2022年度の税収は19年度の86％まで回復。人口あたりの税収を見ると、最多の山梨県は富士山麓のキャンプ施設などが温泉施設を整備し、訪日客を含めた個人や家族客を取り込む。全国でも団体から個人へという旅行スタイルの変化に柔軟に対応する地域の好調が目立つ。

入湯税は環境衛生施設の整備や観光振興などに使う目的税。温泉施設が入湯客から徴収して市区町村に納める。税額は市区町村が決めるが、1人150円が標準となる。日帰り入浴も対象とする自治体が多い。22年度に収入があった約1000自治体の入湯税収は計194億円と21年度より4割弱増えた。

市区町村別では神奈川県箱根町が最多で、大分県別府市、静岡県熱海市など有名な温泉地が続く。一方、都道府県単位の22年度実績を人口で割った1人あたり税収は、山梨県が759円と全国平均の4・8倍で最も多く、大分県、長野県の順だった。

温泉利用に伴う入湯税収入（2022年度）

順位	都道府県	収入額（億円）	住民1人あたり（円）
1	山梨県	6.0	759
2	大分県	6.5	587
3	長野県	10.5	522
4	福井県	3.5	473
5	北海道	23.3	457
6	山形県	4.2	408
7	和歌山県	3.7	407
8	秋田県	3.8	407
9	静岡県	14.1	398
10	群馬県	7.2	387
11	栃木県	7.3	387
12	石川県	3.8	348
13	福島県	5.9	325
14	岩手県	3.8	319
15	新潟県	6.7	313
16	岐阜県	5.8	304
17	三重県	4.8	281
18	鳥取県	1.5	274
19	島根県	1.7	255
20	富山県	2.2	215
21	佐賀県	1.5	187
22	宮城県	4.1	182
23	熊本県	3.1	182
24	長崎県	2.2	173
25	鹿児島県	2.6	163
26	山口県	2.1	159
	全国	194.4	159
27	宮崎県	1.6	151
28	兵庫県	7.3	137
29	滋賀県	1.9	135
30	香川県	1.2	127
31	愛媛県	1.6	125
32	青森県	1.5	121
33	京都府	2.8	113
34	沖縄県	1.6	112
35	茨城県	3.0	107
36	岡山県	1.8	97
37	神奈川県	8.3	93
38	高知県	0.6	91
39	広島県	1.9	71
40	千葉県	4.0	65
41	徳島県	0.4	57
42	奈良県	0.7	50
43	大阪府	3.8	45
44	福岡県	2.2	44
45	東京都	3.7	28
46	愛知県	1.9	27
47	埼玉県	0.6	9

（注）人口1人あたりの入湯税収入を都道府県別に集計。出所は総務省。順位は住民1人あたりで高い順。同じ値は小数点第1位以下で順位付け

富士河口湖に星野リゾート初のグランピングリゾート

山梨県は首都圏からの団体客などに人気の石和温泉（笛吹市）が代表的な温泉地。1990年代には同市が県内の入湯税の6割を占めた。しかし、社員旅行などが減る一方で、個人客に支持されている富士山麓の市町村が台頭。2022年度は富士河口湖町がシェア16％と笛吹市（14％）を抜いてトップとなった。

星野リゾートは富士河口湖町で「日本初のグランピングリゾート」とする「星のや富士」を15年に開業。住宅会

グランピング施設「ふじ・ふもとの森温泉」は個室スペースで温泉を楽しめる（2023年12月、山梨県富士河口湖町）

社のグローバルハウス（山梨県昭和町）も22年に富士河口湖町の森にトレーラーハウスと戸別の湯船を備えた「ふじ・ふもとの森温泉」を開いた。

宿泊業の古名屋（甲府市）は23年に富士河口湖町で各戸に温泉を備えた貸しコテージを新設。伴野仁信取締役は「個人の訪日客が4割を占める」と説明する。渡辺英之町長は「町内に温泉を備えたグランピング施設が増え、富士山観光に来た訪日客や若者でにぎわっている」と観光振興の手応えを感じている。

大分県でも貸し切り施設人気 客単価向上を狙う

「おんせん県」を標榜する大分県も貸し切り施設が人気だ。県内の入湯税収の6割を占める別府市では、老舗みょうばん湯の里が「家族湯」を「貸切湯」に切り替えた。「家族以外でも利用したい」といった若い客層の要望に応えた。飯倉里美社長は「団体客は温泉に入らずに土産を買うだけのことも多い。個人客が温泉を楽しめるようにして客単価を上げたい」と話す。

別府市の長野恭紘市長は「温泉資源を有効活用するためにも付加価値をさらに高める必要がある」と強調する。同市は22年度に4億円を超えた入湯税収の9割近くを市営温泉の維持補修や観光振興に充てる。由布院がある由布市など県内の他市町村との連携にも力を入れる。

温泉を生かした地域活性化が進む一方で、入湯税収の落ち込みが止まらない自治体もある。群馬県みなかみ町の水上温泉はかつて首都圏などからの団体客でにぎわった。しかし、大型の宿泊施設が相次いで廃業。同町は温泉街中心部の廃旅館について活用事業者の公募を始めた。

入湯税は自治体の貴重な財源だ。22年度は7町村で地方税に占める割合が10%を超えた。立教大学の西川亮准教授は「元気な温泉地はそぞろ歩きが楽しめるなど地域全体で魅力を発信している」と指摘。「若者などの心をつかみ、安定した集客を実現するには地域一体での取り組みが欠かせない」と強調する。温泉という活性化の熱源を生かすには、時代に合ったニーズを的確に捉える戦略眼が問われる。

温泉利用に伴う入湯税収入（2022年度）

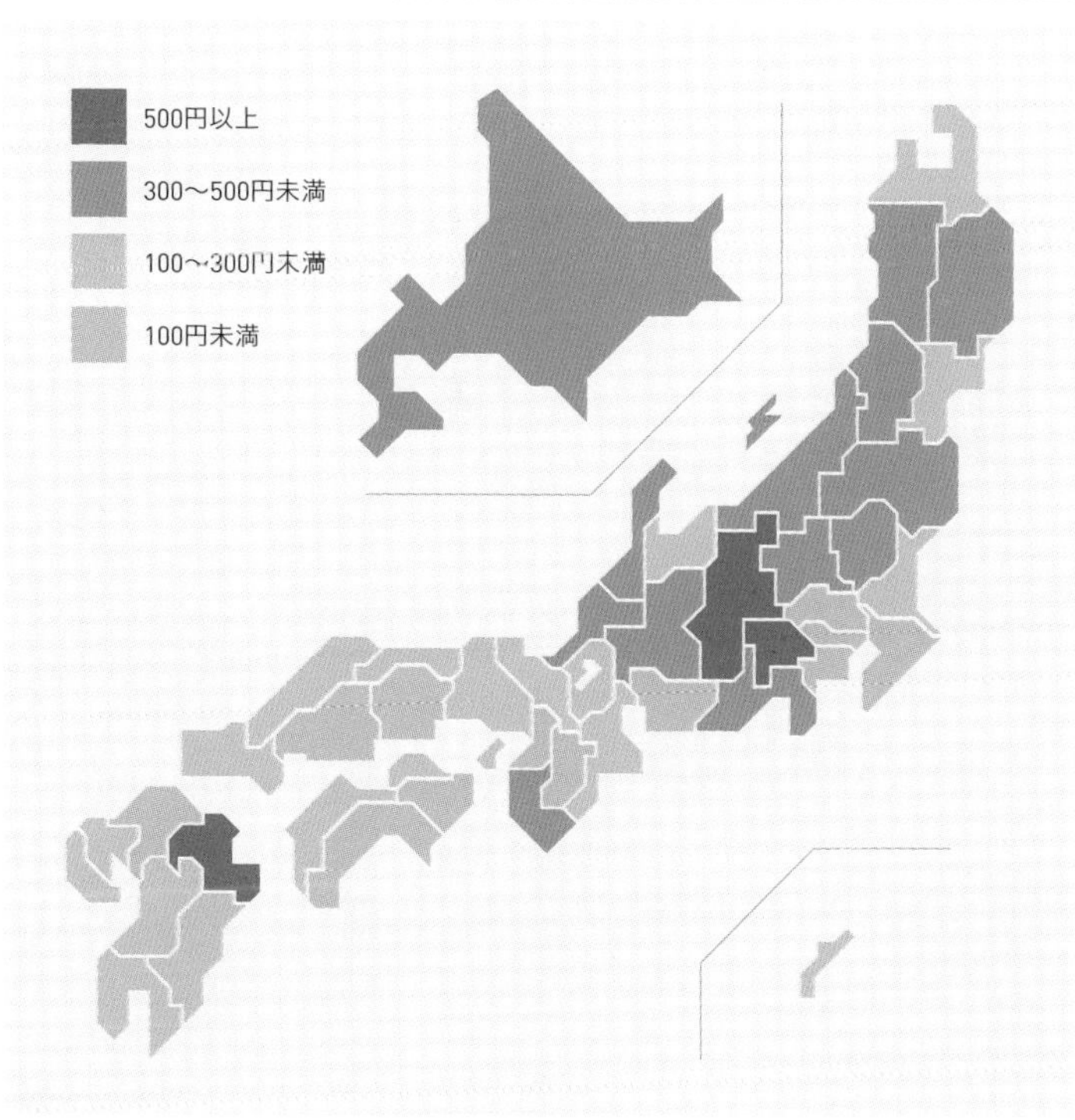

（注）人口1人あたりの入湯税収入を都道府県別に集計。出所は総務省

入湯税収は箱根が最多（2022年度）

順位	自治体名	収入額
1	箱根町（神奈川県）	5.5億円
2	別府市（大分県）	4.3
3	熱海市（静岡県）	3.6
4	札幌市	3.1
5	伊東市（静岡県）	3.0
6	日光市（栃木県）	2.9
7	神戸市	2.7
8	登別市（北海道）	2.4
9	函館市（北海道）	2.2
10	大阪市	2.1

全国の入湯税収は急速に回復している

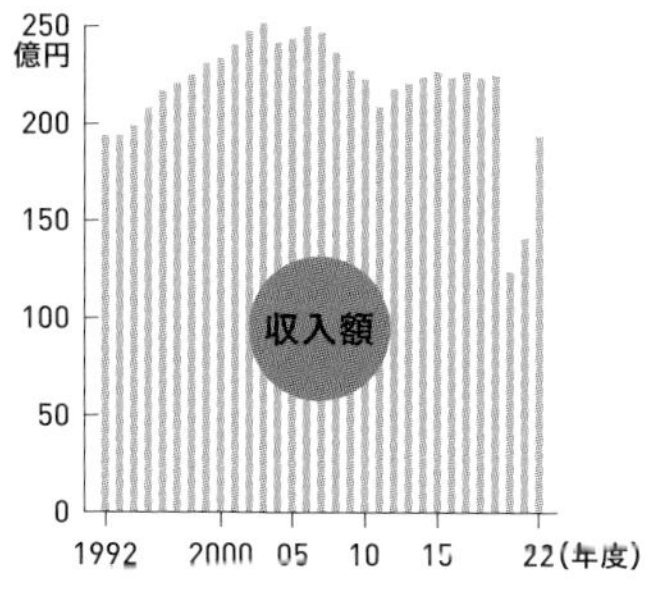

5-6

インフラツーリズム

［2023年3月25日掲載］

ダム・防災施設、観光資源に

インフラツアー件数1・4倍
民間連携が稼ぐカギ、埼玉「神殿」年5万人

公共インフラ活用したツアー2022年は400件超

ダムや橋といった公共インフラに人を呼び込む「インフラツーリズム」が各地で浸透してきた。国土交通省がまとめた2022年のツアー件数は400件超と16年比で1・4倍になった。既存の施設を生かして観光資源に乏しい地域でもほかにない魅力を発信できるが、集客には民間との連携がカギを握る。

国や自治体などの公的建造物の公開は主に広報や教育目的だった。民間では関西電力の黒部ダム（富山県）が約60年前の完成当初から一般の受け入れに積極的。毎年6~10月にダイナミックな観光放水があり、ダムを含む観光路「立山黒部アルペンルート」は新型コロナウイルス禍前の19年度に約88万人が利用した。

インフラツーリズムは集客を想定していなかった施設も含め観光化を目指す。政府も13年に観光立国実現の一環で推進を打ち出した。防災や治水などに施設が果たす役割について一般の理解を深めてもらう狙いもある。

埼玉県春日部市の「地下河川」有料ツアーが人気

首都圏外郭放水路（埼玉県春日部市）は先駆けの一つ。洪水を防ぐため06年に完成した世界最大級の地下河川で、コンクリートの柱が林立する巨大空間は「地下神殿」と称される。管理者の国交省や春日部市などでつくる利活用協議会と東武トップツアーズ（東京・墨田）が連携し、有料ツアーを18年に始めた。

平日だけでなく土日祝日も見学でき、他社企画のツアーも受け入れる。参加料は1000~4000円でコースは地下神殿のみから、当初非公開だった

都道府県別のインフラツアー件数

順位	都道府県	件数	順位	都道府県	件数	順位	都道府県	件数
1	北海道	48	14	宮城県	9	27	鹿児島県	6
2	広島県	24		高知県	9	34	三重県	5
3	山形県	18		福岡県	9		京都府	5
	愛媛県	18	20	富山県	8		兵庫県	5
5	熊本県	16		香川県	8	37	長野県	4
	埼玉県	16		島根県	8		長崎県	4
7	秋田県	15		徳島県	8	39	東京都	3
8	大阪府	13		山口県	8		静岡県	3
9	新潟県	12	25	石川県	7		奈良県	3
	岩手県	12		和歌山県	7		宮崎県	3
11	千葉県	11	27	愛知県	6	43	神奈川県	2
12	福島県	10		岐阜県	6		沖縄県	2
	佐賀県	10		栃木県	6	45	滋賀県	1
14	青森県	9		群馬県	6		茨城県	1
	岡山県	9		大分県	6	47	山梨県	0
	鳥取県	9		福井県	6			

（件）

（注）国土交通省まとめ、2022年11月時点。複数の自治体にまたがる場合はそれぞれカウント

「地下神殿」と称される巨大空間に圧倒される（埼玉県春日部市の首都圏外郭放水路）

深さ約70メートルの第1立坑（たてこう）を含め4種類に。予約で7～9割が埋まり、参加者は22年に5万人を超えた。市内の飲食店も地下神殿にちなんだメニュー提供で集客効果を取り込む。市は放水路見学をふるさと納税の返礼品に加えた。

国交省が集約したツアー件数（22年11月時点）を都道府県別に見ると、北海道が48件で最も多く、広島（24件）、山形・愛媛（各18件）の各県が続く。民間主催の割合は10・9％。観光資源として潜在力を引き出し、地域経済に結びつけるには民間の活用が不可欠だ。

北海道の室蘭港にかかる東日本最大のつり橋、白鳥大橋では21年、主塔に船で渡り約100メートルの高さから港を一望するツアーが始まった。室蘭市と商工会議所、観光協会が主催し、地元クルーズ会社が運営する。管理者の国交省との協定で職員の同行はなく、柔軟な観光活用が実現した。今後は周辺地域と協力した広域観光にもつなげる。

都道府県別のインフラツアー件数（国土交通省まとめ、2022年11月時点）

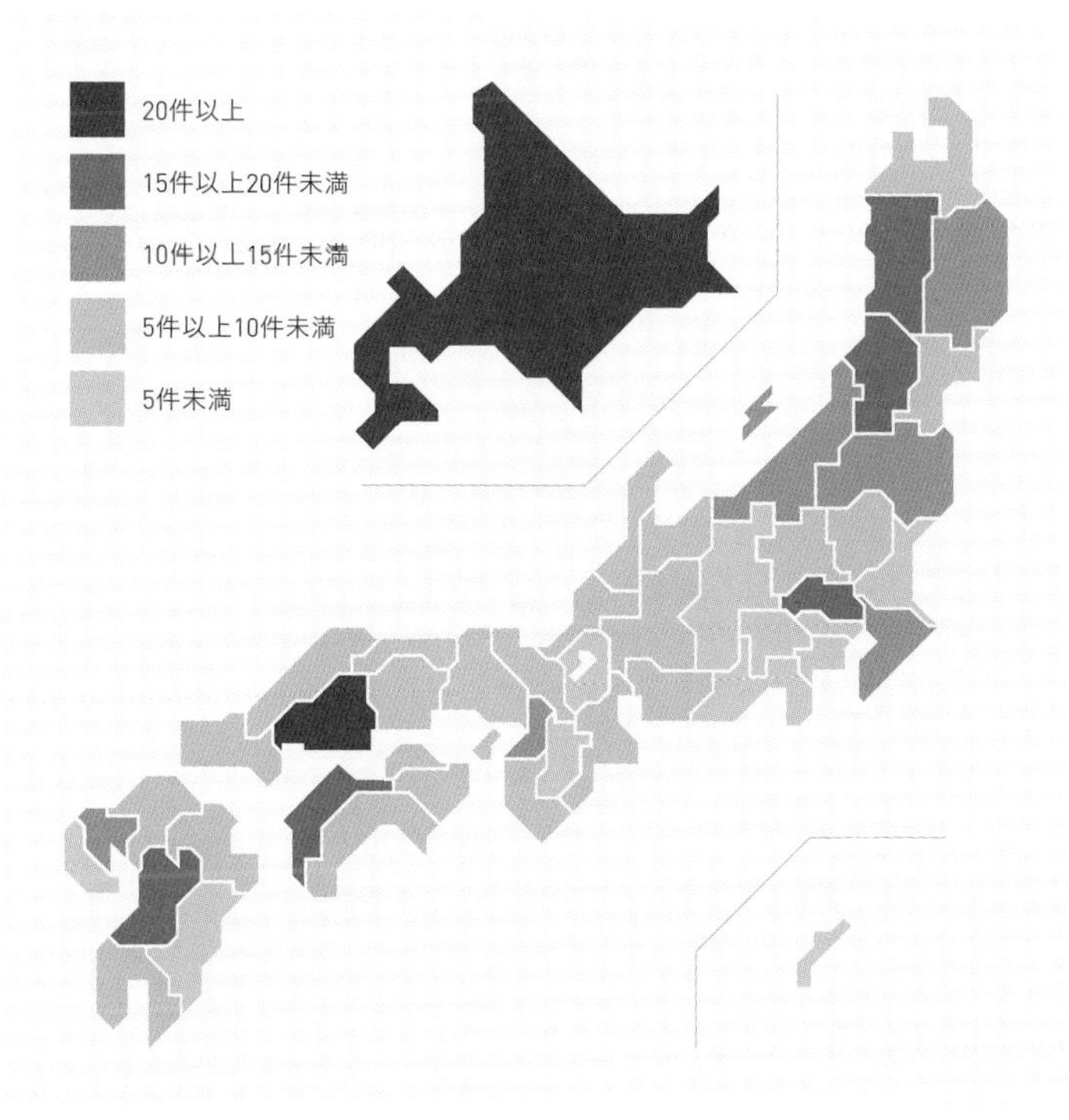

（注）複数の自治体にまたがる場合はそれぞれカウント

ツアー件数が上位の自治体（2022年11月時点）

管理者主催と民間主催の合計

順位	自治体	件数
1	北海道	48件
2	広島県	24
3	山形県	18
3	愛媛県	18
5	熊本県	16
5	埼玉県	16
7	秋田県	15
8	大阪府	13
9	新潟県	12
9	岩手県	12

民間主催

順位	自治体	件数
1	山形県	6件
2	千葉県	5
3	新潟県	4
4	富山県	3
5	熊本県	2
5	大阪府	2
5	青森県	2
5	岡山県	2
5	愛知県	2
5	岐阜県	2
5	栃木県	2
5	群馬県	2

首都圏外郭放水路の見学会・ツアー参加者数（埼玉県春日部市）

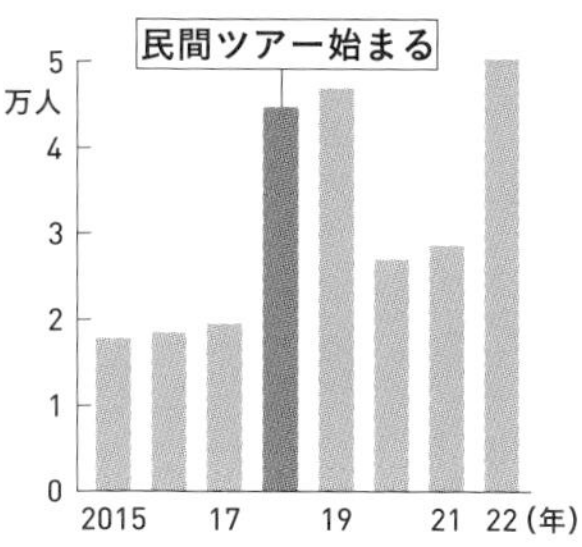

（注）東部トップツアーズなどへの取材を基に作成

民間主催のツアー、山形が最多 国管理のダムで水辺体験も

民間主催のツアーは山形県の6件が最多。うち5件は長井ダム（長井市）が舞台だ。市街地からのアクセスが良い同ダムを「水の観光の起点」と位置づける市の要望を受け、国交省は20年に国管理のダムで初めて一帯での民間の営業を認めた。これを受け、商業目的での水陸両用バスの運行や水上自転車など水辺体験の提供が始まった。

同ダムで複数の事業を展開する地域連携DMO（観光地経営組織）、やまがたアルカディア観光局の原田真吾氏は「積極的に営業活動をかけられるようになった。利用者の声を新事業に反映していきたい」と意気込む。

首都圏外郭放水路は外国人にも人気がある。土木技術を生かした日本ならではの観光はインバウンドにも新鮮と見られるが、旅行商品としては案内役の育成や安全確保など課題もある。インフラのある地域や周辺にも足を向けさせないと波及効果は限られる。

跡見学園女子大観光コミュニティ学部の篠原靖准教授は「民間を巻き込んだ『稼ぐ観光』の仕組みはまだ弱い」と指摘。「民間と行政の役割を整理し、周辺の施設などと組み合わせて滞在時間を延ばす工夫が欠かせない」と話す。

5-7

民泊利用

［2023年9月23日掲載］

民泊、10県でコロナ前の2倍超

栃木は3倍、那須の別荘貸し人気
国内需要が支え、訪日客の回復課題

民泊宿泊者、7割の県で増加

住宅などを有料で宿泊に提供する民泊が地方で広がっている。新型コロナウイルス禍に伴い訪日外国人は減ったが、国内需要が伸びている。別荘の1棟貸しが好調な栃木県を筆頭に民泊の宿泊者は10県でコロナ禍前の2倍以上となった。急回復する訪日客の滞在の受け皿としても期待される。

日本の民泊は3種類。2018年施行の住宅宿泊事業法（民泊新法）に基づくサービス、旅館業法の簡易宿所による営業のほか、国家戦略特区での特区民泊がある。簡易宿所は営業日数に制約がないのに対し、新法での民泊は年間180日以内に限られるが開設要件が緩く始めやすい。

観光庁がまとめた民泊新法に基づく民泊物件への4～5月の宿泊者数は約25万人だった。コロナ前の19年4～5月の7割強で、訪日客の落ち込みが尾を引く東京都や大阪府といった大都市圏など15都道府県で4年前を下回ったが、他の約7割の県は増えた。

栃木県は3倍強と全国で最も宿泊者が伸びた。けん引役は御用邸でも知られる高原リゾートの那須町だ。別荘の1棟貸しが人気を呼び、県内に約340ある新法に基づく民泊の半数が同町に集まる。日本駐車場開発グループの藤和那須リゾート（那須町）は別荘所有者からの受託と自社開発の約170棟を簡易宿所を含む民泊用に運営する。宿泊の9割ほどが家族客を中心とした日本人だという。

9月上旬の週末、首都圏から訪れた長峰源樹さんは友人やそれぞれの家族10人で借りた別荘でバーベキューを楽しんだ。宿泊料金は約6万円。「建物がほどよく離れ、小さい子どもの声で迷惑をかける心配もない。また滞在してみたい」と満足そうだった。

民泊の宿泊者は地方で増加している

1	栃木県	3.07	17	鳥取県	1.50	33	埼玉県	0.95
2	茨城県	3.04	18	長野県	1.49	34	山梨県	0.92
3	和歌山県	2.81	19	静岡県	1.43	35	富山県	0.88
4	大分県	2.49	20	千葉県	1.40	36	佐賀県	0.86
5	福井県	2.38	21	福島県	1.35	37	愛知県	0.83
6	高知県	2.36	22	長崎県	1.32	38	京都府	0.82
7	秋田県	2.31	23	徳島県	1.31	39	奈良県	0.80
8	新潟県	2.23	24	山口県	1.29	40	岐阜県	0.76
9	熊本県	2.08	25	岡山県	1.28	41	宮崎県	0.74
10	三重県	2.02	26	島根県	1.22		全国平均	0.74
11	愛媛県	1.81	27	群馬県	1.20	42	沖縄県	0.64
12	兵庫県	1.71	28	香川県	1.19	43	北海道	0.61
13	滋賀県	1.69	29	広島県	1.14	44	石川県	0.60
14	青森県	1.64	30	岩手県	1.14	45	東京都	0.58
15	山形県	1.56	31	宮城県	1.07	46	福岡県	0.40
16	鹿児島県	1.52	32	神奈川県	1.03	47	大阪府	0.25

（倍）

（注）都道府県ごとの宿泊者数を2023年4～5月と19年4～5月で比較。同じ値は小数点第3位以下で順位付け。観光庁資料から作成

1棟貸しの別荘に民泊で滞在しバーベキューを楽しむグループ（栃木県那須町）

大分県は宿泊者が全国4位の約2・5倍となった。温泉地の湯布院にある「我楽珍」（由布市）は築30年ほどの一軒家。中国出身の芸術家でもあるジョ・ケイケツさんがキッチンや浴室を自ら改修し、21年に民泊を始めた。

宿泊客は半分が日本人、その他は韓国や台湾などアジアからで多い月は利用が100人を超すという。10月から日本人従業員を2人増やし、朝・夕食の提供や茶道など日本文化の体験プランを始める。現状は1～2泊が大半だが、「訪日客の長期滞在を増やしたい」（ジョさん）。

古民家への関心も高まる

民泊は収容人数が限られるものの少ない投資で開業しやすく、旅館やホテルの不足を補う。観光政策に詳しい東京女子大学の矢ケ崎紀子教授は「短期

間に地方滞在の受け皿を整備でき、空き家の活用にもつながる」と効果を語る。自治体も支援に動く。宮城県は70万円を上限にトイレの交換や内装の改修など民泊開業に伴う費用の半額を補助する。20～22年度に21軒（簡易宿所も含む）が利用した。

全国の民泊物件は20年4月に約2万1000軒あった。その後に2割近く減ったが、足元で約2万軒まで戻った。民泊仲介大手の米エアビーアンドビーによると、20年3月以降、香川県まんのう町など70以上の市町村で新たに民泊が利用された。古民家への関心も高く、22年に予約サイトに設けた「歴史ある建物」という区分に「日本だけで登録は500軒以上」（同社日本法人の担当者）という。

地方では民泊物件の運営に責任を負う管理業者が足りない。政府は7月に業者の要件を広げたが、本格解禁から5年の民泊がさらに根付くにはサービス内容も問われる。矢ケ崎教授は「地域にどんな宿泊者を誘客したいかを明確にし、個性的なオーナーや体験型コンテンツといった魅力の発信が必要」と指摘する。

民泊の宿泊者は地方で増加している

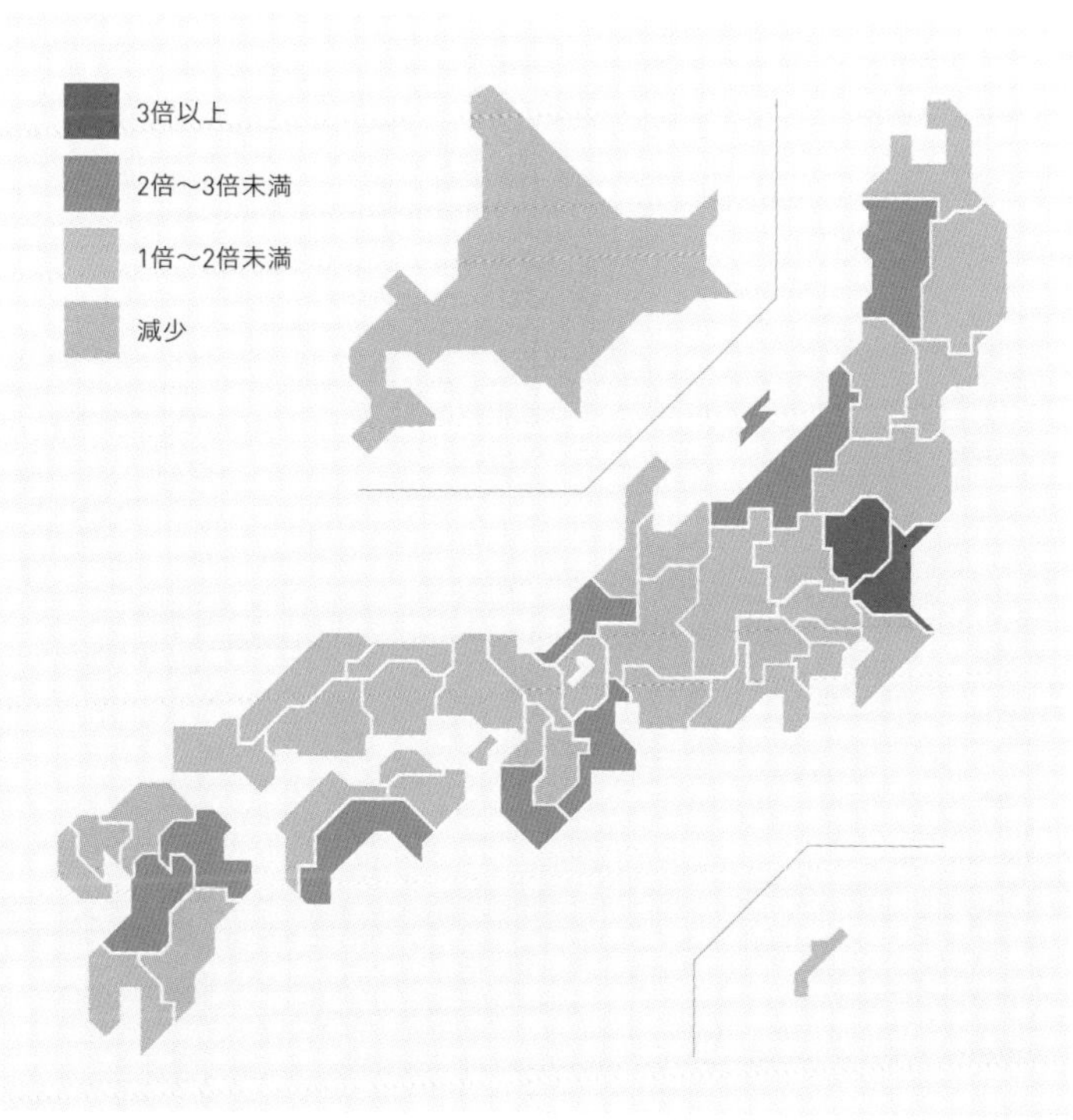

（注）都道府県ごとの宿泊者数を2023年4～5月と19年4～5月で比較。観光庁資料から作成

都市部の宿泊者は回復途上

	自治体名	宿泊者数	2019年比増減率
1	東京都	7万437人	▲42%
2	北海道	2万1543	▲39
3	千葉県	1万2457	40
4	愛知県	1万319	▲17
5	京都府	1万236	▲18
	全国平均	5290	▲26

（注）宿泊者数は23年4～5月、▲はマイナス。観光庁資料から作成

外国人の民泊利用も回復へ

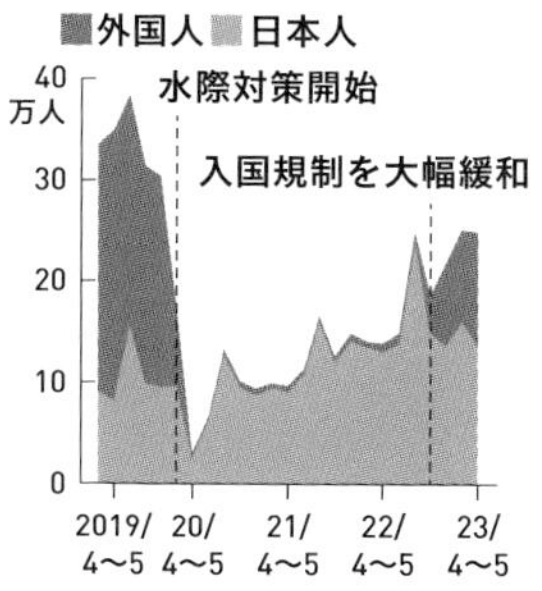

（注）2カ月ごとの宿泊者数推移

Column

民泊

一般の戸建てや集合住宅の一室などを有償の宿泊先とするサービス。一般ドライバーが車で乗客を運ぶライドシェアなどと並ぶシェアリングビジネスの代表とされる。2008年創業の米エアビーアンドビーのような部屋の貸し手と宿泊客をつなぐ仲介サイトの登場もあり、新型コロナウイルス禍前に世界で普及した。

日本では16年に旅館業法の簡易宿所を民泊に活用できるよう設置基準を緩和したほか、同年に国家戦略特区での特区民泊を東京都大田区で初めて認めた。観光立国の推進とともに、都市部を中心にインバウンド（訪日外国人）向けのヤミ民泊を巡る騒音などのトラブル増加もあり、国は18年、民泊のルールを定めた住宅宿泊事業法（民泊新法）を施行した。

観光庁によると民泊新法に基づき都道府県に届け出て営業中の民泊物件は約2万軒。半数が東京都と大阪府、北海道に集まる。国内外の観光需要の回復を背景に宿泊施設の不足を補う民泊への関心は再び高まっている。国は民泊への参入を地方で促すため、講義や講座を受ければ物件の管理に従事できるよう7月に管理業者の要件を緩和した。

5-8

免税店

［2023年11月18日掲載］

免税店、福井など13県で店舗最多

コロナ禍で減少から回復
個人客に商機、特産・高額品に期待

店舗の増加、地方けん引 大都市圏はなおマイナス

新型コロナウイルス禍で減った免税店の店舗数が増加に転じている。訪日客が定番の観光地を巡る団体旅行だけでなく、地域の文化や食などに関心の高い個人旅行も増加。為替の円安が加わり、地方都市でも訪日需要を取り込むチャンスが広がる。2023年3月末の店舗数は福井県など13県で過去最多となり、自治体も地域の特産品などを売り込もうと支援する。

免税店は訪日客などに特定の物品を消費税免除で販売できる。家電製品や化粧品などを大量購入する「爆買い」に代表される訪日消費の伸びを受け、東京都など都市部を中心に店舗数が急増した。

観光庁が半年ごとに公表する免税店数は、コロナによる訪日客の急減で20年9月末の5万5134店をピークに減少に転じたが、23年3月末は半年前より3%増加した。免税品販売額は19年に過去最高の1兆円を記録。20～22年は大幅に減ったものの、23年1～9月は4000億円まで回復したもようだ。

けん引役は地方だ。20年9月末に比べた23年3月末の店舗数を都道府県別で見ると、大都市圏の多くは依然としてマイナスだが、地方圏ではプラスの自治体が目立つ。

地方圏で免税店数の増加が目立ってきた

1	福井県	16.1	17	福岡県	▲0.4	32	山形県	▲4.0
2	山梨県	8.5	18	三重県	▲0.5	33	広島県	▲4.2
3	熊本県	5.4	19	茨城県	▲0.7	34	静岡県	▲4.4
4	栃木県	3.9	20	神奈川県	▲0.9	35	奈良県	▲4.4
5	島根県	3.5	21	長野県	▲1.4	36	大分県	▲4.6
6	青森県	3.3	22	宮城県	▲1.4	37	大阪府	▲5.3
7	埼玉県	3.3	23	沖縄県	▲1.8	38	千葉県	▲5.9
8	秋田県	2.8	24	岩手県	▲2.3	39	長崎県	▲5.9
9	宮崎県	2.2		全国平均	▲2.7	40	岡山県	▲6.7
10	佐賀県	1.7	25	東京都	▲2.7		愛媛県	
11	岐阜県	1.7	26	富山県	▲2.8	42	京都府	▲7.0
12	群馬県	1.3	27	兵庫県	▲3.1	43	鹿児島県	▲7.3
13	石川県	0.6	28	北海道	▲3.1	44	高知県	▲7.4
14	愛知県	0.3	29	山口県	▲3.3	45	香川県	▲10.6
15	福島県	0.0	30	滋賀県	▲3.6	46	和歌山県	▲12.2
	鳥取県		31	徳島県	▲3.8	47	新潟県	▲16.0

（%）

（注）同じ値は小数点第2位以下で順位付け。2023年3月末の免税店数の20年9月末比増減率、▲は減。出所は観光庁

福井県、免税対応呼びかけ 北陸新幹線延伸で商機

増加率トップの福井県は24年3月の北陸新幹線金沢―敦賀間の開通による訪日客の増加に備え、21年から観光事業者への訪問活動を開始。訪日需要を取り込むための免税対応の重要性を説いて回る。

JR福井駅前の商業施設「ハピリン」はテナントなどの免税手続きを一括して手掛けるカウンターを設置した。同施設で地元の特産品を扱う「福福館」の運営を受託する大津屋（福井市）は「地酒などの食品に加え、越前

JR福井駅前の免税店は伝統工芸品などを豊富にそろえる（2023年11月、福井市）

漆器といった伝統工芸品の販売にも期待したい」という。購買力のある訪日客向けに1本数万円の越前打刃物といった高額品の需要も見込めそうだ。

敦賀駅前で名物の「へしこ」など海産物土産を販売する「まるさん商店」は9月に免税許可を得た。運営会社の藤江正高社長は「自家製の干物などの加工場も新たに整備していきたい」と話す。

山梨県は店舗の負担軽減支援 ワイナリーに併設も

免税店は訪日客のパスポート情報や購入記録を国税庁に電子送信する必要がある。増加率2位の山梨県は店舗の負担軽減に向けて手続き支援システムの導入を促す。22年度には導入費用などを最大60万円補助する事業を実施し、地場産業の宝飾品店やワイナリーなどが活用した。

ワイン製造のルミエール（山梨県笛吹市）は8月、ワイナリー併設の売店で免税販売を始めた。木田茂樹社長は「（純国産の）日本ワインへの関心が高まっており、高価格帯の赤ワインに人気がある」と手応えを感じている。個人客の来訪も増えているといい、「すべてのワイナリーが免税販売できるように産地全体で取り組みたい」という。

スイスに本拠を置く免税サービスの世界大手、グローバルブルーのジャック・スターン最高経営責任者は「日本は世界有数の免税品市場で、来年は過去最高を更新する可能性が高い」とみる。「フランスもパリ以外の地方都市が免税品販売の15％程度を占める。日本も地方での販売を伸ばすには、地域文化のアピールと同時に宿泊や小売りの環境整備も重要だ」と話す。

観光まちづくりに詳しい立教大学の東徹教授も「団体客から個人客へのシフトは多様な観光資源に光があたり、地方にもチャンスが広がる」とする。そのうえで「免税店の拡大と同時に、訪日客とのコミュニケーションを円滑にする人材の配置などの体制整備も重要だ」と指摘している。

地方圏で免税店数の増加が目立ってきた

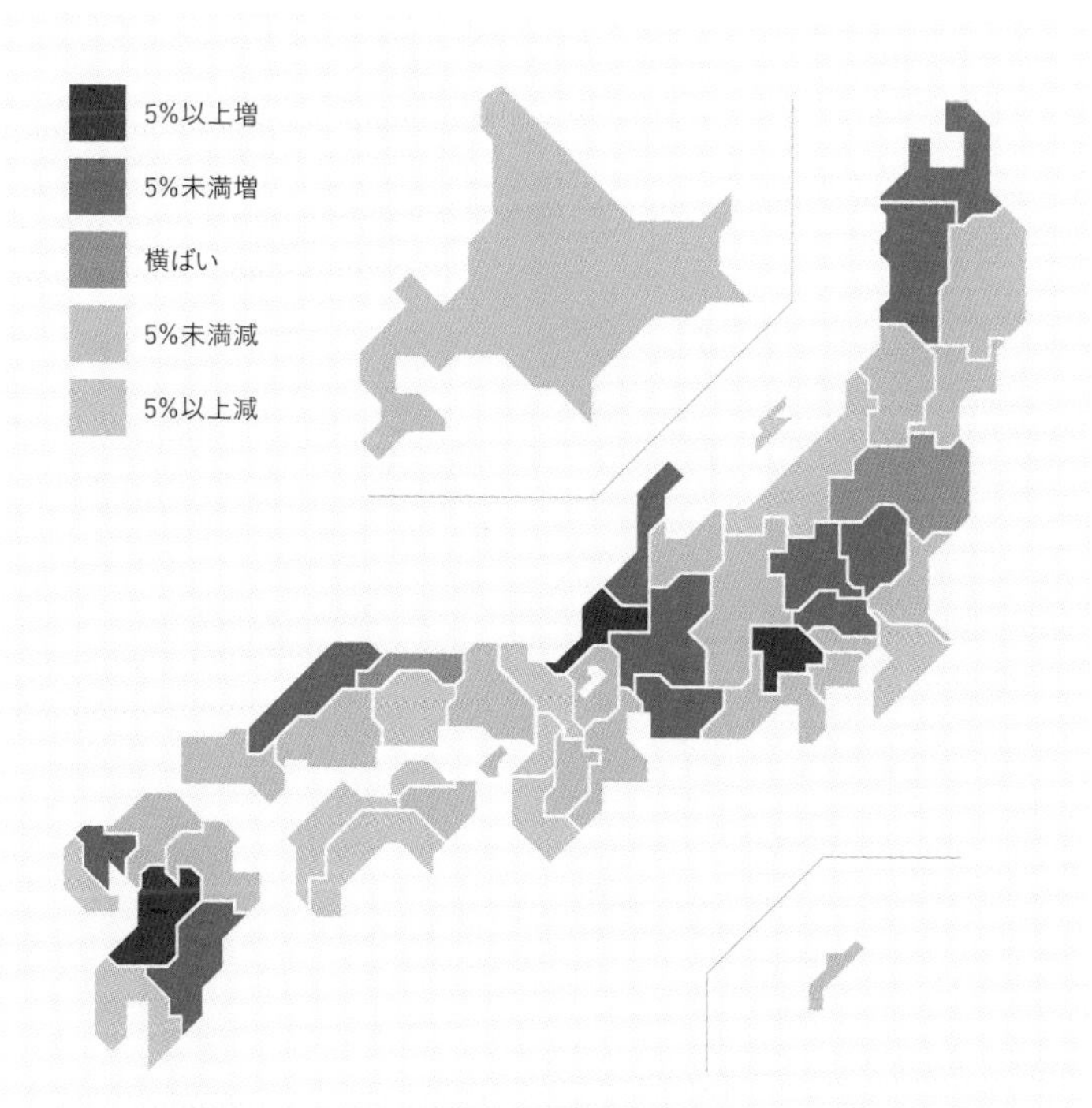

（注）2023年3月末の免税店数の20年9月末比増減率。出所は官公庁

店舗が集中する東京や大阪は減少（2023年3月末、▲は減）

順位	都道府県	増減率	免税店数
1	福井県	16.1％	108店
2	山梨県	8.5	307
3	熊本県	5.4	568
25	東京都	▲2.7	1万4145
37	大阪府	▲5.3	5613
42	京都府	▲7.0	1794
45	香川県	▲10.6	262
46	和歌山県	▲12.2	173
47	新潟県	▲16.0	358

全国の店舗数は2年半ぶり増加

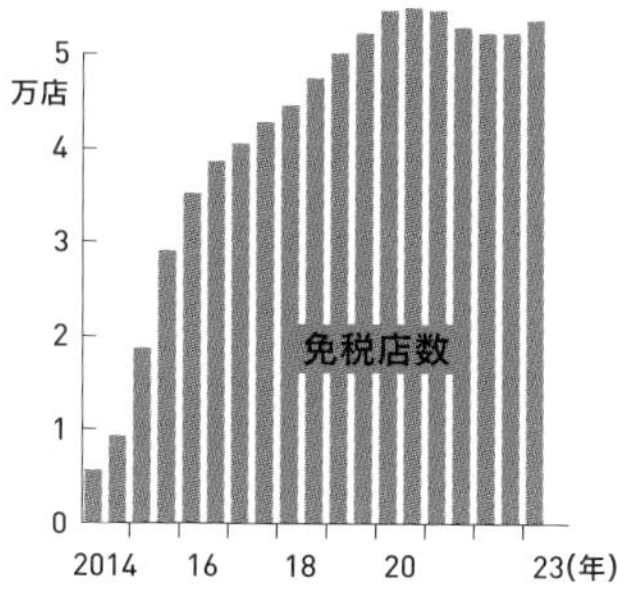

（注）2019年まで4月1日と10月1日、20年以降は3月末と9月末時点

5-9

ロケ誘致

［2023年11月25日掲載］

ロケ誘致、長崎が主役

手配協力、全国に400団体
茨城は「ゴジラ」撮影地観光

ロケ候補地、登録数で長崎首位
聖地巡礼やロケツーリズム期待

映画やテレビドラマなどのロケ誘致を各地が競っている。撮影地の手配に協力する公的組織「フィルムコミッション（FC）」は全国に約400団体ある。都道府県では長崎県や茨城県が誘致で主役を張る。映像の舞台になれば認知度は高まり、ファンがゆかりの地を訪ねる「聖地巡礼」や「ロケツーリズム」が地域経済を潤す。

各地のFC133団体が加盟するNPO法人ジャパン・フィルムコミッション（JFC）などによる全国ロケーションデータベースに登録されたロケ候補地は2023年11月21日時点で1万1522カ所。都道府県では長崎県が最多の869カ所で、茨城県（707カ所）、香川県（700カ所）、佐賀県（681カ所）が続く。国内のFCは2000年に大阪府で初めて誕生し、JFCによると現在396団体に膨らんだ。

長崎県内では島原市が21年にシティプロモーション課内の専門部署としてロケツーリズム班を立ち上げた。同年に清涼飲料のCMに登場した市内の島原鉄道大三東（おおみさき）駅は「日本一海に近い駅」として海上にホームが浮かんだような風景が注目され今も観光客が訪れる。海や山、城や城下町などを武器に市内での撮影は22年度に32件と3年前の約4倍に急増。テレビなどへの露出を市が広告料に換算した効果は約22億円と前年度からほぼ倍増したという。同年度の移住者が最多の78人となる副次的な影響もあった。同課の鍬取寛泰課長は「誘致でヒットを積み重ねたい」と話す。

ロケ候補地のデータベース登録数

順位	都道府県	登録数
1	長崎県	869
2	茨城県	707
3	香川県	700
4	佐賀県	681
5	兵庫県	668
6	新潟県	638
7	熊本県	573
8	大分県	424
9	岩手県	421
10	大阪府	408
11	北海道	382
12	秋田県	368
13	宮城県	366
14	富山県	362
15	岐阜県	359
16	三重県	347
17	岡山県	334
18	広島県	288
19	奈良県	282
20	山口県	267
21	滋賀県	233
22	鳥取県	228
23	山梨県	204
24	福井県	175
25	島根県	175
26	長野県	164
27	愛媛県	143
28	沖縄県	114
29	石川県	107
30	東京都	104
31	愛知県	101
32	福島県	70
33	鹿児島県	62
34	京都府	48
35	福岡県	38
36	群馬県	32
37	山形県	16
	栃木県	
39	静岡県	12
	高知県	
41	徳島県	11
42	和歌山県	5
	宮崎県	
44	千葉県	3
	青森県	—
	埼玉県	
	神奈川県	

（カ所）

（出所）ジャパン・フィルムコミッションなど「全国ロケーションデータベース」。埼玉・神奈川県は非加盟。2023年11月21日時点

茨城県のロケ地ツアーで爆破シーンを体験する参加者（2023年11月、常陸大宮市）

有明海に面した島原鉄道の大三東駅はロケ地として人気（長崎県島原市提供）

茨城県への経済効果 22年度過去最高の8・2億円

「ドーン」。爆破音とともに火炎が上がる前で特撮ヒーロー姿などの参加者たちがポーズを決め写真に納まる。茨城県は23年11月19日、県内のロケ地巡りと爆破シーン体験を組み合わせたバスツアーを開いた。県内外から集まった一行約20人は公開中の映画「ゴジラ－1・0（マイナスワン）」が撮影された鹿島海軍航空隊跡（美浦村）なども見学した。

同県は県域テレビ局が全国で唯一ないが、都心から近く、田園や海、歴史的建物など多様なシーンに対応できるのが強みだ。市町の大半にFCがあり、県庁内に02年から置く「いばらきフィルムコミッション」を窓口に全県一丸で誘致に当たる。多彩な撮影場所を活用したロケツーリズムでも県の魅力向上を狙う。

県はロケ誘致による経済波及効果が22年度は8・2億円で過去最高だったと推計。作品数も619本と最も多かった。県の担当者は「制作者にイメージに沿う場所の提案を心がけてきた」と胸を張る。大井川和彦知事は「ロケ地を絡めた観光政策を強化する」と意欲を示す。

佐賀県フィルムコミッション 東南アジアから撮影誘致

東南アジアからの撮影誘致で独自色を出すのが佐賀県フィルムコミッションだ。13年にタイ、17年からはフィリピンの映像制作者らへのロケ地売り込みに乗り出した。県内の風景が描かれた14年公開のタイ映画「タイムライン」は現地で大ヒット。ロケ地のうち鹿島市の祐徳稲荷神社はタイ人旅行者に人気が続く。

政府が13年にビザを緩和したこともあり、県内で宿泊するタイの観光客は新型コロナウイルス禍前の19年で13年の約30倍に膨らんだ。6月にはマレーシア発のドラマ「FROM SAGA, WITH LOVE」が県内各地を舞台に制作され、23年秋からアジア各国や中東で配信される。

コンテンツツーリズム学会の会長で法政大学の増淵敏之教授は、ロケ誘致の恩恵を地域で最大限生かすには「そこに人を呼べるかが大切。作品の中で地元グルメを見せるなど工夫次第で大きな可能性がある」と指摘する。

ロケ候補地のデータベース登録数

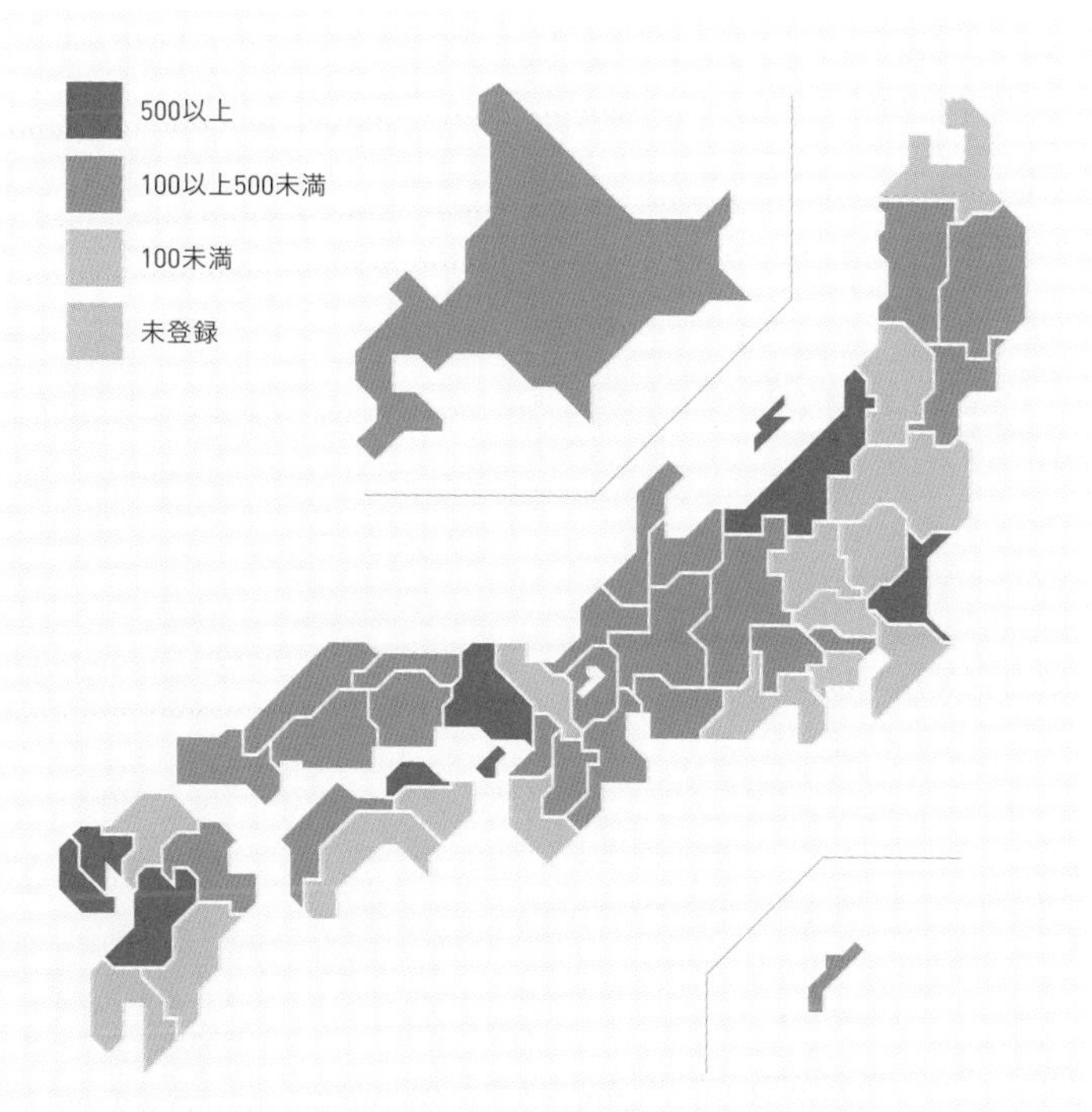

(出所)ジャパン・フィルムコミッションなど「全国ロケーションデータベース」。埼玉・神奈川県は非加盟

主な映画ロケ実績

		主なロケ地	公開
長崎県	サバカン SABAKAN	長与町	2022年
	母と暮せば	長崎市	2015
茨城県	ゴジラ－1.0	美浦村	2023
	東京リベンジャーズ	土浦市	2021
香川県	八日目の蝉	小豆島	2011
	世界の中心で、愛をさけぶ	高松市	2004
佐賀県	タイ制作「タイムライン」	鹿島市	2014
	悪人	佐賀市	2010
兵庫県	THE LEGEND & BUTTERFLY	丹波篠山市	2023
新潟県	大名倒産	村上市	2023

フィルムコミッションが増え、邦画の優勢続く

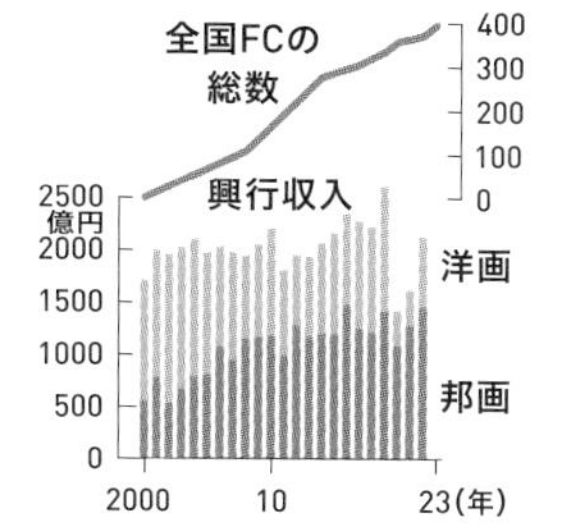

(出所)日本映画製作者連盟、ジャパン・フィルムコミッション

5-10

宿泊・飲食業の景況

［2023年10月21日掲載］

中小宿泊・飲食業、業況が急回復

コロナ禍脱し、地方に潤い
富士山や熱海に訪日客戻る

業況良い、初の2割超 山梨など7道県は3割台

全国の観光地を支える中小企業の業況が新型コロナウイルス禍の影響を脱し、最高水準にある。中小企業基盤整備機構の景況調査から観光に関わりの深い宿泊・飲食業に絞って分析したところ、業況が「良い」との回答が4～6月に初めて2割を超え、7～9月も維持した。山梨県など7道県では3割台だった。

中小機構の中小企業景況調査は全国約1万8000社に四半期ごとに実施する。このうち宿泊・飲食業約1900社の結果を抽出した。調査対象は資本金5000万円以下か常用の従業員100人以下の事業者。全国大手とは異なる、地域ならではの飲食やもてなしの担い手について経営状況を読み取れる。

業況が良いの割合は4～6月に23・0%、7～9月に21・4%と、数値を遡れる1994年4～6月以降で最も高い。良いから「悪い」の回答割合を差し引いた業況DIは7～9月でマイナス4・4となお水面下だが、こちらも急浮上している。日銀の企業短期経済観測調査（短観）によると資本金10億円以上の宿泊・飲食大手も業況が良いが9月に49・0%と最高で、好況感が広がっている。

7道県は3割の企業で業況が「良い」

順位	都道府県	%	順位	都道府県	%	順位	都道府県	%
1	山梨県	35.3	17	岐阜県	24.6	31	京都府	16.7
2	静岡県	33.8	18	東京都	24.4	33	群馬県	14.8
3	長崎県	32.4	19	滋賀県	23.5	34	兵庫県	14.6
4	新潟県	30.7	20	神奈川県	23.1	35	福岡県	14.5
5	北海道	30.3		全国平均	21.4	36	大分県	14.3
	山形県		21	奈良県	21.1	37	和歌山県	13.8
7	沖縄県	30.0	22	宮城県	20.9	38	愛知県	13.6
8	福島県	29.8		愛媛県			香川県	
9	長野県	28.6	24	秋田県	20.0	40	徳島県	12.9
10	島根県	27.8		石川県		41	山口県	12.8
11	高知県	27.6		佐賀県		42	鳥取県	12.1
12	茨城県	27.3	27	岩手県	19.4	43	鹿児島県	11.4
13	広島県	25.8	28	宮崎県	18.4	44	岡山県	10.0
14	千葉県	25.4	29	栃木県	17.1	45	福井県	9.7
15	富山県	25.0	30	三重県	16.9	46	大阪府	8.6
	熊本県		31	青森県	16.7	47	埼玉県	8.1

（%）

（注）2023年7～9月に中小飲食・宿泊業で業況が「良い」企業の割合。中小企業基盤整備機構「中小企業景況調査」から再集計

インバウンドけん引 宿泊単価の上昇も

都道府県別で良いの割合が7～9月に最も高かったのは山梨県で35・3%。静岡県、長崎県、新潟県、北海道なども3割を超えた。国内での人流回復に加え、1年前の2022年10月に水際対策が緩和されてからインバウンド

外国人観光客らでにぎわう富士急行線河口湖駅（2023年10月）

（訪日外国人）が急回復していることが景況改善につながっている。

富士急行によると「富士山に一番近い鉄道」として山梨県内を走る富士急行線の主な駅では23年4〜9月の乗降客が過去最多だった19年同期を上回った。河口湖駅（富士河口湖町）などは10月上旬も欧米などからの観光客でにぎわっていた。

客室数40弱の河口湖ホテル（富士河口湖町）は「空き室があればすぐに埋まる状況で過去最高の業績。欧米などの個人客が増え、宿泊単価が上がった」（天野隆支配人）。富士吉田市の下吉田駅近くの「本町通り」は商店街の先に富士山がそびえる風景で知られ、うどん店などの飲食店は「どこも混んでいる」（同市の担当者）。

7道県は3割の企業で業況が「良い」

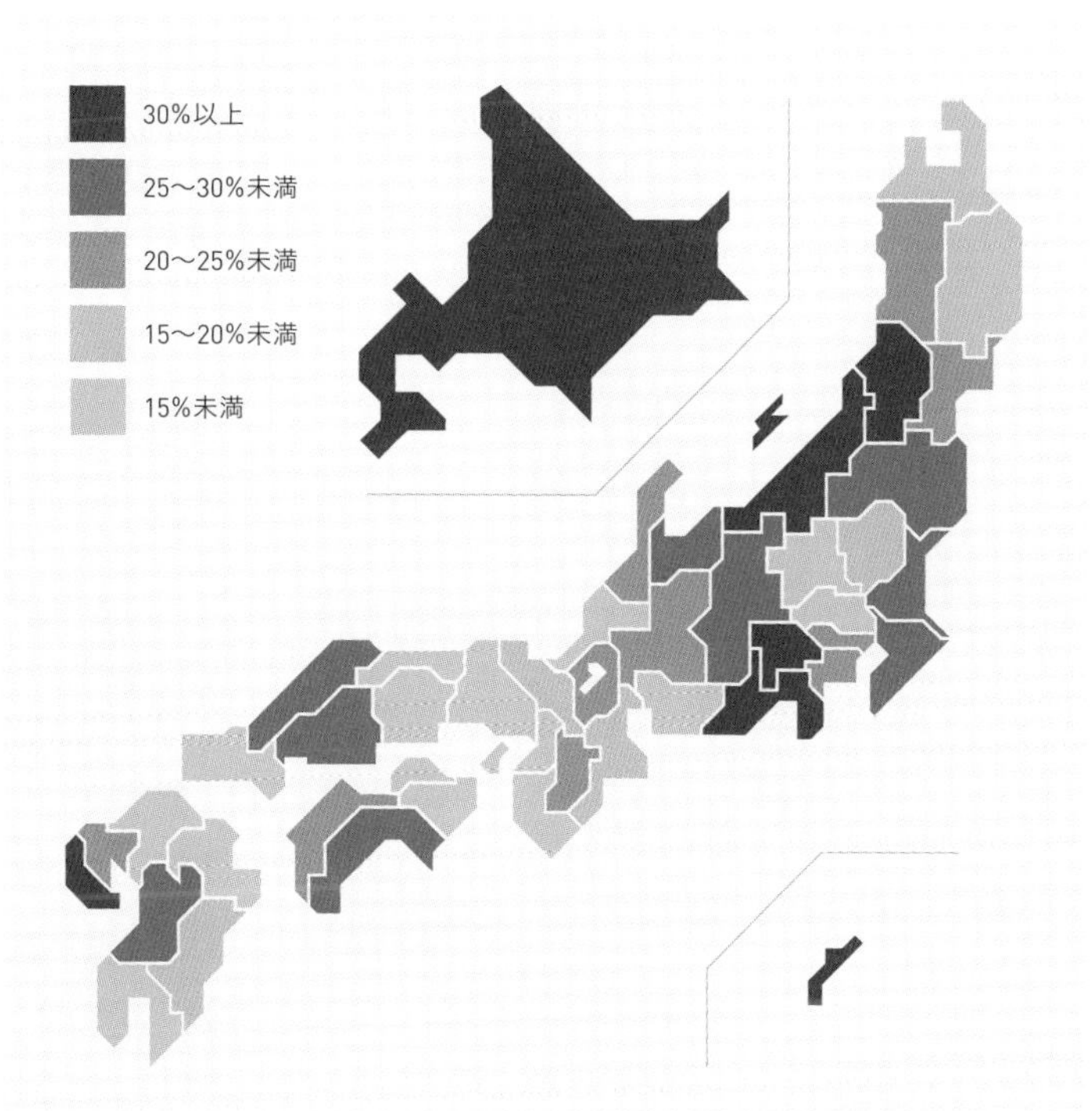

（注）2023年7〜9月に中小飲食・宿泊業で業況が「良い」企業の割合。中小企業基盤整備機構「中小企業景況調査」から再集計

山梨県はコロナ禍の打撃が大きかった宿泊施設と飲食店について感染症対策の認証制度を20年にいち早く導入し支援。「安心のブランドが根付く」（同県の担当者）

静岡県内のインバウンドを含む宿泊者数は前年を約2割上回る勢い。熱海市でも一時はコロナ前の半分近くに落ち込んだ宿泊者が急速に戻ってきた。市はコロナ禍中も台湾の旅行博への出展などＰＲを絶やさず、「仕込んできたことが花開いた」（市観光建設部の立見修司次長）。ＪＲ熱海駅前のすし店「磯丸平和通り店」では外国人客が3割を占め、稲本千恵店長は「過去一番多い」と明かす。

業況の「良い」割合は急上昇

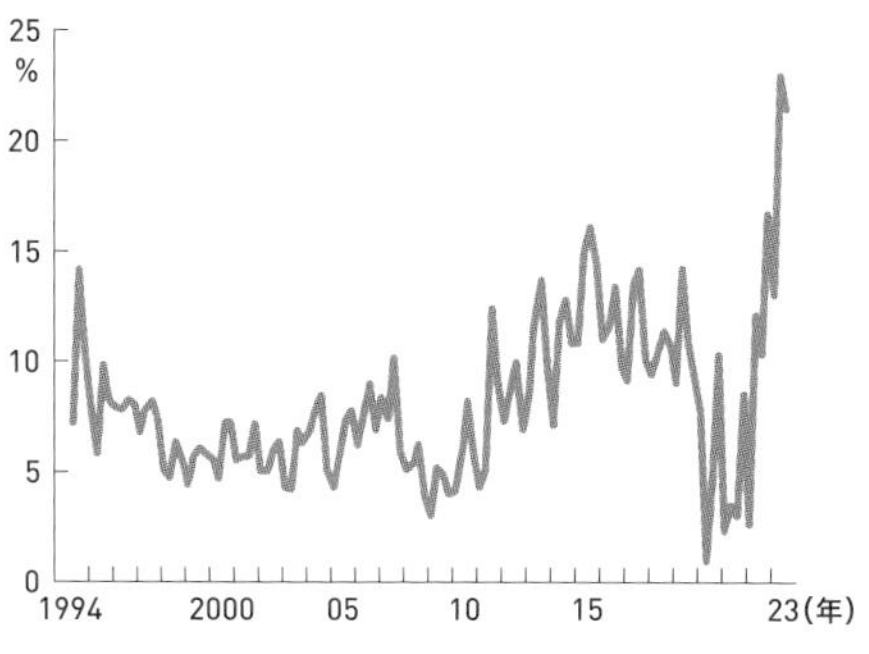

長崎県は西九州新幹線が寄与
全国旅行支援で集客後押し

長崎県は西九州新幹線が寄与する。22年9月の開業から1年間の利用客は約２４２万人で、4年前の同期間の在来線特急を上回った。県は全国旅行支援を「ながさきで心呼吸の旅」として夏休み中を除き9月末まで展開。旅行代金を1泊最大５０００円割り引くなど集客を後押しした。

業況が良い企業の割合は都道府県で最大約4倍も差がある。信金中央金庫地域・中小企業研究所の品田雄志主任研究員は「インバウンドの旅行先が広がり観光関連の中小企業の業況はしばらく堅調」とみるが、「人手不足で営業を短縮する飲食店や、客室を一部開けないホテルもある。従業員の待遇改善やＩＴ（情報技術）投資などが先行きの明暗を分ける」と指摘する。

5-11

海外旅行者の注目地

［2022年9月10日掲載］

外国人、神奈川・三浦に注目

海外検索増加、訪日需要占う
2位茨城・土浦、サイクリング呼び水

米トリップアドバイザー 7市町が検索伸ばす

世界で月間4億6000万人が利用する旅行サイト、米トリップアドバイザーを用いて検索された国内都市を分析したところ、神奈川県三浦市、茨城県土浦市など7市町が新型コロナウイルス感染拡大前の2019年の検索数を上回った。全国では依然9割減と低水準だが、22年9月7日から入国者上限が5万人に引き上げられたこともあり、世界へアピールを続けた地域を中心に外国人の視線が向き始めている。

トリップアドバイザーの海外利用者の匿名データから、22年内の訪日旅行先の検索数（検索期間は7月1～31日）を抽出した。検索元は米国、オーストラリア、シンガポール、カナダ、台湾、韓国、英国、中国、タイ、ドイツの順で多かった。

都市別（市区町村と東京都中央区銀座などの一部街区）でみると、19年同期比21倍となった神奈川県三浦市を筆頭に、茨城県土浦市、愛媛県新居浜市、京都市北区、神奈川県伊勢原市、徳島県海陽町、北海道新得町の7市町で検索数がコロナ前水準を超えた。北海道七飯町も横ばいまで回復した。143都市は減少率を全国平均より低く抑えた。

検索頻度の減少を平均より抑えた都市が多い都道府県

1	福島県	100	17	沖縄県	72	32	鳥取県	33
	茨城県	100	18	長野県	71		佐賀県	33
	埼玉県	100	19	東京都	68	35	青森県	25
	新潟県	100	20	宮城県	67		大分県	25
	三重県	100		栃木県	67	37	愛知県	20
	滋賀県	100		富山県	67	38	福岡県	17
	奈良県	100	23	山梨県	60	39	大阪府	13
	島根県	100	24	京都府	54	40	秋田県	0
	山口県	100	25	岩手県	50		和歌山県	0
	愛媛県	100		岐阜県	50		岡山県	0
	高知県	100		兵庫県	50		香川県	0
12	神奈川県	85		広島県	50		長崎県	0
13	静岡県	82		徳島県	50		熊本県	0
14	山形県	75	30	北海道	46		宮崎県	0
	群馬県	75	31	鹿児島県	40	ー	福井県	ー
	千葉県	75	32	石川県	33			

（%）

（注）トリップアドバイザーの海外利用者の集約データを分析。期間は7月1～31日

ウィンドサーフィンW杯 マリンリゾートのイメージ醸成

三浦市はマリンリゾートのイメージ醸成を狙い、欧州を中心に転戦するウインドサーフィンワールドカップ（W杯）の横須賀市などとの誘致や、大型クルーザーが停泊できるハーバーの整備計画を進めた。W杯は20年、21年大会が中止となったが、22年は時期を春から秋へと変更し、3年ぶりに開催する。世界のトッププロが集うだけに、

愛媛県新居浜市の別子銅山跡に外国人の注目度が高まっている

「MIURA」も検索される機会が増す。

吉田英男市長が音頭を取り21年5月には「人よし食よし気分よし」をスローガンとした観光振興ビジョンを策定した。コロナ終息を見据えてシティーセールスも強化し、海外の富裕層らを狙ったリゾート施設の開発計画も進む。三浦半島を横浜・鎌倉・箱根に次ぐ世界的な観光地に育てるため、県とも連携してPRを続ける。

土浦市は霞ケ浦湖岸の自転車道「つくば霞ケ浦りんりんロード」を軸として台湾に照準を定め、検索数を4倍に伸ばした。台湾は自転車大国と呼ばれ、愛好家が多い。茨城空港との間に直行便も就航しており、往来が活発になれば、集客のチャンスが増す。

りんりんロードを知ってもらおうと、茨城県は22年2月にサイクリングを通じて台湾人と日本人の交流を描く全編中国語のショートムービーを制作した。ストーリーを重視し、食や風光明媚（めいび）な景色など沿道の魅力を動画に入れ込んだ。

検索頻度の減少を平均より抑えた都市が多い都道府県

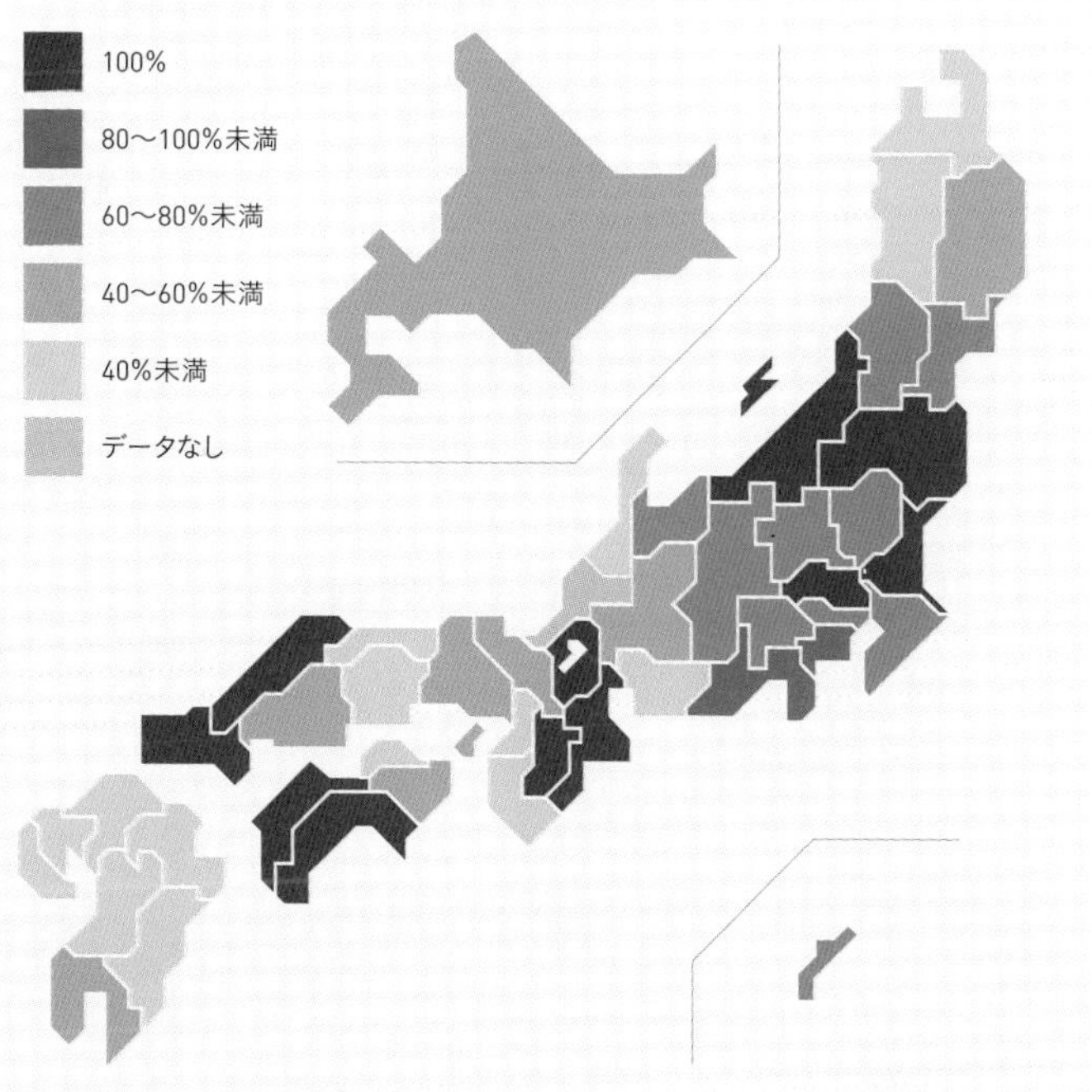

（注）トリップアドバイザーの海外利用者の集約データを分析。期間は7月1～31日

検索頻度の回復度合いが高い主要都市（2022年）

	2019年比増減率		2019年比増減率
① 神奈川県三浦市	21倍	⑥ 徳島県海陽町	40%
② 茨城県土浦市	4倍	⑦ 北海道新得町	12%
③ 愛媛県新居浜市	2.8倍	⑧ 北海道七飯町	0%
④ 京都府京都市北区	2.3倍	⑨ 三重県四日市市	▲17%
⑤ 神奈川県伊勢原市	2.1倍	⑩ 兵庫県西宮市	▲24%

訪日旅行先を検索する人が多い国・地域

①	米国
②	オーストラリア
③	シンガポール
④	カナダ
⑤	台湾
⑥	韓国
⑦	英国
⑧	中国
⑨	タイ
⑩	ドイツ

（注）トリップアドバイザーの海外利用者の集約データを分析。期間は7月1～31日。2019年比増減率の▲はマイナス

愛媛・新居浜市は産業遺産「東洋のマチュピチュ」を発信

新居浜市も検索頻度が2・8倍となった。起爆剤の一つになったのは別子銅山跡にある索道や貯鉱庫など、一連の産業遺産を「東洋のマチュピチュ」と銘打ったことだ。6月からは海外旅行業者向けのPRを強化した。

写真や映像の資料を中国語と英語で独自に準備して業者らに発信する。銅山が稼働していた明治期の風景を体験できる拡張現実（AR）コンテンツの制作にも取り組んでおり、持続的に市への興味を持ってもらい訪問につなげる。

訪日外国人旅行者は19年、過去最高の3188万人を記録した後、21年には25万人まで激減した。全国の検索数も19年同期に比べ93％少ないままだが、一方でグーグルでの検索頻度を調べる「グーグルトレンド」で「日本旅行」の検索数を分析すると、水際対策の段階的緩和を受け、22年7月は4月比でほぼ倍の水準まで回復した。訪日への関心は確実に高まってきている。

5-12

ムスリム観光

［2023年4月29日掲載］

ムスリム観光、広がる岐阜

インドネシアなどの客多く
習慣尊重、20億人市場に的

岐阜県高山市の事業者
ムスリム引き寄せるプロジェクト

新型コロナウイルス禍で打撃を受けた観光業に活気が戻ってきた。28日には現行の水際対策が終わり、本格的なインバウンドの回復が見込まれる。コロナ前の中心だった中国人観光客だけではなく、急増していた訪日ムスリム（イスラム教徒）への期待も大きい。

岐阜県高山市などは、文化や習慣を尊重するきめ細かい「心遣い」でムスリムを引き寄せる。

2013年に東南アジア諸国からの観光ビザ発給要件が緩和されて10年。国民にムスリムが多いマレーシアとインドネシアの訪日客に占める割合は、22年に計5・1％と1・7倍に急伸した。

当初はイスラム教の教義に沿った食事など「ハラル」への対応が話題の中心だったが、食事以外でもできる範囲で配慮する「ムスリムフレンドリー」の考えが徐々に浸透している。観光庁の22年の宿泊旅行統計調査（速報値）によると、外国人の延べ宿泊者数で2カ国が占める割合は岐阜県が9・3％と最も高く、北海道が8・3％で続いた。

高山市では地元企業が中心になって14年に「飛騨高山ムスリムフレンドリープロジェクト」を開始。関心のある地域の飲食店などにムスリム対応の手法などを広めていった。今では具材や調味料をハラル対応にした高山ラーメンや「ハラル飛騨牛」が味わえる飲食店も増えている。

多くの宿泊施設も食事などへの配慮を徹底。英語のパンフレットには20カ所以上のムスリム対応施設を掲載する。プロジェクトの発起人で食品関連企業を経営する清水大地氏は「ハラル対応が可能なことは身の回りにも意外に多いことが分かった」と話す。

高山市などはツアー客を呼び込むた

外国人延べ宿泊者数に占める マレーシア・インドネシア人の割合（2022年）

1	岐阜県	9.3	17	富山県	4.0	33	徳島県	2.1
2	北海道	8.3	18	福島県	3.8	34	神奈川県	2.1
3	高知県	6.8	19	岩手県	3.7	35	広島県	2.1
4	山梨県	6.6	20	滋賀県	3.5	36	鹿児島県	2.1
5	静岡県	6.5	21	栃木県	3.5	37	香川県	2.0
6	新潟県	6.3	22	千葉県	3.4	38	埼玉県	1.9
7	宮城県	6.0	23	岡山県	3.3	39	佐賀県	1.8
8	島根県	5.4	24	京都府	3.1	40	福岡県	1.8
9	長野県	5.0	25	山口県	3.0	41	和歌山県	1.5
10	三重県	4.9	26	福井県	2.8	42	熊本県	1.5
11	愛知県	4.8	27	兵庫県	2.8	43	宮崎県	1.5
12	山形県	4.8	28	秋田県	2.8	44	大分県	1.5
13	茨城県	4.5	29	群馬県	2.7	45	奈良県	1.4
14	石川県	4.5	30	青森県	2.7	46	長崎県	1.1
15	大阪府	4.4	31	愛媛県	2.7	47	沖縄県	0.3
16	東京都	4.1	32	鳥取県	2.3			

（%）

（注）従業者数10人以上の施設。出所は観光庁「2022年宿泊旅行統計調査」。同じ値の場合は小数点第2位以下で順位付け

ホテルに到着したインドネシアからの団体観光客

めに両国の旅行会社や航空会社の関係者などを視察に招くといった活動を続ける。雪を見たいと言って訪れる人も増え、閑散期の冬でもムスリムらでにぎわう。

北海道帯広市、ハラル対応マップ 静岡市、すし店に礼拝スペース

人気の観光地が多い北海道の中でもムスリムの注目を集めるのが道東の十勝地方だ。帯広市の帯広商工会議所はマレーシアからの職員受け入れをきっかけに、ハラル対応を進める施設のマップを作ったり、スタンプラリーを企画したりしてきた。2500種類以上の花が楽しめる同市の庭園も礼拝施設を設けるなど細かい気配りが人気を呼ぶ。

宿泊者に占める両国の割合が6・5%と高い静岡県の注目スポットの一つが、静岡市の「鮨処やましち」だ。ハラル対応のしょうゆや酢を用意し、店内に礼拝スペースも設ける。着物帯で手づくりした礼拝用マットなども口コミで評判を呼ぶ。

県もムスリム向けの店舗情報サイトを開設。アドバイザーが飲食店を個別に支援したり、使用食材を視覚的に伝えるためのピクトグラムを提供したりする。

マスターカードとクレセントレーティングの22年の国際調査では、ムスリムの人口は約20億人で増加が続く。世界的なムスリムの旅行者数も24年にはコロナ前の水準まで回復。世界での観光支出は28年までに約30兆円に達する可能性があるとみる。

非イスラム圏の旅行先 日本は6位に上昇

非イスラム圏でムスリムから評価の高い旅行先として日本は22年には6位と、15年の11位から上昇した。今後の市場拡大も見込んで、訪日ムスリムの取り込みに関心を寄せる地方都市は増える。

自治体や企業のハラル対応を支援するハラル・ジャパン協会の佐久間朋宏代表理事は「ムスリムフレンドリーは観光の大きなキーワード」と強調。「イスラム教やハラルの基本を理解し、できることからしっかりと対応していくことが重要」と話している。

外国人延べ宿泊者数に占めるマレーシア・インドネシア人の割合（2022年）

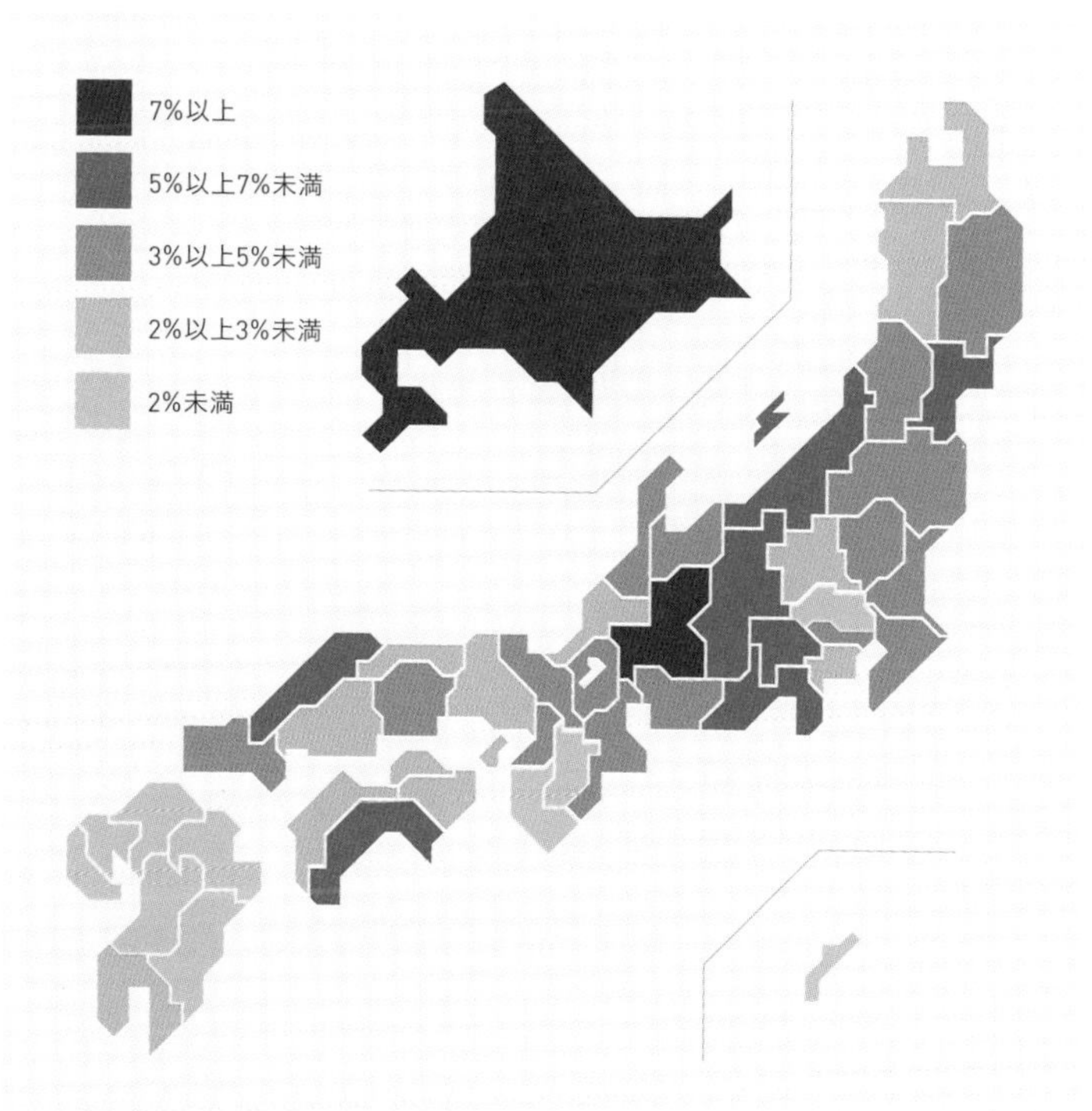

（注）従業者数10人以上の施設。出所は観光庁「2022年宿泊旅行統計調査」

訪日外国人に占める割合が高まっている

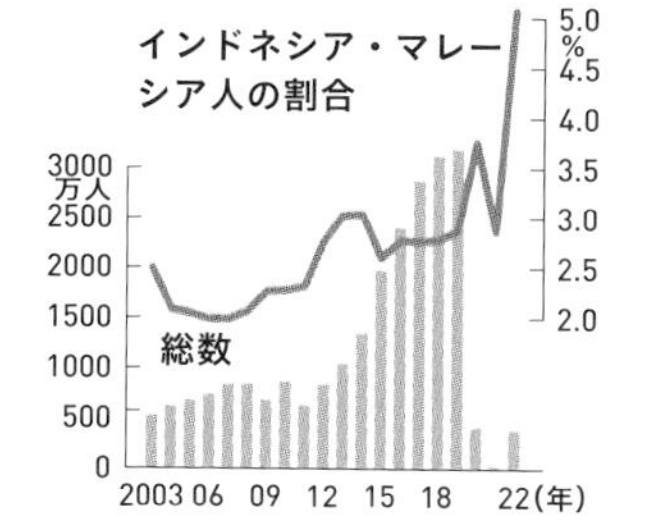

（出所）日本政府観光局「訪日外客統計」

ムスリムに評価が高い旅行先 非イスラム圏の旅行先ランキング（2022年、カッコ内は15年の順位）

		国・地域
1	(1)	シンガポール
2	(10)	台湾
3	(2)	タイ
	(3)	英国
5	(7)	香港
6	(11)	日本
	(4)	南アフリカ

（出所）マスターカード、クレセントレーディングの調査

5-13

訪日客案内所

［2023年6月17日掲載］

訪日客案内所、北海道多く

全国で認定1500カ所超
コロナ下でも増設、道の駅やコンビニと連携

「おもてなし」の最前線 北海道は100カ所超す

　新型コロナウイルス禍が落ち着き、インバウンド（訪日外国人）も回復基調にある。「おもてなし」の最前線として全国に広がる外国人観光案内所の役割も改めて重要になる。北海道や長崎県ではコロナ下でも設置数を増やしたうえ、道の駅やコンビニエンスストアに案内所機能を持たせるなど、より身近で利用しやすい環境の整備も進む。

　日本政府観光局は案内所の質向上などに向け、2012年度に認定制度を導入した。認定施設は世界でも多く使われている案内所を示す「i」マークを掲示できるなど訪日客へのアピール度が増す。23年4月末の認定数は全国で1516カ所。全国1500カ所という目標は達成したが、コロナの影響もあって20年3月末に比べると京都府は6カ所、大阪府も5カ所減った。

　これに対して、北海道は道の駅への併設が広がり、12カ所増えて106カ所となった。案内所数と訪日客数は直結するわけではないが、北海道はコロナ禍前の12～19年にも全国2位の85カ所で認定を取得。19年の外国人延べ宿泊者も12年より約700万人増えて4位だった。「179の市町村数に比べるとまだ少なく、今後さらに増える可能性が高い」（道観光振興課）

　十勝平野のほぼ中央に位置する音更町は、「道の駅おとふけ」で22年4月に認定を取得した。土産菓子として人気がある「三方六」で知られる菓子メーカー、柳月（同町）の隣接地にあり、工場を見学する訪日客などの立ち寄りも見込む。

　案内所には5カ国語で情報発信するデジタルサイネージを設置。職員が通訳アプリなどを使ってきめ細かく対応する。5月中旬に訪れた50歳代の米国

多くの自治体がコロナ下でも外国人観光案内所を増やしている

1	北海道	12
2	神奈川県	11
3	長崎県	10
4	秋田県	8
	鹿児島県	8
6	栃木県	7
	長野県	7
	島根県	7
	香川県	7
10	山形県	6
	岐阜県	6
	山口県	6
13	群馬県	5
	福井県	5
	広島県	5
16	宮城県	4
16	福島県	4
	千葉県	4
	鳥取県	4
	徳島県	4
	佐賀県	4
	熊本県	4
23	青森県	3
	岩手県	3
	愛知県	3
	滋賀県	3
	愛媛県	3
28	茨城県	2
	新潟県	2
	山梨県	2
	奈良県	2
	高知県	2
28	大分県	2
34	埼玉県	1
	富山県	1
	宮崎県	1
37	石川県	0
	三重県	0
	和歌山県	0
	岡山県	0
	福岡県	0
42	東京都	▲1
	兵庫県	▲1
44	静岡県	▲2
	沖縄県	▲2
46	大阪府	▲5
47	京都府	▲6

（カ所）

（注）2020年3月31日と比べた23年4月28日現在の増減数、▲は減。出所は日本政府観光局

「がっつり道南」はお薦めスポットを壁一面の地図で紹介（函館市、北海道エアポート提供）

人夫婦は「レンタカーのガソリンが無くなりそう」と少し焦った様子だったが、職員から給油所の場所などを案内されると安堵の表情で出かけていったという。

室蘭市も21年に室蘭港に近い「道の駅みたら室蘭」で認定を受けた。英語のパンフレットと通訳機を設置。23年5月には国際クルーズ船の寄港が再開しており、「認定がPRになって道の駅への来訪も増える」（観光課）と見る。

長崎県はセブンイレブンと連携 案内所の8割占める

増加数3位の長崎県は20年1月、セブン−イレブン・ジャパンと訪日客の受け入れ環境整備に関する協定を全国で初めて結んだ。同県の外国人宿泊者数は北海道の10分の1程度だが、案内所は77カ所まで増え、約8割をセブンイレブンが占める。

同社の担当者は「これまではコロナ禍でほとんど機能していなかった」と打ち明けるが、長崎でも訪日客は戻りつつある。「今後は免税対応を進めるほか、訪日客向けにポスターなどの販促物も設置する」。県も運営する多言語対応コールセンターの利用を促すほか、「外国人が買い物をしやすい店」としてホームページでセブンイレブンの店舗情報などを発信する考えだ。

フランスには4000カ所 サービス充実も欠かせず

ネットで観光情報を得る訪日客は多いが、観光レジリエンス研究所の高松正人代表は「案内所でかゆい所に手が届くような対面サービスを提供する意義も大きい」と話す。

観光庁によると、外国人観光客数が世界一のフランスには約4000カ所の案内所がある。30年に6000万人とコロナ前のほぼ2倍の訪日客目標を掲げる日本としても、案内所を増やすと同時にサービスの充実が欠かせない。

高松氏は「観光地は季節や時間帯で繁閑の差が激しく、多言語対応可能なスタッフなどを生かし切れていないケースもある」と強調。「これからはICT（情報通信技術）を活用した案内所の広域連携も重要になる」と指摘する。

長崎県や神奈川県も外国人観光案内所を増やした

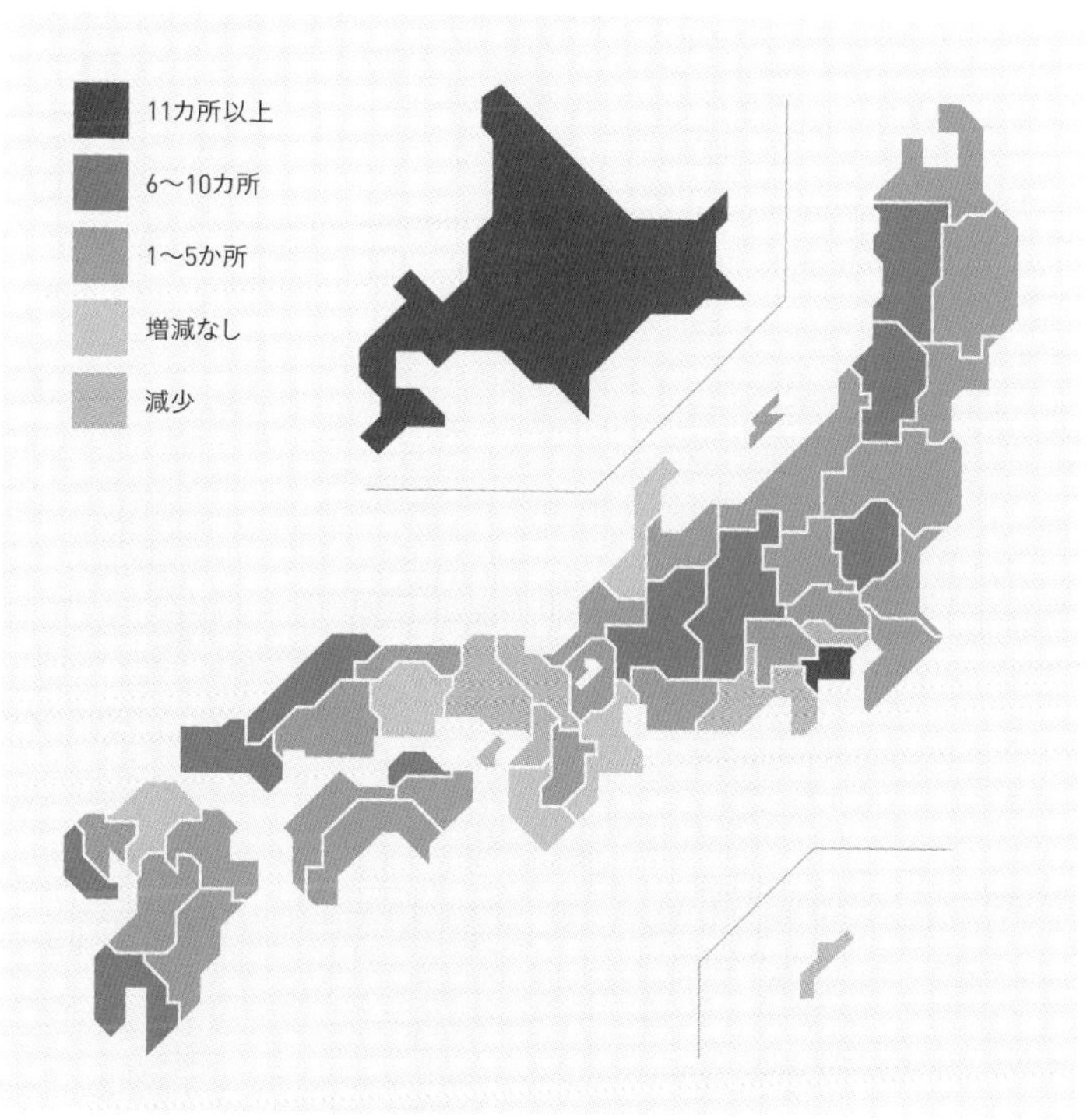

（注）2020年3月31日と比べた23年4月28日現在の増減数。出所は日本政府観光局

2023年4月末の外国人観光案内所数

順位	都道府県	案内所数
1	北海道	106(12)
2	神奈川県	37(11)
3	長崎県	77(10)
4	秋田県	26(8)
	鹿児島県	25(8)
	⋮	
42	東京都	132(▲1)
46	大阪府	51(▲5)
47	京都府	38(▲6)

（注）順位は増減数。カッコ内は20年3月末比増減、▲は減

全国で1500カ所の目標は達成している

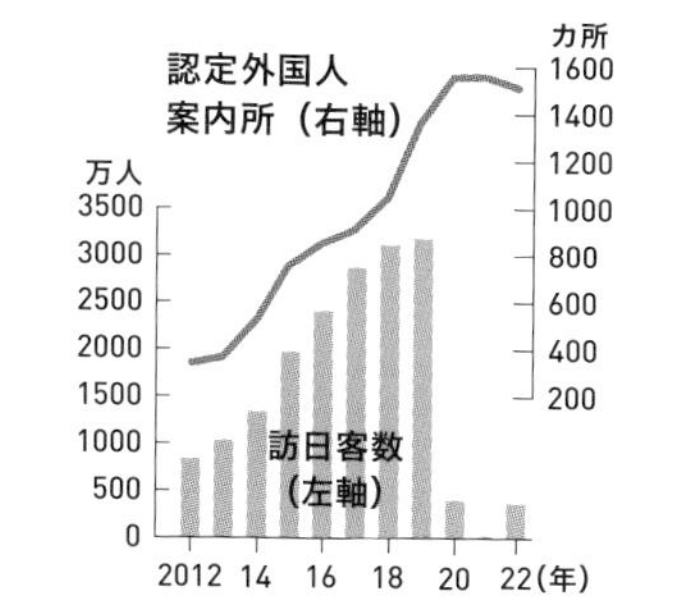

（注）外国人観光案内所は各年度末の数。訪日客数は1〜12月の累計

5-14

訪日宿泊需要

［2023年12月23日掲載］

訪日宿泊は全国8割に回復

徳島の秘境、欧米客呼ぶ
中国は半減、東アジア以外伸び

水際対策緩和から1年 東京以外もコロナ前の7割

インバウンド（訪日外国人）の宿泊需要が急回復している。新型コロナウイルスの水際対策が大幅に緩和された2022年10月から23年9月までの延べ宿泊者数は円安もありコロナ禍前の18～19年の同期間の約8割、突出する東京都を除いても7割近くまで戻った。中国など東アジアだけに頼らず、収益重視の集客策を探る動きもある。

水際対策緩和を経て1年間の外国人宿泊者の回復度を観光庁の「宿泊旅行統計調査」から分析した。

東京都はコロナ禍前の約1・2倍の3466万人と、全国の宿泊者数の4割近くに達した。コロナ前は外国人宿泊者が少なかった栃木県と高知県も訪問先の広域化などでプラスとなった。このほか11府県が7割以上の回復度を示した。

地域は様変わりしている。足元の23年7～9月で見ると19年同期に35％だった中国はほぼ半減した。同国が日本への団体旅行を8月まで制限し、福島第一原子力発電所の処理水放出に反対したことなどで戻りが鈍い。日韓関係の改善で韓国が倍近くに増え、台湾も堅調だが、香港を含む東アジア4国・地域の割合は53％と約10ポイント下がった。

福岡県は回復度9割 日韓巡る欧米客目立つ

博多港と韓国・釜山港を1日1往復する客船「クイーンビートル」は足元で約2割が日韓以外の乗客という。コロナ前の同航路は5％ほどだった。運航するJR九州高速船（福岡市）によると「米国やドイツ、フランス人の片道での利用が目立つ」。

福岡県の外国人宿泊者の回復度は91・9％で全国4位だった。つながりの深い韓国など東アジアの旅行者に加え、日韓を巡る欧米客らの滞在需要を取り込んでいる。東アジア以外の外国人宿泊者は7～9月で19年同期に比べて37・8％増と伸び率が同じく全国4位だった。

訪日宿泊者数の回復進捗率

順位	都道府県	進捗率	順位	都道府県	進捗率	順位	都道府県	進捗率
1	東京都	123.8	17	神奈川県	68.5	33	山梨県	48.2
2	栃木県	106.5	18	山口県	66.8	34	富山県	46.8
3	高知県	102.6		全国※	66.2	35	滋賀県	44.1
4	福岡県	91.9	19	新潟県	64.2	36	長崎県	43.9
5	京都府	90.0	20	群馬県	63.4	37	奈良県	43.9
	全国	80.7	21	愛媛県	62.3	38	沖縄県	43.5
6	大阪府	80.0	22	和歌山県	61.7	39	愛知県	42.9
7	福島県	78.0	23	北海道	60.9	40	香川県	42.2
8	大分県	77.6	24	千葉県	56.7	41	島根県	38.3
9	徳島県	77.2	25	岩手県	56.4	42	三重県	38.3
10	広島県	75.3	26	兵庫県	56.1	43	静岡県	33.0
11	石川県	74.4	27	山形県	55.5	44	佐賀県	29.0
12	宮城県	72.5	28	秋田県	52.9	45	鹿児島県	28.3
13	熊本県	71.5	29	福井県	51.2	46	宮崎県	26.8
14	長野県	71.2	30	青森県	50.3	47	鳥取県	26.6
15	茨城県	68.7	31	岐阜県	49.4			
16	埼玉県	68.6	32	岡山県	49.4			

（%）

（注）回復進捗率は2018年10月～19年9月と比べた22年10月～23年9月の外国人延べ宿泊者数の割合。全国※は東京都を除く。同じ値は小数点第2位以下で順位付け。出所は観光庁「宿泊旅行統計調査」

秘境とされる祖谷地区のつり橋「かずら橋」を訪れた外国人（2023年12月、徳島県三好市）

回復度77・2%で9位と健闘する徳島県では山あいの秘境と呼ばれる祖谷（いや、三好市）地区が日本の原風景として訪日客を呼び込む。樹木のつるを編んだ渓谷のつり橋「かずら橋」には紅葉時期が過ぎた12月も外国人の姿があった。同県は東アジア以外の宿泊者が39・9%増と都に次ぎ2位の伸びだった。

地区の5つの宿泊施設は訪日客誘致へ20年以上前に「大歩危・祖谷いってみる会」を組織。収容能力もあり、シンガポールや欧米、オーストラリアの個人客に重点を置く。7～9月は外国人宿泊者が19年を上回り、東アジア以外が4割超だった。「和の宿　ホテル祖谷温泉」では「露天風呂付きなどの部屋を中心に単価を高められている」（運営会社の植田佳宏会長）。

外国人宿泊者が4位の北海道では回復度が60・9%にとどまる。中国の落ち込みを補えていない。自然や文化を生かす欧米で人気の体験型観光「アドベンチャートラベル」を道内で普及させ、集客につなげようと9月に札幌市内で国内外の観光関係者らを招き国際商談会が開かれた。

訪日宿泊者数の回復度には濃淡

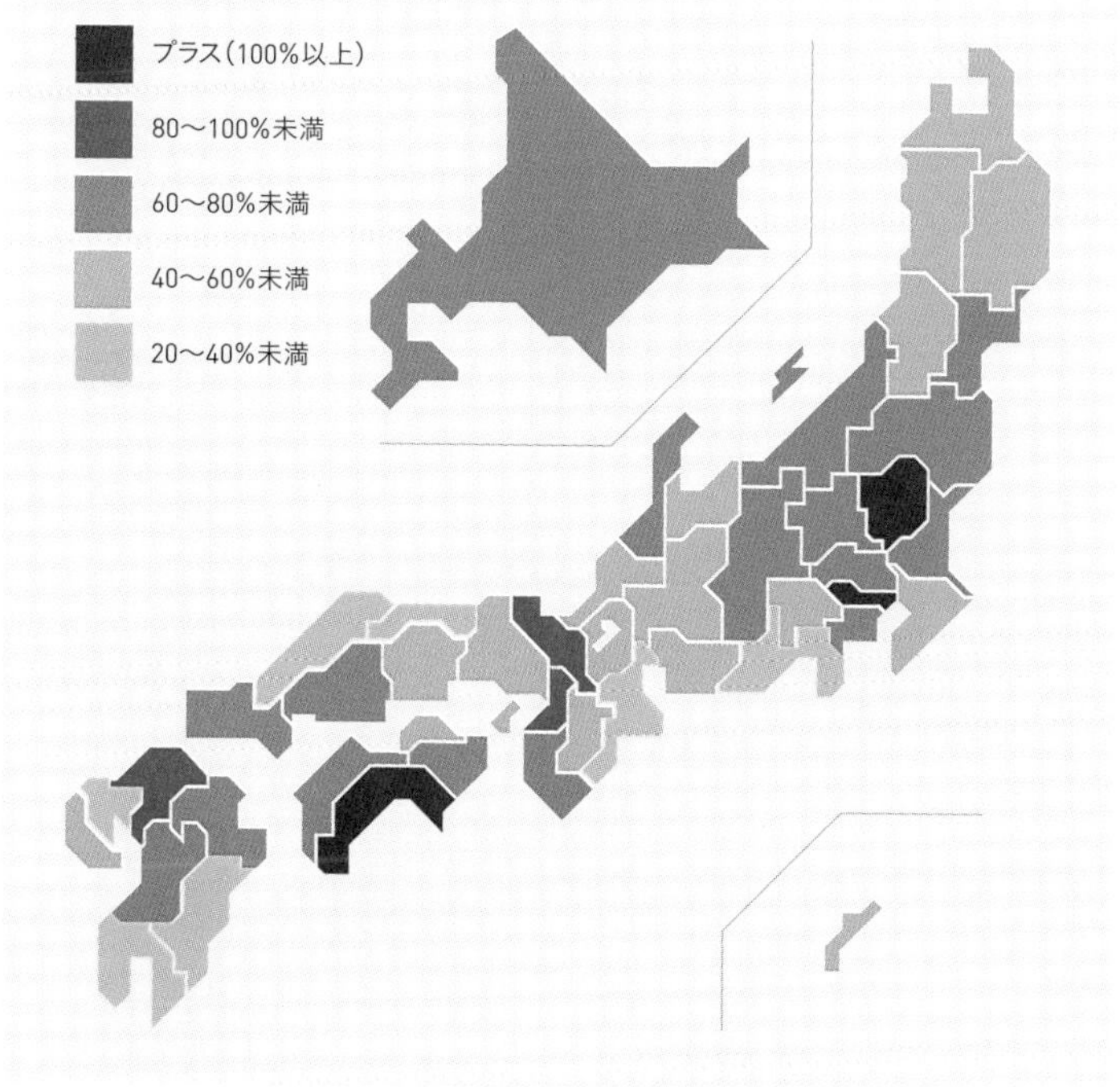

（出所）観光庁「宿泊旅行統計調査」。2018年10月～19年9月と22年10月～23年9月の外国人延べ宿泊者数を比較

東アジア以外の伸び率上位

順位	都道府県	伸び率
1	東京都	41.0%
2	徳島県	39.9
3	宮崎県	39.8
4	福岡県	37.8
5	島根県	34.9
6	京都府	34.7
7	佐賀県	34.1
8	福井県	28.2
9	石川県	27.5
10	千葉県	26.3

（注）19年7～9月と23年7～9月の東アジア（中国・台湾・韓国・香港）以外の延べ宿泊者の増減率

中国の落ち込みを他の国・地域が補う

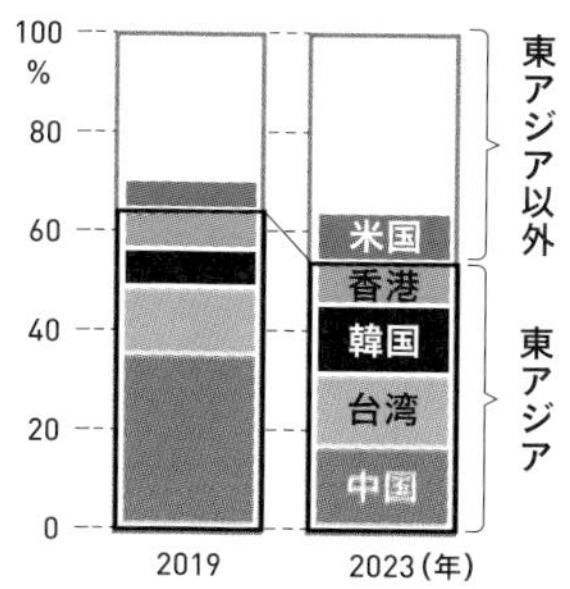

インバウンド支出20万円目標 経済効果高める知恵を

政府はインバウンド1人当たりの旅行支出額を25年に20万円と、19年より約25%引き上げる目標を掲げる。観光庁のまとめによると7～9月の観光目的の訪日客の支出額は欧米やオーストラリアが30万円以上でアジアより高い。

インバウンドの国・地域を分散できれば国際関係のリスクを抑え、特定の休暇期間に集中しないなどの点でオーバーツーリズム（観光公害）の緩和にもなる。

中国・香港の旅行者は日中関係に客足が左右され、中国経済の減速懸念もある。宿泊など観光事業者の深刻な人手不足もあり、数を追うだけでなくインバウンドの経済効果を高めることが「観光立国」の成否を握る。

6-1

記念日登録

［2022年10月1日掲載］

「記念日」2500件、商機に
全国10年で3倍、食・特産品PR
長野・飯田市、焼き肉店の多さを発信

年間200件前後の登録 活動ないと取り消しも

自治体や企業が独自に記念日をつくり、地域の食文化や特産品のPRに活用する動きが広がっている。民間の認定団体に登録された記念日は約2500件と10年前の3・3倍になった。定期的に巡ってくる商機を生かし、少ない出費でイベントを打てる利点があるが、活動実態がないなどとして年間40件程度は登録を取り消されている。増え続ける記念日の中で埋没しないためには、消費者らを飽きさせない工夫が欠かせない。

一般社団法人・日本記念日協会（長野県）によると、2012年7月末に745件だった国内の登録数は22年7月末に2479件に増えた。同協会は記念日関連の情報窓口として1991年に発足し、希望者の申請を受けて記念日を審査・認定する。年間登録数は2011年に100件を超え、近年は200件前後ある。地方では宮崎県発祥で1994年に登録された「橋の日」（8月4日）が先駆けの一つで、記念日に郷土の橋で行う清掃活動などは全都道府県に広がった。

記念日登録件数の都道府県ランキング

順位	都道府県	件数
1	東京都	1327
2	大阪府	183
3	神奈川県	98
4	愛知県	96
5	兵庫県	75
6	京都府	59
7	長野県	56
8	福岡県	50
9	埼玉県	37
10	岡山県	34
11	北海道	32
12	千葉県	28
	広島県	28
14	新潟県	24
	岐阜県	24
16	香川県	23
17	宮崎県	20
18	静岡県	19
	沖縄県	19
20	茨城県	14
	群馬県	14
	大分県	14
23	和歌山県	13
	熊本県	13
25	島根県	12
	鹿児島県	12
27	山梨県	11
	滋賀県	11
29	宮城県	10
	石川県	10
31	奈良県	9
	愛媛県	9
33	岩手県	8
	山形県	8
	栃木県	8
	富山県	8
	三重県	8
	山口県	8
	徳島県	8
40	長崎県	7
41	青森県	6
	高知県	6
	佐賀県	6
44	福島県	5
45	秋田県	3
	福井県	3
	鳥取県	3

（件）

（出所）一般社団法人・日本記念日協会。2022年7月末時点

11月29日は「飯田焼肉の日」イベントで盛り上げ

都道府県別では東京都（1327件）が突出し、大阪府（183件）、神奈川県（98件）が続く。企業数が多い都市部が上位を占めるが、10件以上ある自治体は2012年の10都府県から30都道府県に増えた。

7位の長野は近年、食肉関連の登録が目立つ。古くから馬肉文化が根付き、「ジビエ」と呼ぶ野生鳥獣肉の21年度の利用量は全国3位。鶏の一枚肉を使う松本市の郷土料理「松本山賊焼」は12年、市内の飲食店などが応援団を結成し、普及に力を入れる。「飯田焼肉の日」（11月29日）もその一つ。飯田市などの15年の調査で人口1万人当たりの焼き肉店舗数が全国の市で最多だったことなどから、官民で盛り上げ気運が高まった。焼き肉と音楽ライブを融合したイベントなどを通

「飯田焼肉の日」の記念日登録授与式で写真撮影に応じる関係者ら（2020年11月29日、長野県飯田市）

じて地元の関心を高め、みそ製造販売のマルマン（同市）と飯田下伊那食肉組合が20年に共同で登録した。

21年の記念日では長さ11・29メートルの鉄板で焼き肉を楽しむイベントを企画し、「最も長い鉄板」としてギネス世界記録に認定。22年には飯田の焼き肉文化や歴史を発信する常設の「信州飯田焼肉研究所」を開設した。旗振り役でマルマン取締役の中田泰雄さんは「ブランド力を磨き、訪日客が食べに来る街にしたい」と力を込める。

5月に「みやざきマンゴーの日」マンゴーの産出額アップ

22年と12年を比べた登録数の増加率は大分県がトップ。登録済みの14件のうち4件は豊後高田市が15～16年に制定した。昭和30年代の町並みを再現した「昭和の町」による観光振興や移住促進など市の重点施策を記念日として宣言し、具体策への反映に生かす。

記念日を駆使し、戦略的に特産品の消費を刺激するのはＪＡ宮崎経済連だ。贈答用として人気の高い宮崎県産マンゴーは5～6月に出荷の最盛期を迎えるが、5月第2日曜日の「母の日」が終わると中元シーズンまで消費が落ちるのが課題だった。そこで14年から5月25日を「みやざきマンゴーの日」とし、前後に県内外で即売会やイベントを仕掛けるなどした。13年に45億円だった産出額は14年に46億円、15年は49億円になった。

社会に浸透しているバレンタインデーやハロウィーンは１０００億円規模の市場があるとされるが、小粒でも定着すれば地域経済への効果を見込める。立教大経営学部の有馬賢治教授（マーケティング）は「名称と日付が明確な記念日は、地方からでもＳＮＳ（交流サイト）に載せて情報発信しやすい」と指摘。その上で「マンネリ化せず、記念日に参加することでしか得られない商品や体験を提供し続けられるかが課題だ」と話す。

記念日登録数の都道府県別増加率（2022年7月末時点、12年同時期と比較）

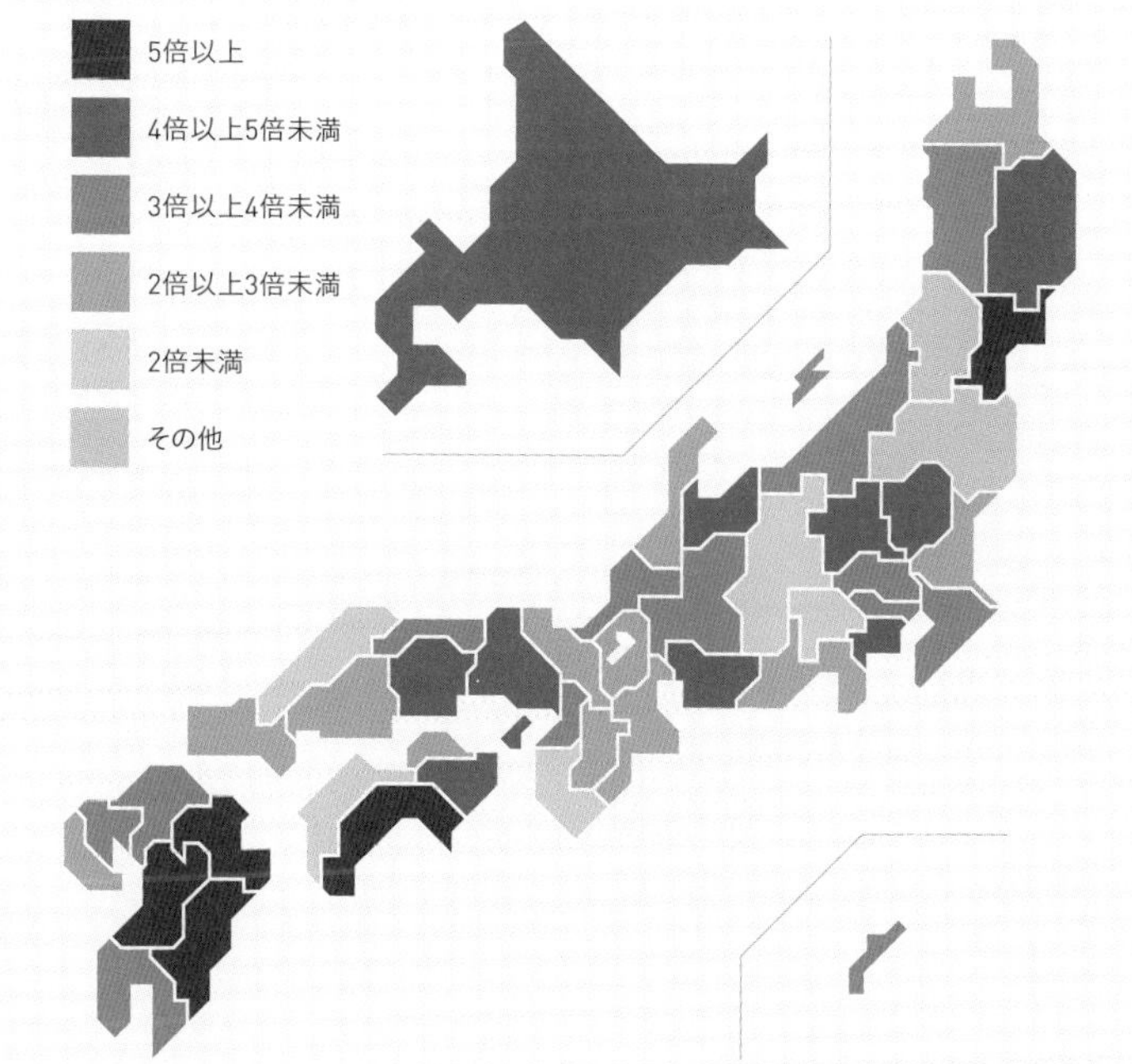

（出所）一般社団法人・日本記念日協会。その他は12年7月末時点の登録数がゼロだった自治体

記念日登録数の増加率ランキング

		増加率（倍）
1	大分県	14.0
2	宮城県	10.0
3	熊本県	6.5
4	高知県	6.0
5	宮崎県	5.0
6	群馬県	4.7
7	北海道	4.6
	愛知県	4.6
9	兵庫県	4.4
10	神奈川県	4.3

（注）2022年7月末時点と12年同時期を比較

登録数は10年間で3倍以上に増えた

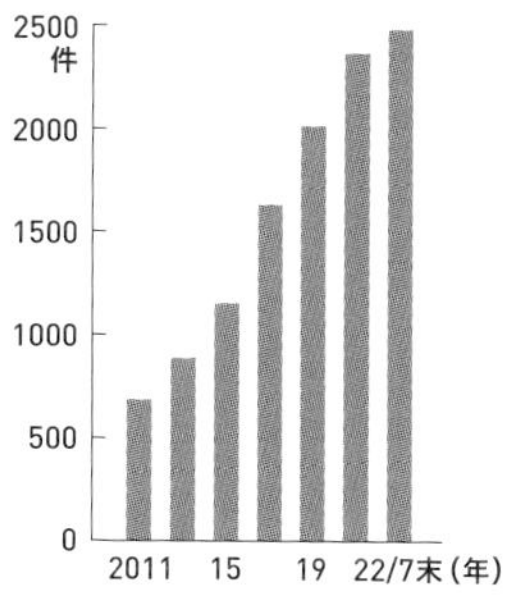

6-2

音楽フェス

[2023年1月13日掲載]

音楽フェス、地元が支える
公演数コロナ前超え7都府県
群馬・渋川市、4000人が一斉演奏

人口7万人の街を発信 約20分の「世界最短」フェス

フェスやコンサートなどの音楽イベントがにぎわいを取り戻してきた。新型コロナウイルスの感染拡大を境に公演数は一時ピークの3割まで落ち込んだが、2022年上期には神奈川県や佐賀県、群馬県などを中心に盛り返し、7都府県でプラスに転じた。ライブは人の流れを呼び込むだけでなく、地域の知名度向上にも寄与するため、各自治体は積極的に後押しする。

群馬県では「世界最短」のフェスが話題を集める。渋川青年会議所（渋川市）が17年に始めた「1000人ROCK FES. GUNMA」は、ロック愛好家が伊香保グリーン牧場（同市）に集まり、ボーカルやギター、ドラムなどに分かれ、人気バンドの曲を一斉に演奏する参加型。参加者は県内にとどまらず全国から集い、コロナ禍前には観客と合わせ最大4000人が共にビートを刻んだ。市は活性化につながるとして補助金を支出し、活動を支える。

フェスは15～20分程度。当日の模様を収録した動画は77万再生（17年開催分）を記録した。実行委員長の柄沢純一郎さんは「人口7万人の街のフェスに世界が注目した。地域に新たな可能性を与える」と話す。

音楽フェスやライブなどの公演の増減（2022年上期、19年同期比）

1	神奈川県	93.6	17	北海道	▲19.3	33	和歌山県	▲30.8
2	佐賀県	36.4	18	長野県	▲19.7	34	岩手県	▲36.1
3	群馬県	13.5	19	茨城県	▲20.0	35	香川県	▲37.1
4	熊本県	9.1		宮崎県	▲20.0	36	島根県	▲37.8
5	東京都	7.0	21	栃木県	▲22.6	37	長崎県	▲39.3
6	山梨県	5.0	22	埼玉県	▲23.9	38	三重県	▲40.0
7	大阪府	0.4	23	富山県	▲24.5	39	山形県	▲44.9
8	愛知県	▲0.5	24	宮城県	▲25.0	40	岡山県	▲45.5
9	滋賀県	▲2.2	25	千葉県	▲25.3	41	岐阜県	▲46.2
10	静岡県	▲8.2	26	京都府	▲25.5	42	福井県	▲47.7
11	新潟県	▲8.8	27	鹿児島県	▲26.3	43	徳島県	▲48.4
12	大分県	▲9.8	28	山口県	▲26.7	44	愛媛県	▲48.6
13	青森県	▲10.3	29	広島県	▲26.8	45	福島県	▲49.5
14	石川県	▲11.2	30	福岡県	▲28.9	46	秋田県	▲59.0
15	奈良県	▲14.9	31	沖縄県	▲29.5	47	鳥取県	▲67.9
16	兵庫県	▲15.9	32	高知県	▲29.5			

（%）

（注）▲はマイナス。同じ値の場合は小数点第2位以下で順位付け
（出所）コンサートプロモーターズ協会

佐賀県では高校生ら「フェス部」開催当日にボランティア活動

佐賀県では唐津市がフェスの継続開催を狙い「ミュージックコミッション」を発足させた。本来、主催者が行う許認可申請などをバックアップする。地元高校生などが当日のボランティア活動にあたる「フェス部」もでき、官民で担い手となる。

22年5月に海辺のキャンプ地とフェスを融合した「Karatsu Seaside Camp」を初開催した。「奥田民生」や「真心ブラザーズ」など計16アーティストが参加し、4700人を集客した。傍らでツバキ油を使った化粧品を作るワークショップなどを開き、地域の魅力も併せて発信し

「フジロックフェスティバル」のメインステージで演奏を聴く観客たち
（2023年8月、新潟県湯沢町、写真：共同通信）

音楽フェスやライブなどの公演数の増減（2022年上期、19年同期比）

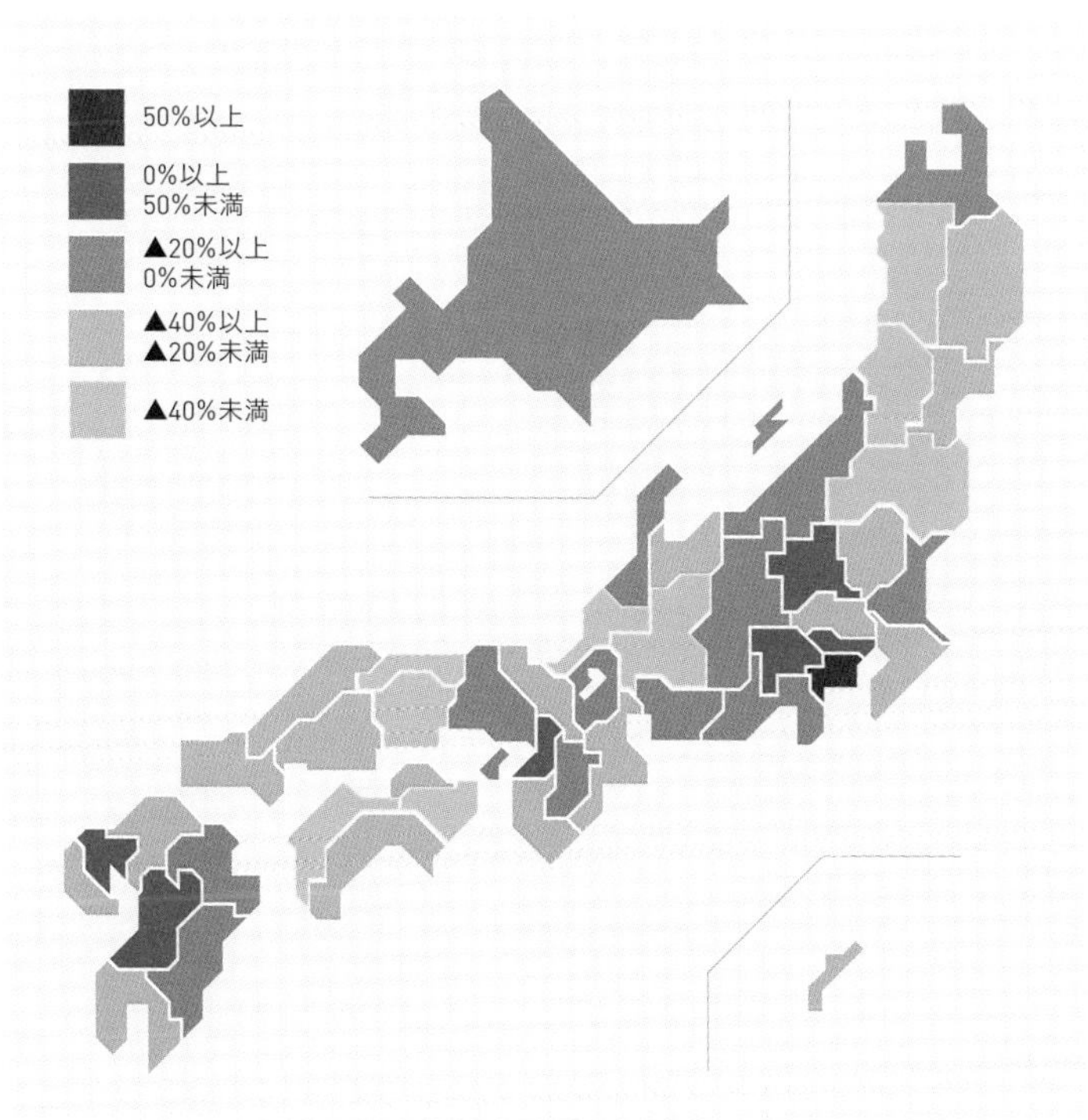

（注）▲はマイナス。出所はコンサートプロモーターズ協会

た。

コンサートプロモーターズ協会によると、直近22年1～6月の全国の音楽イベント公演数は1万4283本、観客動員数は2025万4506人で、19年同期に比べ、それぞれ96%、90%まで回復した。22年は通年でも過去最高に迫る勢いだ。

音楽イベントはコロナ禍前まで、ほぼ一貫して増加が続いていた。定額配信の普及によりCD販売が落ち込み、音楽家がシフトしたことに加え、SNS（交流サイト）で感動を他人と共有したい人が増えたことでイベント自体の価値も高まった。

こうした動きを捉え、自治体が音楽を入り口に地域そのもののファンを増やそうと注力したことも大きい。19年上期比で公演数を最も増やしたのは神奈川県で817本（93・6%増）。佐賀県（36・4%増）、群馬県（13・5%増）が続く。

音楽フェスやライブなどの総動員数

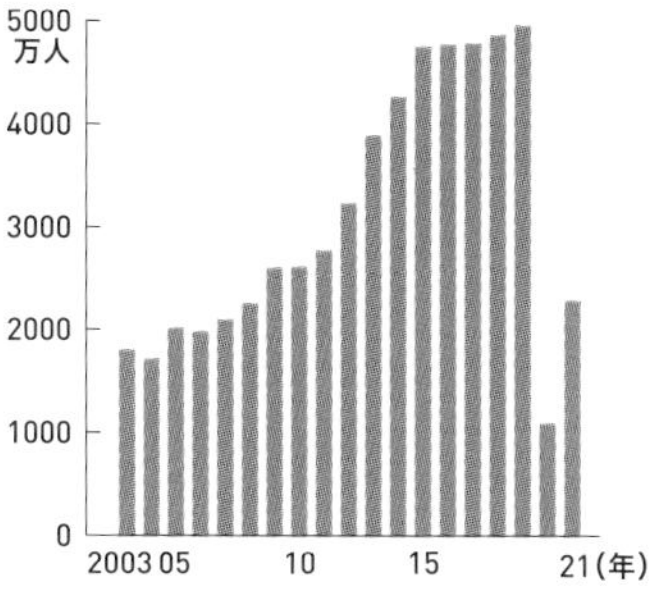

（出所）コンサートプロモーターズ協会

音楽ソフトの生産金額（ディスクとテープの合計）

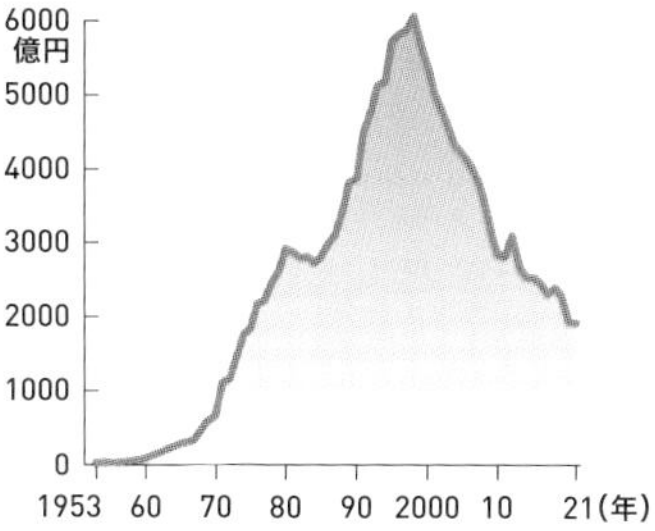

（出所）日本レコード協会

「横浜音祭り」、市内全域で経済波及効果43億円超

神奈川県では、横浜市で音楽やグルメなどを通じて港町の魅力を伝える「ハマフェスY163」が22年に3年ぶりに開かれた。市は「音楽を通じた街づくり」を掲げ、ハード・ソフト両面でイベントを後押しする。

15年、みなとみらい地区で観光・エンターテインメントを軸とした街づくりを進める方針を打ち出し、20年に「KT Zepp Yokohama」や「ぴあアリーナMM」など大規模施設が相次ぎオープンした。今秋には世界最大級の音楽専用アリーナ「Kアリーナ横浜」も開業する。ソフト面では市内全域を会場とする「横浜音祭り」を主催し、22年秋も開催した。

開催地への経済効果は莫大となる。「横浜音祭り」の経済波及効果（19年、主催・共催事業のみ）は43億円超。日本のロックフェスの先駆け「フジロックフェスティバル」（新潟県湯沢町）では、オフシーズンとなる夏場のスキー場に新たな需要をもたらした。会期中、会場となる苗場に国内外から10万人超を集め、周辺ホテルを埋め尽くす。

6-3

ラグビー観戦

［2023年9月9日掲載］

ラグビー熱、W杯のレガシー

2022年度観戦は全国で14・8%
大分・岩手が上位、街おこしでもスクラム

1年間にラグビーを観戦 首位の大分県は22%

ラグビーのワールドカップ（W杯）フランス大会が開幕し、日本代表は2023年9月10日にチリ代表と1次リーグ初戦を迎えた。前回19年の日本大会は12会場での熱戦に延べ170万人超の観客が国内外から集まった。ラグビー熱は会場となった大分県や岩手県で今も高い。地域おこしに生かす動きは各地で広がる。

スポーツ庁による「スポーツの実施状況等に関する世論調査」によると、22年度にラグビーをテレビや競技場で観戦した人の割合は14・8%だった。都道府県では大分県（22・2%）、岩手県（18・8%）、奈良県（18・0%）が上位だった。現地観戦の割合は野球やサッカー、マラソンに次いで高い。

1年間でラグビーを現地、テレビで観戦した人の割合

1	大分県	22.2	17	福岡県	15.0	32	徳島県	12.3
2	岩手県	18.8	18	静岡県	15.0	33	滋賀県	12.1
3	奈良県	18.0	19	新潟県	14.9	34	鳥取県	12.1
4	山梨県	18.0	20	熊本県	14.8	35	北海道	11.9
5	京都府	17.8		全国平均	14.8	36	岐阜県	11.7
6	東京都	17.7	21	宮崎県	14.6	37	広島県	11.5
7	大阪府	17.1	22	和歌山県	14.6	38	長野県	11.3
8	福井県	16.9	23	秋田県	14.5	39	岡山県	11.3
9	長崎県	16.6	24	宮城県	14.3	40	香川県	10.9
10	埼玉県	16.0	25	茨城県	14.2	41	佐賀県	10.4
11	神奈川県	15.8	26	富山県	14.0	42	石川県	10.3
12	千葉県	15.6	27	青森県	13.9	43	山形県	9.5
13	鹿児島県	15.5	28	福島県	13.4	44	山口県	8.2
14	兵庫県	15.3	29	高知県	13.0	45	島根県	8.1
15	愛媛県	15.3	30	愛知県	12.9	46	沖縄県	8.0
16	栃木県	15.0	31	群馬県	12.6	47	三重県	7.5

（%）

（注）同じ値は少数点第2位以下で順位付け。出所はスポーツ庁の2022年度「スポーツの実施状況等に関する世論調査」

ラグビー文化を継承 23年度予算に4500万円

前回W杯で5試合が開かれた大分県はラグビー文化の継承や試合誘致などに力を入れる。23年度予算に計約4500万円を計上。幼稚園や小学校でラグビー教室を毎年100回程度開き、多数の小学生を国内リーグ観戦に招く。ファン拡大へプレーの迫力を眼前で仮想体感できる装置も製作した。県芸術文化スポーツ振興課の担当者は「今回のW杯を機に改めて県民に興味を持ってもらいたい」と話す。

大分県は50年以上続くラグビースクールがあり、国内最高峰「リーグワン」の「横浜キヤノンイーグルス」が第2拠点とするなどラグビーが根付く。そんな同県でも中学校でラグビー部が一時途絶えたが、19年に別府市で学校を超えてチームをつくる「拠点校方

釜石鵜住居復興スタジアムで練習するアマチュアチーム「いわて釜石ラグビーフットボールクラブ」の選手（2023年8月、岩手県釜石市）

式」により復活。豊後高田市、臼杵市などに広がる。

岩手県釜石市は日本選手権で7連覇を果たした新日鉄釜石ラグビー部の記憶から「ラグビーのまち」を掲げる。震災復興の旗印でもある。「ワンフォーオール、オールフォーワンというラグビーの精神は復興のまちづくりと相通じる」（野田武則市長）

津波で壊れた学校跡に立つ「釜石鵜住居（うのすまい）復興スタジアム」は東北唯一のW杯会場。新日鉄釜石の歴史を継ぐリーグワンの「釜石シーウェイブス」の拠点でもある。市民らでつくる「釜石ラグビー応援団」が市と設けた動画チャンネルの試合配信を多いときで約2万人が見る。

市は知名度やW杯のレガシーなどを生かして幅広い世代を呼び込む。スタジアムでのラグビー体験を組み込んだ修学旅行プランでは、県内の中学校などから22年度に約1600人を受け入れた。

ラグビー通じた地域再興 協議会に150自治体加盟

奈良県の2市は強豪校の存在を人の交流に結びつける。天理市では23年6月、天理大学ラグビー部の試合観戦ツアーがあった。楕円の器入りの弁当が付き、学生部員が初心者も楽しめるよう解説した。天理市スポーツツーリズム推進協議会の田中啓之氏は「市内の観光資源を組み合わせ活性化につなげたい」と期待する。

御所（ごせ）市では7月の「御所ラグビーフェスティバル」が根付く。全国大会で準優勝4回の県立御所実業高校のラグビー部員らが30年ほど前から実施。全国から約40校が集い対戦する。飲食・物販の出店など地域ぐるみのイベントに育ち、23年は週末に5000人近くを集めた。

22年に始まったリーグワンは企業名を冠したチームによる「トップリーグ」を改め、地域密着の運営を目指す。ラグビーによる地域振興で連携しようと20年に発足した協議会「自治体ワンチーム」は150自治体が加盟する。静岡県は県も含めた18自治体で最多。W杯会場になった袋井市のスタジアムでは五輪種目である女子7人制の全国大会も開いて普及を後押しする。

前回W杯の経済効果は過去最高の6464億円。夢舞台の再招致も期待されている。

1年間でラグビーを現地、テレビで観戦した人の割合

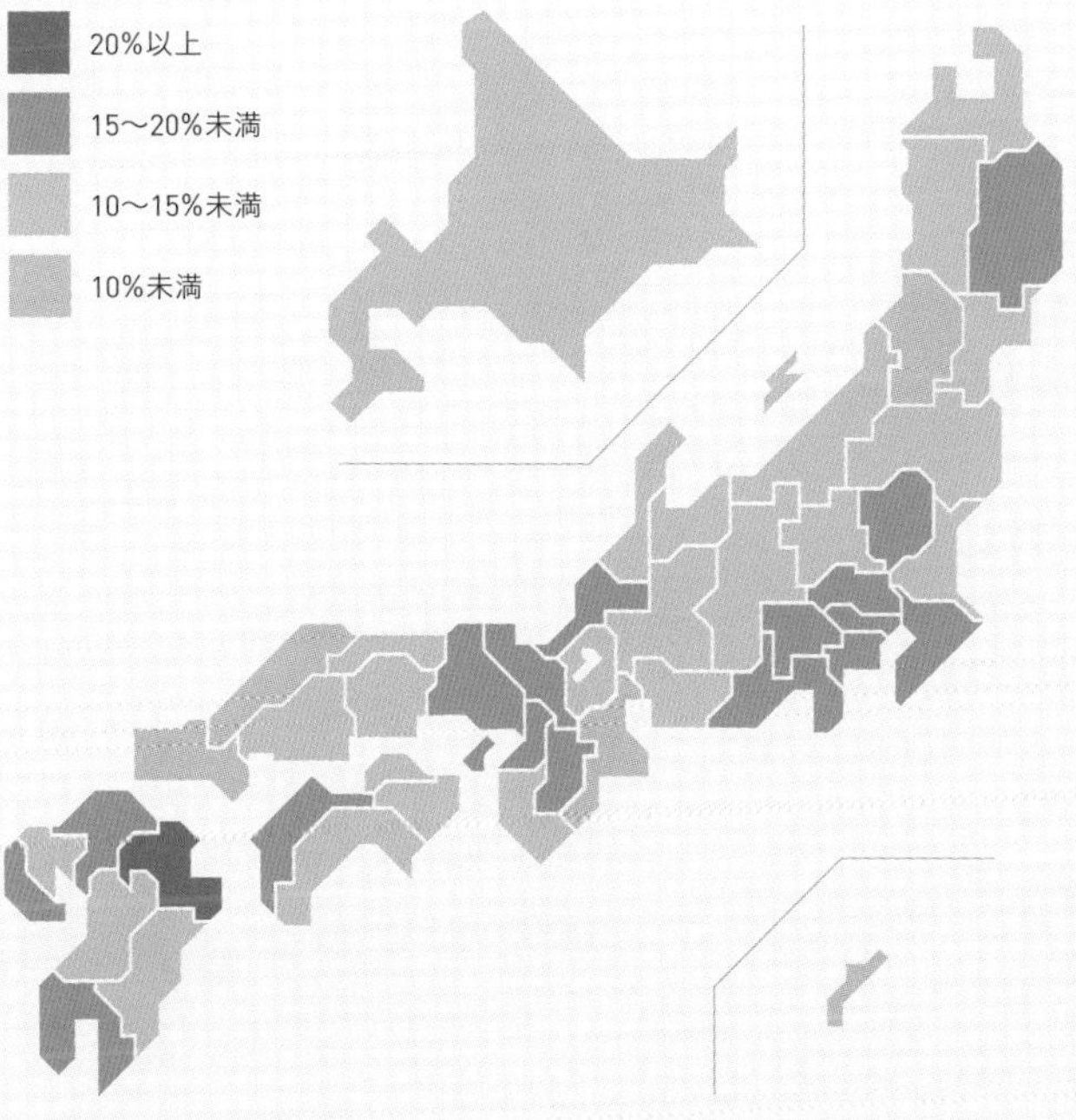

（出所）スポーツ庁「スポーツの実施状況等に関する世論調査」から観戦割合を合算

地域振興にラグビーを活用 静岡は自治体の5割で推進

	参加自治体数	割合
静岡県	18	50.0%
神奈川県	10	29.4
岩手県	8	23.5
埼玉県	15	23.4
東京都	12	19.0
大阪府	8	18.2
大分県	3	15.8

（注）ラグビーを地域共創に生かす自治体の協議会「自治体ワンチーム」の参加状況

競技人口は減少傾向だが 女性は増加

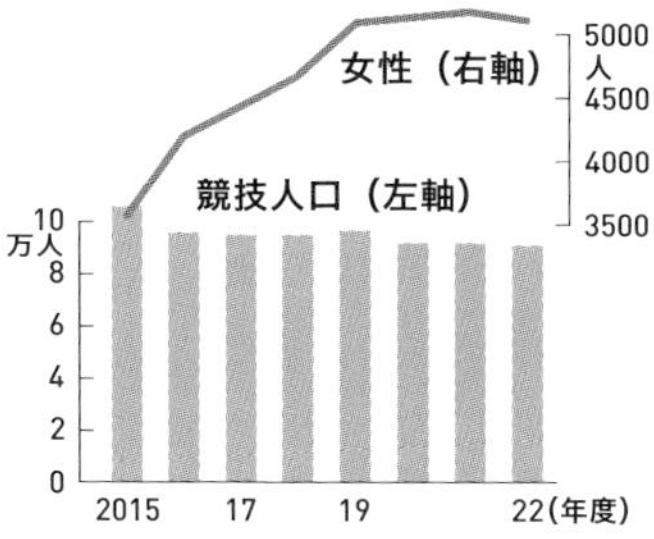

（出所）日本ラグビーフットボール協会

6-4

文化事業支援

［2023年11月11日掲載］

自治体の文化支援3割増
温泉街にアート、大分沸く 金沢、Uターン人材が街に彩り

国内外の芸術家呼ぶ大分県別府市 アトリエ付きアパート提供も

文化や芸術をイベントなどソフト面から根付かせて地域の魅力を引き上げ、多様な人々の呼び込みを狙う自治体が増えている。都道府県と市区町村の芸術文化事業費の合計は10年間で3割近く伸びた。先行する地域では芸術家住民の交流のほか、地方からの文化発信を志す若き才能のUターンなどがまちに刺激や彩りをもたらしている。

「人々がオープンで交流からアイデアが浮かぶ」。フィリピンの女性芸術家、テクラ・タモリアさんは拠点とする大分県別府市内の古い倉庫で笑顔を見せる。布など身近な材料による造形で注目される若手で、地元ＮＰＯのＢＥＰＰＵ ＰＲＯＪＥＣＴが2023年9月に招いた。同年11月16日まで滞在し、住民から集めた古着を用いて制作・発表する。

同ＮＰＯは温泉地にアートで新風を吹き込んできた。国内外の芸術家による滞在制作は毎年恒例で今回はカンボジアや日本を含め3人が参加。中村恭子代表は「よその目が入ることで地域の新たな資源にも気付く」と話す。芸術家にアトリエ付きのアパートを月1万円で貸す事業も手掛ける。計111人が活用し、23人は市内で活動を続ける。

県や市も含む実行委員会は12日まで2カ月近く市内各所で文化イベントを開く。温泉街に若い世代が目立ち、「アートを切り口に訪れてもらえるようになった」（長野恭紘市長）。市は1月、芸術家らの移住支援のほか、地元事業者のデザインなどの相談に応じる

住民1人あたりの芸術文化事業費（2019～21年度の年平均）

順位	都道府県	金額
1	高知県	2278.4
2	佐賀県	995.0
3	大分県	932.5
4	鳥取県	902.4
5	沖縄県	719.3
6	和歌山県	642.7
7	東京都	558.1
8	富山県	537.4
9	滋賀県	511.3
10	石川県	453.6
11	香川県	418.9
12	島根県	412.2
13	群馬県	404.0
14	山梨県	374.9
15	奈良県	358.9
16	宮崎県	346.4
17	山口県	307.2
18	徳島県	284.4
19	岐阜県	284.0
20	山形県	274.3
21	京都府	271.3
22	静岡県	241.6
23	長崎県	237.7
24	兵庫県	225.8
25	北海道	197.5
26	福井県	196.8
27	愛媛県	192.3
28	新潟県	178.5
29	秋田県	160.4
30	茨城県	155.6
31	青森県	146.8
32	長野県	141.6
33	岡山県	134.1
34	宮城県	124.0
35	愛知県	121.7
36	広島県	120.4
37	福岡県	115.7
38	鹿児島県	113.1
39	大阪府	106.3
40	神奈川県	99.9
41	岩手県	95.9
42	熊本県	91.7
43	三重県	87.2
44	栃木県	80.5
45	千葉県	47.8
46	福島県	45.7
47	埼玉県	40.1

（円）

（注）文化庁の資料から算出

大分県別府市内に滞在しながら創作に取り組むフィリピンの芸術家、テクラ・タモリアさん（2023年10月）

新拠点を設けた。市は芸術関係の移住者を24年度までの3年間で7割近く増やす目標を示す。

文化事業への1人当たり年間支出額最も高いのは高知県

大分県は芸術文化への支援が手厚い。美術や音楽、演劇、舞踏といった表現活動を振興する催しなどソフト事業への年間支出額は人口1人当たり932円と都道府県では3位だった。文化庁の資料を基に19～21年度の事業費の平均から算出した。

1位の高知県は漫画家を輩出し、「まんが王国・土佐」を掲げる。全国の高校生による「まんが甲子園」は32回続く。県が20年に高知市に設けた「高知まんがBASE」では作画教室などを開く。県は漫画文化の土台を訴えてアニメ関連などコンテンツ産業を誘致し、進出例も出ている。

芸術文化を柱に地域を活性化する動きが広がる

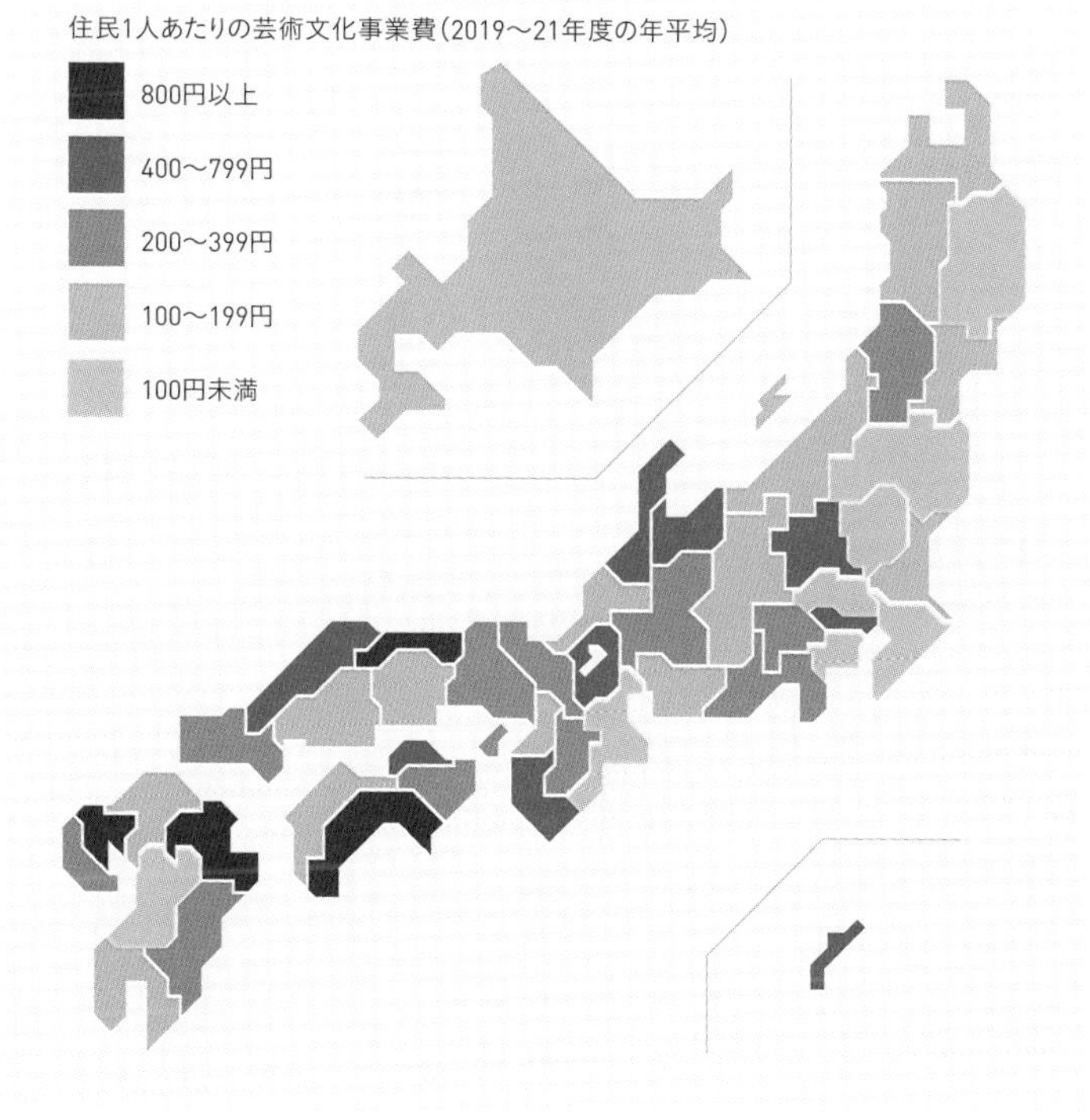

（注）文化庁の資料から算出

金沢市、市民主導で芸術村運営 街全体に波及効果期待

政令市と中核市では金沢市が3034円で最も多い。倉庫跡を再生した「金沢市民芸術村」は演劇や音楽、ダンスなどの練習や発表に使え、分野ごとに公募する市民ディレクターが年2000万円の予算で運営。市は「金は出すが口は出さない」姿勢を貫く。

芸術村内のドラマ工房では「百万石演劇大合戦」と題した演劇祭が23年11月3日に始まった。劇団や個人が30分制限で舞台に立ち、観客の投票で12日の決勝に進む。「観客に目当て以外の劇にも興味を持ってもらいたい」と東川清文ディレクターが企画した。

唯一の落語で決勝に進んだ、かはづ亭みなみさんは地元出身。中学3年生の時に芸術村で演劇に出合ったという。東京の劇団で活動後、3年前にUターンした。今は新進の女性落語家として東京でも高座に上がる。

芸術村の黒澤伸総合ディレクターは「文化に携わる人材が金沢へ戻るケースが増えている」と感じる。「文化に力を入れたことで金沢には何もないという若者の意識が変わった。古民家の再生など街全体に波及効果が出ている」。

芸術文化政策に詳しい静岡文化芸術大学（浜松市）の片山泰輔教授は「文化の多様性は人を引きつけ、新しい挑戦への寛容性も示す」と指摘する。国は20年に文化観光推進法を施行。各地の文化資源の掘り起こしを後押しする。

主要市では金沢が2位の1.6倍

順位	政令市・中核市	住民1人あたりの芸術文化事業費
1	金沢市	3034.5円
2	大阪府豊中市	1866.9
3	富山市	1738.3
4	群馬県高崎市	1596.8
5	北九州市	1022.0
6	神奈川県横須賀市	952.2
7	福岡県久留米市	928.2
8	仙台市	927.4
9	愛知県豊田市	902.0
10	山形市	839.4

全自治体の芸術文化事業費

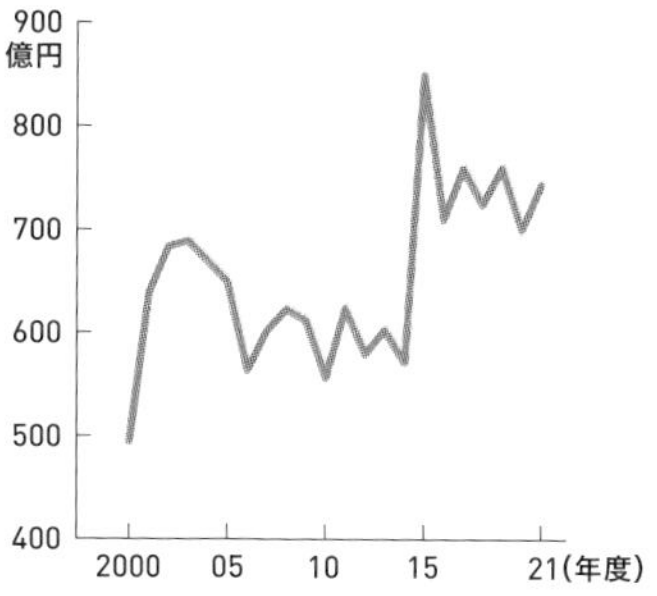

6-5

登録有形文化財

［2023年12月9日掲載］

歴史的建物、国の登録10年で1・5倍

観光資源に再生、稼ぐ拠点に
甲州ワイン、明治期の家屋から発信

全国に1万3000件余り
改装自由、税減免も

人口減と高齢化で消失の危機にある歴史的な建造物を活用する取り組みが活発になっている。国の有形文化財に登録された建造物はこの10年間で1・5倍に拡大。「異分野」であるワインやアートと組み合わせて埋もれていた価値を再構築し、地域の観光資源に生まれ変わらせている。

文化財の登録制度は歴史的価値のある建造物を幅広く保護する目的で1996年に始まった。従来、価値が特に高い文化財は国宝や重要文化財に「指定」され、国の手厚い保護の対象となってきた。

要件が厳格で改修などが制限される指定制度に比べて、「登録」では維持管理の補助は手薄だが、所有者に対する規制は緩やか。内部の改装なども比較的自由にできる。登録されれば固定資産税や相続税が減免される利点がある。

文化庁によると登録有形文化財は2023年11月1日時点で全国に1万3761件と、13年4月から4600件強増えた。国学院大学の西村幸夫教授（都市計画）は「登録のメリットが浸透してきた」と増加の背景を分析する。

歴史的価値はあっても所有者が保全を諦めた建物が地域には点在する。そこで登録制度を活用し、保護するだけでなく、新たな価値を付加する活用事例が増えている。

愛媛県大洲市「旧村上家住宅」
ホテルとして再生

城下町の趣が残る愛媛県大洲市の「旧村上家住宅」。豪商の家だった建物

登録有形文化財の約10年間の増加件数

順位	都道府県	件数
1	大阪府	302
2	京都府	214
3	兵庫県	203
4	長野県	192
5	愛知県	183
6	新潟県	182
7	滋賀県	174
8	三重県	172
	和歌山県	172
10	広島県	169
11	東京都	166
12	神奈川県	153
13	千葉県	145
14	福島県	132
15	静岡県	130
16	福井県	122
17	宮城県	121
	奈良県	121
19	徳島県	112
20	福岡県	109
21	岡山県	102
22	山梨県	97
23	鳥取県	91
24	岐阜県	82
25	埼玉県	78
26	香川県	77
27	熊本県	74
28	富山県	69
29	愛媛県	67
30	石川県	62
31	栃木県	60
32	山形県	56
33	茨城県	49
34	佐賀県	47
35	島根県	44
36	群馬県	41
37	秋田県	40
38	山口県	38
	宮崎県	38
40	大分県	33
41	長崎県	29
42	岩手県	26
43	北海道	18
	鹿児島県	18
45	高知県	13
46	沖縄県	8
47	青森県	6

（件）

（注）2013年4月1日時点と23年11月1日時点の登録件数を比較。登録抹消による減少分も含む。文化庁提供の資料から作成

愛媛県大洲市の歴史的な建造物は多くの訪日客をひきつける

は適切な管理がされず荒廃していたが、古民家の維持管理を担うＫＩＴＡ（同市）が所有者から借り受けるなどして修復し、ホテルとして再生した。

同住宅は4棟が23年8月に有形文化財に登録され、今では目的地とするインバウンド（訪日観光客）が後を絶たない。ＫＩＴＡの井上陽祐社長は「国が認めた文化財に泊まれるという魅力を生み出せる」と指摘する。同市の担当者は「稼ぐ拠点にすることが建物保全の最善策だと所有者に理解してもらえた」と話す。

登録件数が全国最多の大阪府では、住民が主体となった保全・活用が広がる。鉄砲生産が盛んだった堺市は鉄砲鍛冶屋敷の面影を残す建物が今も多く残る。これを活用しようと、地元住民らで構成する「町なみ再生協議会」が14年に市の支援で結成された。

同協議会はあんどんの点灯など江戸時代の街の風景を体感するイベントや勉強会を定期的に開く。文化財保全に対する住民理解を深め、登録を促していく取り組みだ。同市は「価値のある建物を単独ではなく地域全体で活用する機運をつくる」と説明する。

登録有形文化財は関西を中心に約10年間で5割増えた

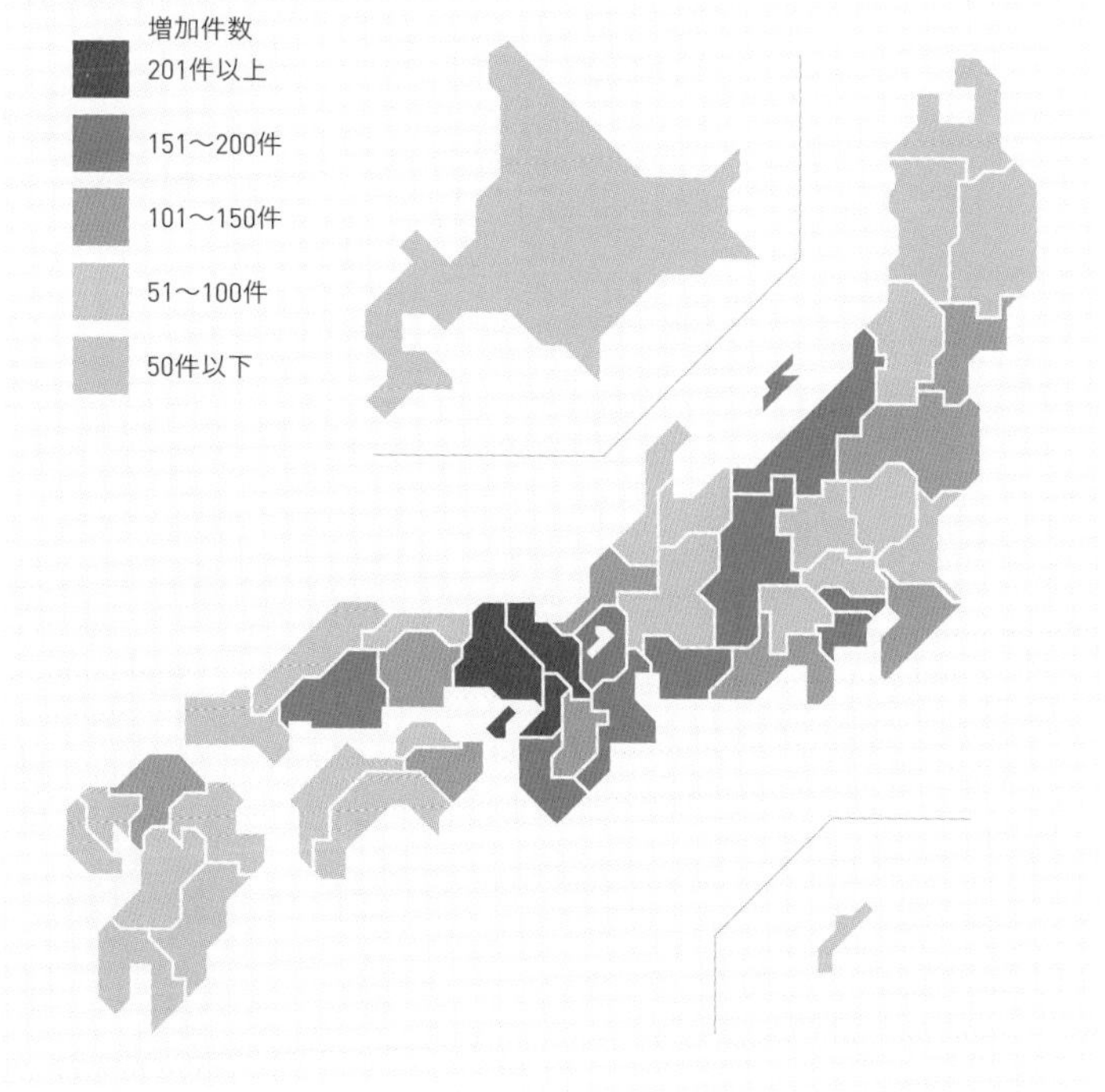

（注）2013年4月1日時点と23年11月1日時点の登録件数を比較。登録抹消による減少分も含む。文化庁提供の資料から作成

総登録件数が多い自治体

1	大阪府	836
2	兵庫県	753
3	京都府	617
4	長野県	612
5	新潟県	558
6	愛知県	553
7	滋賀県	500
8	東京都 香川県	448
10	岡山県	352

（注）2023年11月1日時点での件数

過去約10年間の件数の伸び率が高い5自治体

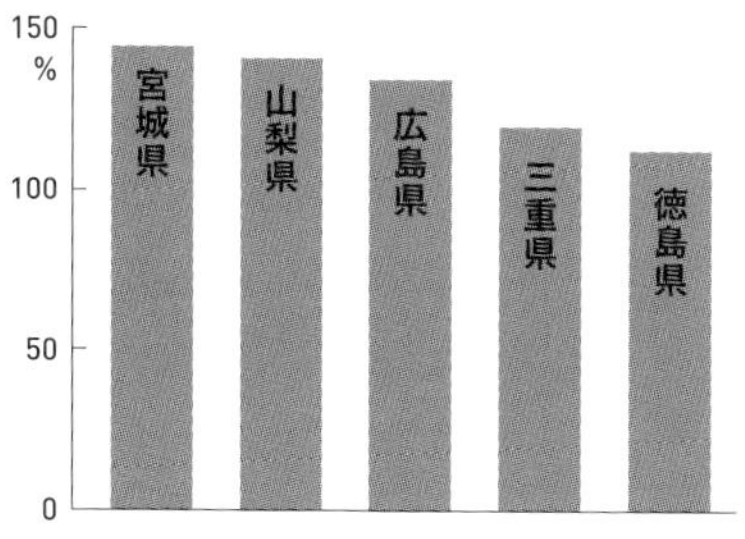

（注）2013年4月1日時点と23年11月1日時点の登録件数を比較

山梨県甲州市勝沼町 ワイン醸造所が有形文化財に

古くから地域に根付く産業と有形文化財が融合し、新たなにぎわいを生む例もある。ワイン醸造が盛んな山梨県甲州市勝沼町。店舗などが和風建築の醸造所が4社あり、19年までに全社の建造物が有形文化財に登録された。

そのひとつ「くらむぼんワイン」の旧主屋は明治期に建てられた日本家屋で、以前は養蚕農家が暮らしていた。現在はワインの販売や試飲スペースを設けたほか、奥の座敷ではミニコンサートやワインセミナーを開催する。甲州ワイン人気もあって、週末は多くの観光客でにぎわう。

長野県松本市では古い建物をアートの展示空間とする「マツモト建築芸術祭」を22年から開催。23年は4件の登録有形文化財を含む19カ所が会場となり、23日間で8万人以上が来場した。過去最高益となったカフェもあるほど地域の経済波及効果は大きい。

同イベントの総合ディレクター、おおうちおさむ氏は「アーティストを目当てに来た人にも歴史のある建築に興味を持ってもらえる」と相乗効果を実感している。

6-6

サッカー観戦

［2022年12月3日掲載］

「サッカー熱」、佐賀県がトップ

Jリーグなど観客動員5人に1人 特産品配布・バス代補助でアシスト

サガン鳥栖のホーム試合 平均入場者数4倍に

サッカーワールドカップ（W杯）カタール大会で日本代表が2大会連続の決勝トーナメント進出を決めた。かつて「手が届かない夢舞台」だったが「常時出場できるレベルに実力を高める」ことを狙い1993年に開幕したJリーグが土台を作った。クラブ数も今や58に拡大。佐賀県や山口県を筆頭に各地がまちづくりと一体となった活動を進める。

Jリーグの設立趣旨には「レベル向上」や「スポーツ文化醸成」と並び「地域に根ざすホームタウン制を基本に住民が心ゆくまでトップレベルのサッカーとふれあえるようにする」ことが明記された。当初10チームだったが、99年にJ2、14年にJ3とカテゴリーが増えた。アマチュア最高峰の日本フットボールリーグ（JFL）にも加盟を目指すチームが多くある。

各地の「サッカー熱」を測るため、都道府県別で22年時点の人口に占める観客動員数（複数チームがある場合は合算）を算出した。トップは佐賀県で19・6％と、5人に1人が観戦した計算となった。

佐賀県は99年にJリーグに参加したJ1・サガン鳥栖を擁する。県は04年、チームを核として地域振興を図ろうと全20市町と協議会を立ち上げた。鳥栖市のホーム競技場に足を運ぶサポーターにイチゴやコメなどの特産品を配ったり、県民が20人以上で応援する場合に貸し切りバス代金を補助したりと入場者を増やす取り組みを続ける。

民間にも応援の輪は広がり、隣県の福岡県久留米市に生産拠点があるブリヂストンは「スタジアムを満員に」の目標を掲げ、07年から冠試合を開催。今シーズンのホーム試合のほとんどで

人口に占めるJリーグとJFLサッカー観客数の割合

1	佐賀県	19.6	17	広島県	6.4	33	福岡県	3.6
2	大分県	14.5	18	石川県	6.3	34	三重県	3.5
3	新潟県	14.3	19	大阪府	6.1	35	福島県	3.4
4	静岡県	13.7	20	山口県	5.7	36	群馬県	3.3
5	山梨県	12.8	21	鳥取県	5.4	37	香川県	3.2
6	山形県	12.7	22	鹿児島県	5.1	38	岩手県	3.0
7	徳島県	12.3	23	秋田県	5.0	39	沖縄県	2.9
8	茨城県	11.9	24	熊本県	4.9	40	青森県	2.9
9	神奈川県	10.4	25	兵庫県	4.8	41	奈良県	2.8
10	長野県	9.7	26	栃木県	4.8	42	宮崎県	2.3
11	宮城県	8.4	27	富山県	4.7	43	高知県	2.0
12	長崎県	8.1	28	千葉県	4.4	44	島根県	1.5
13	岡山県	7.9	29	愛知県	4.3	45	滋賀県	0.6
14	京都府	7.7	30	東京都	4.2		福井県	－
15	埼玉県	7.0	31	北海道	4.0		和歌山県	－
16	愛媛県	6.7	32	岐阜県	3.6			

（％）

（注）2022年入場者数をJリーグ公式データとJFL公式記録から算出、人口は20年国勢調査。同じ値は小数点第2位以下で順位付け。福井、和歌山はJFL以上のチームが無いため観客数データ無し

レノファ山口のホーム戦で盛り上がるサポーター（2022年10月、山口市、写真提供：レノファFC）

も、地元企業や自治体がマッチスポンサーとなりチームを支える。支援は実を結び、ホーム試合の平均入場者数は19年に約1万5000人と、15年前と比べて4倍強に増加した。

レノファ山口はホームタウン拡大
家族での来場割合高く

一方、クラブ別の人口に占める観客動員数の増減（現在の形のリーグ制となった14年比、人口はメインのホームタウンで算出）をみると、増加幅が最も大きかったのは、J2・レノファ山口（24・5ポイント増）。当初、山口市を中心に活動していたが、17年に県内全19市町をホームタウンに設定し、ファンが一気に拡大した。チームも各市町に選手を割り当て、サッカー教室やトークショーなどのイベントに派遣する。ホーム試合は特産品販売や観光案内など自治体PRの場としても活用する。Jリーグのスタジアム観戦者調査（19年）では、家族で来場する割合が67・1%と最も高い地域となった。

スタジアム自体を「人が集う場」として地域再興を目指すのは元日本代表監督、岡田武史氏がオーナーのJ3・FC今治（愛媛県今治市、26・0ポイント増、JFL昇格が17年のため増減幅は参考値）。23年稼働の新競技場にカフェや障害者施設のほか、畑も設けてワイン造りの拠点とする。

人口に占めるJリーグとJFLサッカー観客数の割合

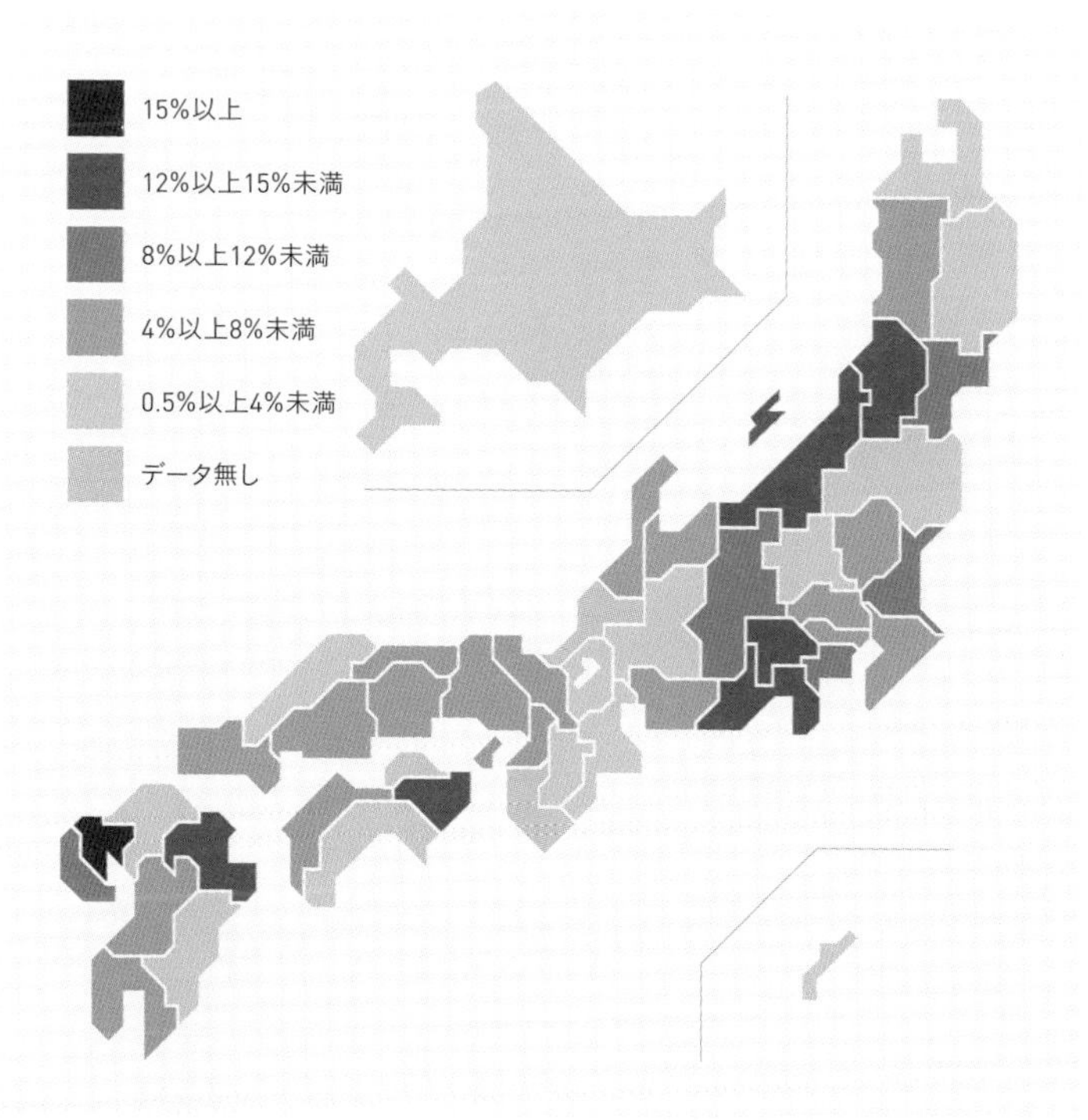

（注）2022年入場者数をJリーグ公式データとJFL公式記録から算出、人口は20年国勢調査。福井、和歌山はJFL以上のチームが無いため観客数データ無し

人口に占める観客数が増えた地域（J3制度開始の2014年比）

チーム名（所属）※2022年時点	都道府県（ホームタウン）	人口に占める観客数の増加ポイント
FC今治（J3）	愛媛（今治市）	26.0
レノファ山口FC（J2）	山口（山口市など全県）	24.5
ヴィアティン三重（JFL）	三重（桑名市など）	19.3
鈴鹿ポイントゲッターズ（JFL）	三重（鈴鹿市）	17.7
FC琉球（J2）	沖縄（沖縄市など全県）	11.3

（注）Jリーグ公式データとJFL公式記録から算出（14年の所属がJFLより下の場合は参考値）、人口はメインのホームタウンの国勢調査（20、15年）

Jリーグ観戦客総数

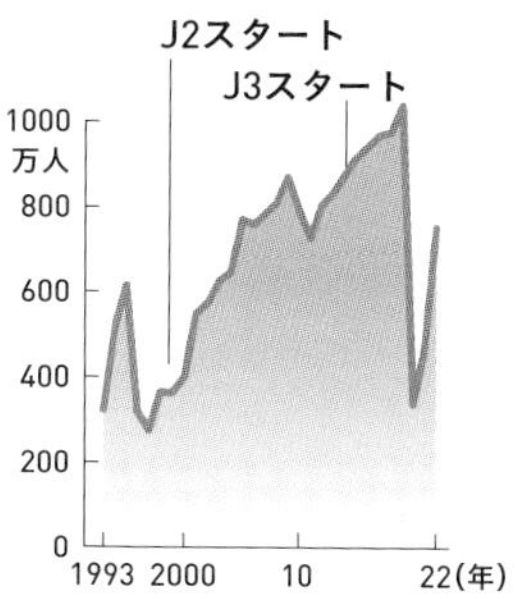

（注）Jリーグ公式データから算出、J1～J3の合算

Jリーグ、地域密着で盛り返し
2019年に初の1000万人超え

Jリーグは開幕当初のブームが去った後、観客動員数が落ち込んだが、地域密着型の応援が根付いたことで盛り返し、19年には約1040万人と初めて1000万人の大台を超えた。

チームが活躍すれば、経済面でも効果は大きい。松本山雅FCはJ1昇格を果たした19年、地元、長野県松本市への波及効果が約64億円（民間シンクタンク推計）にのぼった。チームは全国に点在し、ファンの移動需要も旺盛だ。国際サッカー連盟によると、前回のW杯ロシア大会は世界の総人口（4歳以上）の半数超にあたる35億7200万人が視聴した。地域のサッカー熱を高めることは世界との距離を縮める第一歩にもなる。

6-7

野球観戦

［2023年4月8日掲載］

野球観戦、徳島・高知伸びる

独立リーグが地域に浸透
特産PR、自治体と「バッテリー」

プロ野球観戦率、15県で伸びる 年に1回でも生で試合

ワールド・ベースボール・クラシック（WBC）での日本代表優勝の興奮が冷めないなか、日本のプロ野球も開幕した。新型コロナウイルス対策の応援制限が緩和され、各球場に4年ぶりに歓声が戻ってきた。日本野球機構（NPB）の12球団に加えて地域に根ざしたプロ球団が増え、野球の観戦率は四国などで伸びている。まちづくりに野球を生かす動きもある。

スポーツ庁による「スポーツの実施状況等に関する世論調査」の2022年12月と19年11月の結果を比べると、年に1回でもプロ野球の試合を生で見たと答えた「観戦率」は都道府県のうち15県で増えた。伸び率首位は徳島県（3・2ポイント増）で、高知県（2・4ポイント増）が続く。

NPBの本拠地はコロナ禍が尾を引く。広島県は22年の観戦率が24・6%と全国首位だが、19年比では11・4ポイント下がった。全都道府県では2ポイント超の減少。ただ、伸び率上位の2県を含め独立リーグの球団だけがある15県で比べるとほぼ横ばいだった。

2022年プロ野球観戦率の増減（19年比）

1	徳島県	3.2	17	佐賀県	▲0.5	33	秋田県	▲2.4
2	高知県	2.4	18	北海道	▲0.9	34	茨城県	▲2.5
3	和歌山県	2.2	19	長崎県	▲0.9	35	鹿児島県	▲2.5
4	沖縄県	2.0	20	香川県	▲1.1	36	千葉県	▲2.5
5	岡山県	1.8	21	熊本県	▲1.4	37	東京都	▲2.8
6	愛媛県	1.4	22	栃木県	▲1.6	38	山形県	▲2.8
7	山梨県	1.3	23	山口県	▲1.7	39	京都府	▲2.9
8	宮崎県	1.2	24	埼玉県	▲1.8	40	兵庫県	▲3.1
9	群馬県	0.8	25	奈良県	▲1.9	41	愛知県	▲3.1
10	新潟県	0.7	26	岐阜県	▲2.0	42	福島県	▲5.6
11	青森県	0.2	27	神奈川県	▲2.1	43	福岡県	▲5.9
12	静岡県	0.2	28	大阪府	▲2.1	44	岩手県	▲6.7
13	富山県	0.2	29	三重県	▲2.2	45	島根県	▲6.8
14	石川県	0.1	30	長野県	▲2.2	46	宮城県	▲8.1
15	滋賀県	0.0	31	福井県	▲2.2	47	広島県	▲11.4
16	大分県	▲0.3	32	鳥取県	▲2.3			

（ポイント）

（注）▲はマイナス、同じ値の場合、小数点第2位以下で順位付け。増減は四捨五入の関係で一致しない場合がある。出所はスポーツ庁「スポーツの実施状況等に関する世論調査」から算出

徳島県の独立リーグ球団 10年連続でNPBに選手輩出

徳島県は05年誕生の独立リーグの先駆け、四国アイランドリーグplusの4球団のうち「徳島インディゴソックス」が活動する。「徳島から夢追う人を増やす」を掲げ、10年連続でNPBに選手を輩出。人口が流出する同県だが、23年には県外から外国人を含む18選手が入団した。

「徳島インディゴソックス」がシーズン入り前に4年ぶりに開いた決起集会（徳島市、2023年3月）

県内各市も球団と連携。阿波市はシャインマスカットなど地元農産物を共同でPRし、収益の一部を選手の活動費とする。阿南市は10年に「野球のまち推進課」を設置。草野球チームが試合と観光を楽しむツアー、60歳以上の女性からなるチアリーダーたちの応援などで19年度は約8000万円の経済効果を生んだ。

同リーグの「高知ファイティングドッグス」は地元出身の藤川球児投手や元大リーガーのマニー・ラミレス選手らの所属で話題を呼んだ。県内の越知町はホームタウンとして練習場を提供。佐川町の寮には23年に6選手が転入した。チームは19年から女子野球を支援し、南米で野球教室を開いて選手らを招くなど地域に多様性をもたらす。

2022年プロ野球観戦率の増減（19年比）

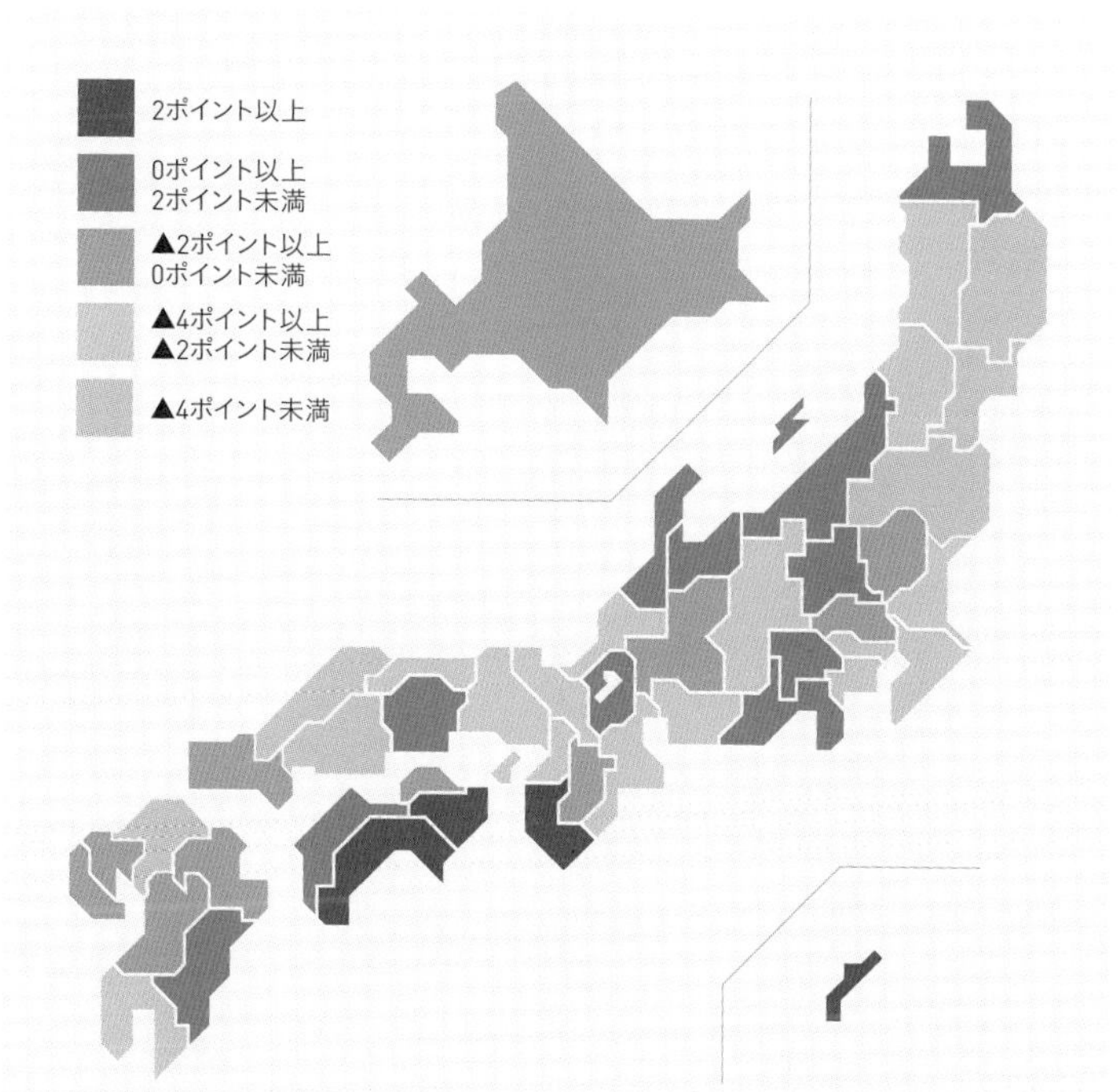

（注）▲はマイナス、出所はスポーツ庁「スポーツの実施状況等に関する世論調査」から算出

「栃木ゴールデンブレーブス」廃校跡に練習拠点

栃木県では16年創設の「栃木ゴールデンブレーブス」が独立リーグのルートインBCリーグで戦う。大リーグなどを経て現役を続ける川崎宗則選手、お笑いタレントの高岸宏行選手らを次々獲得。19年に観客を約6万人に伸ばし、20年と21年の観戦率を比べると1・9ポイント増だった。

同県小山市の17年に廃校となった小学校跡に練習拠点「小山ベースボールビレッジ」を構える。スタンドがある運動場やトレーニング器具が並ぶ教室といった環境を整え、ご当地球団の選手を支える。

独立リーグの球団経営は楽ではないが、23年に約30チームに達する。背景には社会人野球での会社チームの減少がある。企業が経費を負担できず、チーム数は1963年の237から23年には94となった。会社登録ではないクラブチームが主流となり、プロとして上の舞台を夢見る選手にリーグの存在感が高まる。

ヤマエグループ九州アジアリーグに属する4球団のうち北九州下関フェニックス（北九州市）は若いファンを開拓する。球場ではクラブミュージックを流し、スマートフォンに選手のネット実況を配信する。新たな野球の楽しみ方が地方で始まっている。

NPB球団地域はコロナ前に戻り切れず下位に位置する

	プロ野球観戦率(%) 19年	22年	19～22年、増減(ポイント)
1 徳島県	4.7	7.9	3.2
2 高知県	2.3	4.7	2.4
3 和歌山県	6.5	8.7	2.2
47 広島県	36.0	24.6	▲11.4

いち早く観戦率が回復した自治体

	プロ野球観戦率(%) 20年	21年	20～21年、増減(ポイント)
1 徳島県	1.8	6.3	4.5
2 栃木県	3.1	5.0	1.9

（出所）スポーツ庁「スポーツの実施状況等に関する世論調査」、▲はマイナス

社会人野球加盟チーム数

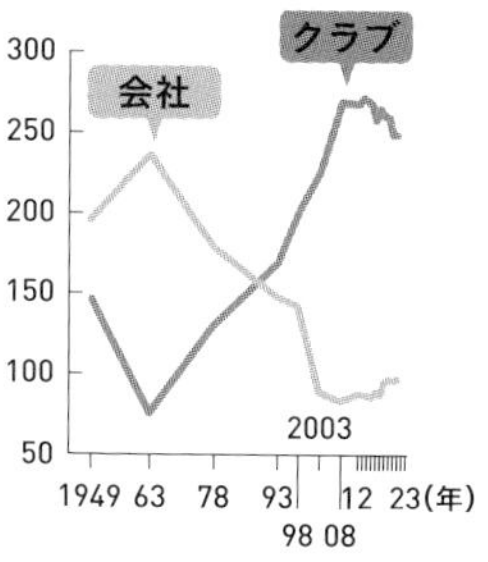

（出所）日本野球連盟、データを集計した年のみ公表。2023年3月24日現在

6-8

自転車利用

[2022年11月26日掲載]

自転車で通勤・通学広がる

専用道整備やシェアサイクル普及が加速
北広島町は購入補助、誘客にも活用

自治体が利用推進 環境・健康意識が後押し

通勤・通学の手段として自転車の利用を推進する自治体が増えてきた。環境意識や健康意識の高まりに加え、新型コロナウイルスの感染拡大で「密」回避の動きが強まったことも利用を後押しする。専用道整備やシェアサイクルを街づくりと連携させる取り組みも加速する。

2022年7月に公表された国勢調査の「利用交通手段」を基に、全国1741市区町村の住民が通勤・通学時に利用する交通手段（自転車やバス、鉄道、自家用車など）を分析した。このうち「自転車のみ」を利用する人を「自転車分担率」として、2010年時点との増減率を算出した。

市区町村で最も利用が増えたのは広島県北広島町で3・6ポイント増の9・2%となった。土地取得や工場建設などで利用できる奨励金を充実させたことで車部品関連産業の集積が加速し、従業員の自転車利用が増えた。町は22年3月に自転車活用推進計画を策定し、購入補助制度などを含めた利用促進と環境負荷の少ない街づくりをめざす。

自転車は観光誘客の目玉の一つにもなる。サイクリング、バイクツーリングなどの周遊支援を始め、全長約144キロメートルのサイクリングコースを整備した。役場などにもサイクルスタンドを設置し「自転車の街」として存在感を高める。

長野県川上村は外国人けん引 都内の放置自転車も活躍

長野県川上村（3・3ポイント増の4・9%）では、レタス栽培を担う外国人労働者の利用が急増した。同村は冷涼な気候を生かし、集荷量全国トップを誇る。20年の作物統計調査によると、作付面積は2170ヘクタールで村の面積のおよそ10分の1を占める。広大な畑で栽培するため、コロナ禍以前は約1000人の外国人が働いていた。自転車が宿舎から農場まで通う

都道府県別の自転車分担率(2020年)

順位	都道府県	分担率
1	大阪府	21.1
2	京都府	15.5
3	愛媛県	14.5
4	東京都	13.4
5	高知県	13.3
6	埼玉県	13.0
7	広島県	12.5
8	岡山県	12.2
9	香川県	12.0
10	兵庫県	11.9
11	徳島県	11.6
12	愛知県	10.4
13	熊本県	9.4
14	和歌山県	9.4
15	静岡県	9.2
16	滋賀県	9.1
17	福岡県	9.0
18	千葉県	8.7
19	神奈川県	8.7
20	宮崎県	8.7
21	山口県	8.5
22	鳥取県	8.0
23	佐賀県	8.0
24	大分県	7.9
25	群馬県	7.8
26	栃木県	7.8
27	奈良県	7.4
28	島根県	7.4
29	宮城県	7.2
30	岐阜県	7.0
31	茨城県	6.7
32	山梨県	6.7
33	三重県	6.6
34	福井県	6.4
35	石川県	6.1
36	青森県	6.1
37	長野県	6.0
38	福島県	5.9
39	岩手県	5.9
40	北海道	5.8
41	山形県	5.8
42	秋田県	5.6
43	鹿児島県	5.5
44	富山県	5.4
45	新潟県	4.9
46	沖縄県	2.9
47	長崎県	2.5

(%)

(注) 2020年国勢調査のデータを基に日経新聞が算出。同じ値は小数点第2位以下で順位付け

大阪の御堂筋では一部で自転車の通行帯を設けている（2022年11月、大阪市）

欠かせない手段となり、05年には村の要請を受け東京都品川区が放置自転車100台を村へ寄贈した。

国は自転車活用推進計画の策定を自治体に促すなど健康促進と脱炭素を両立できる自転車の活用に力を入れる。計画を策定した自治体は22年3月末時点で47都道府県すべてを含む206自治体と1年前比51増えた。

交通手段は自転車のみ 大阪・京都・愛媛が高水準

都道府県別でみた分担率は大阪府が21・1%で首位となった。以下、京都府（15・5%）、愛媛県（14・5%）の順だった。

大阪府は都市部を中心に地形が平たんで職住近接の生活者が多い。コスト意識が高いこともあり自転車通勤・通学が盛んで府内自治体もかねて環境整備を進める。大阪市は1970年代から全国に先駆け、自転車歩行者道や駐輪場などを整備した。大阪府・市は2010年代に自転車活用推進計画を策定した。

ダイキン工業淀川製作所（大阪府摂津市）では、全従業員の2割にあたる約600人が通勤で自転車を利用する。自宅から職場まで1・5キロメートル以上の距離がある社員には自転車通勤手当を支給する。

駅やバス停から目的地までの「ラストワンマイル」の手段として「シェアサイクル」も各地で存在感を高めつつある。茨城県つくば市は実証実験「つくチャリ」に取り組む。市役所や駅前など22カ所に56台を配置。24時間、通勤や通学、買い物などに利用できる。新潟市も9月、新潟駅周辺地域に導入した。

もっとも自転車利用が増えれば事故の危険性も相対的に増す。長野県川上村では日本の交通ルールを十分に把握していない外国人の利用が増えたことで危険な走行なども目立っていたという。村は研修会などを随時開催し、ルールの周知徹底を目指す。ダイキン工業は職場までの道で事故の起こりやすい場所を自ら地図に明示する「ハザードマップ」作成を義務づけた。

自転車分担率は西高東低の傾向（2020年）

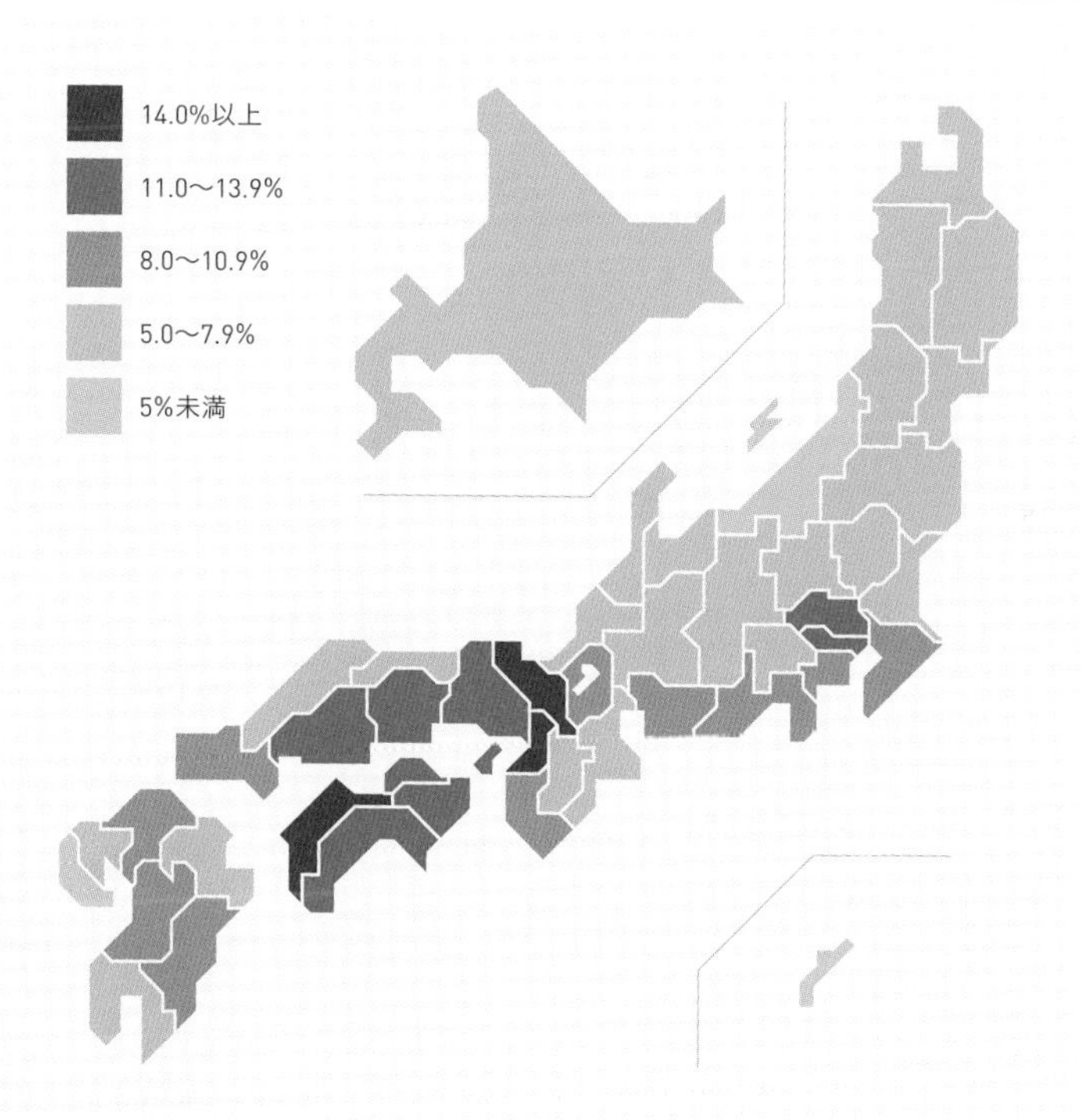

（出所）2020年国勢調査のデータを基に日経新聞が算出

自転車分担率の増加幅が大きい自治体

順位	自治体名	増加幅（ポイント）
1	広島県北広島町	3.6
2	長野県川上村	3.3
3	高知県芸西村	3.0
4	奈良県安堵町	3.0
5	熊本県長洲町	2.6
6	岡山県新庄村	2.3
7	香川県多度津町	2.1
8	福岡県久山町	2.1
9	沖縄県竹富町	2.0
10	沖縄県伊是名村	1.9

（注）2020年と10年を比較。同じ値は小数点第2位以下で順位付け

シェア自転車は全国で拡大（ドコモバイクシェア）

6-9

図書館

［2023年8月5日掲載］

増える図書館、活性化の核に

高知市内の施設、年100万人来館
個性的な建物で観光地に、起業支援の場にも

高知県は人口あたりの貸出冊数10年間で84%伸ばす

本の貸し出しが中心だった公立図書館の役割が変貌している。少子化と人口流出が進む地方で、地域活性化を担う施設と位置づけられ、施設数は全国で増加傾向だ。高知市中心部の図書館は年100万人超が訪れるテーマパーク級の集客力を誇り、高知県は人口あたりの貸出冊数を10年間で84%伸ばした。地域外からも人を呼び込もうと各地でアイデアを競っている。

文部科学省の社会教育調査によると、全国の公立図書館（一般社団法人などの運営を含む）は2021年10月1日時点で3394施設と10年間で120施設増えた。多くの自治体が財政難から公共サービスを手掛ける施設の統廃合を進める中で、「00年代以降、図書館は地域の情報センターとしての機能を強化」（明治大学の青柳英治教授）し、幅広い層の住民の利用を促している。

一方、書店の数は急速に減少が続く。出版文化産業振興財団（JPIC）の調査で、書店がない市町村は全国で26%（22年9月時点）に上る。公立図書館は「地域の知の拠点」としての役割が一段と増す状況だ。

総事業費約146億円をかけて18年にオープンした高知県・市共同運営の図書館を核とする複合施設「オーテピア」（高知市）は、障害者向け図書館やプラネタリウムがある科学館を併設。県民の知的好奇心に応えようと、これまで利用しなかった層にアプローチし、19年度の来館者は100万人を突破した。蔵書は160万冊超と西日本トップクラスを誇る。

公立図書館の利用は滋賀や東京で活発（1人あたり貸出冊数、2020年度）

順位	都道府県	冊数
1	滋賀県	6.9
2	東京都	6.2
3	高知県	6.0
4	岡山県	5.6
5	鳥取県	5.6
6	香川県	5.5
7	福井県	5.3
8	山口県	5.3
9	佐賀県	5.2
10	長野県	4.9
11	静岡県	4.8
12	長崎県	4.7
13	徳島県	4.7
14	京都府	4.6
15	兵庫県	4.6
16	大阪府	4.5
17	石川県	4.4
18	島根県	4.4
19	愛知県	4.3
20	富山県	4.2
	全国平均	4.2
21	奈良県	4.2
22	新潟県	4.2
23	愛媛県	4.1
24	栃木県	4.1
25	広島県	4.1
26	三重県	4.0
27	和歌山県	3.9
28	岐阜県	3.9
29	山梨県	3.9
30	埼玉県	3.8
31	茨城県	3.8
32	群馬県	3.6
33	岩手県	3.6
34	福岡県	3.5
35	千葉県	3.5
36	宮城県	3.4
37	鹿児島県	3.4
38	山形県	3.4
39	北海道	3.0
40	福島県	2.9
41	大分県	2.9
42	神奈川県	2.8
43	熊本県	2.7
44	沖縄県	2.7
45	宮崎県	2.6
46	青森県	2.5
47	秋田県	2.5

（冊）

（注）貸出冊数は社会教育調査。人口は住民基本台帳に基づく人口動態調査。同じ値は小数点第2位以下で順位付け

高知県梼原町の「雲の上の図書館」は建築家の隈研吾氏が設計を手掛け、町の観光施設として国内外から注目を集める

「オーテピア」は利用者を地元の専門家や企業へつなげる「課題解決サービス」に力を入れる（高知市）

きめ細かなサービスも特徴だ。司書が定期的に教育機関や企業を訪問し、蔵書やデータベースの利用方法を説明するなどして利用者の開拓を続ける。電子書籍の取り扱いも拡充したほか、市町村立図書館への配本の回数を拡大。施設から離れた住民でも県内の最寄り施設でオーテピアの本を読めるようにし、19年度の貸出冊数は106万冊と14年度比で2倍に拡大した。

隈研吾氏設計の町立図書館 海外からも観光客

同県の山あいにある梼原町は観光客の呼び込みに生かす。町立「雲の上の図書館」は世界的な建築家の隈研吾氏が設計を手掛け、建設費約12億円で18年に開館した。地元産木材をふんだんに使った内外装が特徴。同館をコースに加えたツアーも人気で、週末は台湾の団体客らも目立つ。人口約3000人の同町唯一のホテルは22年の宿泊客が17年比4割以上増えた。

鳥取県立図書館は起業支援に力 創業勉強会や専門家紹介

鳥取県立図書館（鳥取市）は起業支援に力を入れる。中小企業診断士らによる創業勉強会を毎月開催し、起業や経営改善など相談内容に応じて適切な専門家らを紹介するサービスを拡充中だ。15年から図書館を活用して起業や商品開発に成功した事例を表彰している。小林隆志館長は「新たなビジネスを生むことで地域の役に立つ姿をみせたい」と意気込む。

地域の特色を全国発信する拠点として活用する例も増える。江戸時代から続く鍛冶技術で知られる新潟県三条市で22年7月に開業した図書館を核とした複合施設「まちやま」は、本だけでなく地元企業が製造に関わった電動ドリルやかんななどを無料で貸し出す全国初のサービス「まちやま道具箱」を23年6月に始めた。利用者が地元産製品を購入してくれる効果も期待できる。

1人あたりの貸出冊数が全国トップの滋賀県は、1980年ごろから利用を促進しようと選書などを担当する司書の採用・教育に注力してきた。地域それぞれの思いと工夫が詰まった図書館は、子どもから高齢者まで多様な世代を引きつけ、活性化の中核施設として存在感を増している。

公立図書館の利用は滋賀や東京で活発（1人あたり貸出冊数、2020年度）

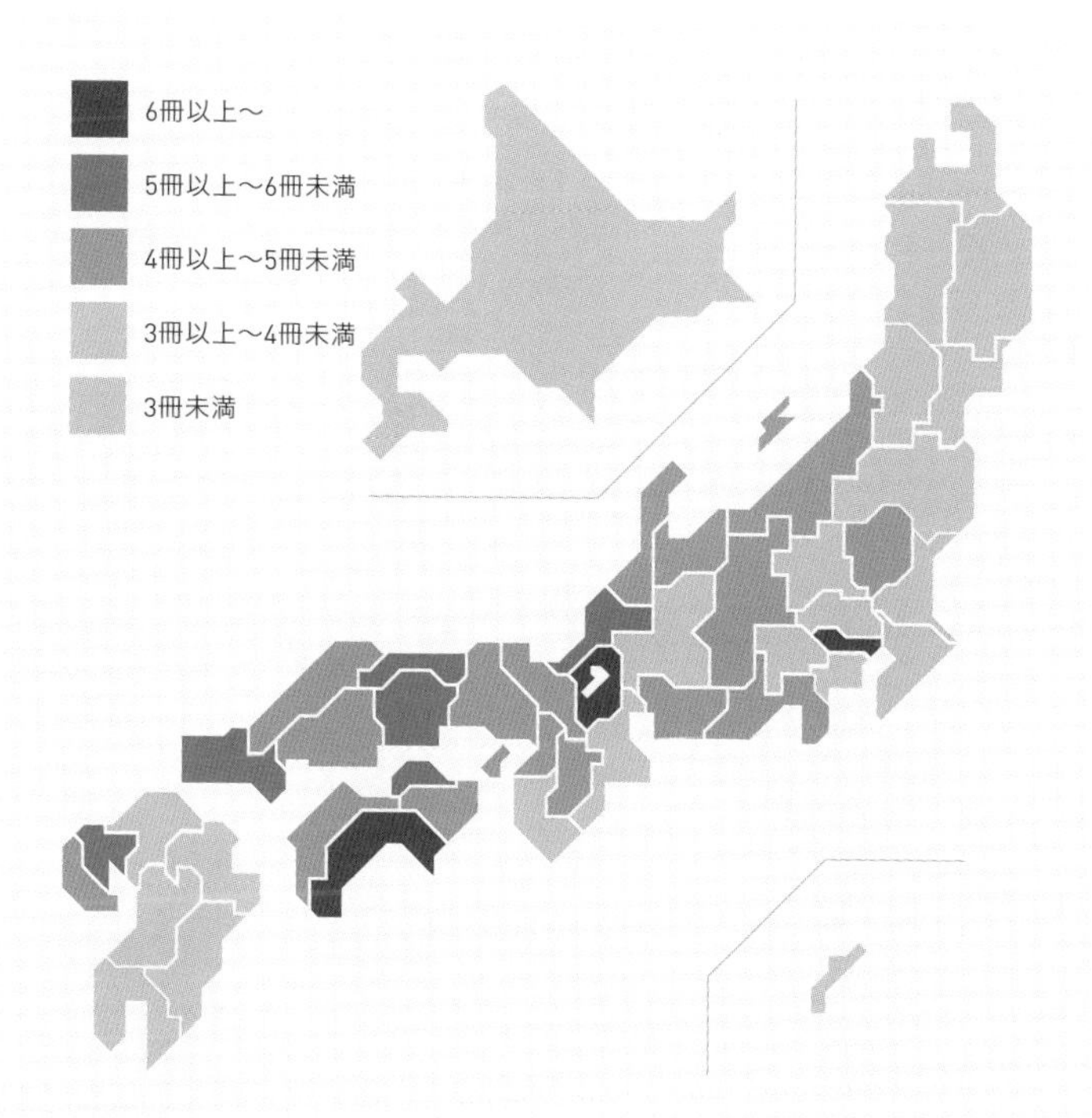

（注）貸出冊数は社会教育調査。人口は住民基本台帳に基づく人口動態調査

図書館数と書店数の推移

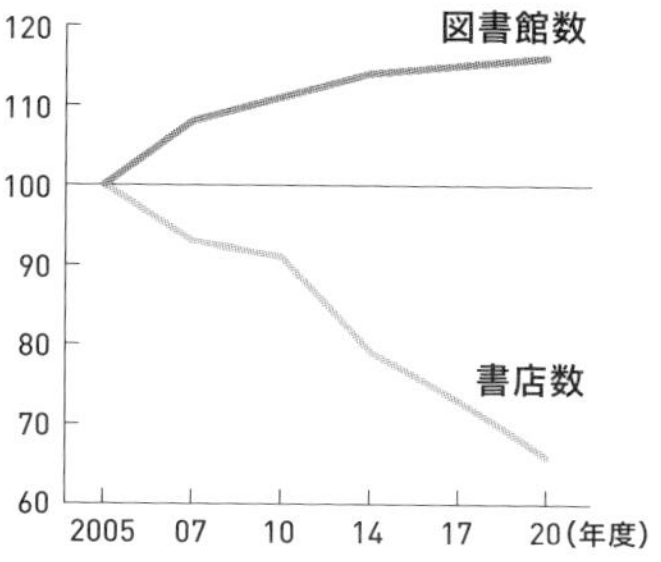

（注）図書館数は社会教育調査、書店数は出版科学研究所。2005年度を100として算出

1人あたり貸出冊数の増加率が高かった5自治体

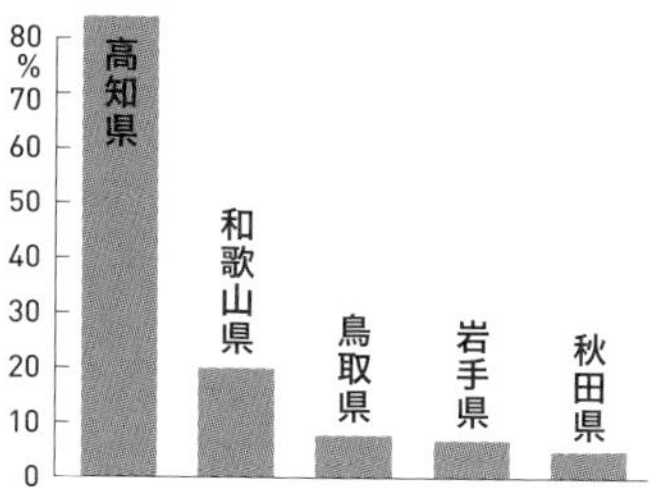

（注）2020年度と10年度の比較。貸出冊数は社会教育調査。人口は住民基本台帳に基づく人口動態調査

7-1

PFI

［2022年12月17日掲載］

民に託すＰＦＩ、公共施設磨く

全国の事業数、10年間で2倍以上に
佐賀・みやき町、町営住宅に生かし人口増

最多の大阪府、全庁で案件発掘

公共事業のコスト削減

公共施設の建設や運営を民間に委ねるＰＦＩ（民間資金を活用した社会資本整備）という官民連携の手法を導入する自治体が増えている。限られた財源の中、民間の柔軟な発想で魅力ある社会資本を構築することができると、住宅や空港、スポーツ施設、美術館と分野は広がる。ＰＦＩは公共施設の収益性向上だけでなく、地域に新たなにぎわいを生み出している。

ＰＦＩは国が1999年に制定したＰＦＩ法に基づき、公共施設の新設や建て替えで施設の設計や建設、管理、運営を一括して民間に任せる仕組みだ。民間が一定のリスクを負い、コストを縮減しながら魅力的かつ収益が見込める施設を目指す。内閣府によると2022年3月末時点でＰＦＩの事業数は、国や大学法人の実施を含めて932件。10年前（12年3月末）と比べて2倍以上に増えた。

自治体（都道府県および市町村）の実施事業数では大阪府が71件と最多だ。1990年代に深刻な財政難に陥った大阪府は公共事業のコスト削減を探ろうと、99年に「ＰＦＩ検討委員会」を発足。全庁を挙げてＰＦＩが可能な案件発掘を進めてきた。

取り組んだのは老朽化した府営住宅の建て替えだ。ＰＦＩによる建て替えと余剰地の活用を一体にして事業者を募る独自スキームを構築。担当者は民間が参入しやすいように「コストのかかる維持管理は指定管理者制度で別の事業者を募集した」と話す。余剰地は建て替え後の住宅を高層化して捻出した。これまでに15件のプロジェクトにこのスキームを適用した。

2月にオープンした大阪中之島美術館（大阪市）は官民連携によって魅力

PFIを積極的に活用する自治体が多い都道府県（2022年3月末）

順位	都道府県	件数	順位	都道府県	件数	順位	都道府県	件数
1	大阪府	71	17	滋賀県	14	30	青森県	8
2	愛知県	66	18	岩手県	12	34	奈良県	6
3	神奈川県	53		山口県	12		島根県	6
4	兵庫県	43		三重県	12		香川県	6
5	埼玉県	40	21	新潟県	11		高知県	6
	千葉県	40		富山県	11	38	長崎県	5
7	福岡県	37		大分県	11		宮崎県	5
8	東京都	35	24	徳島県	10		山梨県	5
9	静岡県	32		愛媛県	10	41	秋田県	4
10	北海道	24		鹿児島県	10		岐阜県	4
11	山形県	22		鳥取県	10		沖縄県	4
12	岡山県	20	28	栃木県	9		福島県	4
13	京都府	17		熊本県	9	45	群馬県	3
14	宮城県	15	30	茨城県	8		長野県	3
	広島県	15		石川県	8	47	和歌山県	1
	佐賀県	15		福井県	8			

（件）

（注）内閣府資料から作成。PFI事業の実施に先立って発表する「実施方針」の公表件数

大阪中之島美術館は2022年2月の開館後、すでに50万人超が来訪した

ある施設運営を実現した。市が建設し、運営権を民間に売却するPFIのコンセッション方式を公設美術館で全国初導入した。菅谷富夫館長は「美術館の運営も経営的な視点が必要になる」と話す。開館後の来館者は50万人を超えている。

PFIを活用した町営住宅整備で、人口増に転じさせたのが佐賀県みやき町だ。2012年に町長直轄のまちづくり課を新設し、予算を抑えながら子育て世代を呼び込める住宅を整備しようとPFI活用に踏み切った。民間に建設と維持管理を任せるスキームを採用し、集合住宅7棟のほか全国初となるPFIによる戸建て賃貸住宅31戸を整備した。

PFIを積極的に活用する自治体が多い都道府県（2022年3月末）

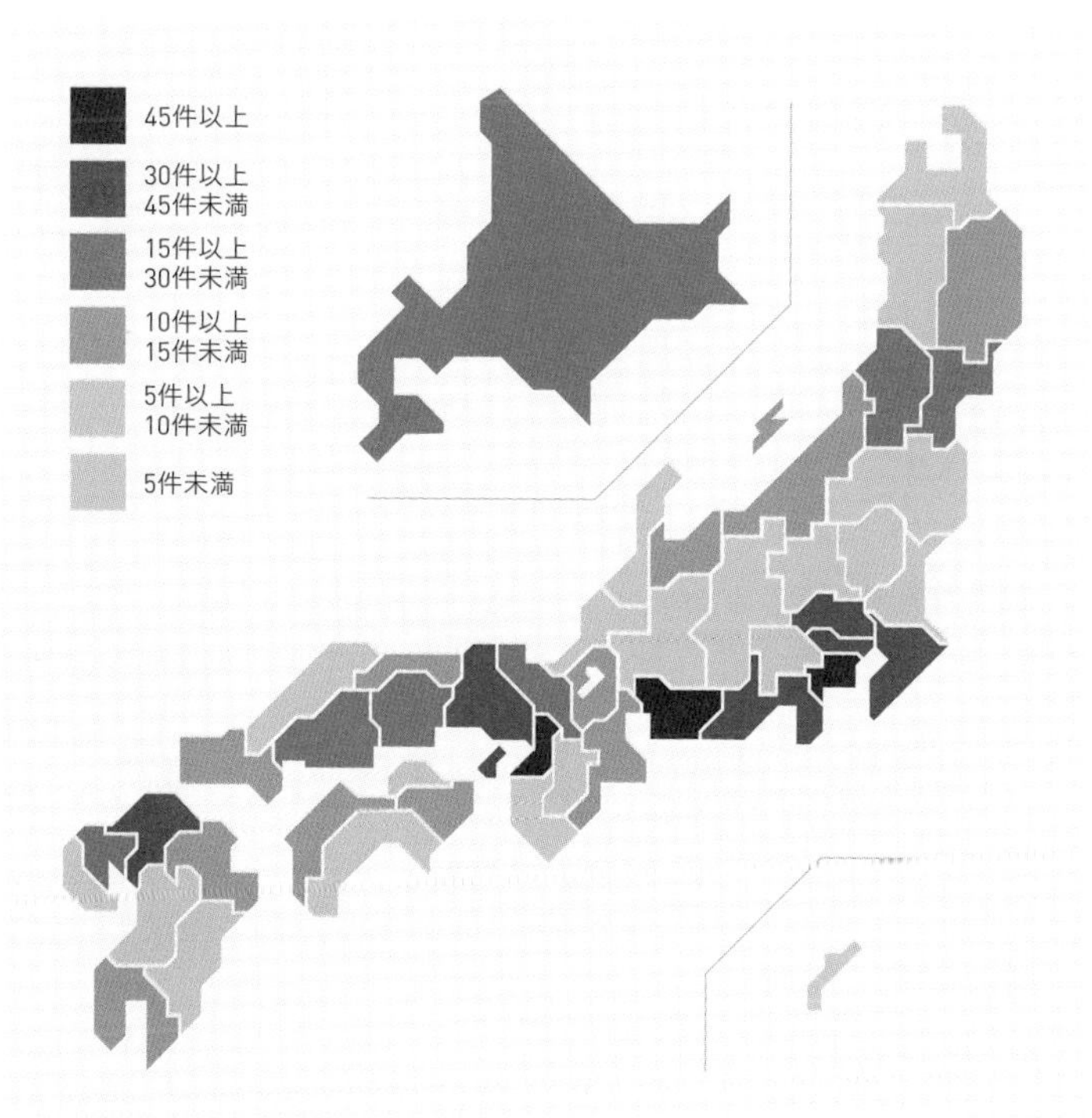

（注）内閣府資料より。PFI事業の実施に先立って発表する「実施方針」の公表件数

国が自治体に活用促す 民間連携、10年で30兆円に

国は地方で加速する老朽インフラの更新も見据えて自治体にPFI活用を促す。22年度から10年間にPFIなど民間と連携した事業を国内で30兆円とする目標を設定した。22年10月の臨時国会で成立した改正PFI法で地方銀行などに専門家を派遣できるようにして、小規模自治体でのPFI導入支援を打ち出した。

幅広い分野で活用が広がる

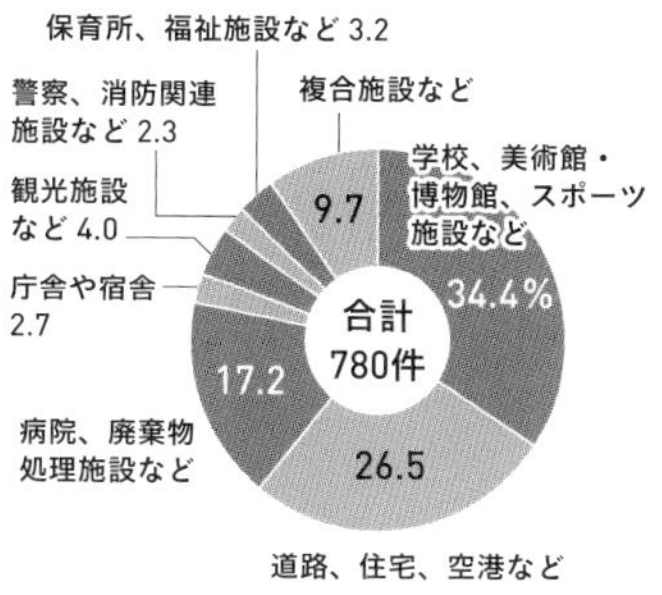

（注）自治体が実施している案件

全国でPFIの導入は増加

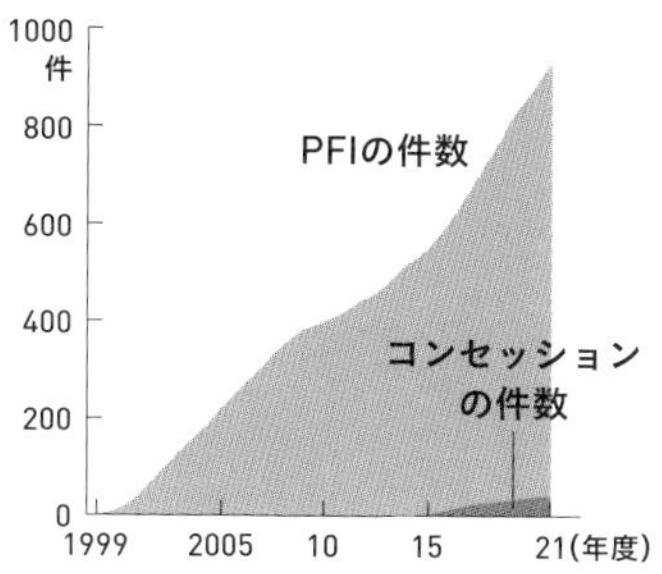

（注）実施方針の公表件数。国や大学法人などが実施するPFIを含む

岡山・津山市は市営プール廃止 PFIで会員制スポーツ施設

行政と民間とがリスク分担を定めて事業を進めるPFIでは、設計段階で民間の提案や民間の意向をくんだ計画づくりが不可欠となる。岡山県津山市では民間事業者にとって採算が合わない市営プールを廃止して、PFIによって22年5月に会員制の総合スポーツ施設をオープンさせた。

プールは年2億円弱の維持管理費用がかかり財政を圧迫していたが、廃止や改修にも莫大なコストがかかる想定だった。公益性は低下するが、プールを廃止すれば事業者が独立採算で運営できると判断。担当者は「持続的な運営が市民の利益になる」と話す。

PFIは人材や予算、保有する施設が多い都市部の自治体に集中する傾向がある。関西大学環境都市工学部の北詰恵一教授は「まずノウハウ蓄積が重要。小さな施設へのPFI導入の可否から検討すべきだ」と指摘する。

7-2

地方議会の女性議員

［2023年8月26日掲載］

2023年統一地方選 女性の当選が過去最多に

地方議会で女性議員比率が高まっている。4月の統一地方選では41道府県議選の合計で女性の当選が最多だった。

女性議員比率、46都道府県で増

地方議会、香川が伸び最高

全体でなお17%、多様な視点を行政に映せず

香川県は県議と市・町議で女性比率が前回統一選後の2019年末より4・9ポイント上昇と全国で最も伸びた。全国の比率は17%と欧米より低く、幅広い視点を行政に生かすにはさらなる引き上げが不可欠だ。

総務省がまとめた23年の統一地方選の結果から都道府県議会と市区町村議会での女性議員比率を都道府県ごとに算出し、19年末と比べた。23年中に統一地方選以外の日程で実施された選挙の結果は未反映。福井県を除く46都道府県で割合は上昇し、増加幅は静岡県も4・9ポイント、佐賀県が4・7ポイントと高かった。

香川県議会の女性議員躍進 民間ネットワークも好影響

香川県議会では2人だった女性議員が9人と大幅に増えた。定数41に占める割合は22%と都道府県で最も多い東京都議会の3割強に次ぐ水準。定数40の高松市議会も2人増えて10人となった。

香川県男女共同参画審議会の委員でもある高松大学経営学部の高塚順子教授は「女性の社会進出を後押しする雰囲気が醸成されて女性候補が擁立され、投票する有権者も増えた」と分析する。

女性の政治参画に詳しい上智大学の三浦まり教授は「民間ネットワークも影響した」とみる。同県内で女性の政治参加を促す地元組織の一つは現職の女性議員らとの討論会や交流の催し、選挙制度を巡る勉強会を重ねた。

佐賀県でも党派を超えて活動しやすい環境を整えようと19年に「佐賀県女性議員ネットワーク」が発足。女性候補者掘り起こしへNPO法人「女性参画研究会・さが」は22年から政治塾を

女性議員比率は福井県を除いて上がった

	増減ポイント		増減ポイント		増減ポイント
① 香川県	4.9(16.2)	⑰ 愛知県	3.3(19.1)	㉜ 秋田県	2.0(11.1)
② 静岡県	4.9(18.2)	⑱ 岡山県	3.3(14.6)	㉝ 千葉県	2.0(20.2)
③ 佐賀県	4.7(13.8)	⑲ 新潟県	3.2(14.8)	㉞ 茨城県	2.0(14.8)
④ 東京都	4.4(33.5)	⑳ 鳥取県	2.8(14.6)	㉟ 栃木県	1.8(15.6)
⑤ 島根県	4.1(12.1)	全国平均	2.7(17.0)	㊱ 和歌山県	1.7(12.9)
⑥ 奈良県	4.0(16.4)	㉑ 埼玉県	2.7(24.2)	㊲ 岩手県	1.7(14.2)
⑦ 三重県	3.9(19.1)	㉒ 高知県	2.6(15.5)	㊳ 熊本県	1.6(10.9)
⑧ 群馬県	3.9(14.1)	㉓ 青森県	2.6(11.0)	㊴ 長崎県	1.5(10.0)
⑨ 鹿児島県	3.8(13.8)	㉔ 兵庫県	2.5(20.3)	㊵ 宮城県	1.5(14.0)
⑩ 愛媛県	3.8(13.8)	㉕ 山梨県	2.4(10.0)	㊶ 徳島県	1.4(13.4)
⑪ 宮崎県	3.7(15.6)	㉖ 岐阜県	2.4(14.9)	㊷ 富山県	1.3(10.7)
⑫ 広島県	3.7(14.8)	㉗ 神奈川県	2.2(24.7)	㊸ 山形県	1.2(11.6)
⑬ 大分県	3.7(11.7)	㉘ 京都府	2.2(22.0)	㊹ 滋賀県	1.1(16.7)
⑭ 沖縄県	3.7(13.4)	㉙ 北海道	2.2(15.7)	㊺ 山口県	1.0(13.1)
⑮ 大阪府	3.6(24.6)	㉚ 石川県	2.1(10.8)	㊻ 福島県	0.7(9.3)
⑯ 長野県	3.6(19.5)	㉛ 福岡県	2.1(16.1)	㊼ 福井県	▲0.5(10.2)

(%)

(注) 都道府県、市区町村議会における女性議員比率を2023年と19年で比較した変化幅、▲は減。同じ値は小数点第2位以下で順位付け。カッコ内は女性議員比率。23年は22年末のデータに4月の統一地方選の結果を反映。総務省資料から作成

千葉県白井市議会は女性議員が10人で定数の56%と全国最高

開く。

　地方議会の多くは議員のなり手不足が深刻だ。三浦教授は各地で活発になる連携組織の動きについて「高齢の議員が世代交代する際に候補者の供給源となる。今回の県議選で女性比率を伸ばした鹿児島や岡山、熊本にも同様のネットワークがあり成果が出たのではないか」と指摘する。

　東京都の杉並区議会では区議の半数が女性となった。無所属で初当選した倉本美香議員は「女性議員が増えるには挑戦できる環境も必要だ」と強調する。同区役所では議員が望めば会議室を託児スペースにできる。21年には区議が出産や育児、介護などで欠席する際の規定を設けた。

女性議員の比率は全国的に伸びた

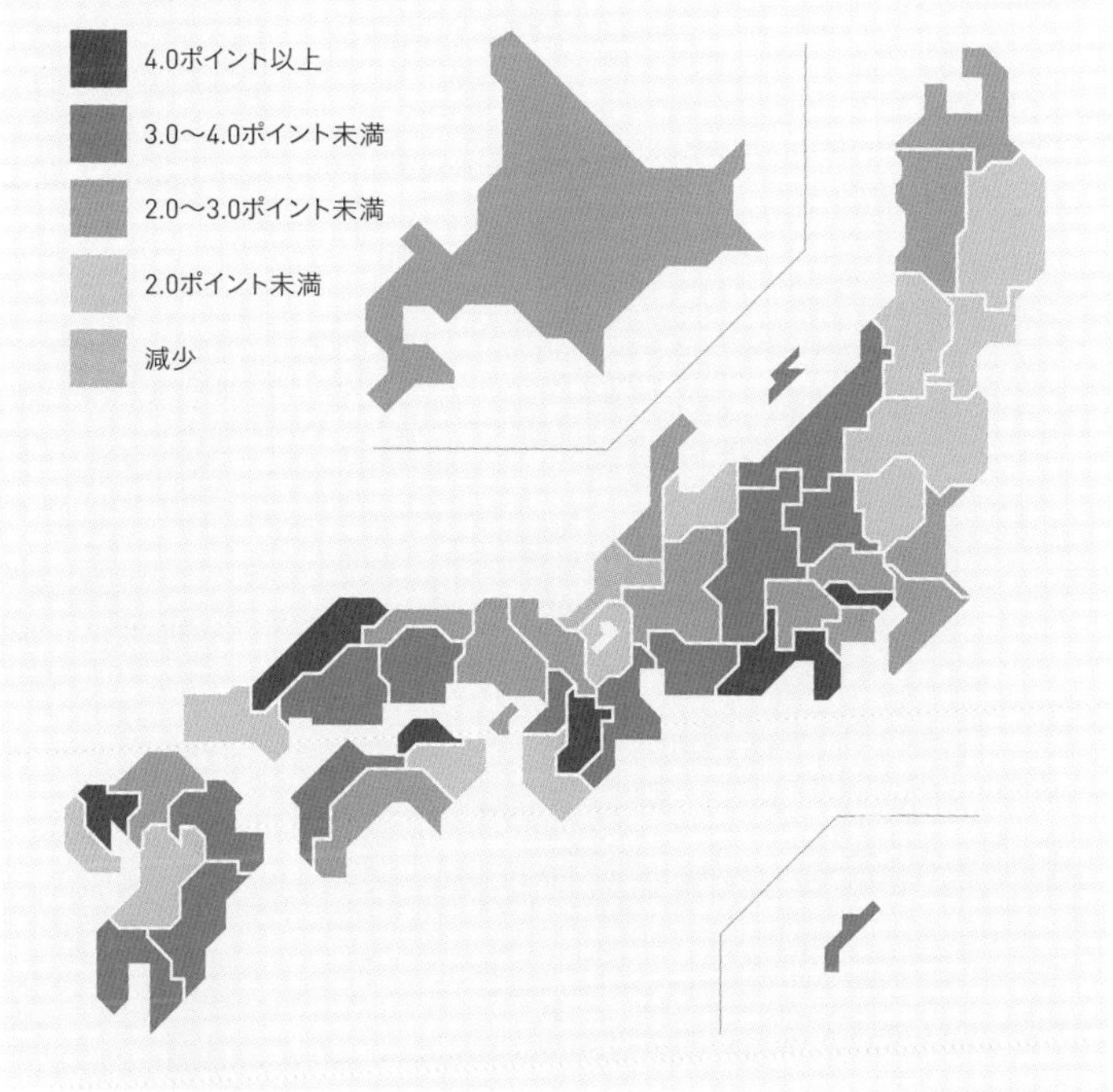

(注) 都道府県、市区町村議会における女性議員比率を2023年と19年で比較。23年は22年末のデータに4月の統一地方選の結果を反映。総務省資料から作成

女性議員は子育てや福祉重視 比率増で政策充実に期待

　地方議会に女性が増えることで子育てや福祉などの政策充実が期待される。内閣府が20～21年に地方議員に実施した調査によると、力を入れる分野で女性議員は「出産・子育て、少子化対策」が56％と最も多く、「介護・福祉」が次いで53％だった。男性議員はいずれも27％だった。

　子育て支援の認定NPO法人フローレンス（東京・千代田）が開く勉強会は女性議員の参加率が高い。駒崎弘樹会長は「都で双子ベビーカーを畳まずバスへ乗車できるようになった例では多くの女性議員の協力があった」と語る。

　市町村議会では、定数18のうち女性が10人で全国最高の56％となった千葉県白井市議会など過半数を実現する例も出てきた。しかし、女性が全体で30％を超すのは東京都のみで、神奈川県など6府県が20％台。200を超す地方議会で女性がゼロという。

　欧州では女性の地方議員が半数に迫る国もある。日本では国政でも女性議員が衆参合わせて16％。「候補者男女均等法」が施行されて5年だが、政治の世界における男女差の是正は道半ばだ。

　多様な民意を反映して地域を変える上でも暮らしに直結した地方議会で女性議員が活躍の場を広げる必要がある。

大都市圏の比率が高い

	女性議員比率	2019年比増加幅
❶ 東京都	33.5%	4.4ポイント
❷ 神奈川県	24.7	2.2
❸ 大阪府	24.6	3.6
❹ 埼玉県	24.2	2.7
❺ 京都府	22.0	2.2
全国平均	17.0	2.7

日本の女性議員比率は低い

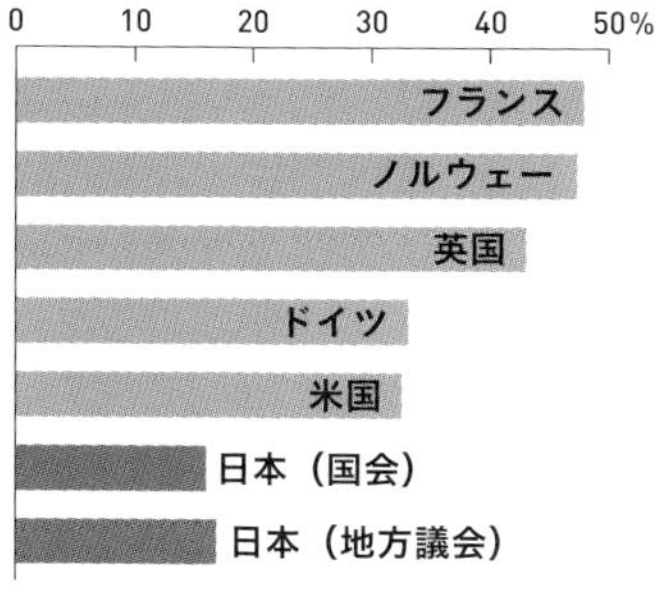

(注) 海外は州に相当する地方議会

7-3
地域活性化起業人
［2023年6月10日掲載］

会社員助っ人、行政に刺激
民間から市町村に出向、22年度6割増
北海道や三重、DX・企画力で貢献

民間企業の社員が地域活性化 3年間で派遣人数4倍に

民間企業の社員が「地域活性化起業人」として全国の市町村で活躍している。会社員のまま知識や経験を行政に生かせる。総務省によると2022年度までの3年間で派遣人数は4倍となった。観光振興や特産品開発、デジタルトランスフォーメーション（DX）などの専門人材として地域に新たな風を吹き込む。

制度は過疎地向けに14年度に始まり、21年度から対象の市町村を大幅に拡大。22年度は前年度比約6割増の618人が368市町村に赴いた。企業と市町村が協議し、入社3年目以上の社員を半年から3年にわたり出向させる。市町村が派遣人材の給与などとして企業に支払う経費には国が1人につき最大で年560万円を補助する。従来の仕事を兼務できるが、月の半分超は自治体で働く必要がある。

地域活性化起業人は全国に活躍の場（2022年度）

順位	都道府県	人数
1	北海道	92
2	三重県	48
3	福島県	26
4	熊本県	23
	鹿児島県	23
6	長野県	21
7	埼玉県	20
	岡山県	20
9	島根県	19
10	山形県	18
11	福岡県	17
12	沖縄県	16
13	岩手県	15
	高知県	15
15	石川県	14
16	秋田県	13
16	兵庫県	13
18	新潟県	12
	宮崎県	12
20	宮城県	11
	奈良県	11
	和歌山県	11
	広島県	11
	山口県	11
25	栃木県	10
	山梨県	10
	静岡県	10
28	長崎県	9
29	岐阜県	8
	愛媛県	8
31	群馬県	7
	徳島県	7
31	佐賀県	7
34	青森県	6
	茨城県	6
	富山県	6
	福井県	6
	京都府	6
39	千葉県	5
40	鳥取県	4
	香川県	4
42	愛知県	3
43	東京都	2
44	滋賀県	1
	大阪府	1
46	神奈川県	0
	大分県	0

（人）

（出所）総務省

北海道上士幌町のバス自動運転 立役者はソフトバンク社員

北海道内には全国最多の計92人が派遣された。ほぼ中央の上士幌町では22年12月から小さなコミュニティーバスが自動運転で町民を乗せて走る。全国でも珍しい市街地での定期運行を実現した立役者がソフトバンクの吉原文啓さん（55）。同年11月から活性化起業人として働く。

町は17年から同社と自動運転の実証実験を続けてきた。町が本格運行を引っ張る人材を求め、社内募集に吉原さんが手を挙げた。海外の日系企業に通信インフラを営業してきたが、新型コロナウイルス禍でリモートワークが続き、「顔が見える仕事をしたい」と心機一転を図った。

着任から1カ月で乗務員の資格取得や警察への申請などをクリアし、降雪など条件の厳しい12月からの運行にこぎ着けた。会社ではフレックス勤務。町役場は午前8時半が始業で「生活リズムが大きく変わった」と笑う。休日は釣りに行くなど自然豊かな暮らしも満喫する。

国が4月に公道走行を解禁した「レベル4」での完全自動運転を23年度中

ソフトバンクの吉原文啓さん㊨は
北海道上士幌町で
バスの自動運転を推進する

に達成するのが次の目標だ。竹中貢町長は「専門の人材を招いたことでスピード感が出る」と強調する。所属するデジタル推進課の梶達課長は「ミーティングの効率的な進め方や資料の見やすさなど勉強になる」と刺激を受ける。

地域活性化起業人は全国に活躍の場を広げている（2022年度）

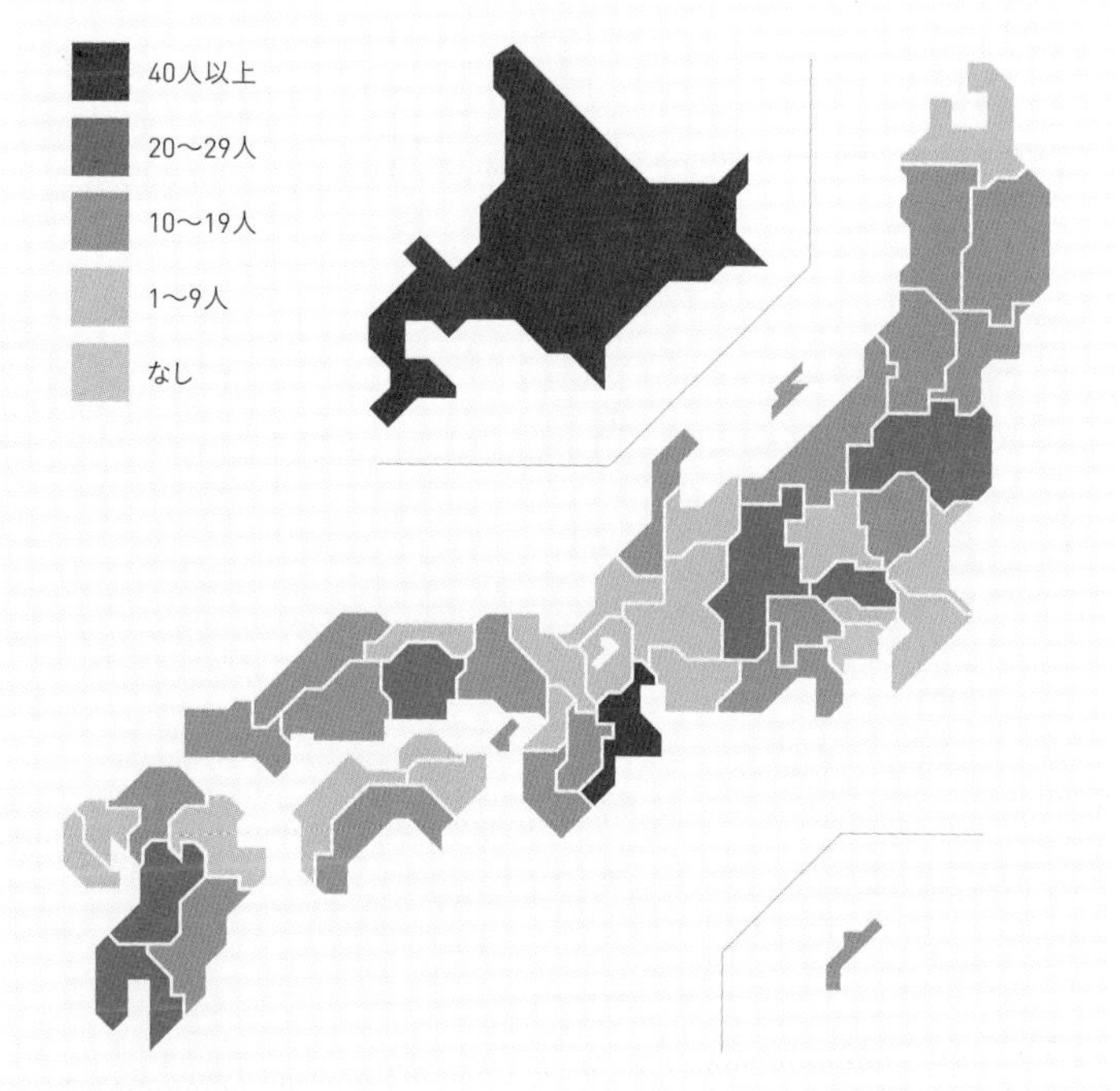

（出所）総務省

市町村最多は三重県いなべ市 交通・観光関連から目立つ

三重県内では48人を迎え、いなべ市は22人と全国の市町村で最も多かった。日沖靖市長は「自治体はどこも人材不足。職員は堅実だが新しい事業が苦手」と語り、スマートシティや脱炭素など市の戦略施策に起業人を積極登用する。

宮井正勝さん（48）は岐阜ダイハツ販売（岐阜市）のＭａａＳ推進室長だった。「高齢者が不自由のない街づくりに関わりたい」といなべ市で新たな移動手段などを探る。事業の推進組織には人脈をたどって民間8社を集めた。都市整備課の太田正則課長補佐は「企画力が抜群。自分1人ではできなかった」と驚く。

市町村別の受け入れ数

1	三重県いなべ市	22人
2	北海道東川町	11
3	埼玉県横瀬町	7

企業別の派遣数

1	JTB	38人
2	ジャルセールス	37
3	ANAあきんど	30
4	日本航空	28
5	DMM.com	22
6	ソフトバンク	18

市町村の受け入れ人数は急拡大

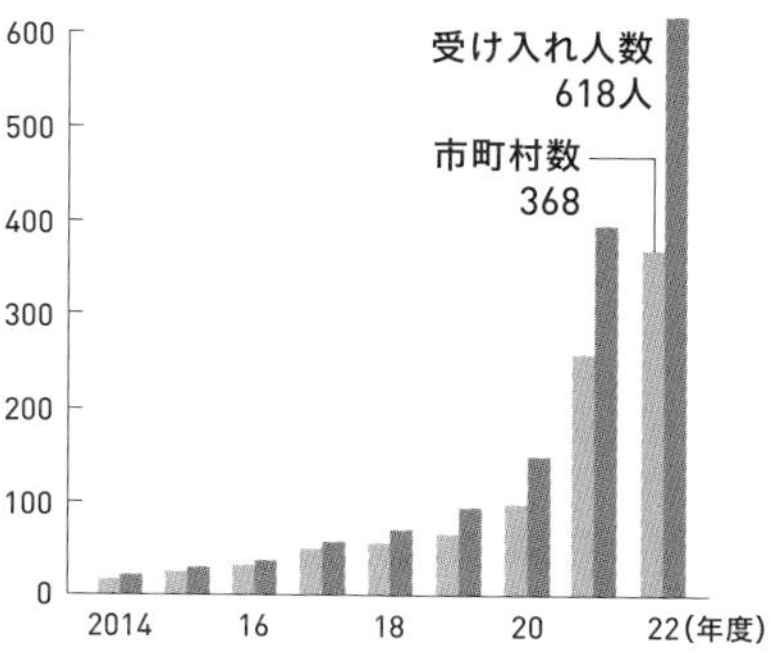

派遣企業は交通・観光業界が目立つ。総務省の担当者は「コロナ禍で雇用維持に活用された面もあるが、観光復活へ人材を求める自治体の需要は大きい」と見る。兵庫県豊岡市は22年度に5人を招き、日本航空の人材が城崎温泉の宿泊データから観光アプリを開発。機動力を生かせ、「助かった」（同市担当者）。

23年度も派遣社数や人数は増えそうだ。企業側も自治体との関係強化とともに社員が行政経験を積むことで「スキルアップにもなる」（ソフトバンク）。一部企業は縮小するが、22年度に企業で最多の38人だったＪＴＢは同程度の派遣を見込む。

関東学院大学の牧瀬稔教授（地域政策）は「自治体が苦手なデジタル化などで起業人は重宝されている」と見る。ただ、「依存してしまい派遣が終わった途端に仕事が止まることがないよう、自治体側もノウハウ吸収に努めるべきだ」と指摘する。

7-4

自主防災組織

［2023年9月2日掲載］

被災教訓、防災へ住民組織拡大

カバー率上昇、全国で84%
岡山・熊本が伸ばす、避難誘導を「共助」

自然災害が頻発するなか、町内会などを基盤とした自主防災組織の重要性が増している。どれだけの世帯が組織の対象となっているかを示すカバー率を見ると、岡山県や熊本県など近年、災害が多かった西日本の自治体の伸びが目立つ。活動メンバーの高齢化も進むが、身近な住民で支え合う「共助」の拠点として機能を高める努力も続く。

阪神大震災が契機 平時は住民訓練や備蓄点検

自主防災組織は災害対策基本法などに基づく任意団体。町内会や小中学校の通学区域単位で組織されるケースが多く、平常時は住民参加の防災訓練や備蓄の点検などをする。災害時には自治体などと連携し、住民の避難誘導や支援物資の配布といった活動を担う。消防団などと被災者の救助や初期消火をすることもある。

1995年の阪神大震災を契機に設立が進み、活動範囲の世帯数を全世帯数で割ったカバー率も上昇。総務省消防庁によると全国の2022年4月時点のカバー率は84・7%と95年の約2倍になった。

岡山・熊本は3割上昇 地域防災力の向上担う

10年前と比べた上昇幅を見ると、岡山県が約33ポイントでトップだった。18年の西日本豪雨で大きな被害を受けたことから、岡山市は19年度に自主防災組織への支援メニューを拡充。新たにできた組織に助成金を支給するほか、避難訓練の実施や地域防災マップの作成なども補助する。

自主防災組織は大きな災害があった県で増えている

		変化幅ポイント			変化幅ポイント			変化幅ポイント
1	岡山県	32.8(88.0)	17	和歌山県	14.9(97.1)	32	徳島県	4.3(94.3)
2	熊本県	30.8(88.4)	18	北海道	14.7(64.2)	33	長野県	3.7(94.9)
3	沖縄県	30.2(40.6)	19	広島県	14.3(94.3)	34	秋田県	2.1(72.0)
4	長崎県	27.6(73.7)	20	群馬県	12.5(90.9)	35	滋賀県	1.2(88.5)
5	香川県	24.6(97.2)	21	岩手県	12.0(88.5)	36	兵庫県	1.2(97.4)
6	青森県	23.0(56.4)	22	千葉県	11.2(69.5)	37	愛知県	▲0.4(94.9)
7	鳥取県	22.9(92.9)	23	宮崎県	11.2(87.7)	38	東京都	▲0.9(76.6)
8	高知県	22.3(96.8)	24	新潟県	11.0(87.9)	39	静岡県	▲1.0(93.1)
9	佐賀県	22.1(91.0)	25	奈良県	9.1(89.1)	40	栃木県	▲1.3(85.2)
10	石川県	20.7(97.0)	26	埼玉県	8.6(92.2)	41	京都府	▲1.5(90.9)
11	茨城県	20.6(82.1)	27	山口県	7.7(92.7)	42	宮城県	▲2.1(83.2)
12	富山県	19.7(88.4)		全国平均	7.3(84.7)	43	神奈川県	▲2.3(75.1)
13	島根県	18.0(77.4)	28	大阪府	6.2(89.7)	44	三重県	▲2.4(90.1)
14	鹿児島県	16.7(94.1)	29	大分県	5.8(97.1)	45	岐阜県	▲3.7(89.9)
15	山形県	16.6(91.8)	30	福井県	5.7(91.3)	46	福島県	▲4.8(75.7)
16	福岡県	16.4(94.6)	31	愛媛県	4.9(93.8)	47	山梨県	▲6.0(89.3)

(%)

（注）全世帯に占める自主防災組織の活動エリアにある世帯の割合（カバー率）を、2022年と12年時点で比較した変化幅。▲は低下。カッコ内は22年時点のカバー率。同じ値は小数点第2位以下で順位付け。出所は総務省消防庁

熊本県人吉市上新町は2020年の球磨川の氾濫で大きな被害を受けた

熊本県人吉市上新町の自主防災組織は2020年の球磨川の氾濫で約3週間炊き出しをした

2位の熊本県も16年の熊本地震などの経験から自主防災組織の設立を進めてきた。県は19年度から活動を支援する担当者を配置し、災害発生時の自治体との役割分担なども定める。20年7月の九州豪雨による球磨川の氾濫で大きな被害を受けた人吉市では、自主防災組織が市民の安全と生活の確保に貢献した。

同市上新町で防災組織の役割を担う町内会の4人の役員は、氾濫に伴う避難指示を受けて計50世帯を1軒ずつ訪ねて避難を呼びかけた。約20人の高齢者が住んでおり、耳の遠い人もいた。床上浸水した家もあったが、事前に決めてあった高台へ全員が避難して無事だった。炊き出しも約3週間続けた。防災士の資格も持つ町内会の白石忠志会長（73）は「地域の実情をよく知る我々だからこそ可能な活動がある」と話す。23年8月の台風6号でも、一人暮らしの高齢者の家庭などを回って安全対策を呼びかけた。

地域防災力の向上に向け、球磨川流域の自主防災組織は9月をめどに「コミュニティー・タイムライン」をつくる。災害を5段階にレベル分けし、地区ごとに誰が、いつ、何をするかを事前に定める。人吉市の深江政友・地域防災官は「地域ごとにより適切な行動がとれるようになる」と期待する。

自主防災組織のカバー率は西日本で上昇が目立つ

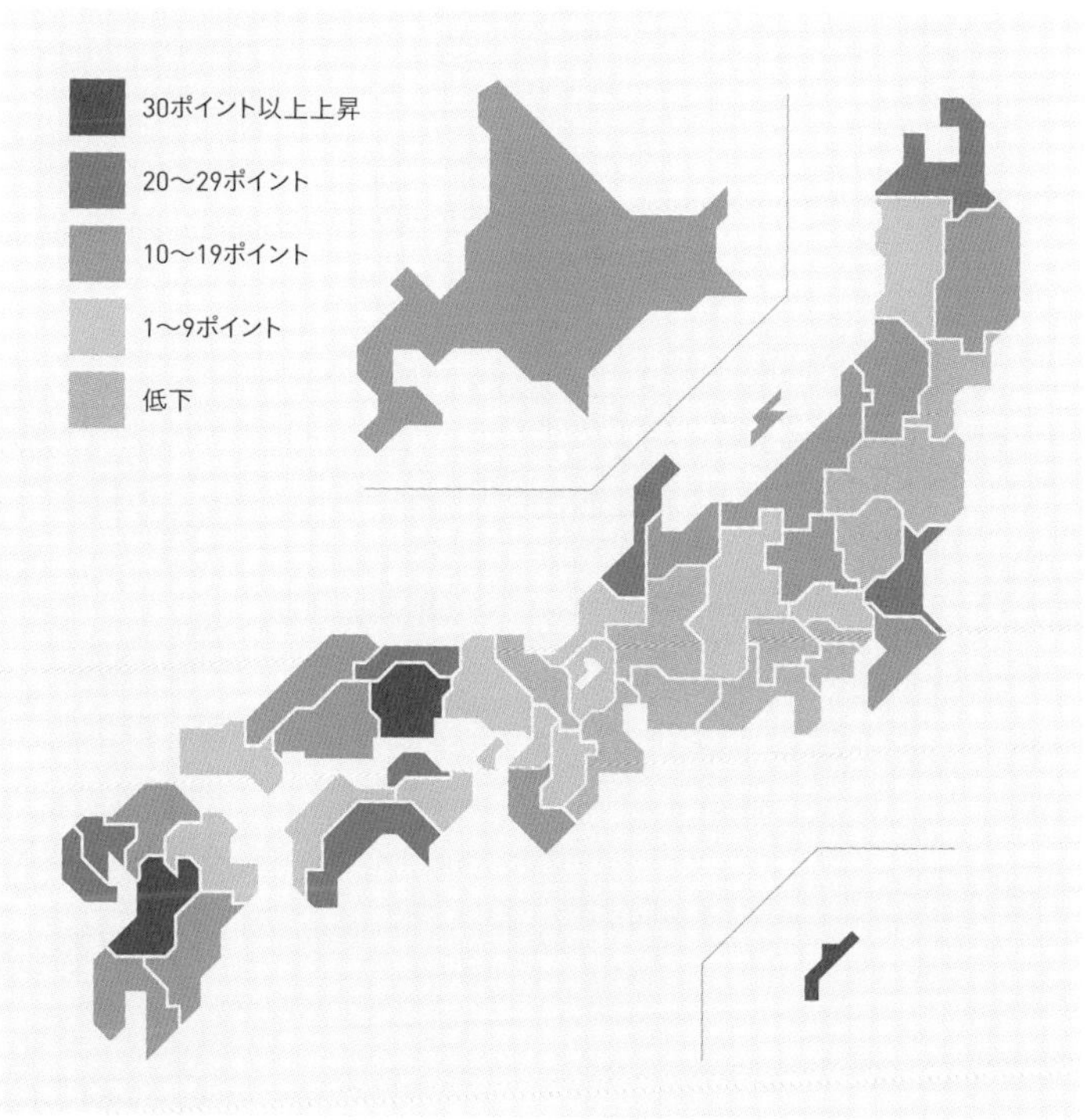

（注）自主防災組織の活動エリアにある世帯の全世帯に対する割合（カバー率）を、2022年と12年時点で比較した。出所は総務省消防庁

全国平均のカバー率は8割を超えた

	2022年時点	12年比上昇幅（ポイント）
❶ 兵庫県	97.4%	1.2
❷ 香川県	97.2	24.6
❸ 大分県	97.1	5.8
❹ 和歌山県	97.1	14.9
❺ 石川県	97.0	20.7
全国平均	84.7	7.3

（注）同じ値は小数点第2位以下で順位付け

阪神大震災を契機に急上昇した

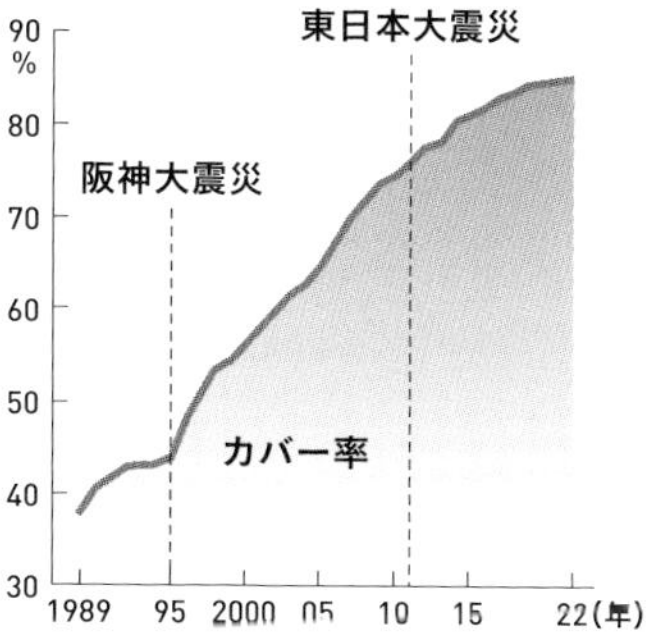

カバー率首位の兵庫県 リーダー養成講座で人材育成

22年4月時点のカバー率が全国で最も高かったのは兵庫県。阪神大震災では救出された人のうち「消防などの公助は2割にすぎず、8割が自助や町内会などの共助だったといわれている」（県消防保安課）。教訓を生かそうと、自治体が音頭を取って自主防災組織の設立を促してきた。県は主導する人材の育成に向け、災害時の対応などを学ぶリーダー養成講座を04年度に開設。これまでに約3500人が学んだ。

全国的に自主防災組織の設立は進むが、高齢化による人員不足などでカバー率が落ちる自治体も出ている。組織があっても災害時に思うように機能しないケースもある。都市防災に詳しい東京大学の廣井悠教授は「災害時の共助の拠点として重要性は高い。地域の街づくり組織やスポーツ団体などと連携し、若い世代や外国人を巻き込んでいく必要がある」と話している。

7-5

企業版ふるさと納税

［2022年10月22日掲載］

企業版ふるさと納税、寄付膨らむ

6市町村、累計10億円超す

茨城・境、町長自らトップセールス

２０２１年度は寄付額２・１倍 税負担の軽減拡大で

法人が自治体に寄付する企業版ふるさと納税が広がってきた。２０２１年度の総寄付額は前年度の２・１倍に膨らみ、16年度の制度開始後、累計で10億円超を集めた自治体は6市町村に上る。新たな「自主財源」は活性化に向けた大きな武器となる。工場立地など事業上のつながりが深い地域だけでなく、首長が率先して「営業」した自治体などに寄付が集まった。

企業版ふるさと納税は民間企業が国に認定を受けた地方創生の計画を持つ都道府県や市町村を選んで寄付ができる制度で、寄付した企業は立地自治体に納める法人住民税の控除などが受けられる上、一部を損金に計上することで最大9割、税負担を軽減できる。本社がある自治体への寄付はできない。寄付実績のPRはできるが、個人版と異なり返礼品の受け取りは禁止されている。

全国の寄付額は19年度まで20億〜30億円程度で推移していたが、20年度に税負担の軽減割合が最大6割から高まったことを受け、21年度は２２５億円、利用企業数３０９８社まで拡大した。参加する自治体も21年度は前年度比8割増の９５６自治体と増加した。

上位5道県で全体の4割を占める（2016〜21年度の都道府県と市町村の累計）

順位	都道府県	億円	順位	都道府県	億円	順位	都道府県	億円
1	北海道	67.3	17	愛知県	8.5	33	香川県	3.3
2	静岡県	31.3	18	京都府	8.5	34	埼玉県	3.1
3	群馬県	23.0	19	宮城県	8.3	35	島根県	3.1
4	青森県	22.2	20	宮崎県	7.7	36	栃木県	2.8
5	茨城県	21.8	21	大阪府	7.4	37	秋田県	2.6
6	広島県	21.2	22	兵庫県	6.6	38	山形県	2.5
7	福岡県	17.0	23	岐阜県	6.3	39	大分県	2.5
8	徳島県	17.0	24	三重県	5.0	40	滋賀県	2.1
9	鹿児島県	14.4	25	新潟県	4.9	41	和歌山県	1.9
10	福島県	13.0	26	愛媛県	4.3	42	沖縄県	1.6
11	長野県	11.5	27	高知県	4.0	43	山梨県	1.6
12	岩手県	11.2	28	千葉県	3.9	44	鳥取県	1.5
13	岡山県	10.8	29	長崎県	3.7	45	福井県	1.5
14	熊本県	10.7	30	富山県	3.7	46	山口県	1.4
15	佐賀県	10.4	31	神奈川県	3.6	47	東京都	0.2
16	石川県	8.6	32	奈良県	3.5			

（億円）

（注）内閣官房・内閣府「企業版ふるさと納税ポータルサイト」の「寄付実績一覧」から集計。同じ値は小数点第2位以下で順位付け

累計受け入れ額トップ 青森県東通村の18・3億円

自治体別に16〜21年度の累計受け入れ額を集計したところ、最多は青森県東通村の18・3億円、2位は静岡県裾野市の17・4億円だった。東通村は東北電力など原子力発電関連、裾野市はトヨタ自動車などが主な寄付企業で、もともと事業上のつながりが深い地域に企業が寄付していた。

一方でゆかりがない企業に自治体が積極的に営業することで、寄付獲得に成功したケースも多い。全国3位の17・0億円を集めた茨城県境町は、町の有識者会議の民間委員などに知人の創業経営者などを紹介してもらい、町長がトップセールスを仕掛けている。同町職員から町議を経て町長へと転じ

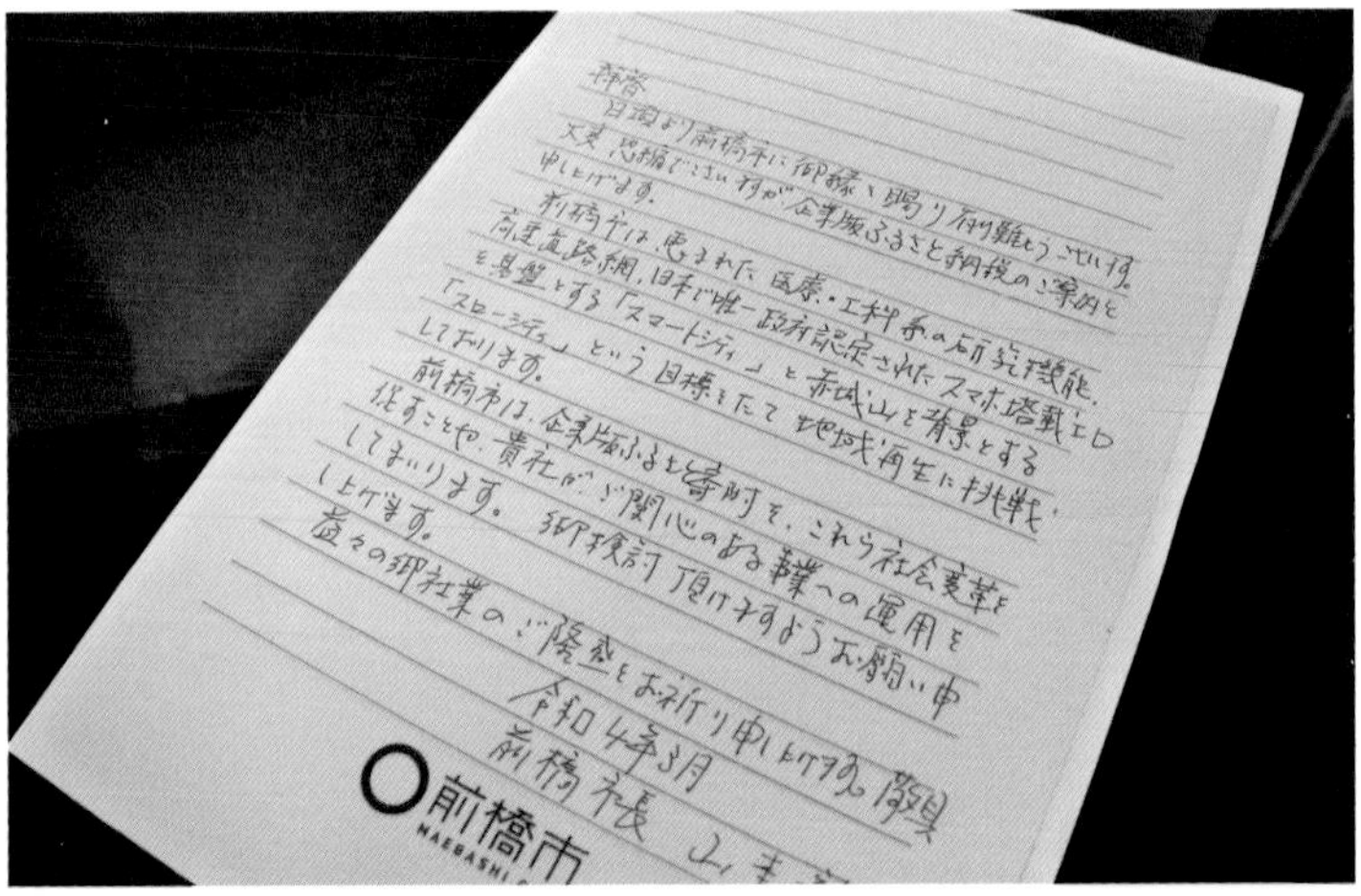

企業版ふるさと納税で寄付を呼びかける前橋市長の直筆の手紙

た橋本正裕氏は「企業版では企業が納める税金の使い方を希望できる。そこを理解して『営業』すれば自治体間で差が出る」と話す。

営業では相手が興味を引く寄付金の活用事業や税軽減の効果を最大限に生かせる寄付の規模などを企業ごとに提案する。多いときは月に数回は経営者らと会い税収の1割ほどにあたる3億～4億円程度を毎年安定して獲得する。

前橋市は元国会議員秘書で群馬県議も務めた山本龍市長が直筆の手紙を約300社に送付した。制度を知らない企業もあるため紹介するパンフレットも同封する。手紙効果もあって、寄付受け入れ額は20年度の10万円から21年度は3・8億円と大幅に増えた。22年度も9月までに2・1億円と好調だ。

都道府県別の寄付受け入れ額（2016～21年度の都道府県と市町村の累計）

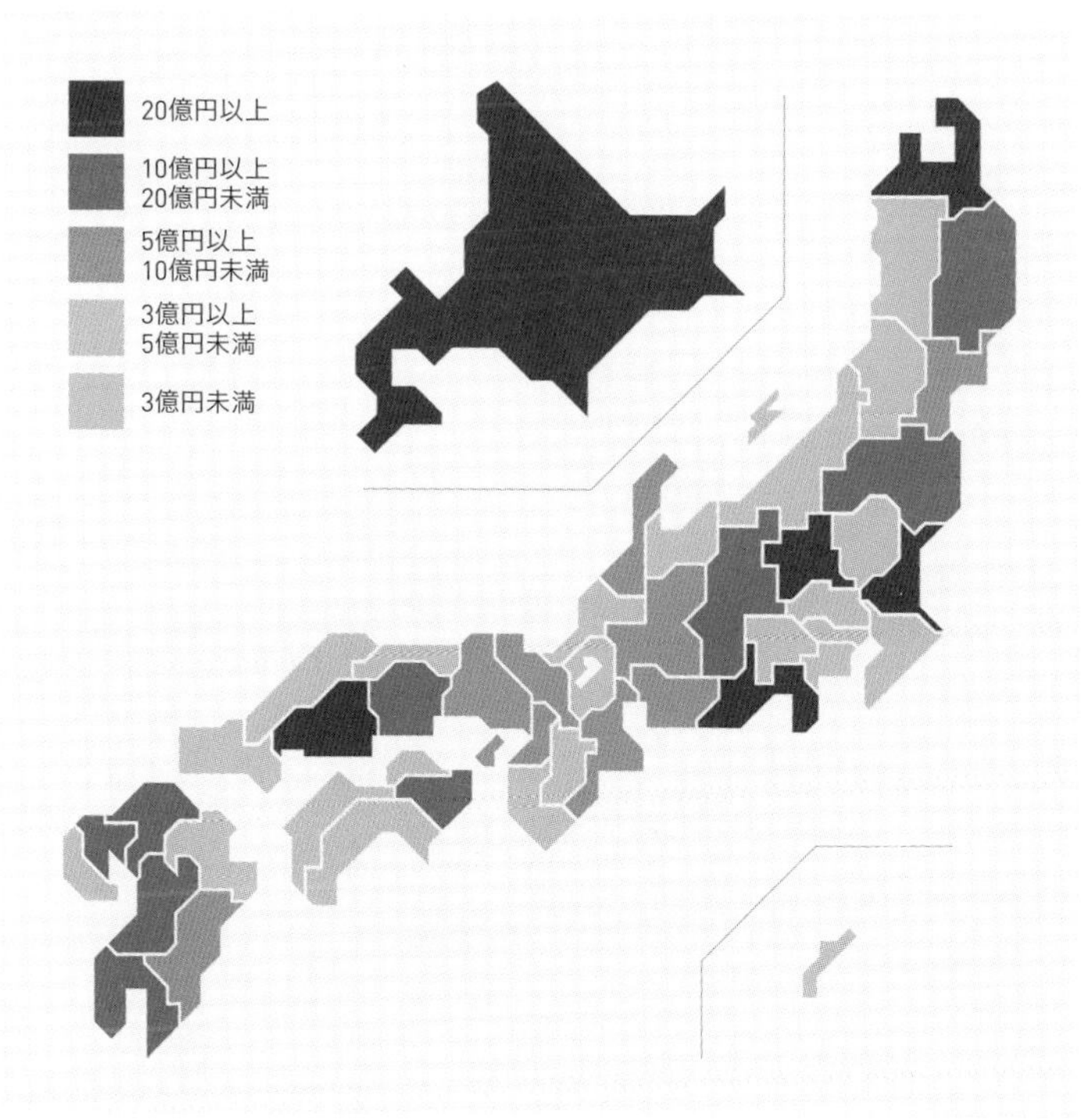

（注）内閣官房・内閣府「企業版ふるさと納税ポータルサイト」の「寄付実績一覧」から集計

徳島県神山町は目的明示 新設の高専、運営支援を訴え

明確な活用事業を掲げて寄付を集めたのは徳島県神山町。IT（情報技術）起業家の輩出を目指して23年に開校した「神山まるごと高専」の運営支援事業を国の企業版ふるさと納税ポータルサイト上でPRした。

寄付受け入れ額が多い自治体

1	東通村（青森）	18.3億円
	主な寄付企業は電力関連	
2	裾野市（静岡）	17.4
	トヨタ自動車などが寄付	
3	境町（茨城）	17.0
	町長のトップセールスが奏功	
4	神山町（徳島）	12.0
	IT起業家育成の高専に寄付活用	
5	広島市	11.7
	新サッカー競技場整備で集まる	

（注）金額は2016～21年度の累計。内閣官房・内閣府資料から集計

寄付受け入れ額と利用企業は増加傾向

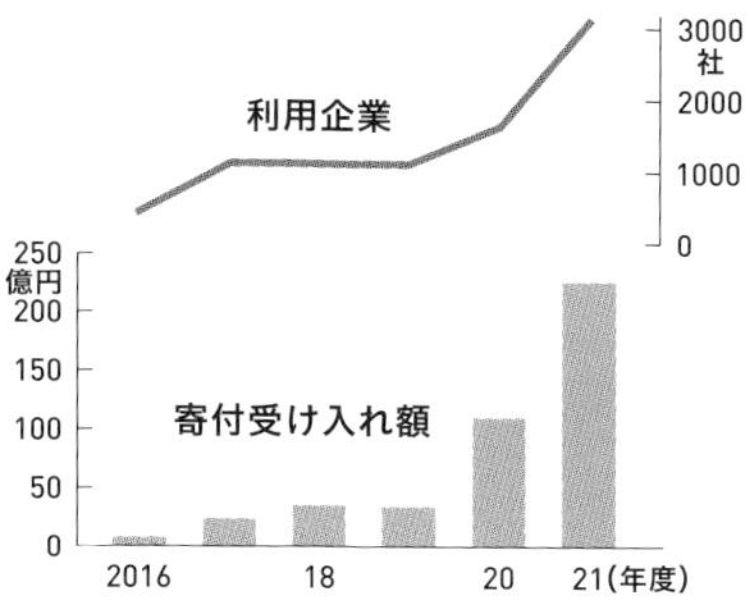

（注）内閣官房・内閣府資料から作成

実際の寄付集めは高専の寺田親弘理事長（Sansan社長）が企業や個人を延べ300～400回以上説いて回った。人口4900人の同町にとって高専は「過疎の町の存続を懸けた一大プロジェクト」（後藤正和・元町長、元町議）といい、同町は寄付金のほとんどを高専の寮の整備や新校舎建築の補助金に充てる。

企業版ふるさと納税には都市部に集まる税収を地方に分散させる狙いがある。自治体財源は社会保障費の増加などにより硬直化が進む。1970年ごろに70%前後だった経常収支比率は直近で90%前後で推移し政策的自由度の高い財源が1割弱にまで縮小した。茨城県境町の橋本町長は「お金がなければ稼ぐマネジメントが重要」と指摘する。

7-6
ふるさと納税額

［2023年10月7日掲載］

ふるさと納税、稼ぎ頭は400人の村

和歌山県北山村、英語教育の原資に
住民1人当たり収支、「黒字」自治体3倍

ふるさと納税、9654億円 3年連続で過去最高

ふるさと納税による全国の自治体への寄付額が2022年度は9654億円と3年連続で過去最高を更新した。都市部では税金の流出が膨らみ、返礼品競争にも批判はあるが、財政基盤の弱い自治体には貴重な財源だ。各市区町村の住民1人当たりの収支をみると「稼ぎ頭」は人口約400人の和歌山県北山村だった。

総務省の「ふるさと納税に関する現況調査」から22年度の市区町村ごとの実質収支を算出した。受け入れた寄付額から他の自治体に寄付として流出した控除額と、寄付を得るのにかかった経費を差し引いた。人口1人当たり1万円以上の「黒字」だった自治体数は449で経費を把握できる16年度の約3倍。うち9割が人口5万人以下だった。

2022年度ふるさと納税の1人当たり実質収支

1 佐賀県	2万4549	17 大分県	2450	33 石川県	▲1115
2 宮崎県	2万579	18 沖縄県	2422	34 三重県	▲1249
3 山形県	1万7959	19 島根県	2232	35 岡山県	▲1322
4 山梨県	1万7712	20 岐阜県	1999	36 富山県	▲1383
5 鹿児島県	1万1424	21 福岡県	1181	37 京都府	▲1670
6 北海道	1万1104	22 茨城県	1174	38 山口県	▲1682
7 高知県	8840	23 香川県	1077	39 広島県	▲2946
8 和歌山県	8365	24 青森県	955	40 兵庫県	▲3618
9 福井県	7712	25 静岡県	880	41 奈良県	▲3725
10 熊本県	6061	26 宮城県	852	42 大阪府	▲4174
11 岩手県	5977	27 愛媛県	730	43 千葉県	▲4563
12 新潟県	5247	28 福島県	▲188	44 愛知県	▲4716
13 鳥取県	3970	29 滋賀県	▲225	45 埼玉県	▲4726
14 長崎県	3922	30 群馬県	▲292	46 神奈川県	▲6697
15 長野県	3909	31 徳島県	▲515	47 東京都	▲1万1938
16 秋田県	2989	32 栃木県	▲773		

（円）

（注）寄付受入額から経費や控除額を差し引き、23年1月時点の人口で割った額。▲は赤字。出所は寄付受入額は総務省23年度「ふるさと納税に関する現況調査」、人口は2023年住民基本台帳に基づく人口、人口動態及び世帯数調査

和歌山県北山村 「じゃばら」復活で注目高める

黒字が最も大きかったのは和歌山県北山村で1222万2838円に達した。紀伊半島の山あいにあり、同県とは接さず奈良県と三重県に囲まれた全国唯一の飛び地の村。人口は全国有数の少なさで過疎が進む。ふるさと納税の収益を高めた背景には村に自生する絶滅寸前のかんきつ類「じゃばら」の復活劇があった。

特産化へ唯一残る原木から作付面積を広げた。01年に自治体では当時異例の楽天市場で果実や加工品のネット通販を始めたことが突破口となり、生産者が34戸に増えた。顧客目線をふるさと納税にも生かし、17年には返礼品の翌日発送を始めた。

村は小学校に英語圏の教員を招くなど英語教育を重視。中学生になると海外への語学研修に送り出すが、渡航や2週間の滞在中の費用に寄付を充てる。

収穫される「じゃばら
（2022年、和歌山県北山村、写真：共同通信）

「外から人を呼び込む」（地域事業課）ためにも寄付を活用し、渓谷などの大自然を楽しめる体験型観光を拡充する計画もある。

2位は北海道東部の太平洋に面した白糠町（104万9194円）。同町も主力の1次産品を町自ら電子商取引で扱ってきた営業感覚をふるさと納税の獲得に生かす。町税は10億円足らずだが、イクラなど返礼品の人気から22年度の寄付額は150億円に迫り全国の市区町村で4位。棚野孝夫町長は「子や孫のために使い道を考える」と強調する。

22年に閉校した小中一貫の義務教育学校「白糠学園」の整備にも寄付を用いた。町は保育料や18歳までの医療費、給食費を無償とし、出産祝い金なども手厚い。転入ゼロだった子育て世帯を18～22年度は各10世帯前後呼び込んだ。

2022年度ふるさと納税の1人当たり実質収支

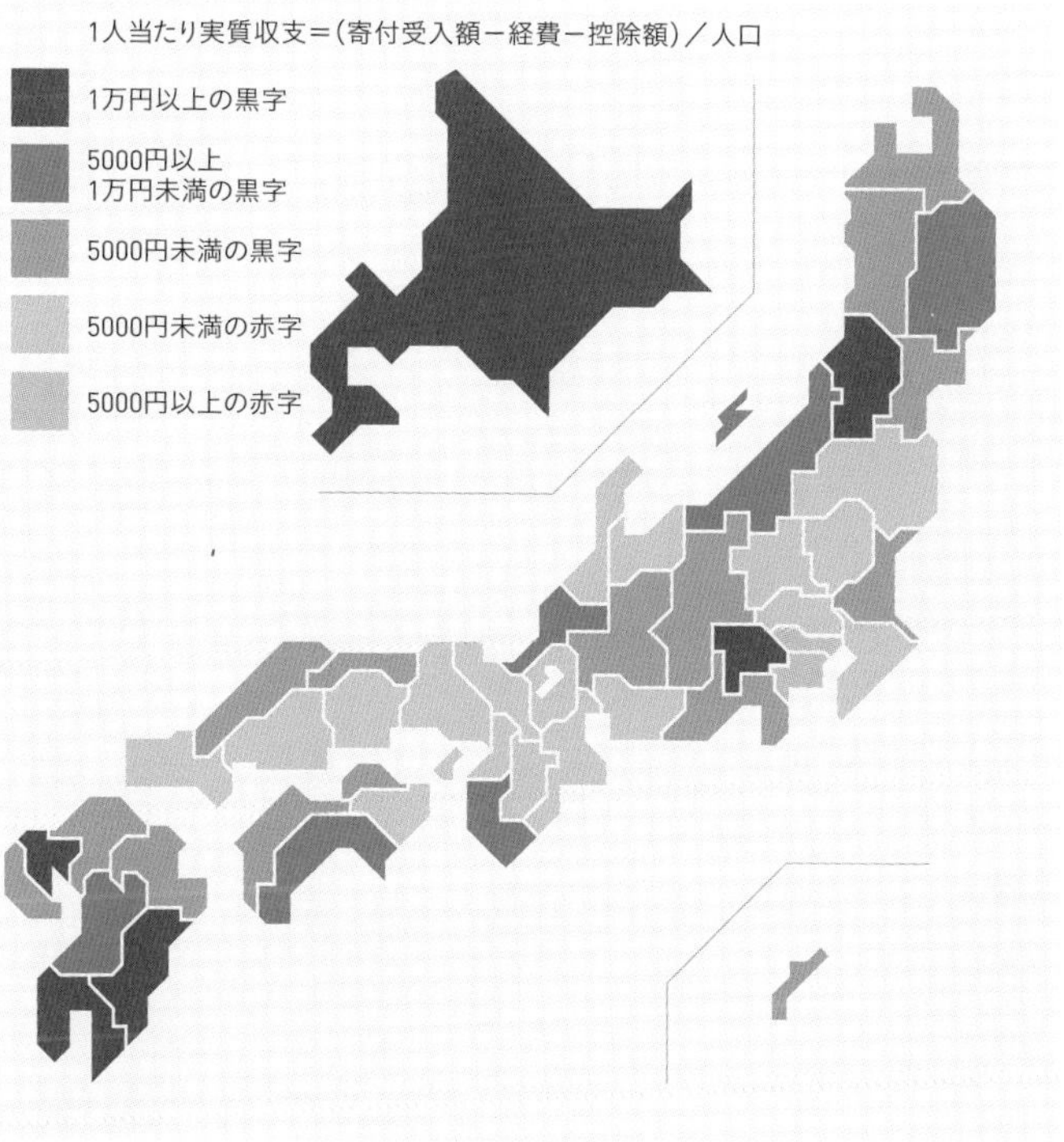

（出所）総務省、23年度「ふるさと納税に関する現況調査」

市区町村別では北海道の自治体が上位を占める

（▲は赤字）	市区町村	1人当たり実質収支
1	和歌山県北山村	122万2838円
2	北海道白糠町	104万9194
3	佐賀県上峰町	61万5228
4	北海道紋別市	48万3
5	北海道根室市	37万3382
6	北海道弟子屈町	34万1210
7	高知県芸西村	31万2228
1738	東京都中央区	▲ 1万9324
1739	兵庫県洲本市	▲ 2万4823
1740	東京都千代田区	▲ 2万5580
1741	東京都港区	▲ 2万6210

1人当たりの実質収支が1万円以上の自治体数

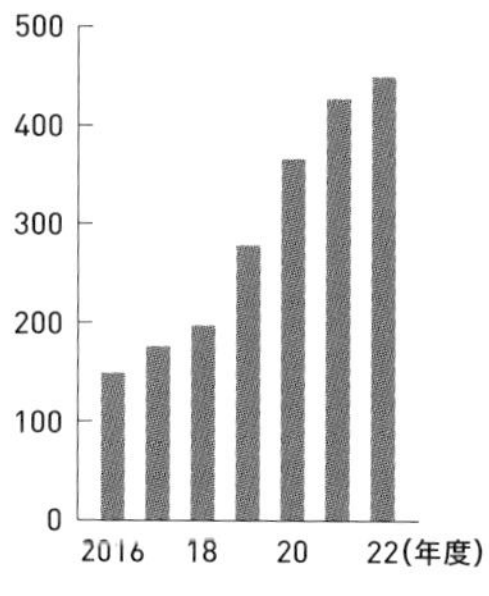

都道府県全体では佐賀が拡大 上峰町は財政危機脱す

都道府県全体では佐賀県が2万4549円で最も黒字が大きい。全20市町のうち上峰町が61万5228円で突出する。返礼品にそろえたブランド牛や米の人気に加え、20年に町が公開したご当地アニメ「鎮西八郎為朝」の反響も寄付に結びついた。危機的だった町の財政は4月から高校生までの医療費を完全無料化できるほどに改善。「幅広い公共サービスの提供が可能となった」（武広勇平町長）

15年を経た制度は課題も多い。22年度に最も寄付額を集めたのは宮崎県都城市で195億円。返礼品次第で寄付格差が広がる。仲介サイトへの手数料など経費負担も増す。

総務省は23年10月、寄付額の5割以下とする経費の基準を厳しくした。新基準に沿って返礼品の内容など経費の適正化が進めば黒字の自治体は増える可能性がある。京都府は府内市町村と募った寄付を分け合う制度を同年10月に導入して府全体の底上げを狙う。

ふるさと納税に詳しい慶応大学の保田隆明教授は「都市住民の関心を地方に向ける趣旨は実現できている。各自治体は産業育成や交流・関係人口を増やすための『投資』にもつなげてほしい」と話す。

7-7

ごみ削減

［2022年10月15日掲載］

ごみ処理費、市区町村2割が減

全国では2割増、2兆円超す
鹿児島・十島村、海上輸送抑え75%圧縮

全国のごみ処理費は増加傾向 自治体財政の重荷に

リサイクル処理の増大などで全国のごみ処理費は2020年度、2兆1000億円を突破した。人口減少で施設の維持管理も難しくなりつつある。そうした中、全国市区町村の2割が住民1人あたりの処理費を11年度比で減らした。鹿児島県十島村や岡山県奈義町は民間や周辺自治体との連携で効率化を進めた。

環境省の一般廃棄物処理の実態調査によると、20年度のごみ処理事業経費は2兆1290億円と11年度の1兆7904億円から2割増加した。

事業経費は環境意識の高まりとともに1990年代に増大し、ダイオキシン類対策特別措置法が施行された翌年の01年度には2兆6029億円まで膨らんだ。その後、投資一巡で下落基調に転じたが、13年度以降は老朽化した設備の更新もあって再び増加傾向に転じた。自治体財政が厳しさを増す状況で処理や維持にかかる費用を抑制することが不可欠となっている。

416市区町村は処理費減 広域連携で効率化

市町村別で1人あたり処理及び維持管理費（その他及び組合分担金含む）をみると、11年度比で圧縮した自治体は74・9%減らした鹿児島県十島村（1人あたり処理費9829円）など、416市区町村あった。

南北160キロメートルにわたり有人7島が点在するトカラ列島の同村は07年、処理量が少なく高コストになりがちだった村内の最終処分場を閉鎖した。島外の民間施設に委託する一方、島民への環境意識啓発を進めた。

1人あたりごみ事業経費（2020年度）

1	群馬県	12,478	17	岡山県	15,371	33	奈良県	18,704
2	神奈川県	13,312	18	山口県	15,420	34	徳島県	19,504
3	埼玉県	13,313	19	愛知県	15,510	35	熊本県	19,564
4	愛媛県	13,753	20	大分県	15,617	36	長崎県	19,772
5	宮崎県	14,056	21	三重県	15,640	37	東京都	20,234
6	大阪府	14,163	22	静岡県	15,662	38	長野県	20,476
7	山梨県	14,210	23	兵庫県	15,731	39	広島県	20,888
8	高知県	14,310	24	石川県	15,939	40	和歌山県	20,998
9	沖縄県	14,524	25	宮城県	16,301	41	山形県	21,146
10	新潟県	14,761	26	岐阜県	16,338	42	茨城県	21,528
11	香川県	14,810	27	福岡県	16,408	43	鹿児島県	21.532
12	秋田県	15,129	28	北海道	16,872	44	福井県	23,144
13	富山県	15,160	29	千葉県	17,081	45	鳥取県	26,068
14	青森県	15,175	30	岩手県	17,544	46	滋賀県	27,677
15	佐賀県	15,302	31	京都府	17,574	47	島根県	31,683
16	福島県	15,352	32	栃木県	17,747			

（円）

（出所）環境省「一般廃棄物処理実態調査」

資源ごみの回収コンテナに古紙などを持ち込む子どもたち（2022年9月、北海道せたな町）

各島で出た燃やすごみも従来は焼却施設を持つ4島に集約して処分していたが、原油高に伴って高まる海上輸送コストの抑制を狙い18年から焼却施設を順次増設し、全7島に完備した。

74・3%減の岡山県奈義町（同2632円）は津山市、鏡野町、勝央町、美咲町との1市4町で津山圏域資源循環施設組合（津山市）を組織し、広域処理で人口減に対応した。

16年3月に総事業費145億円をかけた総合ごみ処理センター「津山圏域クリーンセンター」（同）が稼働し1日最大128トンを焼却処理する。町の支出は毎年度1442万～4829万円で、圧縮効果は最大5分の1程度となる。

人口は20年度時点で5837人と、11年度比8%減った。税務住民課は「人口が減少する中、インフラをどう維持するかが課題となる。持続可能な住民サービスを提供するため広域連携は不可欠」と話す。

他自治体との連携に取り組む自治体は増えている。71・0%増えた北海道栗山町（同2万366円）は、処理費削減を進めるため千歳市など2市3町が加盟する「道央廃棄物処理組合」に加入し、24年度から新たな焼却施設で共同処理する。町は「施設新設の負担金を差し引いても年数百万円のコスト削減につながる」とみる。

1人あたりごみ事業経費（2020年度）

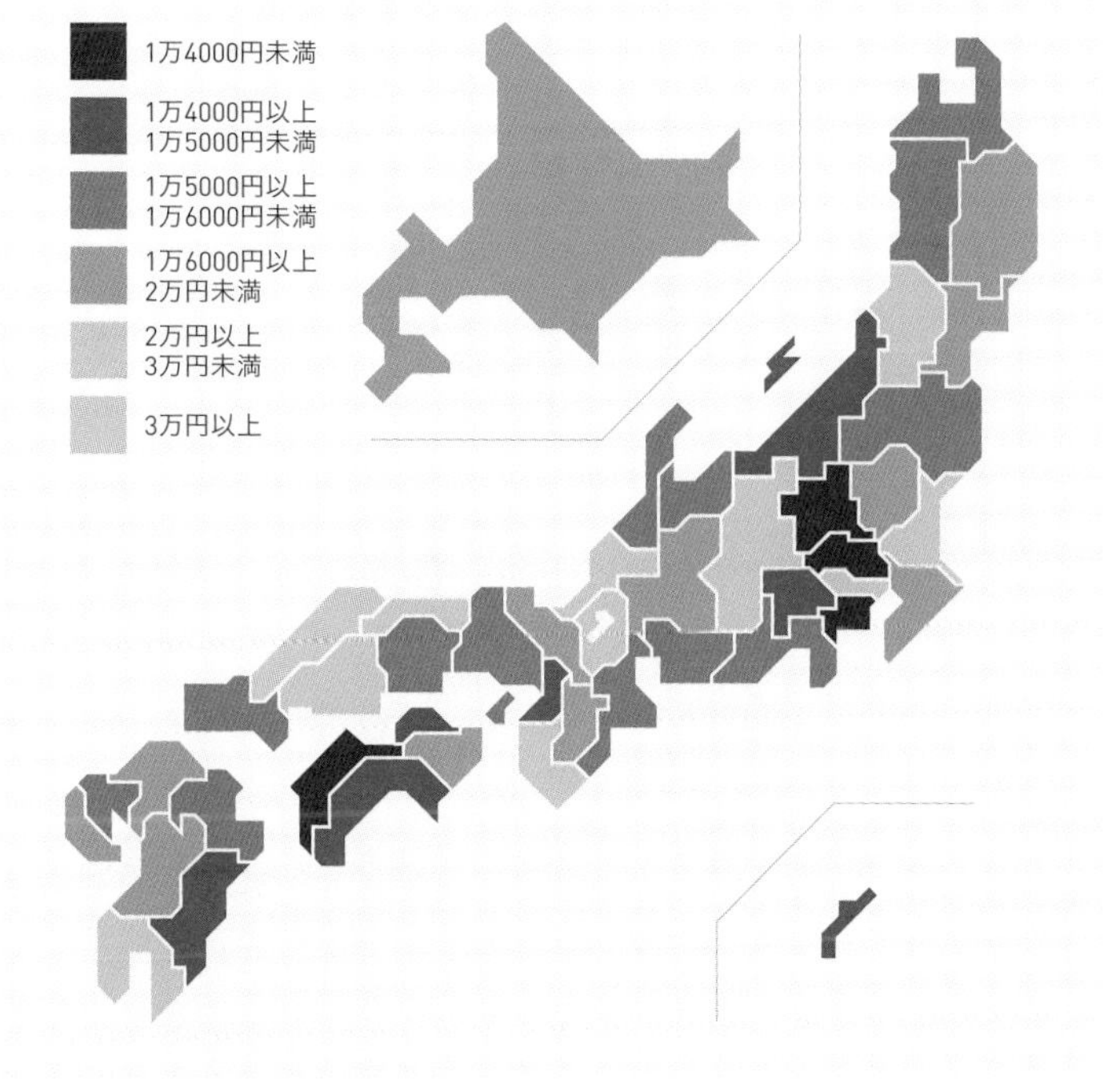

（出所）環境省「一般廃棄物処理実態調査」

市町村別1人あたりのごみ処理経費を削減した主な自治体

	2020年度経費	11年度比経費増減
鹿児島県十島村	9829円	−74.9%
岡山県奈義町	2632	−74.3
長野県生坂村	2667	−73.0
長野県筑北村	1901	−68.9
沖縄県渡名喜村	1万9579	−56.1
秋田県上小阿仁村	6524	−53.9
福島県昭和村	4060	−52.4
栃木県矢板市	2594	−51.5
北海道せたな町	7033	−51.0
静岡県御殿場市	9222	−50.7

（注）建設改良費にかかる費用は除き、組合分担金は含む。出所は環境省「一般廃棄物処理実態調査」

全国のごみ処理経費

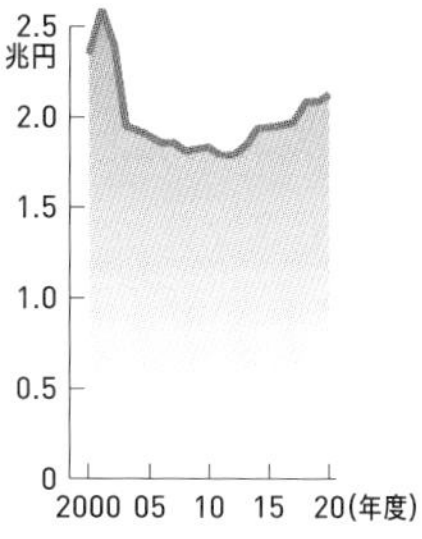

（出所）環境省

コミュニティーに協力要請 自ら「集団回収」も

コスト低減には、コミュニティーの協力も不可欠となる。少子高齢化の進展で人口密度が低下する地域では、住民自らが所定の場所にごみを集める「集団回収」が効果を生む。

北海道せたな町（51%減、7033円）では、行政に代わって市街地のこども会などが古紙を回収し、経費軽減につなげた。町内では近年、日用品の購入などをインターネット通販に頼るケースが増えており、包装用段ボールの廃棄量が増加傾向にある。集めた古紙は回収業者に引き取ってもらい、会の財源として活用する。責任者を務める竹内佑輔さんは「町の回収コスト削減にもつながる。ウィンウィンの取り組み」と話す。

7-8

地図情報

［2023年2月11日掲載］

地図情報GIS、行政DXの要

市区町村の6割、1099自治体導入
岐阜・大垣、空き家や防災に活用

部署ごとの地図情報統合 システム管理費のムダも省く

自治体が税務や都市計画など部署ごとにバラバラに整備してきた地図の統合を加速している。統合型の地理情報システム（GIS）は行政デジタルトランスフォーメーション（DX）の要の一つで全1741市区町村の6割が導入した。無駄を省きシステム管理費を20分の1に圧縮したケースもある。市区町村別活用度は、まちづくり政策に生かす岐阜県大垣市が首位となっている。

総務省の自治体DX・情報化推進概要によると、統合型導入済み市区町村は2021年4月1日時点で1099自治体となった。11年度から約7割増加した。「連携業務数」と「部局を越えた政策判断に活用しているか」などの「利活用数」を基に独自にランキングしたところ大垣市の得点は170点だった。

先行の茨城・岐阜は全県統一 円滑な災害対応にも不可欠

都道府県平均（対象は都道府県を含む計1788自治体）は茨城県（57・7点）、岐阜県（49・4点）が上位となった。全国平均は23・5点にとどまり、導入自治体の間でも活用度に大きなばらつきがあった。

大垣市は庁舎内で都市計画関連など12の地図を連携した。住民票情報などを統合したことで住宅課による空き家調査業務にも使えるようにした。世代別人口分布も一目瞭然に管理でき、高齢者が増えるエリアのシミュレーションなどにも活用する。

さらに過去の豪雨・台風災害での浸水実績や南海トラフ地震が発生した際

統合型GIS活用度の都道府県別平均（2021年度）

順位	都道府県	点	順位	都道府県	点	順位	都道府県	点
1	茨城県	57.7	17	千葉県	27.6	33	東京都	18.5
2	岐阜県	49.4	18	長野県	26.7	34	島根県	18.3
3	京都府	44.8	19	山口県	26.3	35	山形県	17.5
4	新潟県	39.6	20	群馬県	26.0	36	愛媛県	17.0
5	滋賀県	34.4	21	埼玉県	25.3	37	青森県	15.8
6	愛知県	33.3	22	山梨県	24.4		鳥取県	15.8
7	静岡県	33.1	23	兵庫県	24.3	39	鹿児島県	15.5
8	神奈川県	32.7	24	熊本県	24.0	40	秋田県	14.6
	富山県	32.7	25	宮城県	22.8	41	和歌山県	14.5
10	岩手県	32.6	26	栃木県	22.4	42	宮崎県	12.3
11	大分県	30.6	27	沖縄県	21.9	43	石川県	12.2
12	岡山県	29.9	28	長崎県	20.5	44	高知県	11.8
13	大阪府	29.6	29	香川県	20.1	45	奈良県	11.2
14	三重県	28.9	30	広島県	19.7	46	徳島県	7.8
15	福井県	28.4	31	福島県	19.4	47	北海道	7.1
16	福岡県	27.8		佐賀県	19.4			

（点）

（注）出所は総務省、全1788自治体の活用度から算出

福島県会津若松市では職員が住基情報を毎日更新

の液状化危険度の予測図なども統合し、避難計画策定や住宅整備など部局を越えて横断的なまちづくり政策の立案に役立てる。

自治体の境を越えて共有化を目指す動きも進む。先行の茨城県や岐阜県は県と全自治体が統一システムを導入したことでコスト減につなげた。岐阜県は一括運用によって、計42市町村が独自に導入した場合の維持管理費に比べて、各自治体の負担分を平均20分の1の約50万円に抑えた。茨城県は固定資産税算出用の航空写真をまとめて発注し、コストを約4分の1とした。

統合型の必要性が強く認識されたのは1995年の阪神大震災だ。日本は約200年前の伊能図に代表されるように、かねて高い精度の地図を作製してきた。しかし行政内で多様な地図が乱立してきたため、被災時に消火栓位置など基本情報の把握遅れにつながり、広域支援に支障をきたした。

国は02年「GISアクションプログラム」を策定し自治体に対する部局横断的なGIS導入を進めた。07年には地理空間情報活用推進基本法を施行、整備を後押しする。

統合型GISの活用度にはばらつきがある

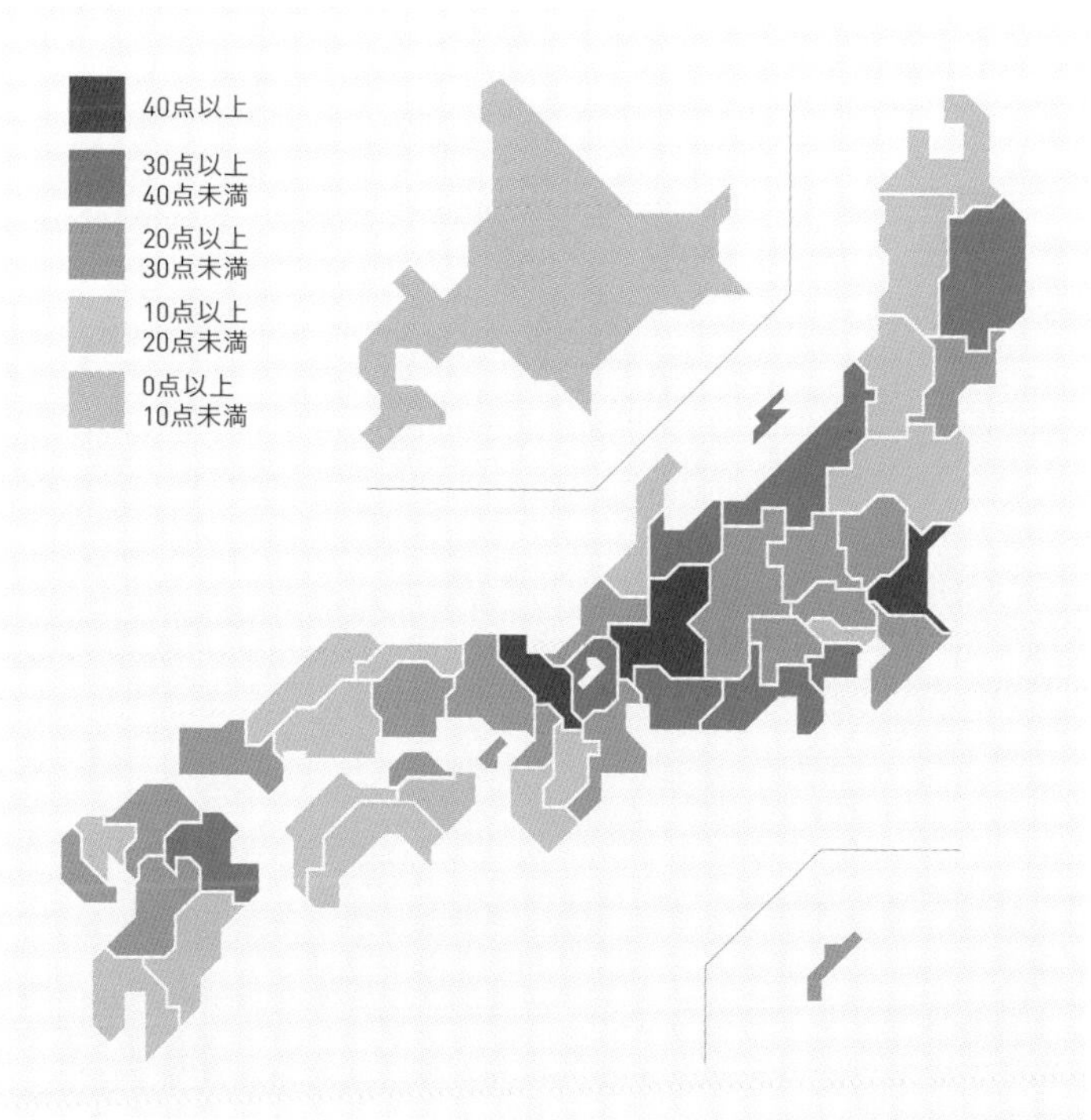

(注)出所は総務省、全1788自治体の活用度から算出、都道府県別

活用度が高い自治体

1	岐阜県大垣市	170点
2	新潟県柏崎市	144
	岐阜県高山市	
4	福島県郡山市	136
	岐阜県美濃加茂市	
	大阪府豊中市	
7	川崎市	128
	山口県下関市	
9	京都府宇治市	126

(注)活用度は、利用している部署の数(最大18)と整備方法・活用状況(最大11項目)を掛け合わせて算出。出所は総務省

導入は全体の6割、1099自治体に

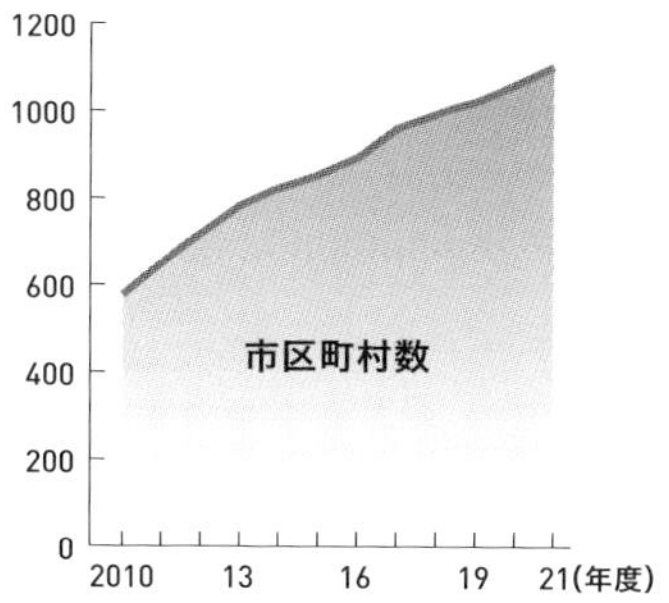

(出所)総務省

新潟県柏崎市は活用度2位 平時から全職員がデータを整備

新潟県柏崎市は07年の中越沖地震時にも水道復旧や仮設住宅の場所選定などで連携に課題が残ったことを踏まえ推進を加速し、全国2位の活用度となった。平時から全職員でデータを整備・更新する。

住民が転居してきた際は即座に地図上で子どもや障害者の有無などが分かるようにして避難支援につなげる。自動体外式除細動器の場所やイノシシの目撃情報など、一部は市民にもデータを開放した。

慶応大教授で地理情報システム学会会長の厳網林氏は「GISは行政効率化に直結するほか、住民の有無や世代によって広報スピーカーの音量まできめ細かく調整する福島県会津若松市のように、サービス向上の意味でも、推進の意味は大きい」と指摘する。

一方で90年代に「情報スーパーハイウェイ構想」を掲げ連邦政府主導で全土で共有化を進めた米国を引き合いに「住民情報は再生の鉱脈。個別自治体内だけではなく他の自治体との連携も模索する必要がある」と話す。

7-9

防災士

［2023年3月11日掲載］

防災士、四国・九州が先行

大規模災害を教訓、10県で10倍
南海トラフ備え、自助・共助の新たな柱に

東日本大震災で「公助」の限界
防災士を地域のリーダーに

行政や消防、警察による「公助」の限界があらわになった東日本大震災から12年。被災直後の状況下で自らを守る「自助」、市民が助け合う「共助」の取り組みが広がってきた。地域で防災リーダーの役割を果たす「防災士」の認証者数は震災前の約6倍に増えた。南海トラフ地震への危機感から愛媛県、大分県など四国・九州が先行する。少子高齢化の進展で地域防災力の低下も指摘される中、住民自身の備えが欠かせない。

防災士はNPO法人・日本防災士機構（東京・千代田）が養成研修講座や取得試験を実施した上で認証する。

人口比で防災士を多く確保している都道府県（2022年度）

1	愛媛県	1484	17	岡山県	225	33	長崎県	156
2	大分県	1139	18	山梨県	223	34	秋田県	154
3	高知県	815	19	熊本県	219	35	東京都	147
4	石川県	787	20	栃木県	215	36	福岡県	141
5	徳島県	762	21	滋賀県	213	37	静岡県	129
6	宮崎県	588	22	山形県	206	38	群馬県	126
7	福井県	532	23	富山県	206	39	鹿児島県	120
8	岐阜県	410	24	広島県	201	40	千葉県	115
9	香川県	350	25	山口県	201	41	大阪府	114
10	和歌山県	305	26	福島県	200	42	埼玉県	111
11	宮城県	301	27	佐賀県	196	43	沖縄県	103
12	奈良県	285	28	島根県	186	44	愛知県	103
13	岩手県	276	29	茨城県	184	45	北海道	93
14	鳥取県	274	30	長野県	168	46	神奈川県	90
15	青森県	257	31	三重県	163	47	京都府	81
16	新潟県	255	32	兵庫県	158			

（人）

（注）2023年1月末の防災士認証者数を21年10月1日現在の総人口で10万人当たりに換算した。同じ値の場合、小数点以下で順位付け。出所はそれぞれ日本防災士機構、総務省

人口当たりの防災士の認証者数
愛媛・大分・高知が上位

2023年1月末時点の認証者数は24万6862人。都道府県別に人口10万人当たりの認証者数をみると最多は愛媛県の1484人だった。大分県が1139人で続く。高知県など10県では22年度時点の防災士が10年度比10倍以上に増えた。松山市は05年度から1人当たり2万円強の研修費などを全額公費で負担する取り組みを始めた。防災士が民生委員と協力して要支援者の場所を把握しハザードマップなどを作成、避難に生かす試みもあらわれた。

2位の大分県は知事自らが防災士となり「自助」「共助」の意識啓発に努めた。東日本大震災や12年の九州北部豪雨の教訓から、13年度に広瀬勝貞知事が呼びかけ、自らを含め県職員が一斉に防災士の資格を取得した。

14年には全18市町村と県が共同して「自主防災組織活性化支援センター」を設立した。防災士養成などに取り組み、住民30人以上の自主防災組織の防災士確保率は21年度末で79・8%に達する。

自主防災組織・消防団員は減少
人口減で地域防災揺らぐ

大規模災害時、行政・警察・消防による救助を待っていては地域を守るこ

訓練に参加する大学生防災士（松山市）

とはできない。住民が主体的に考え、建物倒壊時に下敷きになった人を協力して助け出したり、周囲と連携し一刻も早い避難行動を促したりすることが求められる。

東日本大震災以降、リーダーシップが発揮された例は多い。東日本大震災では防災士だった宮城県の郵便局長が発災直後に局員に避難を指示し、押し寄せた津波から人命を救った。16年の熊本地震では、日本防災士会熊本県支部が翌日から益城町で支援活動を開始した。

地域では少子高齢化の進展に伴い人口減少が加速し、コミュニティーが希薄化しつつある。自主防災組織は22年4月1日時点で前年比2%減少。1954年に200万人を超えていた全国の消防団員も、同年同日時点で78万3578人と減少に歯止めがかからない。

地域の防災力が日々低下していくなか、「防災士」などの新たな自助・共助の柱となる仕組み作りは不可欠だ。

人口比で防災士を多く確保している都道府県（2022年度）

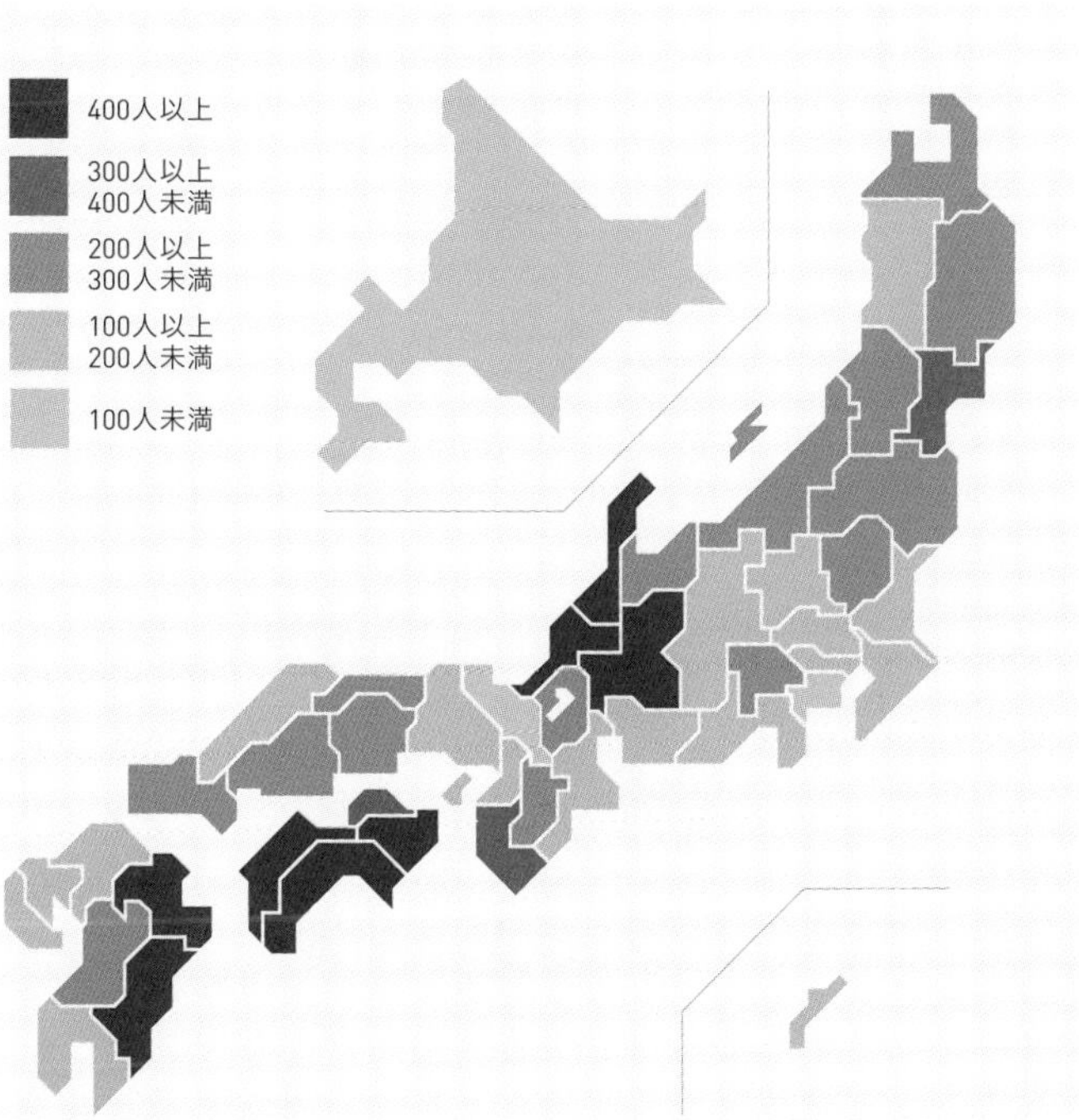

（注）2023年1月末の防災士認証者数を21年10月1日現在の総人口で10万人当たりに換算した。出所はそれぞれ日本防災士機構、総務省

10県では防災士が10倍以上に（2022年度）

順位		防災士増加倍率
1	高知県	27.7倍
2	沖縄県	14.2
3	岐阜県	13.4
4	宮崎県	13.0
5	徳島県	12.0
6	福井県	11.4倍
7	香川県	11.1
8	岡山県	10.5
9	大分県	10.3
10	広島県	10.3

（注）2010年度比。同じ値の場合、小数点第2位以下で順位付け。出所は日本防災士機構

Column

防災士

災害時に自治体や企業などの要請に応じ、避難誘導や避難所運営などでリーダーシップをとる人材をさす。1995年の阪神大震災の教訓を踏まえ、NPO法人の日本防災士機構（東京・千代田）が2003年に民間資格として創設した。自助・共助による地域防災力の向上を目指す。

23年1月末時点の認証者数は24万6862人。全国各地で災害が多発していることなどを受けて資格取得を目指す人が増えており、11年の東日本大震災後に取得ペースが上がった。幅広い年代で関心が高まり、小学生などにも資格取得が広がっている。

資格取得の手続きは主に2段階ある。まず日本防災士機構が認証した自治体や大学などが実施する養成研修講座を受講し、研修履修証明を取得しなければならない。防災士に期待される役割や災害時の避難の方法を丸2日で学ぶ内容が多い。次に同機構の資格取得試験をクリアする必要があり、3択式で30問の出題に80％以上の正答で合格となる。21年度の合格率は91％だった。

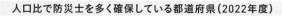

7-10

ごみリサイクル

【2023年6月3日掲載】

ごみリサイクル、鎌倉市が先陣

「ゼロ」掲げ分別徹底、価値生む試みも

鹿児島・大崎町、おむつを初の「水平再生」

全国のごみ排出量は減少傾向 リサイクル率は足踏み

全国のごみ処理費用は年間2兆円を超え、人口減が続く自治体の財政に重くのしかかる。リサイクルの重要性は高まるが、意識改革の遅れなどから全国の取り組みは伸び悩む。そうしたなかでも神奈川県鎌倉市など高いリサイクル率を達成する自治体は、分別の徹底はもちろん新たな再生手法の活用にも積極的だ。

日本のごみ排出量は収集の有料化など長期的に減少傾向にある。ただ、分別収集などを通じて資源化した量の、ごみ処理量などに占める割合であるリサイクル率は伸び悩む。環境省の一般廃棄物処理実態調査でも、2021年度のごみの総量は4095万トンと前年度より1・7%減ったが、リサイクル率は19・9%で横ばいだった。ごみ処理経費は国民1人あたり年1万7000円に達する。

一般ごみのリサイクル率（2021年度）

順位	都道府県	(%)
1	神奈川県	24.5
2	鳥取県	24.2
3	山口県	24.0
4	千葉県	22.2
5	富山県	21.5
6	北海道	21.4
7	愛知県	21.4
8	岡山県	21.3
9	東京都	21.0
10	長野県	21.0
11	埼玉県	20.8
12	新潟県	19.7
13	静岡県	18.1
14	茨城県	18.0
15	島根県	17.6
16	宮崎県	17.0
17	佐賀県	16.9
18	山梨県	16.6
19	徳島県	16.3
20	香川県	16.2
21	三重県	16.1
22	奈良県	15.7
23	熊本県	15.7
24	栃木県	15.7
25	岩手県	15.6
26	福岡県	15.4
27	宮城県	15.4
28	大分県	14.9
29	滋賀県	14.9
30	鹿児島県	14.8
31	愛媛県	14.8
32	兵庫県	14.6
33	沖縄県	14.6
34	秋田県	14.1
35	石川県	13.8
36	山形県	13.7
37	岐阜県	13.6
38	群馬県	13.6
39	広島県	13.4
40	京都府	13.4
41	長崎県	13.4
42	福井県	13.3
43	福島県	13.3
44	大阪府	13.2
45	和歌山県	13.2
46	高知県	12.7
47	青森県	12.6

（注）同じ値の場合は小数点第2位以下で順位付け。出所は環境省「一般廃棄物処理実態調査」

焼却炉老朽化や処分場逼迫 対応進めた自治体上位に

市町村別のリサイクル率を見ると、焼却炉の老朽化や最終処分場の逼迫といった課題に、いち早く挑んだ自治体が上位に並ぶ。人口10万人以上50万人未満の都市でトップの鎌倉市（52・6%）は、ごみ処理能力に限界が見えてきた30年ほど前から「ゼロ・ウェイスト（ごみゼロ）」を目指してきた。20年からは近隣の逗子市（46・6%）、葉山町（50・4%）とごみの広域処理に乗り出した。

25年3月には現在稼働する市内唯一の焼却施設を停止する方針。その後は逗子市の施設を利用するが、受け入れに限界があるため可燃ごみをさらに減らしてリサイクル率も高める。すでに、木の枝を木材チップなどに加工する仕

鹿児島県大崎町の分別は27品目に及ぶが「燃えるごみ」の区分はない

組みを構築し、分別収集も21品目に細分化した。

廃棄物に新たな価値を与える「アップサイクル」にも挑む。花王や慶応大学と共同で、3Dプリンターを使ってプラスチックごみから公園の遊具やベンチなどを作る。ごみが資産に変わる過程を見える化して市民の意識向上につなげる。こうした先進的な取り組みが、神奈川県を都道府県別のリサイクル率トップに押し上げる。

全市町村で2位の鹿児島県大崎町(81・6%)は、ごみを焼却せずに埋め立て処分してきた。ただ、埋め立て場所には限界があるため分別を徹底しており、現在は27品目に分けて収集する。注目は生ごみの処理方法。専用バケツに集めてから収集し、草木などとともにすべて堆肥にする。廃食用油は収集車の燃料にも使う。メーカーや周辺自治体とともに、使用済み紙おむつを分別収集して再び紙おむつの原料とする世界初の水平リサイクルも始めた。

これまでにリサイクルを通じて約1億6000万円の収益が発生。町民1人あたりのごみ処理経費も全国平均より年約5000円削減できた。取り組みに共感する企業などからの寄付も増えており、全町民に1万円分の商品券を配ってリサイクルへの一段の理解を求める。

生ごみとし尿処理し発電用燃料 ごみ減とリサイクル強化狙う

7位の福岡県大木町(64・7%)は生ごみとし尿を混ぜて処理することで、発電用燃料のメタンなどを生み出す施設を整備した。原料となる生ごみは無料で収集。燃やすごみの収集は有料とすることで分別の徹底を促し、ごみ削減とリサイクル率向上につなげる。

5月30日(ごみゼロの日)から6月5日(環境の日)は、ごみ減量・リサイクル推進週間。ごみ問題に詳しい東洋大学の山谷修作名誉教授は「リサイクル率を高めてごみを減らすには住民が自ら出すごみに責任感を持ちやすい戸別収集などを広げる必要もある」と指摘している。

一般ごみのリサイクル率(2021年度)

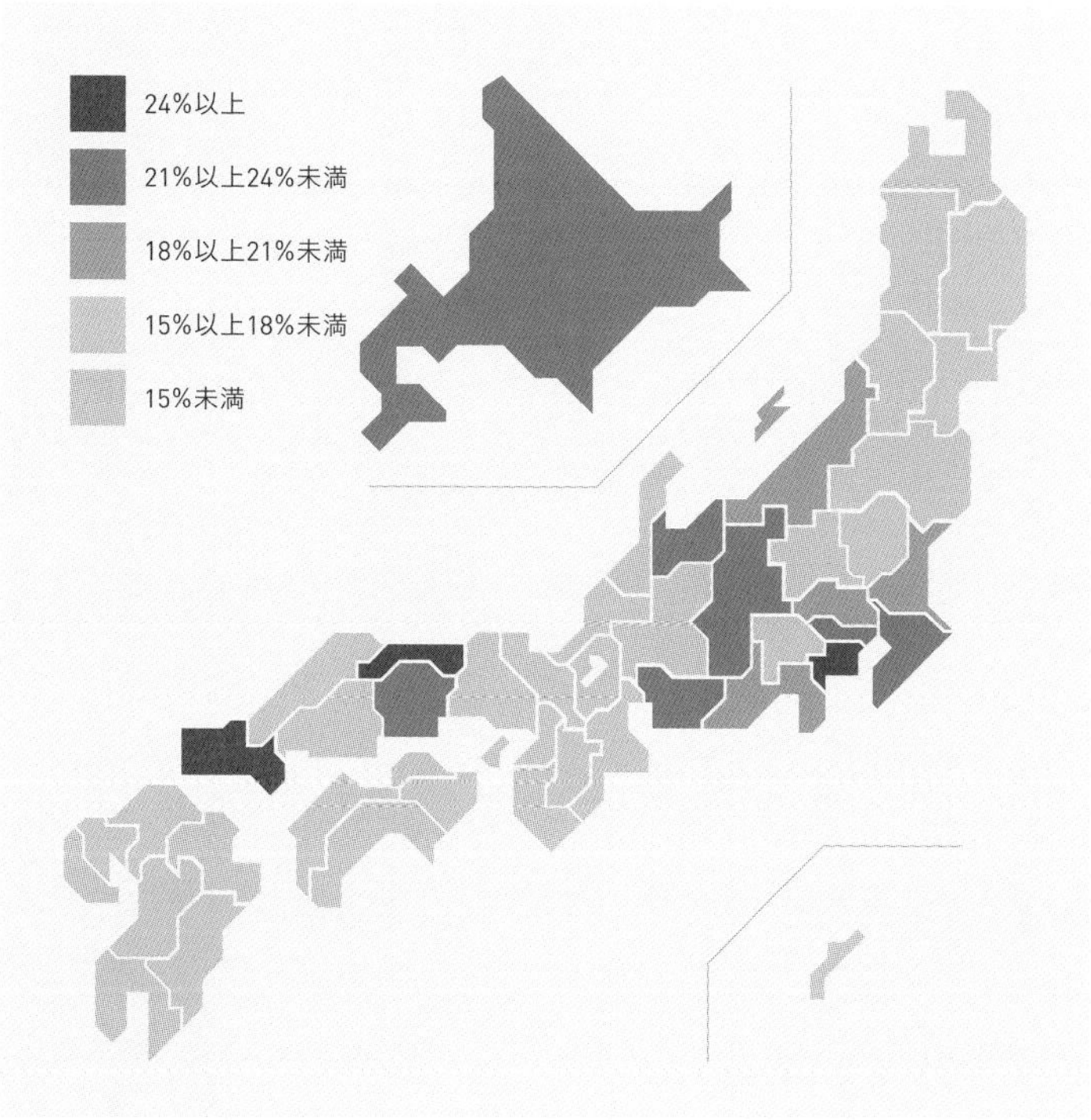

(出所)環境省「一般廃棄物処理実態調査」

全市町村別

1	北海道豊浦町	87.1%
2	鹿児島県大崎町	81.6
3	徳島県上勝町	79.9
4	鹿児島県志布志市	74.3
5	北海道小平町	66.1

人口10万人以上50万人未満

1	神奈川県鎌倉市	52.6%
2	東京都小金井市	44.8
3	東京都国分寺市	44.5
4	岡山県倉敷市	43.5
5	埼玉県加須市	37.4

国内のごみは減っているが、リサイクル率は横ばい

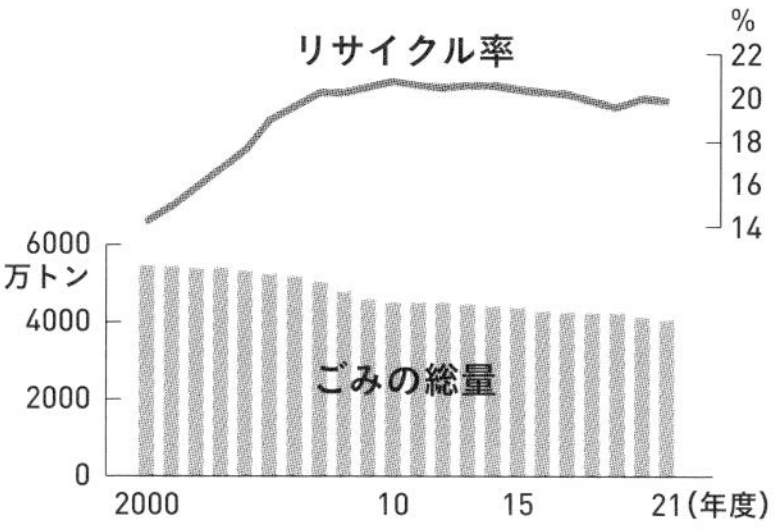

(注)セメント原料としての利用を含む

7-11

自治体DX

［2024年1月13日掲載］

行政DX、神奈川が先行

横須賀は窓口待ち時間6割短縮
仙台、業務400万件をオンラインに

デジタル技術で業務改革 公共サービスの維持・向上にも

行政をデジタル技術で効率化する「自治体DX（デジタルトランスフォーメーション）」が活発だ。専門人材の登用が進むほか、人工知能（AI）の活用例も増えてきた。人口減に伴い地方公務員が不足するなかで公共サービスの水準を保つには業務改革が欠かせない。来庁いらずの行政手続きが当たり前になれば住民の利便性も増す。

総務省は「自治体DX・情報化推進概要」として全自治体のデジタル進捗度を幅広い観点からまとめている。2022年度の調査から「推進体制」のうち7項目、「行政サービスの向上など」のうち38項目、「情報セキュリティ対策など」のうち7項目について全1741市区町村（東京23区を含む）の達成状況を偏差値とし平均した。

首位は仙台市（偏差値71・0）だった。都道府県ごとに市区町村の平均値も求めたところ神奈川県（57・8）が最も高く、東京都（56・3）、広島県（55・0）が続いた。

横須賀市は「書かない窓口」省力化に「チャットGPT」も

神奈川県では33市町村の8割以上で偏差値が平均の50を上回った。県内上位の横須賀市（65・8）は20年後に職員数が4分の3に減るとの危機感からDXを推進する。公文書の電子化や業務フローの見直しによって仕事を効率化するだけでなく、行政サービスの向上にも結びつける。

21年に同市が始めた「書かない窓口」は業務効率化をサービス改善にも生かした。転出入に伴う諸手続きをパ

自治体DXの推進状況

1	神奈川県	57.8
2	東京都	56.3
3	広島県	55.0
4	愛知県	54.7
5	福井県 静岡県	54.5
7	大阪府	54.3
8	埼玉県 兵庫県	54.0
10	山口県	53.9
11	滋賀県 大分県	53.2
13	茨城県	52.1
14	富山県 京都府	51.8
16	愛媛県	51.3
17	千葉県	51.2
18	鳥取県	51.0
19	長崎県 鹿児島県	50.6
21	岡山県	50.5
22	香川県	50.1
23	栃木県 岐阜県 島根県	50.0
26	山形県 新潟県	49.9
28	熊本県	49.8
29	三重県	49.7
30	秋田県 石川県	49.6
32	宮城県	49.3
33	岩手県 長野県	49.2
	福岡県	49.2
36	山梨県	48.8
37	佐賀県	48.0
38	奈良県	47.9
39	徳島県	47.8
40	福島県	47.7
41	群馬県	47.4
42	宮崎県	46.9
43	和歌山県	45.2
44	北海道 青森県	45.0
46	沖縄県	44.9
47	高知県	43.6

（注）各市区町村による計52項目の達成数の偏差値を都道府県ごとに平均。2022年度総務省「自治体DX・情報化推進概要」から作成

チャットGPTを書類作りなどに活用する市役所職員（神奈川県横須賀市、写真：共同通信）

ソコンやスマートフォンなどで分かりやすく案内し、氏名や住所などの情報を一度入力すれば必要な複数の書類が整う。混み合う春は窓口の待ち時間が100分と「テーマパーク並み」（デジタル・ガバメント推進室）だったが、導入後は38分と約6割短縮した。

職員の省力化へ23年4月にいち早く生成AI「チャットGPT」も採用。書類や資料を作る負担を抑え、「住民と向き合う時間を増やしたい」（同室）。県内では偏差値首位の相模原市（67・2）も23年にNECと国産生成AIの検証を始めた。日本語独特の表現や行政用語の扱いなどに効果を見込む。総務省によるとAIの導入自治体は21年末で1年前の6割増となった。

各自治体はデジタル人材の確保を急ぐ。広島県は新設した「情報職」の採用・育成・活用に県内の市町と共同で取り組む。月5万円の手当を10年間にわたって支給する。23年度は7市町に人材を派遣。「環境の整備」（県デジタル基盤整備課）が刺激となり、このうち江田島市ではDXによる課題解決に職員から100件を超す提案があった。

自治体DXの推進状況

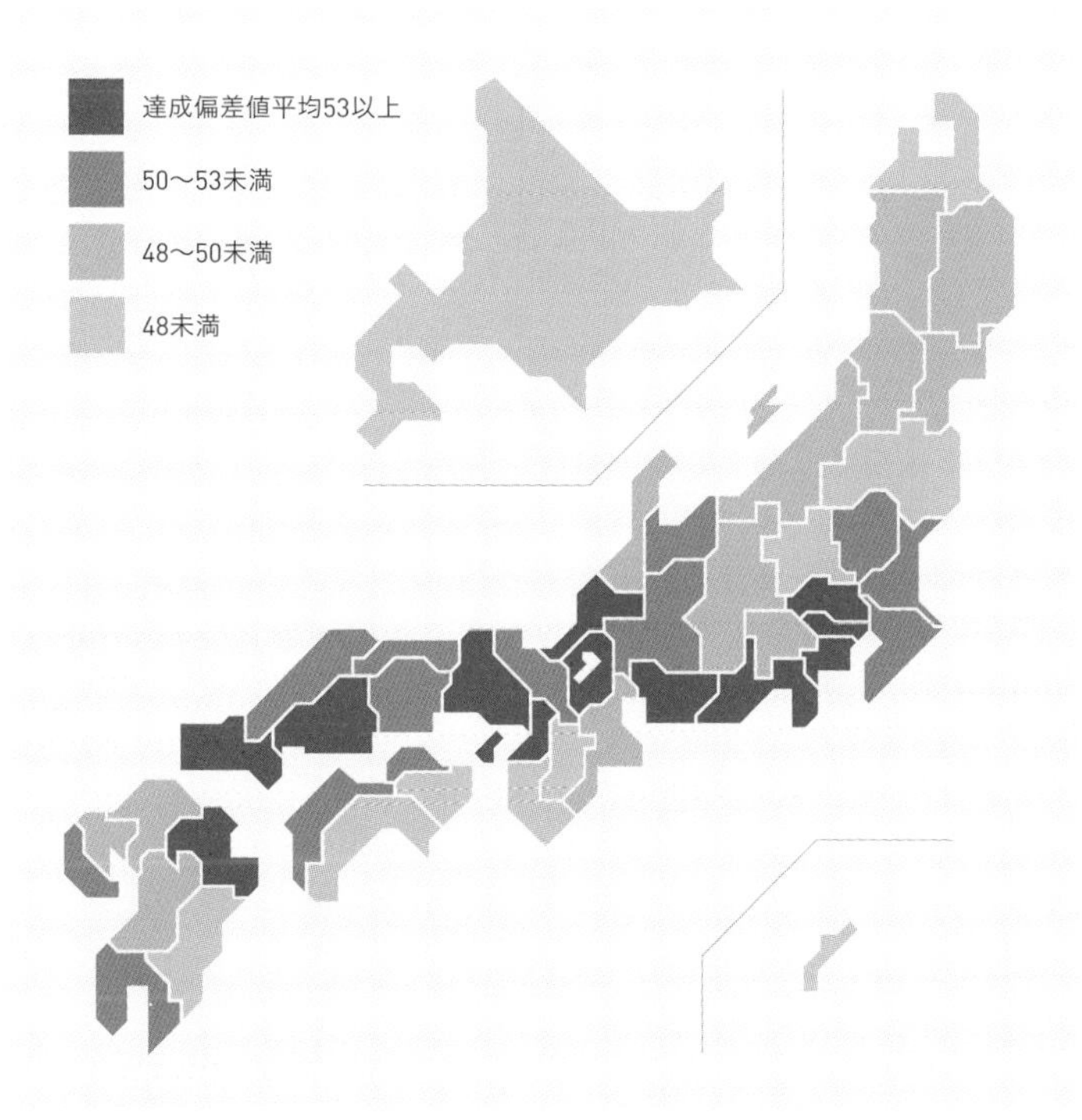

（注）各市区町村による計52項目の達成数の偏差値を都道府県ごとに平均。2022年度総務省「自治体DX・情報化推進概要」から作成

市区町村のDX偏差値上位

順位	市区町村	偏差値
1	仙台市	71.0
2	新潟市	70.5
	愛知県岡崎市	
	東京都練馬区	
5	浜松市	70.0
	大阪市	
	大阪府豊中市	
8	兵庫県姫路市	69.6
9	静岡県袋井市	69.1
	兵庫県伊丹市	
	広島県福山市	
	東京都町田市	

住民サービスを高めた例

神奈川県横須賀市	入力作業を簡略化して異動手続きの待ち時間を約60分短縮
北海道北見市	転出入届や住民票発行などで用紙に書かずワンストップ対応
東京都三鷹市	手数料決済に現金自動精算機
熊本県阿蘇市	体育施設の貸し出しにスマートロック。鍵の管理負担軽減

市区町村で首位の仙台市 受け付け業務の9割オンライン化

仙台市は年間に受け付ける業務476万件の9割を26年度までにオンライン化する。23年4月に日本郵政の常務執行役をデジタル分野の市長補佐官に迎えた。早期に「フルデジタル市役所」を目指す。東日本大震災を教訓に防災・減災にもDXを生かす。津波発生時にドローンで空から避難を呼びかけ、水中ドローンで河川の異物を取り除く。

新潟市はオンラインで手続きに応じる「e―NIIGATA」を23年に導入した。市役所を訪れることなく手数料の決済もできる。同市は偏差値70・5で全国2位。JR新潟駅周辺の通称「にいがた2km」には市の誘致もあり50社を超すIT（情報技術）系企業が集まる。立地企業のデジタル技術をまちづくりなどに生かす試みも始まった。

自治体のデジタル化に詳しい武蔵大学の庄司昌彦教授は「行政機能を維持するため仕事の仕方を変えるのは必然。DXは最も効果的だが『X』にあたる業務改革なくしては進まない」と話す。

主な執筆・編集者

眞鍋正巳、大林 卓、山本公彦、瀬口蔵弘、櫻井佑介、
江口博文、杉本耕太郎、中川竹美、田崎 陸、
長谷川岳志、山下宗一郎、有年由貴子、櫻木浩己、
工藤綾乃、松本正伸、古澤 健、岡西善治、佐々木司、
吐田エマ、荒川恵美子、佐藤季司

東京本社編集局地域報道センター、
同データビジュアルセンター、同総合編集センター

大阪本社編集ユニット行政グループ、
札幌・名古屋・京都・神戸・西部各支社編集グループ、
全国51支局

新データで読む地域再生

「人が集まる県・市町村」はどこが違うのか

2024年4月17日　1版1刷
2024年11月7日　　4刷

編者	日本経済新聞社地域報道センター
発行者	中川ヒロミ
発行	株式会社日経BP 日本経済新聞出版
発売	株式会社日経BPマーケティング 〒105-8308 東京都港区虎ノ門4-3-12
装幀	梅田敏典デザイン事務所
DTP	マーリンクレイン
印刷・製本	三松堂株式会社

ISBN 978-4-296-11992-9
Printed in Japan